Hermann Schreiber

Der Deutsche Orden unter den Kreuzrittern

Hermann Schreiber

Der Deutsche Orden unter den Kreuzrittern

NIKOL
VERLAG

Hermann Schreiber
Der Deutsche Orden unter den Kreuzrittern
Originaltitel:
Preußen und Baltikum unter den Kreuzrittern
Die Geschichte des Deutschen Ordens

Genehmigte Lizenzausgabe für
Nikol Verlagsgesellschaft mbH & Co. KG
Hamburg, 2008

Covergestaltung: Thomas Jarzina, Köln
Titelabbildungen: Bildarchiv Preußischer Kulturbesitz
Printed in the Czech Republic

ISBN 13: 978-3-937872-80-3
ISBN 10: 3-937872-80-9

www.nikol-verlag.de

Inhaltsverzeichnis

Vorwort

Die Ritter und die Zeiten

Auf überraschende und bedrückende Weise hat uns der Beginn des dritten Jahrtausends eines klargemacht: Die Fortschritte des neunzehnten Jahrhunderts konnten viel soziales Elend mildern, große Gruppen von Menschen wurden aus ihrer Rechtlosigkeit und Unterdrückung befreit und erhielten Rechte und eine Stimme in den Gemeinschaften, ja den Regierungen. Aber was darauf folgen sollte, der Friede zwischen den Religionen der Welt, er ist in dem ganzen bewegten zwanzigsten Jahrhundert nicht erreicht worden.

Es war das höchste Ideal der Menschen und im besonderen der Männer, Waffen und Wehrhaftigkeit religiösen Zielsetzungen und Pflichten zu widmen, ja unterzuordnen. Jede der Weltreligionen hatte ihre Helden und hatte ein Recht, sie zu lieben: Chinesische Pilger überwanden die höchsten Gebirge der Erde, um in die Heimat Buddhas zu gelangen. Christliche Männer und Frauen verteidigten ihren Glauben gegen Rom, das mächtigste Reich ihrer Zeit, und die Streiter Mohammeds stürmten durch Wüsten und karge Gebirge wie den Atlas nach Westen zum Ruhm ihres Propheten. Es war abzusehen, dass diese begeisterten Heere irgendwann aufeinander treffen mussten. Es gab einen Kreuzzug nach dem anderen, weil die Päpste ihre Aufgabe darin sahen, die heiligen Stätten der Christenheit dauernd in den christlichen Machtbereich zu bringen, und nicht die Oberhirten einer friedlichen, die Liebe predigenden Religion waren es, die in den blutigen Wirren der Kreuzzüge eine Atempause für die Besinnung und die Rückkehr zur Menschenwürde erreichten, sondern ein über den Religionen stehender Kaiser wie Friedrich II., den darum die Welt bestaunte, und ein Sultan namens Saladin, ein Kurde, der über seinen Tod hinaus wegen seiner Gerechtigkeit und Großmut verehrt wurde.

Inmitten dieses das hohe Mittelalter mit Kriegslärm erfüllenden Aufeinandertreffens zweier Weltreligionen tat eine kleine Gruppe entschlossener Männer das, was wenigstens an einem Ort Unheil und Leiden mindern konnte: Deutsche Kaufleute und Ritter vereinigten sich zu einem Orden, der Verwundete und Kranke des langen Krieges pflegte, so wie andere Orden sich der Pilger nach Santiago de Compostela angenommen hatten und zahllose Nonnenklöster der Kranken und Siechen in einer diese Fürsorge noch weitgehend entbehrenden Welt.

Wäre es dabei geblieben, das Buch über den Orden der deutschen Ritter wäre leicht zu schreiben als eine der vielen Studien über die Leistungen unseres Volkes auf verschiedenen Gebieten und in allen erforschten Jahrhunderten. Aber es war die Maxime der Religion, die nicht gestattete, sich mit dem Verbinden von Wunden zu begnügen, sondern die zu ihrem eigenen Ruhm die Streiter in jene Gegenden der Welt hinausschickte, in denen Menschen in ahnungsloser Selbstzufriedenheit ohne die Heilslehren des Christentums lebten. Man wird später das Wort prägen, dass man einer Lehre nicht dadurch dient, dass man sie anderen aufzwingt, sondern dass man selbst für sie leidet und arbeitet. Aber das Rittertum hatte in jenen fernen Zeiten den damals durchaus legitimen Wunsch, für den Glauben zu siegen, den Unterworfenen ein Herr, ja ein Grundherr zu sein, und so zogen die Ritter aus ihren Spitälern und von den Pilgerwegen weg in geschlossenen Schlachtreihen nach Nordosten, um ganze Völker aus ihrem schlichten und sündhaften Heidenglück zu erlösen und sie, sei es anders nicht möglich, geradenwegs in den Himmel zu schicken.

Darum wird das Buch mit zwei Zungen sprechen müssen, zutiefst beunruhigt durch den offensichtlich nie erlöschenden Gegensatz zwischen der beflügelnden Erfüllung, die uns die Religion schenkt, und der immer wiederkehrenden Bestürzung über die Folgen eines zum Fanatismus gesteigerten heiligen Eifers in aller Welt, von Irland bis Indonesien, von Mekka bis Manhattan.

München, im Mai 2002

Dr. Hermann Schreiber

8

Vorspiel

Die Ritter und die Glaubenskriege zwischen Orient und Okzident

Das erste Europa

Zu den wenigen Ermutigungen, die den Architekten des neuen, geeinten Europa zuteil werden, mag die Erinnerung an das vor eineinhalb Jahrtausenden zerfallene Römerreich gehören. Es hatte immerhin siebenhundert Jahre lang bestanden, und es hatte zwischen dem nordschottischen Hadrianswall und den Nilsümpfen, zwischen Karthago und dem Schwarzen Meer Unterworfenen und Verbündeten ein Gesetz gebracht, eine Währung und ein imposantes Netz von Verbindungswegen, das die Verwaltung dieses Riesengebildes erst möglich machte.

Als die einzelnen Glieder dieses Riesenkörpers im fünften nachchristlichen Jahrhundert nach und nach selbstständig wurden, ahnten die Einsichtigen, was damit verloren ging. In Nordafrika und auf der italienischen Halbinsel, in Spanien und in Trier, am Ostrand des Mittelmeeres und an den Gestaden des Schwarzen Meeres hob ein Wehklagen an, bald philosophisch, bald poetisch, mitunter auch ingrimmig oder ahnungsvoll. Aber nicht einmal Aurelius Augustinus im nordafrikanischen Thagaste, der so oft mit der bitteren Gabe des Propheten auftritt, konnte ahnen, was unserem Kontinent bei fortwährender Einigkeit, bei Fortdauer der Pax Romana erspart geblieben wäre.

Das Vorspiel des großen Unheils war, Jahrzehnte während, die sukzessive Rückkehr der Legionen aus den Kolonien in das schmale, halb vergessene Mutterland. Überall brachen sie auf, von Barbaren bedrängt, an bedrohte Punkte gerufen oder angesichts der großen Resignation ihrer nicht mehr zu lösenden Aufgaben entbunden. Nicht alle folgten dem kaiserlichen Befehl, entweder, weil sie keine Römer waren, oder weil sie keinen Sinn mehr darin sahen, es zu bleiben, weil sie Weib und Kind in der Fremde hatten und in der fernen Metropole nie gewesen waren.

Aber es gab noch andere Gründe, und sie wurden auf den britischen Insel ebenso wirksam wie etwa in der Levante: Die Legionäre und ihre Familien sahen in ihrem Kaiser keinen Gott mehr, und sie hatten sich auch statt der römischen Reichsgötter, die sieben- oder achthundert Jahre Himmel und Erde beherrscht hatten, neue Gottheiten ihres Herzens gewählt, neue Kulte aus dem unerschöpflichen Osten des Mittelmeeres als schlichter, verständlicher, überzeugender und hilfreicher erkannt, ganz zu schweigen von dem seit Jahrhunderten über die Straßen des Imperiums geisternden Christentum, einer faszinierenden Sklavenreligion, der die Frauen in Scharen verfielen.

Es war wohl nicht so, dass die neue Religion der Liebe den Kämpfern in den Arm fiel, wenn sie das Schwert heben wollten; es gab unter den christlichen Heerführern der römischen Spätzeit große Kämpfer und unter den letzten Anhängern der alten römischen Religion sehr schwache Charaktere. Aber als nach den Eroberungen der Ewigen Stadt am Tiber eben jener Augustinus an ein weiter bestehendes und unverlorenes Rom über den Wolken zu glauben begann, da war dies nicht das Rom der Vestalinnen und der Götterpriester, sondern die Vision einer heiligen Stadt, die fortan eine geistige Herrschaft über den Erdteil ausüben werde mit den Waffen einer neuen, allgegenwärtigen Religion.

Niemand hat uns den gewaltigen, die bekannten Länder erfassenden Vorgang geschildert, diese konzentrische Rückwanderung aus den vor langem eroberten Fernen und die diesen vielen Strömen begegnenden, die gleichen Straßen benützenden Sendboten der neuen zwiegestaltigen Religion, die als Arianismus die germanischen Völker eroberte und als Katholizismus die romanisierten Länder. Unter dem verführerischen Gespinst dieser neuen Lehren blieben die lokalen Kulte lebendig, hefteten sich an Berge, Quellen und Gewässer, vermengten sich mit den Leitgestalten des neuen Glaubens und siedelten sie an, wo immer die Fremde zur Heimat geworden war.

Obwohl unser kleiner Kontinent verglichen mit heutigen Bevölkerungszahlen noch menschenleer genannt werden musste, kam es bei diesem beinahe flächendeckenden Wanderungsvorgang schon vor und neben der eigentlichen Völkerwanderung zu örtlichen Konflikten, nicht nur zwischen Anhängern der christlichen Religionen und den Restbevölkerungen keltischer und germanischer religiöser Prägung, sondern auch zwischen den bereits rivalisierenden Katholiken und Arianern. Vor allem in dem erfolgreiche Beutezüge und Kriege führenden nordafrikanischen Vandalenreich erlebte der Arianismus eine wenig beachtete Blüte. Sie führte zwar nicht zu berühmten und bis heute bewunderten Bauwerken wie im arianischen Ravenna, aber zu einer leider isoliert gebliebenen literarischen Aktivität der arianischen Vandalen. Ihre katholischen Gegner wurden nach Sardinien verbannt, wo sie für den vandalischen Flottenbau Bäume fällen mussten, und weibliche Glaubenszeugen in Karthago wurden von den Arianern einer so ausgesucht grausamen und entwürdigenden Behandlung unterzogen wie in den Zeiten der römischen Christenverfolgungen.

Es gibt noch keine zuverlässige Methode, sich über die Entwicklung der europäischen Bevölkerung in jener Zeit klar zu werden. Die Landnahme einwandernder Nomaden aus Skandinavien oder aus dem Osten führte zu Menschenverlusten unter der ansässigen Bevölkerung, doch wurden diese durch sesshaft werdende Siegerstämme mehr als wettgemacht, da rücksichtslose Ausmordungen, wie sie in unseren Tagen etwa die Serben im Kosovo vornahmen, aus der Spätantike nicht bekannt sind: Kriegervölker neigen nämlich dazu, Unterworfene für sich arbeiten zu lassen. In Italien etwa kam es zu geordneten Besitzteilungen, die zahlenmäßig oft unbedeutenden Eroberervölker wurden zu einer Oberschicht, die eine gewisse Schonung der Unterschicht im Allgemeinen der Vernichtung der Vorbevölkerung vorzog. (So hat man zum Beispiel aus dem bekannten Schiffsraum errechnet, dass die Vandalen beim Übersetzen von Tarifa nach Nordafrika nur achtzigtausend Köpfe zählten, zu wenige Menschen, um das alte Karthago neu zu bevölkern, aber genug Krieger, um es zu beherrschen.) Nicht einmal für die großen Städte ist sicher, dass sie in den unsicheren Zeiten nach dem Untergang der römischen

Kaisermacht nennenswert an Bevölkerung verloren. Sie wurden zwar gelegentlich erobert, aber in so großen zeitlichen Abständen, dass sie sich in den dazwischenliegenden Friedenszeiten vor allem dadurch erholen konnten, dass sie der Bevölkerung der umliegenden Landgemeinden doch mehr Schutz boten als das von Raubscharen immer wieder heimgesuchte flache Land. Auch waren die gotischen oder vandalischen Eroberer etwa der Stadt Rom mehr auf Plünderungen aus als aufs Töten; es gab ja nicht jenen Hass gegenüber dem Feind, der etwa tausend Jahre später in den Religionskriegen gegen Albigenser, Hugenotten oder Protestanten zum Massenmord in eroberten Städten führte.

Die Reichsmetropole Rom hatte im vierten nachchristlichen Jahrhundert schätzungsweise 700.000 Einwohner, Konstantinopel wohl ebenso viel (wobei diese Stadt ihre Bevölkerungszahl wegen der geschützten Lage länger halten konnte als die Tiberstadt). In der Levante war Antiochia mit annähernd 200.000 Einwohnern eine blühende Handelsstadt. Ägypten hatte nicht viel mehr Einwohner als heute Kairo allein (sieben Millionen), und die Zahl der Äduer – die Bevölkerung des zentralen Gallien zwischen Aquitanien und der Belgica – bezifferten die antiken Autoren mit zwei Millionen.

Dieser dürftig bevölkerte Kontinent war seit Jahrtausenden von Handelsrouten durchzogen, die schon lange vor den römischen Passstraßen die Gebirge überwunden hatten; und als Legionäre und unterworfene Völker mit dem imposanten Fernstraßenbau begannen, erreichte Europa einen Grad der Erschließung, der erst im neunzehnten Jahrhundert, durch den Eisenbahnbau, übertroffen wurde. Das muss man sich vor Augen führen, um beurteilen zu können, wie sich Ideen und Ideenträger damals bewegten, wieso es schon im zweiten Jahrhundert, also auf dem Höhepunkt der römischen Kaiserzeit, in Lyon einen christlichen Bischof geben konnte und wie es die Sendboten des neuen Glaubens schafften, in Gegenden zu gelangen, die selbst den kühnsten Armeeführern unzugänglich geblieben waren.

Es ist eine große Unruhe ausgebrochen, aber sie findet ihre Bahnen vor, und zwar in Gestalt der Römerstraßen. Ihr Wert lag nicht nur darin, dass sie befestigte Wege durch Sumpfland, über Geröllhalden, ja sogar durch Waldgebiete oder Bergland zogen, die Straße sorgte in gewisser Weise auch für ihre Benutzer. Da alle anwohnenden Stämme Nutzen aus dem Weg und seiner Gangbarkeit zogen, wurden im Allgemeinen die Römerstraßen als exterritorial geachtet. Zumindest die Stämme, durch deren Gebiet die Straße führten, vermieden Überfälle, ja versuchten sie sogar zu verhindern, und schon aus Hannibals Zeiten wissen wir, dass einzelne kleine Völkerschaften geradezu von Straßen und Passwegen lebten. Man war auf den Straßen zwar nicht absolut sicher, aber einigermaßen versorgt durch Wirtschaftsbetriebe, Fuhrunternehmen, Vorspanndienste; man war auf der Straße selten allein, empfing Nachrichten über ihren weiteren Verlauf und die Verhältnisse in den zu passierenden Gebieten.

Seit im dritten Jahrhundert die gegen die Römergrenzen andrängenden Völkerschaften an eben diesen Grenzen als Föderaten sesshaft gemacht worden waren, hatte sich die Straße in besonderem Maß als Begegnungsfeld und als Schmelztiegel der Sprachbereiche bewährt, und überall, wo sich Ordnungen auflösten, wo Garnisonen verlassen, vorgeschobene Militärposten aufgegeben wurden, nahmen die Straßen nun die Versprengten auf, die nicht am gefährdeten Ort bleiben konnten, jene, die man kannte, die nicht einfach untertauchen und Bauern oder Händler werden konnten.

Dies war die Weltstunde, in der Europa den fahrenden Ritter gebar, den Offizier ohne Mannschaft, den Einsamen, der kein Reich mehr hinter sich hatte, aber seinen ritterlichen Ehrenkodex noch in sich trug, selbst wenn er inzwischen Christ geworden war.

Das Europa des frühen Mittelalters ist erfüllt von diesen Enterbten ohne Aufgabe, aber wir kennen nicht allzu viele von ihnen mit Namen, weil der größte Teil doch wieder irgendwo Kriegsdienste genommen haben mag. Jene, die im

Untergang der Alten Welt eine Aufforderung erkannten, an einem neuen Leben der Völker mitzuwirken, machten sich einen Namen und sind seither mit der Neugeburt unseres kleinen Erdteils aus dem großen Wanderchaos auf Gedeih und Verderb verbunden: Verderb, wenn sie den letzten versprengten Anhängern unbarmherzigen Heidentums in die Hände fielen wie der Offizier Florianus von Lorch, Gedeih, wenn sie am Hof eines weisen und toleranten Großkönigs Unterschlupf fanden wie Severin von Noricum an der Tafel Attilas oder Martinus von Tours, der im milden Loire-Wetter seine Kämpfe gegen die Arianer Illyriens vergessen durfte. Die Lebensbeschreibungen jener drei Ritter, die wir stellvertretend für viele andere hier anführen, zeigen einhellig, dass sie alle großes Ansehen genossen. Die Bevölkerung honorierte den Offiziersrang, auch wenn von der Truppe, die er befehligt hatte, nichts übrig geblieben war. Im Falle Severins wird besonders deutlich, dass er höchste Achtung genoss, auch als Attila schon tot war und Severin seine Wanderung längs der Donau angetreten hatte, die ihn von seiner eigentlichen Wirkungsstätte weit entfernte: Sein Ruf eilte ihm voraus, ein Ruf, der selbst als wild und räuberisch bekannte Germanenstämme an den Verhandlungstisch brachte und zum Stillhalten bewog.

In der großen Unruhe, im Niemandsland ohne Autorität verlangten alle Gemeinwesen und alle Stämme nach einer überragenden Persönlichkeit. Die Geschichten sind Legion, in denen Männer ohne Priesteramt, ja auch ohne höhere Bildung, nur ihres Charismas wegen, nur weil sie Autorität und Vernunft ausstrahlten, von Einwohnerschaften eingeholt und als Bischöfe inthronisiert wurden. Die außerordentlich große Zahl von Bistümern im mittelalterlichen Europa – erst durch die Französische Revolution für Frankreich und danach in den von Napoleon unterworfenen Staaten erheblich vermindert – erklärt sich aus dieser Situation. Einzelne von ihnen waren noch im achtzehnten Jahrhundert so arm, dass sie ihren Oberhirten kaum zu ernähren vermochten, wie uns unter vielen anderen Memorialisten Giacomo Casanova humorvoll, aber verlässlich geschildert hat.

Erst aus der Auflösung dieser – sieben Jahrhunderte beherrschenden Ordnung – wird ihre Bedeutung für die Entstehung dessen deutlich, was wir heute ein sich einigendes Europa nennen. Weit entfernt von der Perfektion im philosophischen Sinn, hatte das enorme praktische Erfahrungswissen vieler Generationen von Tribunen, Offizieren, Juristen und Diplomaten aus Horden Gemeinschaften gemacht und aus Konglomeraten in agrarischer Selbstgenügsamkeit den altrömischen Territorialstaat. In ihm blieben Haus und Grundbesitz auch für den Verwaltungsbeamten, den Offizier, ja selbst für den schlichten Legionär die natürliche Lebensbasis – seit dem Zwölftafelgesetz und bis hin zur Auflösung des Limes und zum Verfall des Reiches. Der im fernen Britannien sein Gärtchen bestellende Legionär, mit einer Einheimischen verheiratet und mit Kindern gesegnet, hatte eine gute Chance, ungeschoren zu bleiben, als die Sachsen über das Meer kamen und die Insel eroberten; dem Offizier, der seine Habe in den Satteltaschen mit sich führte und aus Pannonien heimatwärts trabte, fehlten jedoch Rückhalt, Aufgabe, Landbesitz und mitunter auch noch mehr: Durch die neue Religion mit der Elterngeneration und der eigenen Sippe zerfallen, musste er seine Chance eher in der Ferne suchen denn in der Nähe.

Die irrenden Ritter des neuen Glaubens, waren sie nun Arianer oder Katholiken, vollbrachten auf der Suche nach einem neuen Lebenssinn zum Teil verblüffende Leistungen, hinter denen anstelle des Kaiserreichs nun ein neuer Glaube stand, wohl aber auch eine gewisse Ratlosigkeit, ja Verzweiflung. So wie tausend Jahre später ein Don Quichote dem untergegangenen Rittertum nachtrauern und gegen Windmühlen kämpfen wird, so sahen sich die Ritter des untergegangenen Römerreiches als heldenhafte Drachenkämpfer. Der auf dem Boden liegende, von der gesegneten Lanze durchbohrte Drache so vieler alter Altarbilder war das Heidentum.

Lange, ehe diese frommen und heldenhaften Einzelkämpfer sich zu neuen Gemeinschaften zusammenschlossen, die man Orden nennen wird, drangen sie mit Gottvertrauen und ohne eigentlichen Auftrag bis an die Grenzen der antiken Welt vor. Obwohl es Missionsklöster gab und einzelne Bischofssitze wie in Auxerre oder auf der Insel Lérins, wo man Missionarsschulen einrichtete, muss man doch annehmen, dass es eine umfassende Regie dieser europaweiten Bemühung noch nicht gab. Ja mitunter brachen eigenwillige Geister gar in die unbekannten Fernen fremder Erdteile auf, wie jener Metrodorus, der seine Version des Christentums bis nach Indien trug, oder Meropius aus Tyrus, der auf dem Weg nach Indien erschlagen wurde und nur zwei Schülern – Fromentius und Aedesius – mit seinem Tod noch den Weg in das Reich Axum ebnete: In das heutige Äthiopien, eine mehrfach belegte Reise aus dem vierten Jahrhundert.

Der bekannteste dieser Sendboten, die über die Grenzen des alten Reiches hinausgelangten, war Patrick, Glaubensbote Irlands, wohin die Römer, trotz verschiedener Einladungen keltischer Lokalfürsten, niemals übersetzten. Wie Martin von Tours, Sohn eines römischen Offiziers, wurde Patrick nach manchen Traditionen in Wales, nach anderen in Cumberland christlich erzogen, ohne in seiner Lebensführung sich von den heidnischen Besatzern zu unterscheiden. Seeräuber, die über die Irische See gekommen waren und walisische Landstriche überfielen, nahmen Mädchen und junge Männer mit sich auf die grüne Insel, wo Patrick sieben Jahre als Sklave eines Gutsbesitzers lebte, ehe er fliehen konnte und sich für die Missionstätigkeit in jenem fremden Land ausbilden ließ, das er als Sklave kennen gelernt hatte.

Sie kommen also aus der Levante, aus Pannonien, aus fernen Kolonien wie Britannien; sie ziehen heimatlos und besitzlos in den fernen Süden Afrikas, in den Osten Indiens, an den äußersten Westrand des Kontinents, dorthin, wo nach der Meinung ihrer Zeitgenossen das Weltmeer von der runden Erdschüssel hinabstürzt in die grausigen Tiefen unbekannter Ozeane. In einem gewissen Sinn ist diese Phase das eigentliche und große Abenteuer des europäischen Rittertums, und das weithin leere und unbekannte, da und dort von Wunderquellen, Zauberern, Hexen und Drachen bevölkerte Europa ist die angemessene Landschaft für jene Wundertaten, von denen Erec, Iwein und ihre Gefährten an der Tafel des Sagenkönigs Artus berichten. Die große Zeit des Ritters ist die Phase seiner Einsamkeit und Eigenverantwortung, die Zeit, in der er Persönlichkeit und Unabhängigkeit in einem Europa einsetzen muss, das sich der alten Ordnung entledigt und eine neue noch nicht gefunden hat. Martin Mosebach hat – in einem Aufsatz über Heimito von Doderer – den Ritter „vielleicht die eigentümlichste Figur der sozialen Kategorien, die Europa hervorgebracht hat" genannt, das mache das bis heute anhaltende Interesse am Rittertum verständlich. „In einem Ritterstück der neueren Kunst, in Wagners Lohengrin, wird augenfällig, was der Ritter ist, eine Ansammlung von Paradoxa nämlich: Er ist vornehmer Abkunft, kampfgeübt, stark, aber zum Dienst an den Armen, Kranken und Verlassenen verpflichtet. Er steht in einer strengen Hierarchie und schwört seinem Herrn einen Treueid, aber er ist zugleich Nomade, nur dem Ehrengesetz unterworfen, ungebunden umherschweifend." (Mosebach, FAZ v. 4.11.2000)

Lohengrin verlangt, nie befragt zu werden, und die Antwort, die er endlich mit der Gralserzählung gibt, ist auch nicht sehr hilfreich, spricht aber immerhin von einer Art Orden, also einer Männergemeinschaft elitären Charakters mit hehren Aufgaben. Sie ist in gewissem Sinn eine Tafelrunde ohne den keltischen Sagenkönig Artus, und der böse Zauberer Merlin ist durch eine sehr konkrete Gegenmacht ersetzt, durch den Islam.

Noch ehe sich das junge Christentum von der tiefen Spaltung erholt und den Arianismus besiegt hatte, brach in jenem Nahen Osten, der vielen als die Wiege der Menschheitskultur gilt, eine neue Heilslehre auf, die sich mit unerwartetem Elan die Völker dieser Zonen eroberte. Mit dem Jahr 622, mit der Hedschra (der einem Aufbruch gleichkommenden Flucht des Propheten Mohammed von Mekka nach Medina), begann die neue Zeitrechnung im Osten, zehn Jahre darauf hob die Herrschaft der Kalifen an. Nordafrika wurde erobert und schon zu Beginn des achten Jahrhunderts Spanien, wo die toleranten Arianer durch katholische Gotenkönige abgelöst worden waren. Diese hatten die Juden aus den spanischen Städten nach Nordafrika vertrieben, und diese intelligente und kundige Elite kehrte nun im Gefolge der stürmischen arabischen und berberischen Krieger auf die Iberische Halbinsel zurück. Mit dem ganzen Nordrand Afrikas, mit dem Nahen Osten und dem europäischen Süd/Westen stand dem christlichen Europa eine drohende Übermacht gegenüber, die alsbald ins Herz Europas vorzudringen versuchte und im Jahr 732 dem mächtigsten der germanischen Stammvölker, den Franken, eine mörderische mehrtägige Schlacht bei Tours und Poitiers lieferte.

Vermutlich wusste Karl Martell, der Sieger dieser Weltstunde, gar nicht, dass seine Gegner inzwischen die Hälfte der bekannten Welt beherrschten, vom indischen Pandschab bis zum marokkanischen und portugiesischen Atlantik. Nach Siegen zwischen Dordogne und Garonne drang ein arabisch-berberisches Riesenheer unter Abd er Rahman längs der Römerstraße von Bordeaux nach Orléans vor, wobei das Gerücht von großen Schätzen in der dem Heiligen Martin geweihten Hauptkirche von Tours das Ziel vorgab. Südlich von Tours, am Zusammenfluss von Vienne und Clain, kam es an einem Samstag im Oktober des Jahres 732 zu der großen Schlacht, die den siegreichen Vormarsch der Mohammedaner in eine wilde Flucht verwandelte und ein bis dahin dienendes Rittergeschlecht zu Herrschern machte: Karl Martell (688 – 741), Sohn des Pippin von Heristal und einer schönen Frau, die Chalpeida und in deutschen Quellen Alpheid genannt wird, wurde fünf Jahre nach seinem Sieg König der Franken und ist der Großvater jenes Charlemagne, den die Franzosen noch heute als den Ihren beanspruchen, während wir ihn Karl den Großen nennen.

Im heutigen Selbstverständnis der Europäer ist das Christentum mindestens ebenso fest, sicher und unanzweifelbar verankert wie das antike Erbe, und doch vergingen von der Geburt Christi bis zum endgültigen Triumph seiner Religion in Europa tausend Jahre. Denn kaum war die Gefahr aus dem Süden gebannt, meldete sich im Westen, an den offenen Küsten des Kontinents, ein neuer und zunächst überlegener Feind, die Raubscharen der skandinavischen Heiden. Anders als die Mohammedaner ging es ihnen wohl kaum darum, Europa dem germanischen Götterglauben zuzuführen, im Gegenteil: Man schätzte die Grundsätze des Christentums, das vielen Männern die Waffen nahm und sie zu Mönchen machte, die an leicht zugänglichen, schlecht verteidigten Orten gleißende Schätze an Bechern, Schreinen und Kruzifixen versammelten.

So lange Europa in viele kleine Herrschaftsgebiete zerfallen war, die untereinander überdies manchen Krieg führten, gab es gegen die lautlos auf schnellen Booten herankommenden Raubkrieger aus dem Norden allenfalls eine lokale Gegenwehr. Vor manchen Stadtmauern, hinter denen wehrhafte Bürger wohnten, holten sich die Wikinger und ihre Artgenossen gelegentlich – sehr selten – blutige Köpfe. Auch wenn sie, schwer mit Beute beladen und durch mitgeführte Gefangene behindert, wieder ihren Schiffen zustrebten, waren sie Gegenangriffen ausgesetzt, und nicht selten wurde ihnen die Beute wieder abgenommen. Insgesamt aber hatten sie viele Gelegenheiten zu Überfällen und zum Raub. Niemand wusste, wo sie landen würden, und bis sich der Widerstand organisierte, Nachbarorte zu Hilfe kamen, waren die Angreifer längst wieder auf ihren Schiffen. Besonders schmerzlich war, dass sie Mädchen und Knaben mitführten, also den Familien die Kinder, den Städten die Jugend wegnahmen, weil die an Reichtum überquellenden Hofhaltungen der Kalifen und ihrer Statthalter einen großen Bedarf an Sklavinnen und Sklaven hatten.

So wie einst die Hunnen an der Donau ganze Städte für die Hehler beschützten, die besser als die Krieger von der Beute der ausgedehnten Raubzüge lebten, so übte der Reichtum der arabischen Teilstaaten gemeinsam mit der wirtschaftlichen Blüte und dem intensiven Handel an den islamischen Rändern des Mittelmeeres einen gewaltigen Sog aus, ohne den die Raubzüge der Seevölker des Nordens sich zweifellos nicht in diesem Maß entwickelt hätten. Die zu Tausenden in Skandinavien gefundenen arabischen Silbermünzen beweisen dies ebenso schlüssig wie gewisse Verse in den nordischen Sagengesängen, in denen unbotmäßigen Mädchen angedroht wird, sie an den „fremden Händler" zu verkaufen. Das noch wenig produzierende Nordeuropa, das von seinen landwirtschaftlichen Erträgen nur knapp leben konnte, hatte kaum andere Handelsgüter zur Verfügung als die geraubten Menschen. Kein Geringerer als der offenherzig und schonungslos berichtende Bischof Thietmar von Merseburg beklagt den Menschenhandel quer durch das inzwischen christliche Mitteleuropa mit Zentren in Prag und Verdun, einen Handel, an dem nach Lage der Dinge und der Territorialhoheit auch kirchliche Autoritäten mitverdienten.

Damit hatte der auf Pilgerpfaden durch Europa irrende Ritter eine neue und wichtige Aufgabe: Aus dem Urkriegertum hervorgegangen, wie das großartige Lexikon des Mittelalters es vielsagend ausdrückt, hatte der heimatlose Ritter wenig Mühe, sich zugunsten der Bauern, Stadtbürger und Mönche auf sein Erbe zu besinnen. Unter Karl dem Großen hatte sich das Reich ausgedehnt; die Reichsannalen berichten uns in bemerkenswerter Übersicht von Seeräuber-Angriffen im Süden, Westen und Nordwesten, ja sogar auf den Flüssen und damit im Landesinneren. Auch eines bedeutenden Herrschers Armee kann nicht überall zugleich sein, die Römerstraßen waren teilweise zerfallen, die Räuber in ihren Schiffen ganz einfach zu schnell. Örtliche Eingreiftruppen mussten geschaffen und unter kundige Führung gestellt werden, und damit hatten die Ritter ohne Legionen eine wichtige Aufgabe, die auch durchaus ehrenvoll war, ja die dem Wesen des Rittertums glanzvolle Facetten hinzufügte: Der Ritter wurde aus dem Krieger zum Beschützer, er wurde aus dem miles gloriosus, der sein Schwert schwang, wo immer man ihn brauchte, zum Verteidiger auch des

Glaubens, waren die Angreifer doch keine Christen und die zu schützenden Gemeinschaften inzwischen einig im Glauben.

Der große Kaiser sah dies mit Befriedigung und gab diesen neuen Lösungen, die in örtlicher Zufälligkeit da und dort entstanden waren, im Jahr 807 eine Ordnung, denn Ordnung muss sein. Die Herren, die Landstriche verteidigten, sollten dort, wo sie kämpften auch Besitz haben, nicht nur, um sie zu motivieren, sondern auch, um ihnen Ansehen zu geben und sie mit den örtlichen Besitzern zumindest gleichzustellen. Der Konflikt, der sich aus den Landwirts- und den Kriegerpflichten ergeben konnte und vielleicht ergeben musste, wurde durch eine weise Einschränkung gelöst: Nur von einer bestimmten Besitzgröße an (zunächst drei, dann vier Hufen) bestand eine unbedingte Verpflichtung zur Heeresfolge auch in ferne Reichsteile und zu entfernten Grenzen; wer weniger Besitz und kleineres Gesinde hatte, brauchte nur vor der eigenen Tür zu fechten.

Praktische Maßnahmen ergänzten diese organisatorische Grundlage: Bürgerwehren wurden ausgebildet, Wachtürme mit Fernblick auf hervorragenden Küstenpunkten errichtet, Signale durch Fackeln und Glockengeläute vereinbart. Und als eines Tages Hunderte von Seeräubern auf dem Rückmarsch ans Meer nicht nur ihre ganze Beute verloren, sondern von einem südfranzösischen Grafen namens Archambaut auch gefangen genommen und unter dem Beifall der geplagten Bürger hingerichtet wurden, da flauten zumindest die Einzelaktionen der Skandinavier ab, die Flotten wurden größer und die Dauer-Beunruhigung wuchs zu echten Kriegen wie dem jahrzehntelangen Kampf um die Stadt Paris.

In diesen harten und echten Bewährungen treten neue Geschlechter auf, die gleichsam per acclamationem, also dadurch, dass sie das Volk durch Taten überzeugten, an die Spitze der Gemeinwesen gelangen und die in bisweilen grotesk zu nennender Sittenlosigkeit versunkenen Herrscherfamilien des frühen Mittelalters ablösen. In England ist es Alfred der Große, der durch seine in schwersten Kämpfen errungene Festigung Mittelenglands gegen die Invasionen aus Skandinavien zum bedeutendsten Herrscher des britischen Mittelalters wird, in Frankreich der von Grafen aus dem deutschen Wormsgau abstammende Odo (französisch Eudes), der 888 König wird (von seinem jüngeren Bruder Rupert stammen die Capetinger ab).

Chlodwig I., König der Franken, hatte bei seinen Siegen göttliche Hilfe mit ermutigenden Signalen aus den Wolken, und da seine härtesten Gegner, die Goten, ebenfalls Christen waren, wenn auch Arianer, entstand in jenem fünften Jahrhundert trotz allseitigen Mordens und anderer Untaten eine tragfähige Verbindung zwischen dem Frankenreich und den Päpsten in Rom. Als die Gotenreiche zerstoben waren, als hunnische Söldner im byzantinischen Auftrag das arianische Vandalenreich in Nordafrika zerschlagen hatten, war nicht in philosophisch-religiöser Auseinandersetzung, sondern durch ritterliche Waffengewalt der Katholizismus zum Triumphator über den Arianismus geworden. Die Arianer hatten Christus vermenschlicht und aus der heroisch leidenden Leitfigur einen halbgöttlichen, halbmenschlichen Helden mit irdischen Aufgaben und Erfolgen gemacht. Als nach jahrzehntelangem Streit diese Lehre aus dem christlichen Europa verschwand, entwickelte sich im dezentralisierten Christentum ein zunächst unterschwelliges Verlangen nach menschlichen Leitfiguren. Ihr irdisches Dasein sollte dem Volk Stoff für Anschauung, Verständnis und Zuwendung bieten: die Heiligen.

Es war ja auch ein etwas plötzlicher Übergang von dem so reichlich und einfallsreich bevölkerten Olymp zum kargen Hügel Golgatha. Viele Geschlechter hatten ihre besonderen Schutzgottheiten gehabt und ihnen Hausaltäre errichtet, und die Landschaften, vor allem die heimatlichen, hatten dank freundlicher Quellnymphen oder Waldelfen an Beseeltheit gewonnen, der zuliebe man auch eine Mittagshexe in Kauf nahm oder Meeresunbilden bei schlechter Laune Neptuns.

Jene, die sich in der großen Unsicherheit der mittelalterlichen Kriege nach der Pax Romana zurücksehnten, dem vielhundertjährigen, von den Legionen gesicherten Frieden, die suchten nach neuen Leitbildern, die sich eher durch Taten denn durch Leiden bewährt hatten. Der Ritter, der seinen Mantel mit einem Bedürftigen geteilt hatte, taugte dazu ebenso wie Severin von Noricum, der sich nicht in ein Kloster zurückzog, sondern barbarischen Raubstämmen entgegentrat und deren Anführer mit ernsten und klugen Worten zur Vernunft und zum Stillhalten brachte. Aber es gab eine zweite Form der Bewährung, das war die Askese: Fromme Männer setzten das Beispiel einer bescheidenen und sinnvollen Lebensführung gegen das, was inzwischen Generationen kleiner Leute an den Höfen der Mächtigen gesehen und verabscheut hatten. Dem Ritter, der ja kämpfen musste, wurde das Herrenleben zugebilligt, mit Frauen, Besitz und Gefolgschaft; der Asket lebte häufig einsam in seiner Klause als frommer, bewunderter und ehrfurchtsvoll aufgesuchter Eremit. Das Mönchtum im Kloster vermochte die herzlichen Sympathien, die zur Heiligenverehrung nun einmal gehören, nicht in diesem Maße zu erwecken, denn die Klöster waren Grundherren, sie hatten Leibeigene, und wie es hinter den hohen Klostermauern zuging, wurde bald Gegenstand von Gerüchten und Vermutungen, von Einzelvorfällen genährt und durch Bekenntnisse wie etwa die des Abaelardus bestätigt.

Obwohl manchen dieser heiligen Männer und Frauen selbst in jenen unruhigen Zeiten ein langes Leben beschieden war, begann ihre eigentliche Wirksamkeit erst nach dem Tod, gelegentlich auch schon mit den Umständen dieses Todes, den Wundern bei der Beisetzung, der rätselhaften Wirkung, die von der Grabstätte ausging. Ein sehr kleiner Teil der Gläubigen fühlte sich zur Nachfolge aufgerufen, der weitaus größere aber erwartete oder erhoffte sich eine Teilhabe an den Verdiensten der Heiligen, das heißt Hilfe von ihrer Seite bei Not, Krankheit, Ungerechtigkeit oder Unterdrückung. Sichtbares Zeichen der fortwirkenden Anwesenheit des heiligen Menschen waren die Reliquien, meist Knochenteile des Leichnams, oft auch Gegenstände, deren er sich bedient, Kleidungsstücke, die er getragen hatte. Die Reliquien, in kunstvollen Schreinen aufbewahrt, oft hinter Glas für die Gläubigen ausgestellt, bildeten nicht nur den wertvollsten Besitz der Klöster, sie wurden auch in Prozessionen vor dem Zug hergetragen, ja nach dem Sieg beim Einzug in die eroberten Städte festlich mitgeführt.

Man kennt die boshaften Statistiken, die aus der Zusammenzählung der in ganz Europa verstreut aufbewahrten Knöchelchen eine absurde Anzahl heiliger Gliedmaßen gewonnen haben; irgendeine Bedeutung haben diese Ungereimtheiten nicht, da es ja ohnedies nur der Glaube und das Gottvertrauen waren, die diesen Relikten zu einer mindestens beruhigenden und ermutigenden Wirkung auf ein Volk verhalfen, das weitgehend unmündig war und andere Hilfen entbehren musste. Im berühmten Hospiz der Weinstadt Beaune sehen wir noch heute deutlich und überzeugend, wie kundig und würdig sich die Kranken- und Altenpflege des Mittelalters der Wirkung von Heiligenbildern bediente und wie viel die Beschäftigung mit dem Leben und Wirken der Heiligen dazu beitragen konnte, ein armseliges Dasein mit schwachem, aber beständigem Licht zu erfüllen. Wo solche Hospize fehlten, also vor allem im großen Elend des Krieges, war die ritterliche Oberschicht aufgerufen, vergleichbare Hilfe zu leisten.

Aber wo gab es ihn schon, den Ritter? Er konnte durch seinen Grundbesitz aus der Masse der kleinen Leute herausgehoben worden sein oder aber durch ein Amt; der Besitz aber bedeutete eine Fülle von Ansprüchen wirtschaftlicher und familiärer Natur, und das Amt setzte eine Obrigkeit voraus, die organisierte Verwaltung, das Staatswesen. Auch ein Auflösungsprozess, der sich über Jahrzehnte hinzieht, hat historisch gesehen noch eine irritierende Plötzlichkeit, und für das, was nach dem Römerreich nun in Europa entstanden war, hatte es keine Muster gegeben, keinerlei Erfahrungen: Das germanische Mitteleuropa war im Grunde eine einzige

Improvisation bis zu der überragenden Erscheinung Karls des Großen. Seit dem römischen Kaiser Hadrian war er der Erste, der den Kontinent als solchen erfasste, überblickte und als Aufgabe verstand. Und wie Hadrian hatte er eine Reichsidee, wenn auch ganz anderen Charakters, nämlich das Christentum, und dieses Christentum hatte, so widersinnig es klingt, mit dem Limes und der römischen Militärmacht seinen Schutz verloren. Das katholische und das arianische Christentum waren zur Religion des großen, schwankenden Reiches geworden und von jenen germanischen Völkern, die das Römerreich zerschlagen hatten, an die Stelle der eigenen germanischen religiösen Überzeugungen gesetzt – die Sieger hatten die Religion der Besiegten übernommen. Insgesamt aber stand nach dem Sieg des Karl Martell über Araber und Berber bei Tours dem mohammedanischen Ansturm ein im Kern christliches Europa gegenüber, das sich unter Karl dem Großen spät aber doch konsolidiert hatte.

Von Georges Bernanos stammt das ahnungsvolle Wort, dass der christliche Gehorsam seinem Wesen nach heldenhaft sei, und Heldentum jeder Art war im frühen Mittelalter tatsächlich gefragt, denn nach dem Sieg über den von Südwesten her andrängenden Feind hatte das Heidentum der seefahrenden Nord- und Nordwestgermanen eine neue Angriffsfront eröffnet. Aber man zögert schon bei dem Wort Front, denn selbst unter dem großen Kaiser war die Frankenmacht nicht überall bis an die Küsten vorgedrungen, auf den friesischen Inseln hielten sich hartnäckig und schwer angreifbar heidnische Kleinfürsten, die man besser Häuptlinge nennen würde, und vor der Bretagne, die Karl nie wirklich erobern konnte, verharrten etwa auf der Ile de Sein Mondanbeter bis ins achtzehnte (!) Jahrhundert in ihrer besonderen Form eines Meeres-Glaubens. Immerhin sagen uns die zu Unrecht als trocken bezeichneten Reichsannalen, dass Karl, wo immer die skandinavischen Raubflotten angriffen, mit größter Energie zurückschlug und, um die Abwehr zu stabilisieren, die Einrichtung der hoch gerüsteten Kleingrafschaften traf, in Sardinien im Süden genauso wie an den flandrischen Küsten. Diese gleichen oder doch vergleichbaren Aufgaben an verschiedenen Punkten des gefährdeten christlichen Europa festigten den Begriff des Ritters in nachrömischer Zeit: Die Abwehr war verdienstlich, der Gegner stets der Angreifer, es gab keine verwirrenden Bündnisse, wie sie in Spanien zwischen christlichen und mohammedanischen Kleinfürsten vorkamen. Rittertum und Christentum, Verteidigung des Glaubens und Schutz der christlichen Gemeinschaften, das schmolz zu einem einzigen Dauerauftrag zusammen, in dem sich der heimatlose Ritter der Völkerwanderungszeit wiederfinden und geistig einrichten konnte.

Es lag in der Natur der Abwehr-Aufgaben, dass sich zwischen dem Grafen und seinen engsten Vertrauten auf der einen, den Schutzbedürftigen auf der anderen Seite auch eine materielle Beziehung entwickelte: Der Beschützer musste ernährt und motiviert werden, und der Kampf für das Christentum steuerte bald, wenn auch auf unterschiedlichen Wegen, den ritterlichen Drang nach Besitz, nach Sicherheit für die Familie und Tradition. Es kam also gleichsam zu irdischer Belohnung für den Dienst an der Religion.

In die Mitte seines Besitzes stellt der Ritter ein Bauwerk durchaus neuen Typs, die Burg. Der römische Ritter hatte je nach seinem Vermögen ein Landhaus bewohnt, einen Stadtpalast, eine Villa. Die Bischöfe lebten im frühen Mittelalter in noch nicht sonderlich ansehnlichen Gebäuden nahe ihrer Hauptkirche. Der Ritter aber baute sich eine Burg, keineswegs nur für sich selbst, sondern meist auch als Fluchtburg für die Menschen, die im Schutz seines Schwertes lebten und die bei Gefahr auf dem flachen Land zur Beute für Angreifer oder zu Opfern von Überfällen werden mussten. Es lag nahe, sich unter den Mauern der Burg niederzulassen, was freilich nur die Kaufleute und die Handwerker tun konnten; der Bauer brauchte seine Felder und hatte darum den weiteren Weg zu den rettenden Mauern.

Verließ der Ritter seine Burg, so musste angesichts des hohen Ideals, dem er sich verschworen hatte, auch ein hoher Zweck, ein vertretbares Ziel gefunden werden. In den Sagen genügte es, eine Jungfrau vor einem Drachen zu retten oder einen Zauberer zu besiegen. In der harten Wirklichkeit des mittelalterlichen Lebens musste das Christentum Gründe für das Verlassen der Heimat und für den blutigen Feldzug liefern. Diese gottwohlgefälligen Unternehmungen wurden dann Kreuzzüge genannt.

Es gab in der europäischen Geschichte eine Menge Kreuzzüge, die sich keineswegs nur gegen Sarazenen richteten, wenn es wohl auch mit den Kämpfen gegen die mohammedanischen Herren des nordwestlichen Spanien und Septimaniens begonnen hatte und mit dem legendären Feldzug des Ritters Roland, Markgraf der Bretagne, der 778 gegen die Basken sein Leben verlor, als er die Nachhut des Kaisers beim Rückzug aus Spanien befehligte. Die Kämpfe gegen die heidnischen Slawen in Ost- und Nordosteuropa wurden ebenso als Kreuzzüge bezeichnet wie die Vernichtung der Albigenser, ja selbst, als der Prinz Eugen gegen christliche Sektengemeinschaften zu Felde zog, sah die Kirche darin einen Kreuzzug, beinahe tausend Jahre nach Karl Martell.

Angesichts dieser vielfältigen Aufgaben und der sehr allgemeinen Verpflichtung, das Christentum zu verbreiten, ließ sich die Maxime von der Abwehr der Ungläubigen, von der Verteidigung des eigenen Glaubens so eng nicht mehr aufrechterhalten. Auch ging es ja nicht mehr nur um geistige Werte, sondern um Territorien und in diesen wiederum um die Zentren der Glaubenspflege, um die Kirchen mit den Schreinen, in denen die Reliquien lagen, mit den Krypten, an die sich die lokale Glaubenstradition heftete. Und als nach und nach immer mehr fromme Männer und Frauen die heiligen Stätten des Christentums im Nahen Osten besuchten und von dort auch wiederkehrten, dehnte sich die Schutzverpflichtung der christlichen Ritter gleichsam von selbst über Europa hinaus und bis an den Ostrand des Mittelmeeres aus. Es ist erstaunlich, aber selbst die wildesten Fürsten, die härtesten Kämpfer, begriffen den Zusammenhang zwischen ihrem Seelenheil und dem Heiligen Land, und je mehr einer zu

Hause gemordet hatte, desto häufiger zog er quer durch Europa und über das Meer zu jenen heiligen Stätten, die zwar im Sarazenenland lagen, aber die man als friedlicher Pilger und dank des Erwerbssinnes der Araber ohne sonderliche Fährnisse besuchen konnte ...

Die Kreuzzüge

Die beiden schicksalhaften Irrwege des christlichen Abendlandes – die Kreuzzüge und die Italienpolitik – sind realpolitisch nicht zu erklären. Hochgebildete und durchaus freisinnige Päpste wie Pius II. (Aeneas Sylvius Piccolomini) hielten gleichsam bis zum letzten Atemzug und selbst in tiefsten gesundheitlichen Krisen an der Vorstellung fest, ihr Pontifikat werde seinen höchsten Sinn aus der Eroberung der Heiligen Stätten des Christentums empfangen. Und energische, erfolgreiche Herrscher wie Friedrich I. Barbarossa, ein Staufer mit Tatsachensinn und Weitblick, zogen ein Leben lang immer wieder über die Alpen, ohne zu verstehen, dass diese deutlich sichtbare natürliche Grenze eines Herrschaftsbereichs auch königlichen Aktivitäten die Richtung wies in die weiten Ebenen des nördlichen und östlichen Deutschland. Nach dem Untergang wertvoller und kräftiger Wanderstämme in der Völkerwanderung, nach dem Versiegen von Goten, Vandalen, Herulern, Rugiern und Gepiden in fremder Erde, bringen Kreuzzüge und Italien-Invasionen weitere unersetzliche Blutverluste der germanischen Stämme, die man zwar nur mit Vorbehalt einem deutschen Zentralstaat zurechnen kann, die aber ganz zweifellos ein wesentliches Element der europäischen Völkerfamilie bilden konnten. Dass die desaströse Verarmung und Verdünnung im Herzraum Europas nicht zu einem Vakuum der Siedlungs- und Entwicklungsgeschichte führte, verdanken unsere Territorien einem langsamen und im Ganzen friedlichen Einströmen slawischer und baltischer Stämme in die Stromtäler von Weichsel, Oder, Havel und Lausitz bis zur natürlichen Grenze der Elbe.

Dieser gewaltige, das fünfte, sechste und siebente Jahrhundert erfüllende Vorgang begründet die Situation, die nach den Kreuzzügen die deutschen Ritterorden zu aggressiven Aktivitäten herausfordern wird. Es ist ein natürlicher Vorgang, denn nichts ist in der Migrationsgeschichte selbstverständlicher als die Auffüllung schütter besiedelter

Lebensräume durch Einwanderer. Das Land war weit, in vielen Fällen kam es weniger zu Verdrängungen als zu Ausweichvorgängen, vor allem, da die Slawen sich sehr langsam westwärts bewegten und andere Wirtschaftsformen hatten als die zurückgebliebenen Germanenstämme. Große, blutige Begegnungen sind eben so wenig überliefert wie Entscheidungsschlachten oder gar Völkermord, aber es gibt eine hartnäckig immer denselben Unsinn publizierende Gruppe von Amateurforschern, die sich mit diesen in Bodenfunden und Chroniken vielfach belegten Ereignissen nicht abfinden kann. Immer wieder erscheinen in Verlagen, die niemand kennt, umfangreiche Darlegungen des Inhalts, diese Einwanderer aus dem Osten seien ebenfalls Germanen gewesen und alle slawischen Ansprüche auf die strittigen Gebiete somit illusorisch.

Von einem überholten, wenn auch noch nicht vergessenen Panslawismus gereizt, bemühen sich diese nicht aussterbenden Liebhaber-Namensforscher und Panegyriker einer gar nicht so großartigen Vergangenheit, aus Berg- und Gewässernamen jene germanische Anwesenheits-Priorität zu beweisen, die ohnedies niemand in Abrede stellt. Es gab nur einen slawischen Zwischenakt nach den Bevölkerungsverlusten der großen Wanderungen, und es gab jene segensreiche Vermischung deutscher Altstämme mit ostelbischen Einwanderern, denen unser ganzes Mitteleuropa geistig und in der Allgemeinkultur so außerordentlich viel verdankt. Was daran von Übel sein soll, habe ich nie zu begreifen vermocht, sooft man mir in Leserbriefen versicherte, die Wenden seien „eigentlich" auch Germanen gewesen.

Ehe die Ritter sich mit den Heiden aus dem Osten beschäftigen und für Rittergüter auf europäischem Boden kämpfen konnten, mussten sie sich ins Heilige Land aufmachen, denn die Religion hatte die strengeren Gebote, und so mancher König strebte selbst nach der Heiligkeit.

Régine Pernoud hat in ihrem schönen Buch über die Heiligen im Mittelalter darauf hingewiesen, dass an der Spitze jener Pyramide, deren oberste Schichten Geistlichkeit und

Rittertum bilden, ein König steht, der sich nicht nur seines Gottesgnadentums dauernd bewusst ist, sondern auch seiner persönlichen Heiligkeit. Der christliche Staat des Mittelalters empfängt aus dieser Hierarchie seine Ordnung und seine Rechtfertigung, und so mancher Herrscher, den wir als Ungeheuer kennen gelernt haben, wird auf dem letzten Krankenbett lammfromm wie Ludwig XI., der zu seinen Lebzeiten sich nicht scheute, Kirchenfürsten in Käfigen zu halten; Foulque III. Nerra, Graf von Anjou, der grausamste Fürst seiner Epoche in Frankreich, absolviert nicht weniger als vier Pilgerfahrten ins Heilige Land. „Zahlreiche fromme Stiftungen folgten seinen Gewaltakten gegen die Kirche" (Jean Favier).

Aber es gab sie, die tatsächlich und aus Überzeugung nach einem heiligmäßigen Leben strebenden Könige, und man kann sich vorstellen, dass dies für einen Herrscher schwieriger war als für einen Ritter oder gar einen Kirchenfürsten. Ludwig der Heilige von Frankreich ist wohl das bekannteste Beispiel, und es lässt sich angesichts seiner Kreuzzüge und seiner persönlichen Schicksale, seines Opfertodes vor Tunis auch nicht übertreffen. Aber die Königreiche von Leon und Kastilien hatten etwa gleichzeitig in Ferdinand III. einen Herrscher, der seinen Kreuzzug gegen die Araber im eigenen Land führte, die Araber, die auch in jenem dreizehnten Jahrhundert noch große Teile von Spanien beherrschten und das Land mit ihrer für jeden Christen skandalösen, weil sinnlichen und überreich prangenden Kultur erfüllten. Als Ferdinand im Dezember 1248 in Sevilla einzog, durfte er sich fühlen wie der König eines anderen Jerusalem, und seine Ritter waren Kreuzritter, mochten sie auch nicht im Heiligen Land gekämpft haben. Prinz Ferdinand von Portugal trug zweihundert Jahre später die christlichen Waffen nach Nordafrika, geriet in Gefangenschaft und starb 1443 in Ketten.

Sehr früh verbinden sich auch die große Reise nach Jerusalem mit der Legitimation des Herrschers, als müsse er das Gottesgnadentum an Ort und Stelle erlangen. Régine Pernoud weist auf den bedeutsamen Umstand hin, dass just im zerrissenen und gefährdeten England, wo kleine Reiche verzweifelt gegen die kampfgewohnten skandinavischen Eindringlinge kämpften, sich diese Möglichkeit, einen Kleinkönig auf dem Thron zu stabilisieren, schon früh durchsetzte.

Aus diesen unruhigen Zeiten hebt sich das kurze, aber erfolgreiche Regiment (939 – 946) des Heiligen Königs Edmund I. heraus, dem ein schicksalhaftes Bündnis mit Malcolm I. von Schottland gelang und, zwei Jahre vor seinem Tod, der große Sieg über die Skandinavier, der ihm praktisch das ganze England bis zur Nordgrenze von Northhumbria sicherte. Er empfing auch eine Gesandtschaft aus Deutschland und spielte in der Kontinentalpolitik eine gewisse Rolle als Schlichter. Entscheidende Eindrücke in der Jugend hatte er von König Offa von Ostanglien empfangen, „the most famous hero of the early Anglia" (Encyclopaedia Britannica), einem der ersten Jerusalempilger von der Insel. Der Ruhm Edmunds beruhte jedoch auf dem, was damals am nötigsten war, auf seinen zwei Gesetzesbüchern. Es war ein Gesetzesbrecher, ein Verbannter, der am 26. Mai 946 in der Königshalle von Pucklechurch in Gloucestershire Edmund durch einen Pfeilschuss tötete, ein Umstand, der zur Heiligsprechung beitrug.

Auch im Norden und Osten traten nun bald heilige Könige auf, wobei es meist schon genügte, dass sie in ihren Ländern das Christentum eingeführt hatten. Wladimir der Große (956 – 1015) errichtete in der herrlichen Dnjeprstadt Kiew Russlands erste Kirche. König Olav II. Haraldsson (995 – 1031) führte das Christentum in Norwegen ein und gab dem berühmten Seefahrer Leif Erikson den Auftrag, Gleiches auch bei den Grönlandwikingern und in der Neuen Welt zu tun, wonach sogar Grönland seinen Bischof erhielt.

An unseren östlichen Grenzen war es ein Urenkel des kriegerischen Großfürsten Arpad, der in der Taufe durch den kühnen Missionar Adalbert von Prag den christlichen Namen Stephanus erhielt. 995 heiratete er Gisela, Tochter des Herzogs Heinrich II. von Bayern, und fortan fehlte es ihm nicht mehr an tüchtigen Streitern für das katholische Christentum, das er in Ungarn mit „Feuer und Schwert" verbreitete (so formuliert immerhin der sonst so behutsame Große Meyer...). Er machte sich vom Großfürsten zum König, teilte sein Land in zehn Bistümer auf und erhielt von dem bedeutenden Papst Silvester II. (vormals Gerbert, Erzbischof von Ravenna), enger Freund und Ratgeber Kaiser Ottos III., die seit 1279 verschollene, auf abenteuerlichen Wegen nach Ungarn gelangte Stephanskrone. Er starb 1038 und wurde in dem von ihm gegründeten Kloster Gran am rechten Donau-Ufer begraben, in der Stadt, die vielen als die Etzelsburg des Nibelungenliedes gilt.

Schon hundert Jahre darauf begann Ungarn in der Geschichte der Kreuzzüge eine große Rolle zu spielen, wenn sich auch die Nachfolger Stephans nicht mehr im Ruf der Heiligkeit sonnen konnten, sondern den Kreuzfahrern manche Sorge bereiteten: König Bela III. (1173 – 96) erwies sich als harter Verhandlungspartner des Erzbischofs Conrad von Mainz, der Ungarn zur Stellung von Pferden, Rindern und Futter für das Kreuzheer verpflichten wollte. Erheblich freundlicher ging Bela III. mit Kaiser Friedrich I. Barbarossa um, vielleicht, weil er erfahren hatte, dass der Kaiser den Ort Mauthausen, wo man den Pilgern Zoll hatte abnehmen wollen, kurzerhand hatte niederbrennen lassen. Man traf bei Gran am 4. Juni 1189 zusammen, Belas französische Gemahlin Margarethe stellte dem Kaiser ihr eigenes Prunkzelt zur Verfügung, und der zuvor noch so genau rechnende Bela stiftete zwei Schuppen voll Mehl und Hafer für arme Pilger (hingegen wurden Schiffe mit Brot, Wein, Gerste, Rindern und Schafen dem Kreuzheer in Rechnung gestellt). Als Friedrich wieder aufbrach, begleiteten ihn zweitausend ungarische Ritter, die mit dem Kreuzheer am 28. Juni Belgrad erreichten; beim Übergang über die Donau waren allerdings einige Ritter mit ihren Pferden ertrunken.

Noch war man nicht in Feindesland. Mit allen Fürsten, durch deren Länder man zog, hatten die meist geistlichen Diplomaten, die dem Zug voranreisten, über friedlichen

Durchzug verhandelt, und es ist durchaus interessant, wenn auch für die Ordensgeschichte selbst nicht wichtig, dass Kaiser Friedrich bei dieser Gelegenheit häufig um Hilfe, um Rat oder um Schlichtung angesprochen wurde, ob es nun um die Kosten einer fürstlichen Hochzeit ging oder um die Anbahnung und Genehmigung einer Eheschließung, immer wieder aber auch um die Stellung von wegekundigen Führern. Noch hatten die Ritter nicht selbst in das soziale Gefüge des großen Zuges eingreifen oder ihm den Weg erkämpfen müssen: Die fünfhundert Strolche, die man in Wien daran gehindert hatte, sich in der Hoffnung auf Beute dem Zug anzuschließen, waren von den Profosen verjagt, dreihundert Diebe waren gehenkt worden, anderen hatte man die rechte Hand abgeschlagen. Das war noch die übliche soldatische Disziplin, dem großen Kaiser aus vielen Feldzügen vertraut; in Nissa aber, dem heutigen Nisch, musste der Kreuzzug in eine sichere Marschordnung gebracht und auf kriegerische Begegnungen vorbereitet werden, wenn zunächst auch eher Scharmützel als Schlachten zu erwarten waren. Es war der alte, ewig unruhige Balkan, in dessen Schluchten und Tälern schon Römer und Goten auch mit wohlgerüsteten Truppen die größten Schwierigkeiten gehabt hatten. In den vier Abteilungen, in denen fortan marschiert wurde, übernahmen die Ritter erstmals Schutzaufgaben für die Pilger, wenn auch nicht in der geschlossenen Formation eines Ordens, so doch in einem nicht nur militärischen, sondern auch religiösen Sinn und Auftrag, und es sind Namen darunter, die uns später in Person oder mit ihren Nachfahren in der Ordensgeschichte wieder begegnen werden. Zwischen den Rittern zogen, wie in karolingischen Zeiten, kriegerische Bischöfe, die ihre Diözesen Lüttich, Würzburg, Passau, Basel oder Münster verlassen und das Kreuz genommen hatten.

Rheinhold Röhricht schildert uns in seinem schon klassischen Bericht von 1878 die drastischen Verfahren, mit denen Adel und Geistlichkeit die ihnen anvertrauten frommen Wanderer sicher ins Heilige Land zu bringen versuchten: „In dieser Schlachtordnung brachen nun die Deutschen von Nissa auf und rückten durch eine wüste und gebirgige Gegend langsam und mühsam vor. In allen Gebüschen tauchte wieder Räubergesindel auf und schleuderte seine vergifteten Pfeile auf Nachzügler und Wagenführer. Der Bischof von Passau und der Herzog von Meran wurden auf die Razzia gegen sie ausgeschickt, und ihnen gelang es, über vierzig abzufangen, von denen allein vierundzwanzig an einem Galgen mit den Beinen nach oben aufgeknüpft wurden, während ebenso viel bei anderer Gelegenheit an Pferdeschwänze gebunden und zu Tode geschleift wurden. Der Vogt Friedrich von Berge sah einen jener Räuber auf einem Baume, wo er auf die Gelegenheit, einen Pfeil herabzusenden, lauerte; er schoss ihn wie einen Raubvogel herunter, hängte ihn dann an einen Baum und neben ihn noch sechs andere." Die Herren konnten also vermutlich mit der Armbrust gut umgehen. Von einem Grafen von Sayn wird berichtet, er habe allein zwölf Räuber getötet. „Allein trotz aller mannhaften Gegenwehr und trotz aller grausamen Strafen wiederholten sich jene Angriffe Tag und Nacht, bis endlich, am vierzehnten Tage nach dem Aufbruch aus Nissa (13. August 1189), das Heer glücklich Sofia erreichte, das jedoch von den Einwohnern vollständig verlassen war."

Die Härte, mit der die Ritter aus dem kultivierten Mitteleuropa vorgingen, hatte sich also herumgesprochen, Pilger und Soldaten hatten ungeachtet ihres hohen Zieles offensichtlich einen sehr schlechten Ruf. Wie schwer es war, Tausende von Menschen, die untereinander vorher kaum Verbindung gehabt hatten, nun geschlossen und diszipliniert zum Heiligen Grab zu führen, belegen uns verschiedene Chronisten, die Röhricht vielsagend zusammenfasst:

„All diese fortwährenden Raub- und Plünderungszüge lockerten die Bande der Disziplin: Die Unmöglichkeit einer strengen und allseitigen Aufsicht, die Gelegenheit, glänzende und kostbare Beutestücke zu gewinnen, ließen bald Verwilderung einreißen. Habsucht und Neid, Schwelgerei und Liederlichkeit begannen zu herrschen. Friedrich suchte mit starker Hand Zucht und Ordnung zurückzugewinnen. Einige freche Räuber, welche an Armeniern (Marketendern) sich vergriffen und dadurch die früheren Freunde und Versorger des Heeres verscheucht hatten, wurden geköpft, andere, Männer wie Frauen, wurden auch häufig mit am Rücken gebundenen Händen nackt in die eisigen Wogen der Maritza getaucht, um ihre Lüste zu kühlen."

Die Maritza ist der Hauptfluss der Balkanhalbinsel, entspringt am Rilagebirge und fließt bis Adrianopel an den Rhodopen hin, ehe sie nach der entscheidenden Südwendung beim heutigen Enez mündet. Der Bericht ist aufschlussreich, und die Einwohner von Sofia hatten offensichtlich das Richtige getan, als sie sich in Sicherheit brachten. Die lange Strecke, der entbehrungsreiche Marsch, das Ausbleiben zugesagter Versorgungstransporte, das hatte in diesen Menschen, die zu Hause wohl vor allem von der dörflichen Ordnung gehalten worden waren, manche Hemmungen beseitigt, und ob die kühlen Wellen der Maritza sie wieder herstellten, darf bezweifelt werden. Die Vorgänge relativieren das Bild einer frommen, ihrem Heil entgegenziehenden Gemeinschaft, wie sie im Jahrhundert zuvor unter der Führung des Erzbischofs von Mainz und der Bischöfe von Bamberg, Regensburg und Utrecht nach Jerusalem gezogen waren: Diese waren – sieben- bis zwölftausend an der Zahl – sämtlich waffenlos, und als sie von Räubern überfallen wurden, waren es muslimische Ordnungstruppen, die sie schützten und die Räuber vertrieben, weil sonst die Pilgerströme ausgeblieben wären und die ortsansässige muslimische Bevölkerung Einnahmeverluste erlitten hätte (wie uns die Altaicher Annalen versichern).

Nur hundert Jahre später las man's anders. Der Lehnsadel war, wie Sidney Painter in einer Untersuchung von 1935 wörtlich sagt, „ein grausamer, wilder und völlig undisziplinierter Stand ... Das feudale Rittertum war dem wirklichen Leben der Ritter jener Zeit zweifellos näher als der religiöse oder romantische Typ. Ich bezweifle, dass das Mittelalter jemals einen vollkommenen christlichen Ritter erlebt hat ... Ein Ritter sollte allein nach Ruhm streben, aber (z. B.) Guillaume le Maréchal hatte ein tiefes und dauerndes Interesse an Pferden und Lösegeldern."

Wir erleben also in diesem schicksalhaften Kreuzzug Kaiser Friedrichs I. einen großen Wandel sowohl in der Rolle und Eigenschaft des Pilgers als auch in der Funktion des Ritters. Die fromme Wanderung unter der Führung von Kirchenfürsten und Prälaten wird zum Kriegszug durch die Schluchten des Balkans, schon unterwegs durch zahllose Scharmützel gekennzeichnet, von den Einheimischen teils gefürchtet, teils als Gelegenheit angesehen, der unvorstellbaren Armut der Balkanvölker durch Überfälle auf die Ankömmlinge aus dem reichen Mitteleuropa abzuhelfen. Namenlose, geschichts- und gesichtslose Splittervölker aus chaotischen Jahrtausenden werden mit einer völlig neuen Spezies von Mensch konfrontiert, und diese heranziehenden, wohl gerüsteten, reich gekleideten, berittenen und bewaffneten Männer tragen den Glanz des hohen Mittelalters in ein Bauerndasein an der Schwelle des Dauer-Elends.

„Um diese Zeit verließen die Deutschen mit allem Heeresgerät und Gepäck Philippopel (das heutige Plovdiv an der Maritza), nachdem sie die Stadt völlig dem Boden gleichgemacht hatten (!); die meisten zogen nach Berrhoe (eine der ältesten Städte Makedoniens am Fuß des Bermios, heute Werria), plünderten und verbrannten es ... Währenddessen hatte der Herzog von Schwaben die Stadt Tschatal-Borgas an der Maritza erobert und unermessliche Beute an Getreide und Wein gemacht. In der Nacht sahen seine Leute ein rotes Kreuz am Himmel, stimmten freudig das Kyrie Eleison an und verbrachten die ganze Nacht mit dem Gesange frommer Lieder" – wozu wohl der erbeutete Wein getrunken wurde ...

Ob die nackten Makedonierinnen wieder aus dem kalten Fluss gefischt wurden oder ob sie darin mit ihren unfrommen Gefährten zugrunde gingen, sagt uns der Priester Ansbert nicht, im Übrigen aber ist sein Kreuzzugsbericht der bunteste und an Einzelheiten reichste, weswegen es als ein besonderer Glücksfall gilt, dass er 1824 (!), siebenhundert Jahre nach seiner Abfassung, in Prag entdeckt wurde. Der bildkräftige Bericht bestätigt den Kardinal-Irrtum des Kaisers und seiner Berater; man hätte wissen müssen, dass der Landweg über den wilden Balkan zum Bosporus einem Kriegszug auf christlichem Gebiet gleichen würde. In Ungarn noch unterstützt, in Serbien noch nicht nennenswert gefährdet, geriet der große Zug in den Einflussgebieten des griechisch-oströmischen Kaisers Isaak Angelos in die größten Schwierigkeiten. Die Führer erwiesen sich als unzuverlässig, die Passstraßen als kaum gangbar, Kaiser Isaak selbst als wortbrüchig, ja verräterisch und hinterhältig, so dass Karl Hampe, ein Bewunderer Kaiser Friedrichs I., in seinen Essays über Herrschergestalten des deutschen Mittelalters bedauert, dass Barbarossa darauf verzichtete, Isaaks „morsche Herrschaft in raschem Ansturm über den Haufen zu werfen". Immerhin war das Schicksal dieses Herrschers hart genug, ließ ihn doch der eigene Bruder blenden und in den Kerker werfen.

Nicht alle Herren, die den Pilgerzug begleiteten, hatten so viel Geduld mit den Griechen wie Friedrich I. selbst. Der Bischof von Würzburg, ein Graf Salm, dazu die Grafen von Wied und von Spanheim eroberten mit bewaffneten Pilgern zwei verlassene walachische Städte und eine dritte, die sich herzhaft gewehrt hatte. Fünftausend Einwohner wurden dem erhabenen Zweck, das Heilige Grab zu erobern, bei dieser Gelegenheit geopfert, während der Graf von Abensberg und der Vogt Friedrich von Berg nördlich von Adrianopel das Land verwüsteten und Lebensmittel zusammenraubten. Isaak, nun doch ziemlich beeindruckt, verhandelte mit dem Kreuzheer und versprach, Schiffe für die Überfahrt am Bosporus zu stellen, wenn die Verheerungen im europäischen Landsporn endlich aufhören würden.

Die Bestimmungen dieses mühsamen Friedens zwischen Kaiser Friedrich und den für ihre Winkelzüge bekannten griechisch-byzantinischen Diplomaten sind außerordentlich kompliziert und zeigen, dass selbst um Nuancen gekämpft wurde, wenn zum Beispiel Bauern, die ihre Vorräte nicht verkaufen wollten, diese zwar abgenommen werden durften, die Familie selbst jedoch ungekränkt auf ihrem Hof bleiben konnte. Auch die Wechselkurse für die damals und dort üblichen Währungen wurden festgelegt, und die Byzantiner mussten Geiseln selbst aus der kaiserlichen Familie stellen. Da aber auch das Kreuzheer sich allerlei hatte zu schulden kommen lassen, bestand Byzanz auf Sicherheiten. Die Gestellung von Geiseln kam in diesem Fall nicht in Frage, im Gegenteil, die wenigen Gefangenen, die sich in byzantinischer Haft befanden, mussten freigelassen werden, und im Übrigen beschworen fünfhundert deutsche Ritter den Vertrag von Adrianopel.

Diese von drei Chronisten bestätigte Tatsache ist bemerkenswert, denn wenn auch fünfhundert Eideshelfer noch keinen Orden bilden, so tritt mit ihnen doch eine ritterliche Gemeinschaft in Erscheinung. Die Maßnahme hatte ihren Sinn, denn eine große und wohl gerüstete Armee weckte Begehrlichkeiten in jeder Richtung. Verschiedene am Bosporus gegeneinander stehende Parteien versuchten, sich die Unterstützung des Kreuzheeres zu sichern, ja aus der reichen Seestadt Pisa trafen Schiffe und Soldaten ein, die sich erboten, mit dem deutschen Kaiser Byzanz zu erobern und das oströmische Kaiserreich zu stürzen. Auch aus Venedig waren Schiffe mit Lebensmitteln gekommen, legten aber wieder ab, da man sich über die Preise nicht einigen konnte. Als ein Sturm sie in den Hafen von Gallipoli zurücktrieb, griffen die Deutschen dann zu, bestimmten die Preise und kauften die bitter benötigten Lebens- und Futtermittel.

Es war ein besonders regenreiches Frühjahr, Ansbert spricht sogar von schrecklichen Regengüssen. Die Meerenge wurde überquert, und am 1. April 1190 stand man schließlich am Granikus; eineinhalb Jahrtausende zuvor hatte Alexander der Große hier seinen ersten Sieg über die Perser errungen. Beim Übergang über den Fluss gab es Verluste durch Ertrinken, in der Folge fehlte es an Futter für die Zugtiere, die dem Hunger und der Anstrengung erlagen, und die zweitausend Ungarn des Königs Bela gaben auf: Sie kehrten um, solange sie noch die Kraft in sich fühlten und weil sie, wie Ansbert anzüglich bemerkt, nicht die Übung im Rauben und Kämpfen hatten wie die Böhmen. Auch Reitpferde starben, die Städte erwiesen sich als verlassen, ja Hierapolis, die alte Stadt nahe dem Fluss Mäander, war von ihren Einwohnern sogar zerstört worden, so dass sich das Heer auch auf andere Akte der Feindschaft einstellen musste. Das Tal aber, in das die Kreuzfahrer von Hierapolis hinabstiegen, erwies sich als eine schöne und freundliche Landschaft, in der große Herden weideten.

Raubscharen, die man nicht Truppen nennen konnte, begannen, das Heer zu beunruhigen, überfielen Lagerzelte und schleppten Gepäck weg. Auch als die Deutschen etwa dreihundert Räuber töteten, erlahmte die Gier der Streifscharen nicht, und die inzwischen völlig ermatteten Ritter mussten sich Tag und Nacht der Übergriffe erwehren. Ein Graf von Kyburg tötete im Kampf allein siebzehn Türken, wie die Chronisten sich ausdrücken, ohne dass sich heute völlig klären ließe, um welche Stämme es sich zweihundertfünfzig Jahre vor der Eroberung Kleinasiens durch die Türken tatsächlich gehandelt hatte. Das Land, durch das man zog, war jedenfalls uraltes Territorium mächtiger Räubersippen, die zu Land und zur See schon den Römern die größten Schwierigkeiten bereitet hatten. Wieder waren es hier die Böhmen, die mit ihren Listen besonderen Erfolg hatten: Sie zogen Knechtskleidung über die Lederkoller, machten sich auf wie zum Futtersammeln und zogen verborgene Schwerter, wenn die Räuber über sie herfielen.

Die Stunde der Bewährung kam im Hochpass von Myriokephalon, inmitten kahler und steiler Felswände. Vierzehn Jahre zuvor hatte der oströmische Kaiser Manuel I. Komnenos – bis dahin ein erfolgreicher Heerführer – hier die entscheidende, seine Macht vernichtende Niederlage erlitten. Friedrich I. war gewarnt und hatte vorgesorgt. Statt in den Passweg einzumarschieren, wo dreitausend Feinde das Kreuzheer erwarteten, hatte er einen Gefangenen gezwungen, den Rittern einen Umweg zu zeigen. Dieser war zwar steil und forderte den Gruppen die letzten Kräfte ab, aber er war feindfrei bis auf ein paar überraschte Gegner, die gegen die Vorhut der Deutschen sechzig Tote verloren und sich daraufhin zurückzogen. Die Nachhut, den gefährdetsten Teil der Marschordnung, kommandierten die Herzöge von Schwaben und von Meran und der Markgraf von Baden. Herzog Friedrich von Schwaben und zehn seiner Ritter erlitten Verletzungen.

Statt Gott für diese günstige Passage zu danken, fielen die Pilger in der Ebene über die Bauern her und töteten einige von ihnen, auch ihre Frauen und ihre Kinder. Damit war nun offener Krieg; die Geiseln machten sich aus dem Staub, man kämpfte Tag und Nacht unter schwersten Opfern. Bei einer nächtlichen Verfolgung stürzte der Ritter Friedrich von Hausen aus dem alten thüringischen Adelsgeschlecht so unglücklich, dass er sich das Genick brach.

Da die zum Fouragieren ausgesandten Truppenteile sofort wütend angegriffen wurden, hungerte bald das ganze Heer. Die Stadt Philomelium, in der man sich Vorräte erhofft hatte, war von den Einwohnern in Brand gesteckt worden. Die Chronisten überbieten einander in bezeichnenden Einzelheiten, denn nicht nur der Hunger, auch der Durst plagte die Männer auf dem Zug durch das trockene Taurusgebirge unter der Maisonne. Die Männer tranken den eigenen Urin und aßen die gekochte Haut von Pferden und Rindern. Auch das Blut toter Pferde wurde getrunken und aus den dürftigsten Bergpflanzen noch ein Rest von Feuchtigkeit gesaugt; dabei musste immerzu gekämpft werden, wenn auch die Angreifer nicht sehr zahlreich waren und schnell zurückwichen.

Nach zwei Wochen solcher Entbehrungen, ohne wirkliche Erholungspausen, erreichte das Kreuzheer die wichtige Stadt Ikonion, das heutige Konya, einen Knotenpunkt der wenigen durch Anatolien führenden Straßen und darum seit dem Altertum immer wieder umkämpft. Den Kreuzfahrern erschien die Stadt so groß wie Köln: eine wichtige Aussage, war Köln im hohen Mittelalter doch eine der größten deutschen Städte. Da die Pferde fast alle zugrunde gegangen waren, hatte die Armee keine Reiterei mehr; die Ritter kämpften zu Fuß.

Seit dem 17. Mai 1190 war klar, dass die Entscheidung bevorstand, und die Nähe einer großen und offensichtlich wohl versorgteren Stadt beflügelte die Kreuzfahrer zu einer letzten, gewaltigen Anstrengung. So, wie Ansbert uns den Sturm auf Ikonion schildert, war es der Sohn des Kaisers, der den Hauptstoß gegen die Stadttore führte, während sich rund um Ikonion eine feindliche Übermacht zusammenzog, die mit zweihunderttausend Mann wohl übertrieben beziffert wird. Da die Ritter zu ermattet waren, bis zur Zitadelle vorzudringen, während sich ringsum der Stadt die Muslimen zum Angriff anschickten, sahen die Christen ihr letztes Stündlein gekommen. Die Priester, deren es im Kreuzheer ja viele gab, legten ihre Stolen um und bereiteten sich auf den Tod vor, als der Kaiser noch eine letzte Ansprache hielt und für seine Person Bescheidenheit und Einkehr gelobte, falls man vor Ikonion siegen und bis Antiochia vordringen werde.

War es die Erscheinung Barbarossas, war es die Hoffnung auf die reiche Beute in der großen Stadt, die Kreuzfahrer siegten mit letzten Kräften und den Schlachtrufen „Christus regiert, Christus siegt, Christus herrscht". Die Zahl von dreitausend toten Gegnern spricht gegen die Annahme einer Riesenarmee von zweihunderttausend Mann, aber sie reichte, um Sultan Saladin weichen zu lassen und die Stadt preiszugeben.

Die ekstatische Siegesstimmung veranlasste so manchen Kreuzfahrer, die Vorgänge in Briefen zu schildern, und wenn die Ritter auch zu ermattet waren, sich an die für sie ungewohnten Schreibgeräte zu wagen, die geistlichen Beobachter der Schlacht schrieben in alle Welt, an ihre Bischöfe, an ihre Heimatgemeinden und nicht wenige sogar an Papst Klemens III., und mit jedem Bericht wurden es mehr Feinde:

„Am Tag nach dem heiligen Pfingstfest fanden wir uns dem Sohn des Königs von Ikonium mit einem riesigen Türkenheer – etwa 400.000 Mann – gegenüber, die wie ein Heuschreckenschwarm über uns kamen; da vergaßen wir den Hunger und achteten nicht der Verluste, sondern schlugen mit verbissener Wut drein und hefteten so den Sieg an unsere Fahnen in Christi Namen. Wir waren kaum sechshundert Ritter und haben sie doch unter dem Zeichen des lebendig machenden Kreuzes besiegt und in die Flucht geschlagen; der Sohn des Königs von Ikonium wurde vom Pferd geworfen, und vier sehr berühmte Heidenfürsten wurden außer vielen anderen erschlagen. Dort ereignete sich auch etwas, das ich berichten muss: Wie schon früher, ritt auch an diesem Tag der heilige Georg vor unserer Schlachtreihe her; Ludwig von Helfenstein hat selber gesehen, wie er für uns stritt, und hat sein Zeugnis vor dem Kaiser und dem ganzen Heer öffentlich unter Hinweis auf seine heilige Pilgerschaft mit seinem Eid bekräftigt: Aber auch Türken haben uns später berichtet, sie hätten einige Schlachtreihen in glänzenden Rüstungen und auf weißen Rossen gesehen.“ (Anonym in den Chroniken des Mittelalters pp. 245ff.)

Man kann es ihnen nicht verübeln, sie waren am Ende, sie empfingen die nötige Hilfe aus Visionen, in der Hitze zwischen den kahlen Felswänden, hungrig, durstig, dem Tod nahe und am Ziel verzweifelnd. Die glänzende Schar der vom Himmel kommenden Gefährten des Ritters Georg waren die Vorboten eines neuen Ordens, in dem sich die siegreiche Ritterschaft nach schwersten Prüfungen zusammenschließen sollte.

Die Stadt, vor der diese Wende geschah, liegt über tausend Meter hoch am Ostabhang eines Gebirgszuges und am Rand auch heute noch existierender großer Sümpfe, die der Briefschreiber auch gegenüber dem heiligen Vater erwähnt. Im alten Phrygien gegründet, hatte Ikonion unter den Diadochen und unter den Römern lange Phasen beträchtlichen Wohlstands, und noch die Kreuzfahrer stießen auf prächtige Paläste und Landhäuser außerhalb der Stadt, die freilich von den Pilgern auf der Suche nach Nahrung weitgehend verheert wurden. Die Stadt hatte, wie es sich gehört, auch ihren großen Dichter, und zwar Dschelal ud Din Rumi, 1273 gestorben, also erst siebzehn Jahre tot, als die Christen die

Stadt eroberten, in der er den berühmtesten der Derwisch-Orden begründet hatte. Einige seiner schönsten mystischen Gedichte hat Friedrich Rückert bewundernswert ins Deutsche übertragen.

„Am folgenden Sonnabend", fährt der Briefschreiber in seinem Bericht an den Papst fort, „brachen wir das Lager ab und zogen direkt auf Laranda, wo wir Anfang Juni ein neues Lager aufschlugen. Und in der Stille der Nacht erschreckte uns ein heftiges Erdbeben, so dass wir glaubten, der Türken Scharen seien über uns gekommen; dieses Erdbeben war zweifellos ein Vorzeichen für das, was dem Kaiser bevorstand. Von dort zogen wir weiter nach Seleukia; aber der Weg über das Gebirge war so schlecht und schwierig, dass wir nach sehr großen Verlusten an Gepäck erst am 10. Juni in Seleukia ankamen.

An diesem Tag kam der Herr Kaiser auf einem kürzeren Weg in einem Gebirgstal an ein sehr reißendes Wasser (den Fluss Saleph, heute Göksu). Sein Sohn, Herzog Friedrich von Schwaben, hatte den Fluss mit den Seinen schon überschritten und empfing den Kaiser wohlbehalten am anderen Ufer. Nachdem Friedrich I. gegessen hatte, wollte er nach den unendlichen und schier unerträglichen Mühen der letzten Wochen in diesem Gewässer baden und sich durch Schwimmen erfrischen; aber nach Gottes unerforschlichem Ratschluss sank er unter und ertrank elend und jammervoll. Seine Leiche tragen wir noch mit uns in schuldiger Ehrfurcht ... Wir haben eine schreckliche Plünderung unseres Trosses erduldet und leiden seit sechs Wochen Hunger, weil es nirgends etwas zu kaufen gibt."

Die Gebildeten unter den Chronisten wussten, dass Alexander der Große im gleichen Fluss beinahe ertrunken wäre, im Saleph, der im Altertum Kalykadnus hieß, und es war wohl nach dem mittäglichen Mahl und den überstandenen Strapazen kein einfaches Ertrinken, denn Friedrich I. war ein sicherer Schwimmer, sondern der eisige Griff der Wellen nach einem überbeanspruchten Herzen. „Sein Tod", lesen wir in der Chronik des Otto von Sankt Blasien, „bedeutete für das christliche Heer einen unersetzlichen Verlust; es betrauerte mit nicht abreißenden Wehklagen den Kaiser, der, wenn er länger gelebt hätte, dem ganzen Orient furchtbar gewesen wäre (!). Was an ihm vergänglich war, ward in Tarsus begraben; seine Gebeine aber wurden nach Antiochia gebracht und mit kaiserlichen Ehren feierlich beigesetzt."

Preußen und Baltikum
unter den Kreuzrittern

Die Anfänge

Barbarossas Sohn Herzog Friedrich von Schwaben war, als sein Vater in den Wellen des Flusses Saleph starb, nach neuesten Forschungen erst dreiundzwanzig Jahre alt; die frühere Annahme eines Geburtsjahrs 1164 findet sich noch in den Isenburgschen Tafeln, gilt aber als überholt.

Es fügte sich gut, dass der Herzog das Hauptverdienst am Sieg von Ikonion gehabt hatte: Sieger werden leicht zu unumstrittenen Führern, und die Jugendkraft des glänzenden Ritters verschmolz für die längst überforderten Kreuzfahrer mit den Visionen vom Heiligen Georg und seiner himmlischen Hilfstruppe.

Der große Sieg hatte aber auch einen eindeutigen Triumph des ritterlichen Gedankens über die Idee der friedlichen Wallfahrt gebracht. Von den Mohammedanern praktisch ohne Unterlass angegriffen, von den einheimischen Händlern an den wenigen Markttagen gnadenlos übervorteilt, hatten die Kreuzfahrer in der Kutte und in der Rüstung eine Art heiligen Zornes in sich aufgebaut. Die Gesamtstimmung war längst nicht mehr die einer Pilgerfahrt zu den Heiligen Stätten; jeder Einzelne hatte Unbill der verschiedensten Art erlebt, hatte Freunde und Gefährten zugrunde gehen sehen und nährte, da man nun an der Nordgrenze des Heiligen Landes angelangt war, den Gedanken einer endgültigen und radikalen Lösung, die das Ziel der Pilgerfahrten ein für allemal in christliche Hand bringen sollte.

„Herzog Friedrich von Schwaben, seines Vaters edler Erbe, verteilte die kaiserlichen Schätze freigebig unter das Kriegsvolk", berichtet Otto von Sankt Blasien. „Er war eine Zierde der christlichen Ritterschaft und ihre einzige Hoffnung, und an ihm richtete sich das von Trauer niedergedrückte Heer mit neuem Mut wieder auf. Er führte es von dem unheilvollen, unheimlichen Ort nach Antiochia. Hier aber brach eine Pest aus, und wie das Heer mit dem Kaiser gleichsam sein Haupt verloren hatte, so zerfiel nun unter der furchtbaren Seuche der ganze Körper; Arm und Reich, Hoch und Niedrig, der größte Teil des Heeres sank in und um Antiochia ins Grab. Die Reste führte Herzog Friedrich gegen Akkon und wurde von denen, welche die Stadt belagerten, begeistert empfangen. Hier aber ergriff auch ihn alsbald das tödliche Fieber und raffte ihn allzu schnell dahin, und unter Weinen und Wehklagen wurde er dort begraben."

Schon auf dem Zug durchs Gebirge, nach den vielen kleinen Schlachten, hatte das Kreuzheer Verwundete zu beklagen, und die Chronisten erwähnen das Geschrei der Verletzten, die sich mit ihren Schmerzen allein gelassen sahen.

Der Aderlass für den deutschen Adel war bis Antiochia gnädig gewesen, die Zahl der toten Ritter erstaunlich gering, im Verhältnis zu den Gefallenen des Feindes. Aber der Tod, vor dem keine Rüstung schützte, das war die Seuche, handelte es sich nun um die gefürchtete, bei Belagerungen häufig ausbrechende Laufgrabenkrankheit oder aber um die Geißel des meernahen Orients, die Pest, wie sie aus den Hafenorten ins Land drang, weil die Quarantänestationen unzureichend abgeschlossen waren und verseuchte Schiffe nicht lange genug isoliert wurden.

Als Leopold von Österreich, König Richard Löwenherz und Frankreichs Philipp II. August ihre Ritter über das Meer herangeführt und seit dem Mai 1191 vor Akkon ausgeschifft hatten, war die Pest längst ausgebrochen.

Die Seuche war also nicht mit den vielen Schiffen gekommen, deren Ausgangshäfen – wie zum Beispiel Brindisi – schon wiederholt als Brutstätten der Pest in Erscheinung getreten waren. Es ist nicht einmal sicher, ob es sich um die Krankheit handelte, die der erst 1894 entdeckte Yersinbazillus auslöst, jene immer wiederkehrende, durch Nagetiere und danach dann durch Tröpfcheninfektion übertragene Plage der Menschheit, von der uns schon ägyptische Papyri aus dem vierzehnten vorchristlichen Jahrhundert berichten und die zum Beispiel die Stadt Athen volle zwei Jahre lang nicht aus ihren Klauen ließ.

Am 20. Januar 1191 war Herzog Friedrich gestorben, ein halbes Jahr nach seinem kaiserlichen Vater. Zu diesem Zeitpunkt war das Landheer der Kreuzfahrer noch auf sich gestellt. Akkon war bis 1187 in christlicher Hand gewesen, beinahe hundert Jahre lang, seit der Eroberung von 1104 durch König Balduin I., aber Saladin, eine der glanzvollsten Herrschergestalten des Nahen Ostens, hatte die wichtige Hafenstadt, den reichen Umschlagplatz für Gewürze zurückerobert, und nun lagen die nach endlosem Landmarsch ermatteten Pilger und Krieger vor den Mauern und warteten auf die Schiffe mit frischen Truppen.

Die Kranken des Kreuzheeres befanden sich – so seltsam dies klingen mag – in jenem Bereich der Alten Welt, in dem die Medizin und die Krankenpflege besonders hoch entwickelt waren. Die klugen arabischen Ärzte hatten Spitäler besonderer Art geschaffen, in denen man zugleich pflegte und behandelte; ja sie kannten sogar Isolierstationen. Aber die Spitäler lagen innerhalb der Mauern von Akkon und nicht vor der Stadt, und so mancher, der im Belagerungsgraben elend zugrunde ging, wäre in der reichen Stadt zu retten gewesen, eine Tatsache, die den Rittern kaum verborgen bleiben konnte.

Hatte es auch ein kurzes islamisches Interregnum gegeben, so hatten doch viele Ritter, Kaufleute und Gewerbetreibende in Balduins christlichem Königreich beinahe ein Jahrhundert lang Zeit gehabt, die medizinischen Kenntnisse des Orients kennen zu lernen und mit den Erfahrungen aus Europa zu verbinden. In Syrien war schon zwischen 1120 und 1129 der Templerorden zu einigem Ansehen gelangt, die Christlichen Streiter vom Tempel des Königs Salomon, verkürzt später Tempelritter genannt. Sie waren eine Gründung französischer Adeliger, und dass sie sich auf den weisen, aber im Ruf geheimen Wissens stehenden fernen König aus dem Alten Testament beriefen, wurde auf merkwürdige Weise zum Schicksal dieses größten und mächtigsten Ritterordens bis hin zu seinem grausamen Untergang. Während die Templer kämpferisch blieben und schon von Beginn ihrer Tätigkeit an Glaubensfeinde im Visier hatten, waren die Johanniter seit etwa 1135 mit dem Ziel angetreten, die Spitäler, Asyle und Pilgerheime zu beschützen. Erst ein halbes Jahrhundert später, als nach den Franzosen mit Friedrich I. Barbarossa und seinem Sohn die Deutschen im Heiligen Land zu einer Macht wurden, begannen Bestrebungen, die deutsche Ritterschaft zu organisieren und mit Aufgaben zu betrauen, die einem Vergleich mit den frommen Aktivitäten der anderen Kreuzzugsnationen Stand hielten.

Dennoch liegt die Gründungsphase des Deutschen Ordens, liegt der erste Zusammenschluss der deutschen Ritter zum Schutz von Spitälern und Pilgerheimen, weitgehend im Dunkel. Der Ursprung aus einer Spitalsbrüderschaft von Akkon, gleichsam im Gedenken an den hier verstorbenen und in Akkon begrabenen Herzog Friedrich von Schwaben, ist weitgehend gesichert, und diese Patronanz durch das mächtige und angesehene Geschlecht der Staufer, das so große Opfer gebracht hatte, verlieh dem jungen Orden schnell besonderes Ansehen. Der Orden begann offensichtlich auch bald zu arbeiten, da es für seine Statuten ja bereits erfolgreiche Vorbilder in den Templern und den Johannitern gab. Aber die in der Literatur immer wiederkehrenden Erzählungen von der Verbindung zu wohlhabenden, im Heiligen Land ansässigen deutschen Kaufleuten sind ebenso wenig zu beweisen wie andere im Zusammenhang mit der Gründung genannte Namen. Vor allem der legendäre Lübecker Bürger Sibrand erscheint als Phantom, betrachtet man die Schicksale Lübecks ein wenig näher: Die alte Slawenstadt an der Ostsee war seit der Mitte des Jahrhunderts mit der Hilfe Heinrichs des Löwen als deutsche Stadt neubegründet worden und nach dem Tod ihres Förderers im August 1195 in schwerste Selbstbehauptungskämpfe gegen die Dänen verwickelt. Fritz Rörig hat es in verschiedenen seiner Bücher deutlich gemacht: „Die wirkliche Kraftquelle, aus der Lübeck entstand, war der zähe Wille des nordwestdeutschen Bürgertums, sich nicht wieder aus dem Platz an der Ostsee verdrängen zu lassen." Die Stadt Heinrichs des Löwen, die sich so oft gegen Friedrich I. hatte wehren müssen, unterhielt keine Fernhandelsverbindungen ins östliche

Mittelmeer, und wenn es libysche Kaufleute von Vermögen und Einfluss im Heiligen Land damals schon gegeben hätte, so wären sie zweifellos keine Vertrauensleute der Staufer gewesen.

Ähnlich wie die mittelalterlichen Klöster standen auch die ersten Ritterorden in einem gewissen Konkurrenzverhältnis. Hat die Mittelalterforschung bis heute noch zahllose schwer zu lösende Probleme mit Klosterurkunden, die so früh und so gut gefälscht wurden, dass sie wie Originale wirken, so ist auch die Frühgeschichte der drei großen Orden im Heiligen Land und in Syrien bis heute nicht wirklich geklärt, weil Papsturkunden fehlen, Privilegien behauptet, aber nicht bewiesen sind und die Überlieferungen sich als nicht stichhaltig erwiesen haben. „Von den ersten drei Hochmeistern weiß man so gut wie nichts", stellt Hartmut Boockmann 1998 resigniert fest und repräsentiert damit den nicht sehr erhebenden Stand der Forschung; das Gleiche gilt für die Herren, die in dieser Frühzeit als Prior genannt werden, also eine Mittelstellung zwischen geistlichen und ritterlichen Würden gehabt zu haben scheinen.

Nicht nur Positionen und Personen werfen viele Fragen auf, auch die beteiligten Nationen stehen keineswegs fest, bildeten doch die Ausländer in allen damals bedeutenden Handelszentren gegenüber den Einheimischen geschlossene Gemeinschaften, die in eigenen Vierteln lebten, nicht zum wenigsten aus Gründen der Sicherheit. Denn es kam in jedem Jahrhundert mehrfach vor, dass mittelloser Mob aus dem einheimischen Untergrund die Lust zu Plünderungszügen verspürte. Ein Muster für diese Zusammenhänge, die auch bei den Ordensgründungen im Heiligen Land eine Rolle spielten, schildert uns Wilhelm Heyd in seinem Standardwerk über den Levantehandel im Mittelalter:

„Bis 1063 lebten die Christen in Jerusalem in der ganzen Stadt verstreut. Es war der Kalif Mostanser Billah, der verfügte, dass sie in einem Stadtviertel zusammenziehen sollten, ungeachtet ihrer verschiedenen Bekenntnisse, also griechisch-orthodoxe mit katholischen Christen. Als der Erzbischof Johannes aus Amalfi vermutlich im Jahr 1080 Jerusalem besuchte, gab es schon zwei christliche Hospitäler und Klöster für Pilger nicht nur aus Amalfi, sondern überhaupt aus Europa."

Diese Stiftungen erhielten bereits 1083 – 1085 namhafte Schenkungen aus Südfrankreich, auch ein Verwalter dieser Schenkungen ist namentlich bekannt. Heyd sieht in diesen Gründungen die Keimzelle des Johanniterordens, womit Vorbild und Ablauf auch für andere Orden gegeben waren; die beiden Stammklöster mit ihrer vorwiegend italienischen Besucherschar scheinen allerdings bald an Bedeutung verloren zu haben. Immerhin bleiben einzelne wohlhabende amalfitanische Kaufleute mit diesen Gründungen verbunden und scheinen als Förderer auf; einer von ihnen, genannt Maurus, Vater eines Pantaleon aus Amalfi, habe sich 1071 von den Geschäften zurückgezogen und sei in einem der ihm nahestehenden Klöster gestorben.

Schon im vergleichsweise kleinen Ikonion, keinem Hafenort, sondern einem Kreuzungspunkt von Binnenstraßen, hatten die Pilger gestaunt, waren verblüfft von der bunten Hektik der Stadt und ihrer Märkte, und in Antiochia, in Akkon, in Damaskus, Tyrus und Jaffa multiplizierten und potenzierten sich diese Eindrücke, weil das christliche Mitteleuropa aus gutem Grund von dem Welthandel jener Zeiten, in dem Sklaven ein Haupthandelsgut bildeten, umgangen werden musste. Und wenn gar ein frommer Christ wie Abt Arnold von Lübeck mit der Vielfalt und Vielgestalt dieses sehr freien Handels und des Lebens in den Handelsstädten konfrontiert wird, dann liest sich das wie folgt:

„Von Damaskus kam ich über Tiberia nach Ascaron mit vier Tagereisen und von dort nach Jerusalem, von Jerusalem aber nach Ascalon. Dies ist eine kleine, am Meere gelegene Stadt, mit Mauern und Gräben stark befestigt und sehr gesund ... Zu bemerken ist, dass zu El Arisch sich ein öffentliches Buhlhaus (gemeint ist: ein Bordell) für Sodomiter befindet. Jedem Sarazenen steht es frei, sieben Ehefrauen zugleich zu heiraten, überdies aber sündigt er nach Belieben mit allen Sklavinnen, Dienern und Dienerinnen, die er gerade hat, grade als wenn er damit keine Sünde thäte." Der Abt versteht es nicht, „dass jene Verworfenen die besten Länder inne haben, Korn, Wein und Öl im Überfluss besitzen, mit Silber und Gold, mit Edelsteinen und seidenen Kleidern sich voll Üppigkeit schmücken, in Wohlgerüchen, Gewürzen und Spezereien schwelgen und nichts, wonach ihre Augen begehren, ungekostet lassen." (Arnold um 1197)

J. M. Lappenberg, der die Chronik des Abtes Arnold von Lübeck in den Monumenta Germaniae einleitete, nimmt an, dass Arnold ein adeliger, schon im Jünglingsalter verwaister Kleriker gewesen sei, mit Bischof Heinrich von Lübeck befreundet und als Gefährte des Grafen Adolf von Holstein Teilnehmer am Kreuzzug Kaiser Friedrichs I. Die Äbte jenes Jahrhunderts führten eine völlig andere Existenz als die windigen Abbés späterer Zeiten, sie waren Herren und litten keine Not. Aber angesichts des brausenden Wohllebens in den Städten der Ungläubigen überkommt Arnold doch ein sehr bezeichnender Anfall von Neid, den man getrost unchristlich nennen darf. Ganz ähnliche Töne klingen an, sehr deutliche Ressentiments werden erkennbar, wenn uns Peter von Dusburg in seiner Chronik des Preußenlandes zu Beginn die Begründung des Ordens vom deutschen Hause schildert, also die Keimzelle jener Institution, die seither als Deutscher Ritterorden bezeichnet wird:

„Der Herr Papst Coelestin III. erbaute, das heißt begründete und bestätigte sich und der heiligen Kirche zum Nutzen ein Haus, nämlich das des heiligen Ordens des Hospitals Sankt Marien der Deutschen zu Jerusalem ... Aber da geschrieben steht: Der Geist ist es, der lebendig macht, das Fleisch aber ist zu nichts nütze, deshalb sind sieben geistliche Säulen in diesem Hause zu errichten, von denen drei, nämlich Gehorsam, Armut und Keuschheit, die Ordenszucht regeln und die vier anderen, nämlich Reue, Beichte, Buße und die Liebe ..., jegliche Nachlässigkeit im heiligen Lebenswandel bei jenen zurückweisen sollen, die im Eifer für den richtigen Weg erlahmen. Dies sind die geistlichen Säulen ... in diesem heiligen Ordenshaus ..., auch wenn der Regen der Habsucht niederfällt und die Ströme der Ausschweifung und die Winde der Hoffahrt wehen und auf es niederstürzen."

Ernste Worte an die ersten Ordensritter und ganz offensichtlich nicht ohne Grund so scharf formuliert: Es galt, sich gegen die Versuchungen heidnischen Treibens abzugrenzen, denen früher gegründete Orden nicht immer widerstanden hatten. Darüber hinaus aber gibt dieser Gründungsbericht, wie bereits angedeutet, mehr Rätsel auf, als er löst. Klaus Scholz und Dieter Wojtecki, denen wir die neueste und verlässlichste Ausgabe der berühmten und unentbehrlichen Chronik verdanken, berichtigen einiges, sind im Übrigen aber oft selbst auf Vermutungen angewiesen. So scheint es, dass die von dem offensichtlich geistlichen und sehr bibelfesten Chronisten geschilderte Gründung in Jerusalem in Wahrheit eine Neubegründung oder Wiederbelebung eines deutschen Hospitals behandelte, das bereits vor 1143 bestand, bei der Eroberung der Stadt durch Saladin zweckentfremdet und später vom Johanniterorden beansprucht wurde. Peter von Dusburg hatte offensichtlich den Auftrag, die Eigenständigkeit dieser Gründung durch Anführung vieler Zeugen mit großen Namen dokumentarisch zu untermauern, war aber unzureichend unterrichtet. Der von ihm als Hauptförderer des Ordens angeführte Herzog Friedrich von Schwaben war schon am 20. Januar 1191 vor Akkon der Pest erlegen. Er hatte sich zwar noch des Hospitals von Akkon annehmen können, in dem er gepflegt wurde, keinesfalls aber des Deutschen Ordens, von dem er gar nichts wissen konnte. Andere Herren, die als Zeugen aufgeführt werden, waren bereits nach Deutschland zurückgekehrt wie der Markgraf Dietrich von Meißen. Peter von Dusburg ist aber in seinem servilen Eifer unbeirrbar: Er führt die Aufgabe der Ordensritter bis auf den Patriarchen Abraham zurück, der nach Genesis 14,14 seine dreihundertachtzehn Knechte wappnete, um den von den Ungläubigen gefangenen Sohn seines Bruders zu befreien.

Nun, das war das Mittelalter mit seinen geduldigen Mönchsschriften, die so vieles zu beweisen hatten. Wer Peter von Dusburg mit dieser großen Fleißarbeit beauftragte, ist unbekannt, und auch von Peter selbst weiß man so gut wie gar nichts. Es lag nahe, Dusburg als reine Ortsbezeichnung zu verstehen, denn dass es sich um keinen adeligen Priesterbruder handelte, das war nach dem erkennbaren Selbstverständnis des Chronikverfassers so gut wie sicher. Er prunkte nicht mit seiner Bibelkenntnis, sondern er verkroch sich gleichsam hinter ihr, er schildert die Ordensgeschichte aus dem Blickwinkel eines Dienenden. Die Herausgeber seiner Chronik in der großen und vorbildlichen Freiherr-vom-Stein-Gedächtnisausgabe nehmen mit guten Gründen Doesburg an der Ijssel als Heimatort des Chronisten an, auch Doesborgh geschrieben, am Zusammenfluss der alten und der neuen Ijssel in der niederländischen Provinz Gelderland gelegen. Sicher ist, dass die Chronik im Jahr 1326 dem damaligen Hochmeister des Ordens Werner von Ursel zur begutachtenden Durchsicht vorgelegt wurde, zu einer Zeit also, da sich der Deutsche Orden längst aus dem Heiligen Land entfernt und seiner historischen Rolle an der Ostsee zugewandt hatte. Dennoch lässt sich der Eindruck nicht verwischen, dass die Gründungssituation für Ethos und Blickrichtung des Ordens im Allgemeinen und seiner Ritter im Einzelnen bestimmend blieb: Ein ritterliches und christliches Ethos, entstanden und umrissen im Angesicht der Hochblüte des Islam, im Gegensatz und zur bewussten Bekämpfung einer Welt, deren intensives Leben, deren verführerische Vielfalt jeder Christ als eine Herausforderung empfinden musste.

Obwohl Mohammed einer Beduinenfamilie mit nomadischer Tradition entstammt, ist der Aufstieg des Islam eng mit dem Wachsen der orientalischen Städte verbunden, ja in der Stadt ausgebildet worden und hat sich intensiviert, als die politische Macht der Kalifenreiche bereits im Schwinden war. Aus den spanischen Städten drang die Kunde von einer im übrigen Europa als lästerlich und sündig empfundenen synkretistischen Mischkultur zu den jungen Universitäten in

Paris, Bologna und Salerno: Mohammedaner, Juden und die Reste der westgotischen Adelsbevölkerung hätten Toledo, Cordoba, Sevilla und Granada zu wahren Sündenbabeln gemacht, wo Hofhaltungen mit Hunderten von Sklaven und Sklavinnen Dichtung und Philosophie pflegten, gigantische Bibliotheken sammelten und die geheime Sehnsucht vieler Gebildeten aus allen Ländern geworden seien, unter denen sich gar ein Papst befunden habe, als er noch Gerbert der Universitätslehrer und nicht Silvester II. war. In Afrika waren es Fes, Kairuan, Timbuktu und Mahdia, im Osten Damaskus und weiter östlich im vollen Glanz der Kalifenherrlichkeit Bagdad, Basra, Hamadan, Isfahan, Nischapur, Buchara und Samarkand mit einem öffentlichen und geheimen Leben in verbotenen Freuden, von dem in den Lagern der Kreuzritter, die um jeden Schluck Wasser besorgt sein mussten, nur mit erbitterten Eroberungsplänen die Rede war. Als Kaiser Friedrich I. im Saleph starb, als seinen Sohn die Pest dahinraffte, war noch niemand in der Lage, sich den Mongolensturm vorzustellen, der im dreizehnten Jahrhundert diese überzeugendste der Weltkulturen seit dem Römerreich binnen weniger Jahrzehnte vernichten werde. Die großen Bibliotheken werden zerrissen in den Wüstenwind flattern, und was von ihnen in Spanien übrig blieb, werden die Ritter der christlichen Reconquista als heidnisches Teufelszeug den Flammen übergeben. Zunächst aber predigte Peter von Dusburg dem Orden, dessen Chronik er schrieb, die große Absage an das verworfene Heidentum und die große Aufgabe, wenn schon nicht im Heiligen Land, so überall dort, wo es noch Heiden gab oder wenigstens unmündige Völker, die man zu solchen erklären und damit rechtlos machen konnte.

Das Abendland entwickelt in den Ritterorden eine Art Stoßtruppe gegen die islamische Welt in einem Augenblick, da diese schon vom Osten her bedroht wird – nicht etwa von der christlichen Militärmacht der Legendenfigur des Priesters Johannes, sondern von den sehr realen Reiterarmeen eines Dschingis Khan und seiner Gefährten. „Dass fast überall so wenig aus der Zeit der Kalifen übrig geblieben ist", schreibt Kienitz in seinem Buch über die „Städte unter dem Halbmond", „geht in der Hauptsache auf das Schuldkonto der Mongolen. Zwei Jahrhunderte lang, vom Machtaufstieg des Dschingis Khan um 1206 bis zum Tode Timurs im Jahr 1405 haben sie das Geschäft der Einäscherung zahlloser einst blühender Kulturstädte und der Ausrottung ihrer Bevölkerung allzu gründlich besorgt."

In gewissem Sinn gab es nach dem Mongolensturm für die Ritter und ihre Zusammenschlüsse im Heiligen Land nicht mehr viel zu tun. In Kaiser Friedrich II. war eine Persönlichkeit auf den Thron gekommen, die bis heute als einer der großen Glücksfälle in der deutschen Geschichte angesehen wird, weswegen die Bezeichnung „stupor mundi", das fassungslose und wohl auch unverständige Staunen der Welt, ihre Berechtigung hat. „Friedrich II., Italiener von Geburt, Normanne und Deutscher durch Abstammung, Christ aus Tradition und ... dennoch frei in seinen Anschauungen ... Freund der Wissenschaften und selbst ihr hervorragender Vertreter ... zweiter David und Freund der Muslimen, Messiaskaiser und apokalyptisches Untier, war nicht eines, er war dies alles." (Gunther Wolf)

Was sollten die Eiferer in der Art eines Arnold von Lübeck unter einem Monarchen wie diesem, der in Saladin die historische Größe und die Jahrhundertgestalt erkannt hatte? Dieser Kaiser, gegen den Päpste und Kirchenfürsten ankämpfen werden wie gegen den Antichrist, wird dem Rittertum die strengsten Grenzen vorschreiben, und es damit erst bestimmen, definieren, schaffen. Er hat eine genaue Vorstellung vom Ritter, wie er sein soll. Er muss Pferde und Waffen als Eigentum besitzen; er darf sich nicht dem Spiel und ähnlichen Vergnügungen ergeben. Der Ritter sei eine Zierde der Nation und sein Ehrbegriff sei das Fundament jeder Würde. Man hat nachgewiesen, dass dieser Ritterbegriff, dass diese Gesetze nicht normannisch seien, sondern einzig und allein von Friedrich II. erdacht und formuliert; König Roger II. von Sizilien, Friedrichs Großvater, kennt diese Heraushebung über alle anderen Stände noch nicht.

Peter von Dusburg spricht von einer frühen Blüte des Ordens und nennt dabei die Zahl von zweitausend adeligen Rittern. Sowohl der Adel als auch die große Zahl sind nirgends belegt, und angesichts der großen Verluste des deutschen Adels in den Kreuzzügen müssen sie als unwahrscheinlich gelten. Andererseits gibt es kein Ordensdokument, in dem die neue Organisation sich ausdrücklich als Deutscher Ritterorden bezeichnet: er sah seine Aufgabe grenzüberschreitend.

Außer den drei Mönchsgelübden Gehorsam, Armut und Keuschheit übernahm der Orden nun auch die weitere Verpflichtung zum Heidenkampf und erhielt als Kleidung den weißen Mantel mit dem schwarzen Kreuz.

Die Mitglieder des Ordens gliederten sich in Ritterbrüder und Priesterbrüder. Neben ihnen gab es auch noch dienende Brüder des niederen Stands, die so genannten Graumäntel, die vor allem in den Hospitälern Dienst leisteten und denen auch die Bedienung der anderen Brüder und die Versorgung des gesamten Ordens oblag.

Alle offiziellen Dokumente betonen noch lange die Beziehung zum Marienspital in Jerusalem. Das entscheidende Interesse Kaiser Friedrichs II. am Orden der deutschen Ritter war in der Rolle der Bettelorden begründet, die der Papst gegen die in seinen Augen heidnisch-prächtig und, wie wir heute sagen würden, multikulturelle Hofhaltung Friedrichs agieren ließ. Bettelmönche, Umzüge, spektakuläre Buß-Auftritte bei den vielen Gelegenheiten, die der Kalender dazu bot, das beschäftigte das kleine Volk und schuf besondere, der Kirche genehme Stimmungen vor allem dann, wenn erfolgreiche Bußprediger wie Berthold von Regensburg (etwa 1210 – 1272) oder der im gleichen Jahr gestorbene Mystiker David von Augsburg das Wort ergriffen. Dem stand ein Kaiser gegenüber, der arabische und jüdische Schriften so vollendet ins Lateinische übersetzen ließ, wie dies vordem nur die Übersetzerschulen im arabisch besetzten Toledo getan hatten. Schriften des Aristoteles wurden neu entdeckt und machten Sensation, und einer der engsten Berater und Lehrer Friedrichs war der im polyglotten Spanien gebildete Schotte Michael, der den Kaiser vor allem in Astrologie und in Physiognomik (!) unterwies.

In diesen Spannungen, die das geistige Leben im ganzen Stauferreich mehr geheim als öffentlich erfüllten, konnte eine neue und untadelige Kraft wie ein Orden adeliger Ritter nicht nur beruhigend wirken, sondern eine wichtige Vermittlerrolle übernehmen. Geistliche Ritter aus bekannten Geschlechtern, verdiente Streiter für die Heiligen Stätten, waren unangreifbar, andererseits aber eine imposante Schar in ihren Mänteln und Waffen.

So wenig wir von den ersten drei Hochmeistern wissen – sogar ihre Vornamen und erst recht ihre Todesdaten werden in verschiedenen Quellen falsch angegeben oder verwechselt –, so gut sind wir über die Organisation informiert, die sich freilich an die Erfahrungen der schon existenten anderen Ritterorden anschließen konnte. Es gab fünf Haus-Ämter, wobei Haus so viel wie Burg bedeutet, schließlich ging es ja um Ritter. Boockmann betont, dass diese fünf Ämter nicht als Ressortministerien zu verstehen seien, gibt aber Gründe für seine etwas überraschende Deutung der Bezeichnungen nicht an, so dass man zumindest vermuten darf, der Großkomtur habe einen deutlich größeren Komplex von Ordensbesitzungen unter sich und zu verwalten gehabt als seine vier Gefährten, für die heute vergessene Namen wie Marschall, Tressler, Trappier und Spittler aufgeführt werden. Der Spittler war der Oberaufseher des Spitalwesens und in dieser Eigenschaft dem Hochmeister unmittelbar unterstellt. Der Tressler hatte eine besondere Vertrauensposition inne, er verwaltete die Privatschatulle und das persönliche Vermögen des Hochmeisters. Der Obersttrap(p)ier hatte ein besonders heikles Amt inne. Er hatte nicht nur über die Ordenskleidung und das Auftreten der Ritter zu wachen, ihm oblag auch eine gewisse Zensorenbefugnis, die bis zur Haartracht ging und auch das allgemeine Verhalten der Ritter betreffen konnte, je nach dem Temperament und dem Fleiß des Trappiers. In späteren Zeiten wurde dieses einflussreiche, aber auch umstrittene Amt stets von Rittern aus Aragon wahrgenommen. Bleibt noch der Marschall, der in den verschiedenen Ländern und ihren Hofhaltungen oft sehr umfassende Aufgaben hatte, die im Lauf der Zeit dann auf mehrere Beamte verteilt wurden. Beim Deutschen Orden war der Marschall Herr über Waffen, Pferde und Kriegsgerät aller Art, war im Krieg Oberbefehlshaber und insgesamt Stellvertreter des Hochmeisters, ja bei den Tempelrittern war er sogar für das Ordensbanner verantwortlich.

Alle diese Bezeichnungen, die wir heute vor allem als Ehrenämter kennen, hatten in den Jahrhunderten, da die Ritterorden noch konkrete Aufgaben erfüllten, auch ihre ganz realistische Bedeutung. Bei den Templern etwa war der Marschall nach dem Tod des Meisters bis zur Neuwahl des Großkomturs Inhaber der obersten Befehlsgewalt, während seine Zeugmeister-Funktionen von einem Untermarschall wahrgenommen wurden.

Erstaunlich ist die Schnelligkeit, mit der alle Ritterorden wuchsen, an Besitz und an Einfluss gewannen, Vorgänge, aus denen deutlich wird, dass sie in der mittelalterlichen Gesellschaft eine Lücke füllten. Die Templer machten daraus das einträglichste aller Geschäfte, sie etablierten sich als die über alle nationalen Grenzen hinweg verlässlich arbeitende Bankiers-Organisation. Das war ein kühner und folgenreicher Entschluss, denn bis dahin hatte das im Neuen Testament niedergelegte Gebot, dass ein Christenmensch von einem anderen keine Zinsen nehmen dürfe, das Geldgeschäft so gut wie vollständig in die Hände der Juden gebracht. Selbst die Päpste in Rom, selbst die französischen Könige und viele deutsche Fürsten mussten mit jüdischen Geldinstituten arbeiten, weil jeder Christ sich durch die Geldgeschäfte mit Sünden beladen hätte, ganz zu schweigen von der adeligen Maxime, dass ein Hochgeborener keine Geschäfte machen dürfe. (Die einzige wichtige Ausnahme betraf den Adel der Normandie und der Bretagne: Die alten Familien dieser seenahen Landschaften durften als Fernhändler zur See und als Reeder und Schiffbauer arbeiten und taten dies zum Ruhm Frankreichs auch bis in die napoleonische Zeit.) Schon unter Kaiser Heinrich VI., vor allem aber unter Kaiser Friedrich II. wurde der Orden reichhaltig mit Grundbesitz ausgestattet und zwar sowohl im Königreich Jerusalem als auch in Griechenland, Spanien, Frankreich und Deutschland. Zu jeder Ordensprovinz – Balleien genannt – gehörten zahlreiche Komtureien und Burgen.

Der deutsche Ritterorden blieb länger als die Templer den militärischen Aufgaben treu, hatte aber schon früh große und kleine Legate zu verzeichnen: Man setzte Orden gerne als Erben ein, weil diese gleichsam neutralen Institutionen gottwohlgefällig, aber der lokalen Eifersüchtelei von Klöstern und Pfarren entzogen waren und Ablass verhießen.

Dem wirtschaftlich ungemein wichtigen Ablass-Privileg lag eine vergleichsweise einfache Überlegung zugrunde: Konnte jemand nicht ins Heilige Land pilgern, weil er zu alt, zu krank oder auch nicht vermögend genug war, so hatte er immerhin die Möglichkeit, einen der Orden, die sich um die Eroberung und Erhaltung der Heiligen Stätten verdient gemacht hatten, finanziell zu unterstützen – jenes von Luther und anderen Reformatoren so überzeugend verurteilte Prinzip „wenn das Geld im Kasten klingt, die Seele in den Himmel springt". Eine Gesellschaft, die an jedes Heiligenknöchelchen glaubte, deren Medizin zur Hälfte Magie und zur anderen Hälfte Humbug war, begrüßte solche Mechanismen dankbar und empfand sie als Beruhigung, malten die Geistlichen doch die Qualen des Fegefeuers allsonntäglich in ihren Kanzelpredigten in den grellsten Farben und mit den schaurigsten Einzelheiten.

Die dem Orden der deutschen Ritter auf diese Weise zufallenden Werte hatten einen Hauptnachteil: sie kamen unberechenbar, meist zufällig, in Partikeln, die nicht selten nutzlos und mitunter sogar eine Belastung für den Orden waren, weil die Erben naturgemäß lieber Landstücke abtrennten, die wenig Wert hatten, schlecht lagen oder schwer zugänglich waren. Das Arrondieren im weitesten Sinn, der Weiterverkauf und die Abrundung oder Vertauschung solcher Legate gehörten zu den besonderen Aufgaben der Komture, die in den einzelnen Balleien, also Verwaltungsgebieten des Ordens, ortskundig tätig waren.

Obwohl die Ritter vom ersten Augenblick an eine militärische Macht bildeten, ob sie nun schon früh die Zahl zweitausend erreichten oder nicht, so blieb doch der Spittelmeister jener von ihnen, den die Pilger zuerst zu Gesicht bekamen und der in der fremden Welt des Heiligen Landes mit Abstand die wichtigste Rolle spielte, denn wenn die Pilger endlich den Fuß auf den geheiligten Boden setzen konnten, war für so manchen von ihnen die eigene Existenz auf dem Tiefpunkt, der Lebensmut dahin und die Gesundheit ruiniert.

Sie hatten, wenn sie nicht mit einem Kreuzheer zogen, in Venedig oder Ancona eines der Pilgerschiffe bestiegen und ihre Habe in einer Truhe verschlossen, um sie vor Diebstählen zu bewahren. Die mitunter bis zu sechs Wochen lange Reise endete für manchen, der sie zu lange aufgeschoben hatte, mit dem Tod an Bord und der Bestattung im Wasser, weil kein Seemann eine Leiche auf dem Schiff duldete. Nur gegen hohe Geldgeschenke an die Mannschaft und wenn das Ziel nicht mehr fern war, konnte man erreichen, dass der Verstorbene in seiner Truhe verschlossen und an einem Tau hinter dem Schiff her durchs Wasser gezogen wurde, wobei die Truhe durch aufgemalte Kreuze als Sarg gekennzeichnet wurde.

Wir besitzen das Zeugnis eines Ritters namens Hans von Mergenthal, der seinen Herrn, einen deutschen Herzog, ins Heilige Land begleitete, friedlich und auf einem Pilgerschiff: „Auf den Galeen (Galeeren) herrscht mancherley Unruhe ... da liegt einer am anderen, da muss man im Sommer gar große Hitze leiden, so thut einem das Ungeziefer großes Übel, auch seind über die Maßen große Ratzen darinnen, die einem des Nachts über die Mäuler laufen ... Diejenigen, die bei uns krank geworden, sind des meisten Theils gestorben, Gott sei ihnen gnädig ... Das Essen, so uns der Patron gab, war ein Salat, ein Fleisch oder ein Kraut und allewege eine Suppe. Das Fleisch hing an der Sonne, das Brot steinhart, darin waren viel Würmer, das Wasser war zu Zeiten (bisweilen) stinkend, der Wein warm und unschmackhaft."

Der Herr Ritter war also offensichtlich ein wenig verwöhnt, und wo sollte auch der arme Patron auf einer sommerheißen Galeere gekühlten Wein hernehmen, aber das Zeugnis, dass die Kranken unterwegs meist starben, lässt doch tief blicken, und jene, die das Ziel erreichten, mögen zunächst eine gewisse Fürsorge gebraucht haben, waren sie doch in der Regel bis zu der großen Reise kaum je aus den heimatlichen Gemarkungen herausgekommen.

Kranke Pilger fanden in einem der Spitäler Aufnahme, wie sie nicht nur von den drei großen Orden im Heiligen Land unterhalten wurden, sondern auch von anderen kirchlichen und der Kirche nahestehenden Organisationen nicht immer um Gotteslohn betrieben wurden. Die Gesunden nahmen die Misere der weltlichen Unterkünfte auf sich, bei denen sich hinter wohlklingenden geistlichen Namen wie zum Beispiel Cellaria S. Petri nicht viel mehr als kahle Mauern verbargen, praktisch Karawansereien, nur dass der europäische Pilger auf solch ein Leben nicht vorbereitet war. Mit orientalischer Intensität wurden sie von Händlern aller Art bestürmt, die ihnen Dinge einredeten, die sie angeblich unbedingt brauchen würden. Ein Johann von Hirnheim, der in der Pilgerherberge von Ramlah sein Wappen hinterlassen hat, beklagte sich in seinem Reisebericht vor allem über die ansässigen jüdischen Händler, die jeden Ankömmling um Nachrichten aus Deutschland bestürmten, weil sie offensichtlich Angehörige in Deutschland hatten.

Leider ist die Quellenlage über die Rolle der Frauen in diesen humanitären Hilfsstätten außerordentlich schlecht. Mergenthal berichtet von Frauen an Bord der Pilgerschiffe, von Ehepaaren, die gemeinsam zu dieser gottwohlgefälligen Wanderung aufgebrochen sind: Neben den Rittern und den geistlichen Ordensmitgliedern scheinen Frauen keine Rolle gespielt zu haben, die sie erwähnenswert machte.

Eine Aufgabe, die ritterliche wie geistliche Ordensbrüder zeitweilig überforderte, waren die Bewegungen der Pilgerscharen im Heiligen Land selbst. Zwar drohten hier nicht mehr Wind und Wellen, auch nicht Seeräuber und diebisches Schiffsvolk auf der eigenen Galeere, aber das Land selbst war den sehr unregelmäßig ankommenden Pilgerscharen nicht gewachsen. Lampert von Hersfeld schildert uns einen friedlichen Zug von zehntausend Pilgern, Röhricht spricht von Jahren, in denen sich nicht mehr als hundert Deutsche ins Heilige Land aufgemacht hatten. Bibelfest und beinahe mit Erbitterung am Besuch aller wichtigen heiligen Stätten interessiert, wurden viele Pilger Opfer einer geschäfts-tüchtigen ansässigen Bevölkerung, wie sie uns zwischen dem Ritter von Mergenthal und dem herrlichen portugiesi-schen Erzähler Eça de Queiroz zahlreiche Kundige geschil-dert haben. Mergenthal bezahlte für die Strecke zwischen Lydda und Jerusalem seinem Eseltreiber zwei Dukaten; zwi-schen Ramlah und Jerusalem war der Weg so unsicher, dass es zu vier bis fünf Überfällen täglich kam und die Pilger sich schließlich organisieren mussten: Sie ernannten einen Spen-ditor, der mit der Bettlerzunft einen Waffenstillstand schloss, natürlich gegen eine feste Abgabe in Golddukaten und Mei-dinen (ägyptische Silbermünze).

Hauptziel aber blieb Jerusalem mit seinen berühmten Kirchen, die Basilika, wo die Dornenkrone aufbewahrt wur-de, die schon 460 gestiftete Stephansbasilika, Gotteshäuser, die zum Teil 614 von den Persern zerstört und von dem Pat-riarchen Modestos wieder aufgebaut worden waren. 810 hat-te Karl der Große dank guter Kontakte zu dem großen Kali-fen Harun al Raschid die Grabeskirche wieder aufbauen las-sen, und nach 1070 hatten die rühmigen Kaufleute aus Amalfi für weitere Restaurierungen gesorgt, ehe am 4. Juli 1187 die Katastrophe über die Heilige Stadt hereinbrach, die Vernich-tung des größten Kreuzfahrerheeres, das es jemals gegeben hatte, durch Sultan Saladin den Prächtigen nach einer Be-lagerung von nur vierzehn Tagen.

Für die spätere historische Rolle des Deutschen Ordens in Nordosteuropa sind die frühen Prägungen durch das Kreuz-zugsgeschehen ebenso wichtig wie die zwei großen historischen Persönlichkeiten, in deren Einflusssphären die Ritter ihre Organisation konstituierten, Friedrich II., Kaiser des Heiligen Römischen Reiches und König von Jerusalem und Jussuf, Sultan von Syrien und Ägypten, mit dem Ehrentitel Salah ed din (Heil des Glaubens), meist Saladin genannt. Als Saladin Jerusalem eroberte, lag das Blutjahr 1099 beinahe ein Jahrhundert zurück, aber die Mohammedaner konnten natürlich nicht vergessen, dass Kreuzritter und schwertschwingende Priester in jenem Eroberungsjahr an die zwanzigtausend Einwohner der beiden Religionen Heiligen Stadt niedergemetzelt hatten. Saladin hatte die Mauern Jerusalems mit Rosenwasser besprengen lassen, um die Erinnerung an die Untat magisch zu bezwingen, ließ alle christlichen Kreuze von Gotteshäusern und Klostergebäuden entfernen, gestattete aber vier syrischen Priestern die Pflege der Bauwerke am Grabe Christi als Zeichen der Versöhnung. Die Juden, die er wieder in die Stadt ließ, wurden nach dem Verzicht auf die Eroberung Jerusalems durch die Kreuzfahrer unter Richard Löwenherz zu einem beträchtlichen Teil der Bevölkerung, aber auch den Christen gewährte Saladin bei diesem Friedensschluss friedlichen Zugang unter den von vielen Pilgern geschilderten Schwierigkeiten im praktischen Reisegeschehen. Die drei großen Ritterorden waren in all dieses Geschehen eng eingebunden, residierten die Templer doch zeitweise in der Al Aqsa-Moschee oder zwischen Tankredsturm und Stephanstor (Residenz der Lazariten).

Stimmt es auch nicht, dass Friedrich II. zwischen Arabern geboren und aufgewachsen sei, wie man übertreibend lesen konnte, so hat sich im normannischen Sizilien und in Apulien vor allem in der Umgebung der staufischen Hofhaltung zweifellos eine kosmopolitische Atmosphäre herausgebildet, in der arabische und jüdische Gelehrte dem jungen Monarchen sehr viel zu geben hatten und die Entstehung von religiösen Vorurteilen verhinderten. Friedrich verstand mit Sicherheit arabisch, vielleicht sogar hebräisch, von lateinisch, deutsch und italienisch ganz zu schweigen. Diese früh geübte Vielseitigkeit hinderte ihn freilich nicht, Herrscheraufgaben wahrzunehmen, die sich gegen eine jener ihm in ihren Bildungsgütern nahestehenden Nationen richteten, wie etwa gegen die Araber in Sizilien, verständliche Widersprüche, die ein Leben lang die ganze Gestalt umgaben und es den zu ihm aufblickenden Rittern nicht immer leicht machten, den Kaiser zu verstehen. Die Johanniter und die Templer, die schon auf eine gewisse Tradition und praktische Erfahrung zurückblickten, als Friedrich II. im Jahr 1212, mit erst achtzehn Jahren, deutscher König wurde, hatten während seiner ganzen Regierungszeit stärkere Vorbehalte gegen Friedrich als der Deutsche Ritterorden, der sich in gewissem Sinn als eine dem Kaiser zur Verfügung stehende, zu allem bereite Elite verstand und entscheidende obrigkeitliche Hilfen von Friedrich II. erhielt. „Kaiser Friedrich II. machte ihn (d. h. den Deutschen Ritterorden) zur Stütze seiner Politik in Palästina, aber auch in anderen Ländern, und der Orden profitierte davon, dass der Kaiser sich des Hochmeisters als eines seiner wichtigen Berater und als eines Vermittlers in seinen Auseinandersetzungen mit dem Papsttum bediente." (Boockmann) Dieser Hochmeister und Berater war der erste Hochmeister einer langen Reihe, von dem wir mehr wissen als den Namen und die vermutlichen Lebensdaten; er hieß Hermann von Salza, führte den Orden dreißig Jahre lang und verdient, da er in gewissem Sinn der eigentliche Schöpfer der Deutschordensmacht genannt werden kann, ein eigenes Kapitel.

Hermann von Salza

Im deutschen Mittelalter sind die Glücksfälle seltener als die Fehlentwicklungen. Der Deutschordensmeister Hermann von Salza ist ein Glücksfall – für das Reich, für den Kaiser und vor allem für die junge und noch keineswegs gesicherte Gemeinschaft der Deutschordensritter. Und es gibt im Lauf der Jahre, in denen Hermann von Salza die Geschicke des Ordens leitete, über die erkennbaren Ursachen und Wirkungen hinaus nicht wenige Imponderabilien, Überraschendes, Unerklärliches und für die Zeitgenossen vielleicht sogar Wundersames.

Das Römische Reich hatte nur wenige große Diplomaten; es meinte, ihrer nicht zu bedürfen und setzte in vielen, ja zu vielen Fällen auf das Schwert. Als die Kräfte des nun geteilten Reiches schwanden, gewannen Ränke, Listen, Diplomatie und Intrige an Bedeutung, und während die Armeen zunehmend von Germanen, Awaren oder energischen Männern mit halbnomadischer Herkunft geführt wurden, entwickelte sich die Diplomatie zu einer Domäne der Griechen und Byzantiner. Theoderich des Großen Superhirn war bekanntlich Cassiodor, letzter Spross einer bedeutenden griechisch-syrischen Familie von Gelehrten und Diplomaten, und wurde beinahe hundert Jahre alt. Nach ihm klafft eine Lücke von einem halben Jahrtausend, eine Zeitspanne, in der die Diener der Kirche sich bemühten, den Traditionen und dem Verhandlungsgeschick der byzantinischen Staatsdiener diplomatische Verfahrensweisen abzugewinnen, die noch christlich zu nennen waren und der Mutter Kirche Nutzen brachten, ohne die Grundgebote zu verletzen, unter denen Priester und Prälaten lebten und arbeiteten. Eine weltliche Diplomatie gab es nicht, sie hätte es auch schwer gehabt in einer Welt, in der merowingische Unbedenklichkeit auftauchende Probleme mit Schwert, Gift oder Hanf löste, gelegentlich schon, ehe sie sich zwingend präsentierten.

Die ganze Regierungszeit Friedrichs I. Barbarossa beweist, wie sehr die Reichspolitik unter diesem Manko litt.

Papst Alexander III. und seine geistlichen Helfer, aber auch Venedig und die lombardischen Städte spannen ihre Intrigen, während der kriegstüchtige Kaiser mit Waffengewalt und unter äußersten Anstrengungen wettmachen musste, was die Gegner ihm am grünen Tisch abgewonnen hatten. Der Enkel des Rotbarts, der wie sein Großvater einen Kampf an vielen Fronten zu führen hatte, war in die politischen Gegensätze zwischen Kaiser und Papst hineingeboren, und hätte der herrschsüchtige und politisch hochbegabte Innozenz III. länger gelebt, so hätte Friedrich II. wohl einen schweren Stand gehabt und eine getrübte Herrschaft. Aber er zählte selbst erst zweiundzwanzig Jahre, als sein hochintelligenter Rivale um die Macht das Zeitliche segnete. Innozenz hatte den jungen Staufer mit deutlicher Nachsicht behandelt, und der nächste Papst, Honorius III., war einer der friedliebendsten in der langen Reihe der Stellvertreter Christi.

Diese Konstellation ließ Hermann von Salza als wichtigsten Diplomaten, Sendboten und Unterhändler des Kaisers zu lang anhaltenden Wirkungen gelangen. 1209 war er zum Hochmeister des Deutschen Ritterordens gewählt worden, etwa dreißig Jahre alt, woraus man schließen kann, dass seine Geistesgaben früh erkannt und anerkannt wurden, denn große Familien standen nicht hinter ihm: Seine Vorfahren waren Ministerialen, also Männer von kleinem Adel und den Landgrafen von Thüringen seit Generationen dienstbar, waren also in jenem Teil des mittleren Deutschland tätig gewesen, in dem damals noch die Slawengrenze verlief, die unsichtbare Linie zwischen den langsam nach Osten vordringenden deutschen Siedlern und den zaudernd, wenn auch in Thüringen kampflos zurückweichenden Slawen. Das Christentum in Thüringen war jung, und die Aufgaben, denen hier die Kirche und der Adel begegneten, glichen ein wenig jenen, die auf den Ritterorden im deutschen Nordosten warteten.

Schon zwei Jahre nach Hermanns Berufung an die Spitze des Ordens gelingt es ihm, mit König Andreas II. von Ungarn eine Einladung an den Orden zu vereinbaren: Die Ordensritter sollen von 1211 an im so genannten Burzenland Sitz und Arbeitsmöglichkeit erhalten, mit einer gewissen Autonomie und nur wenig eingeschränkten Hoheitsrechten. Es handelte sich dabei um etwa eintausendsiebenhundert Quadratkilometer fruchtbaren Landes im heutigen Siebenbürgen, das damals aber noch so gut wie keinen Bergbau kannte und eine schwer zugängliche und abgelegene Landschaft war. Die Hauptschwierigkeit, die Siebenbürgen jeder neuen Obrigkeit entgegensetzte (und das eigentlich bis zum heutigen Tag) war eine Bevölkerungsstruktur von besonderer Komplexität. Um die Mitte des zwölften Jahrhunderts hatte König Geza II. deutsche und flandrische Kolonisten in die siebenbürgischen Gehirgsgaue berufen, aber auch in die Flusstäler und den Raum rund um Hermannsstadt, damals Villa Hermanni genannt. Andreas II. hatte den Sachsen ihre besonderen Privilegien noch einmal bestätigt, so dass sie sich auch wegen ihrer besonderen kolonisatorischen Leistungen den anderen Volksgruppen – den Szeklern und den Magyaren – überlegen fühlen durften. Andreas II. hatte auch Rumänen ins Land einströmen lassen, die jedoch keinen eigenen Status erhielten und die rechtlose Unterschicht bildeten, bis sie sich Jahrhunderte später mit den Deutschen zusammentaten, um gegen die Magyarisierungspolitik der Ungarn gemeinsam aufzutreten.

Es scheint heute festzustehen, dass die Ordensritter, die bis dahin nur mit Mohammedanern und Wüstenstämmen zu tun gehabt hatten, auf ihre Rolle im Burzenland in keiner Weise vorbereitet waren. Ein Ordensreich mit rechtlosen Untertanen ließ sich hier in Siebenbürgen nicht errichten, allenfalls hätten sich die Rumänen einer ordnenden Autorität gebeugt. Es war die erste und die letzte Niederlage, die Hermann von Salza hinnehmen musste, als schon 1225, nur vierzehn Jahre nach der Betrauung, der Deutschritterorden wieder aus dem Burzenland vertrieben wurde. Es bedurfte des ganzen Verhandlungsgeschicks des jungen Hochmeisters, um unter Verzicht auf alle obrigkeitlichen Befugnisse wenigstens einen Teil jener Besitztümer zu retten, die der

Orden in diesen vierzehn Jahren – wenn auch mit Hilfe der ansässigen Bevölkerung – geschaffen hatte. Dabei handelte es sich vor allem um Burgen, von denen mit Sicherheit fünf erst durch die Ordensritter erbaut und als Festungen ausgestattet wurden, was Unwillen und Misstrauen vor allem des ungarischen Kronprinzen Bela erregte. Auch lagen einige der Ordensburgen außerhalb des ursprünglich dem Orden zugesprochenen Gebietes, über dessen eigentliche Größe bis heute Unklarheit herrscht. Es war mit Sicherheit größer als die 1.700 Quadratkilometer, die man heute der einstigen Terra Barza zumisst, mit ebenso großer Sicherheit aber auch erheblich kleiner als die 16.000 Quadratkilometer, die Gerard Labuda vermutet. Westermanns Lexikon der Geographie spricht von einem Territorium, das bei durchschnittlichen Höhenlagen von 350 – 500 Metern hundert Kilometer lang und fünfzig Kilometer breit gewesen sei, womit man zu einer mittleren Annahme von 5.000 Quadratkilometern gelangt wäre.

Das Vorgehen der Deutschordensritter im Burzenland ist so zielbewusst und kühn, dass man darin bereits den überragenden politischen Verstand des Hermann von Salza erkennen kann, andererseits aber auch einen gewissen Mangel an Erfahrung: Er betreibt zunächst die Herauslösung des Burzenlandes aus der geistlichen Provinz Ungarn und der Rechtsprechung des (ungarischen) Bischofs für Siebenbürgen und erreicht bei dem schwachen Papst Honorius III. die unmittelbare Unterstellung des Burzenlandes unter die Jurisdiktion des fernen apostolischen Stuhles, das heißt, die praktische Unabhängigkeit des jungen Ordenslandes.

Die Unterwerfung der heidnischen Kumanen und die Massentaufen bei den Besiegten gaben dem Orden den Vorwand zum Burgenbau auch außerhalb des zunächst zugestandenen Gebietes und zu neuem Territorialgewinn.

Aber das Kumanenproblem lag keineswegs einfach, und die Berichte, die der Orden an die ungarische Krone über seinen Christianisierungserfolg erstattet hatte, waren zweifellos geschönt. Wenn alle gesitteten Völker, wie man behauptet hat, einander weitgehend gleichen, so ist sicherlich jedes der wilden Völker im Hochmittelalter auf seine Weise wild gewesen, und die Methoden der deutschen Ritter verfingen bei den Kumanen, wenn überhaupt, so nur gegenüber kleinen Stammesteilen.

Für den Historiker sind die Kumanen ebenso interessant wie für den Sprachwissenschaftler, sprechen doch noch etwa hunderttausend Menschen im heutigen Usbekistan das Kiptschak-Türkisch, die Sprache der Kumanen – hunderttausend, das sind mehr als jene Schotten, die das Gälische noch im täglichen Umgang gebrauchen. In ihrer großen Zeit, die kurz vor der Geburt Hermanns von Salza lag, beherrschten die Kumanen die Steppen zwischen der Ostgrenze Ungarns und der Wolga, nur in Ungarn hatten sie im Jahr 1070 und im heutigen Rumänien sechs Jahre vorher blutige Niederlagen erlitten. Sie waren zweifellos ein hartes, wohl organisiertes Eroberervolk, gut beritten und sogar mit leichten Booten und Gerätschaften zum Überschreiten von Wasserläufen ausgerüstet. Es vollzog sich, was etwa zweihundert Jahre vorher im Westen Europas vor sich gegangen war: Die kämpferischen Qualitäten der Kumanen verlockten die christlichen Herrscher von Byzanz und von Ungarn, diese mit kärglichem Lohn zufrieden zu stellenden, als Heiden rechtlosen Wilden in das Verteidigungssystem einzubauen. Vor allem das reiche und im Luxus erschlaffte Byzanz erblickte in den Kumanen die Nachfolger jener hunnischen Söldner, die für die Kaiser das Vandalenreich in Nordafrika zerschlagen hatten. So wurden denn auch die Kumanen zweimal erfolgreich gegen die Mongolen eingesetzt, was den Namen ihres damaligen Herrschers Chuthen vor dem Vergessenwerden bewahrte. Dann aber hatten die Mongolen den besseren Anführer: Batu Khan siegte 1235 über die Kumanen und trieb vierzigtausend Familien der Unterlegenen vor sich her nach Westen.

Das war vier Jahre bevor Hermann von Salza starb, so dass man sagen kann, dieses wilde und schwer zu bändigende Reitervolk hatte das ganze Leben des großen Hochmeisters begleitet, und zwar, weil die behauptete Christianisierung, die ritterlich-christliche Aktion, für die der Orden sich als Gegengabe das Burzenland erwartete, nur auf dem Papier gelungen war. Die lateinischen Urkunden, die damals zwischen König Andreas II., dem Deutschen Orden und dem Papst hin- und hergingen, verraten viel Devotion und Naivität auf Seiten des Königs, viel Selbstsicherheit und hohe Ansprüche bei den Rittern und einen gewissen Wankelmut bei Honorius III., der zunächst sehr viel zugesteht, ja den Rittern in ihrem gewonnenen Land völlige Unabhängigkeit vom ungarischen Königtum bewilligt, dann aber unsicher wird, vielleicht auch Einflüssen erliegt und sich schließlich gegen die Deutschfeindlichkeit des sehr jungen, aber energischen Thronfolgers Bela nicht mehr durchsetzen kann.

Im Schicksalsjahr 1235 werden nicht nur die Kumanen besiegt, wofür sie den Priestern ihrer neuen Religion die Schuld geben, auch König Andreas II. von Ungarn ist am Ende seiner Kräfte und stirbt am 26. Oktober. Seine Witwe stammt aus dem italienischen Haus Este, die Gemahlin seines Sohnes Bela hingegen ist eine byzantinische Prinzessin: Maria Laskaris, Tochter von Kaiser Theodor I. Ungarn, orientiert sich nach Südosten, Hermann von Salza, der Protegé des Papstes und des Kaisers Friedrichs II., ist nun persona ingrata und weilt auch längst nicht mehr im Burzenland, nicht etwa, weil er die Kumanen oder König Bela IV. fürchtete, sondern weil er ein unsteter Gesell ist, und weil die Zeit und seine Aufgaben diese Unstetheit von ihm verlangen. Denn noch gibt es keine ständigen Vertretungen (wenn auch manche Gesandtschaften, etwa zwischen Aragon und Frankreich, so lange im fremden Land verweilen, dass man sie schon für Residenten halten könnte). Noch müssen die Diplomaten sich als Boten fühlen und benehmen oder eben als Botschafter.

Das weitaus größte Reservoir an geeigneten Persönlichkeiten hatte naturgemäß die Kirche. Zwar gab es den Jesuitenorden noch nicht, der seine Mitglieder auf eine besondere Weise für diplomatische Missionen schulte, aber die kleine

Armee der durchwegs Latein sprechenden und eine über dem Durchschnitt liegende Allgemeinbildung besitzenden Kleriker gab Rom und Byzanz eine bis heute deutlich erkennbare Überlegenheit. Sie war bis zum vierzehnten Jahrhundert beinahe erdrückend, weil der europäische Adel auf eine bisweilen groteske Weise ungebildet war, oft nicht einmal lesen und schreiben konnte, und weil selbst adelige Damen, die Zeit und Gelegenheit gehabt hätten, nach den Gepflogenheiten dieser Zeit keine Chance hatten, in das diplomatische Geschehen einzugreifen. Das änderte sich allerdings in der Renaissance auf zum Teil überraschende Weise.

Während in den Randzonen des Reiches Fürsten und Grafen dank einer gewissen Selbstständigkeit Erfahrungen im grenzüberschreitenden Verkehr der Gesandten und Unterhändler erlangten, blieb in Ostmitteleuropa, dort, wo Hermann von Salza dem Deutschen Orden eine neue Basis schaffen wollte, der Fürst selbst entscheidend und delegierte nur ganz selten, es fehlte schließlich in Litauen, Polen, Ungarn und Böhmen weitgehend an geeignetem Personal. Erst die großen Konzilien in Konstanz und Basel, an denen der Adel aus den ostmitteleuropäischen Staatswesen leicht teilnehmen konnte, weckten an den Höfen des Ostens die Aufmerksamkeit für die Möglichkeiten des diplomatischen Verkehrs – das aber war Jahrhunderte nach Hermann von Salza, dessen Verhandlungserfolge in einem Umfeld mit mangelnder Erfahrung und geringem Geschick erzielt wurden. Vor allem der Thronfolger Bela fühlte sich von dem sicher und verantwortungsbewusst auftretenden Ordensmann überrumpelt und gelangte erst mit beträchtlicher Verspätung zu jenen Einsichten, die schließlich zur Austreibung der Ordensritter aus dem Land ihrer neuen schönen Burgen führten.

Trotz dieser relativ kurzen Herrschafts- und Kolonisierungsphase ist es nicht falsch zu sagen, dass das Burzenland mit den Ordensrittern im Allgemeinen und Hermann von Salza im Besonderen erst in die Geschichte eintrat. Zwar hatten sich die spätrömischen Siedler von den Gebirgszügen nicht behindern lassen. Spätestens seit dem vierten nachchristlichen Jahrhundert waren die vier Pässe zur Walachei und zur südlichen Moldau regelmäßig überschritten worden, das heißt, der dakisch-römische Handel hatte sich durch die Gebirge nicht abschrecken lassen; Honigberg, Petersberg, Neustadt und Kronstadt weisen in ihrer nächsten Umgebung Reste römischer Bauten auf, in die dann seit dem achten Jahrhundert rumänische Bewohner einzogen. Danach scheint sich Byzanz für das Burzenland interessiert zu haben, jedenfalls gab es unmittelbar vor dem Eintreffen der Ordensritter eine bedeutende Erdbefestigung auf dem Lempes-Hügel, was die gemeinsame Initiative der Ritter und des Papstes in neuem Licht erscheinen lässt: Vielleicht sollten die Ritter im Dienste Roms eine Ausbreitung des ostkirchlichen Einflusses in dieser Weltgegend verhindern.

Die Ritter gingen ans Werk, als sei ihnen das Land für viele Generationen sicher. In der Übertragungsurkunde von 1211 hatte König Andreas II. die terram Borzam nomine ultra silvas versus Cumanos den Rittern anvertraut, gleichsam also ein nach Osten offenes Gebiet, „jenseits der Wälder bis hin zu den Kumanen". Die nahe liegende Ausweitung dieses Gebietes bis zu den Passhöhen erfolgte schon im Jahr darauf und konnte wohl König Andreas II. als strategische Notwendigkeit unschwer verständlich gemacht werden. Danach kamen die Kumanenkriege und die Siegprämien, von denen man den Eindruck hat, dass König Andreas II. die örtlichen Gegebenheiten nicht wirklich und hinreichend genau bekannt waren und dass auch Thronfolger Bela (später Mitregent) sich mit Streitigkeiten im Detail nicht mehr abgeben wollte. Für ihn stand die Notwendigkeit, die Deutschen vollends auszutreiben, ohnedies fest.

In dem Gegensatz zwischen Hermann von Salza und Bela IV. erkennen wir ein erstes Missverständnis, dem der große Ordensmann in seinen diplomatischen Bemühungen erlag. Es scheint, dass er Deutschenfeindlichkeit, ja vielleicht sogar Fremdenabwehr dort vermutete, wo Bela sich nur gegen die Einschränkung seiner Herrschaft, gegen Beschränkungen der auf ihn zukommenden königlichen Macht wehrte. Hermanns Hartnäckigkeit war bemerkenswert, er legte dem ihm gewogenen Papst immer neue Entwürfe für die Sendschreiben nach Ungarn vor (wenn auch nicht bis 1245, wie wir bei Radu Popa lesen können: da war der Ordens-Hochmeister nämlich schon sechs Jahre lang tot). Biskup und Labuda haben nachgewiesen, dass die päpstliche Kanzlei sich meist gar nicht die Mühe machte, die Texte des Hermann von Salza zu verändern oder abzumildern; sie gingen nach Ungarn ab, wie der Deutsche Orden sie in seinem Interesse für nötig empfunden hatte, und stießen darum dort auf die konsequente Ablehnung durch den alten König und seinen Mitregenten und künftigen Nachfolger. Aber auch die beharrliche Intrige des Bischofs Reginald, der vor dem Beginn der Ordensbemühungen Siebenbürgen als Diözese ansehen durfte, wirkte.

Da wir noch heute durch die aktiven Vereinigungen der Siebenbürger an die geschichtlichen Entwicklungen in diesem Land erinnert werden, da trotz starker Rückwanderung noch immer enge und tragfähige Beziehungen zu den Orten Siebenbürgens und des Burzenlandes bestehen, darf dieser Rückblick auf die erste und intensivste Kolonisierungsphase als paradigmatisch angesehen werden: Die Fehler, die hier begangen wurden, kennzeichnen auch noch spätere Phasen der deutschen Ostpolitik. Sie wirkten in ähnlicher Weise auf die slawischen und baltischen Bevölkerungen, denen der deutsche Impetus begegnete, und gerade ein Ordens-Hochmeister von dem geistigen und politischen Horizont eines Hermann von Salza hätte hier Empfindlichkeiten der Gegenseite erkennen und berücksichtigen und die deutschen Methoden nuancieren müssen. Es gibt nämlich Anzeichen dafür, dass Bela IV. durchaus bereit war, auf einer ihm genehmen Basis mit Deutschen zusammenzuarbeiten. Schon ein Jahr nach dem Tod Hermanns von Salza gewährte er deutschen Dörfern auf ungarischem Boden bedeutende Freiheiten und Erleichterungen, höchst feierlich als „Bela, von Gottes Gnaden König von Ungarn, Dalmatien, Kroatien, Bosnien, Serbien, Lodomerien und Kumanien", eine Herrlichkeit, die ihn schon wenige Jahre später nicht vor dem Ansturm der Mongolen schützte.

Als hätten die Ordensritter diese große Gefahr aus dem Osten vorausgeahnt, hatten sie, kaum dass ihnen das Burzenland zugesprochen worden war, mit dem Bau von steinernen Burgen begonnen. Dieser Umstand, die ungewohnte, landfremde Bauweise, wird in den Auseinandersetzungen zwischen Königtum und Orden besonders angeführt: Die Ritter bauten wie im steinigen Heiligen Land, die Ungarn aber kannten nach alter Nomadenart nur Erdbefestigungen und sahen in den gleichsam für die Ewigkeit aufgeführten Befestigungen den sichersten Beweis dafür, dass die Ritter das Land nicht mehr herzugeben gedachten.

Im Mongolensturm erlangte jede einzelne dieser Burgen ihre Bedeutung: die Marienburg am Flusse Alt, die Kreuzburg am so genannten Tatarenpass (wie er vorher hieß, weiß niemand), die Ruzarburg am jenseitigen Abhang des Törzburger Passes, die Schwarzburg bei Zeiden und die Heldenburg bei Heldsdorf (nach Radu Popa, der eine weitere Befestigung im Kumanengebiet vermutet, deren Fundamente jedoch nicht gefunden sind). Im Schutz dieser Burgen entstanden sehr schnell Siedlungen, denn die Deutschen waren tüchtig, der Handel über die Pässe kam schnell in Gang, und eine gewisse Konkurrenz zwischen der Marienburg und Kronstadt belebte die Entwicklung. Kronstadt war mit einem Gründungsjahr nahe 1213 vermutlich die erste Stadtgründung des Ordens im Burzenland, aber der eigentliche Aufstieg der von den Mongolen zerstörten Stadt begann erst nach 1241 mit dem Ausbau von Befestigungen und der Eingemeindung von Vororten, die Kronstadt schließlich zur größten Stadt Siebenbürgens machten.

Die Gesamtentwicklung in Südosteuropa hat noch in der Lebenszeit Friedrichs II. weiträumig bewiesen, dass Ehrgeiz und Machtanspruch der stolzen Ordensritter der deutschen Expansion in den Osten und Südosten keinen Schaden gebracht haben. Es wurde aber auch klar, dass die isolierte Machtpolitik Hermanns von Salza unnötig brüsk gewesen war und seinem sonst bewiesenen diplomatischen Geschick nicht entsprach, was sich nur durch eine verhängnisvolle Unterschätzung, vor allem des ungarischen Königtums, erklären lässt.

Hermann von Salza hatte die allgemeine Entwicklung zwischen Pest, wo die Deutschen sich bereits niederlassen durften, und der Donaumündung zu wenig beachtet. „Durch die Vertreibung der selbstbewussten Deutschordensritter", schreibt Georg Stadtmüller in seinem Standardwerk über die Geschichte Südosteuropas, „wurde die deutsche Kolonisation auf ungarischem Boden als Ganzes überhaupt nicht in Mitleidenschaft gezogen. In Westungarn, in Oberungarn, in Siebenbürgen, allerorts blühte das deutsche Städtewesen in immer reicherer Fülle auf. Die wichtigsten dieser deutschen Städte waren Preßburg, Ödenburg, Steinamanger, Komorn, Gran, Schemnitz ... Klausenburg, Schäßburg, Hermannstadt, Kronstadt. Alle aber überstrahlte bald an Glanz und Reichtum das herrliche Ofen (Buda)."

Für die Stabilität der ungarischen Königsherrschaft über einen primitiven und unbotmäßigen Landadel wurden die nach 1241 noch zahlreicher gegründeten ungarischen Städte mit deutschem Bevölkerungsanteil geradezu entscheidend. Gewerbe und Handel wünschen sich ja nichts dringender als Frieden und sichere Handelswege, eine verlässliche Währung und eine geklärte Situation der Rechtsprechung. Dies hatten Andreas und sein Sohn Bela IV. wohl deutlicher erkannt als die militärisch denkenden, im Militärischen befangenen Kreuzritter.

Im Frühjahr 1225 wurde der Deutsche Orden – wie man lesen kann: mit Waffengewalt – aus dem Burzenland vertrieben, doch ist über die Einzelheiten dieser Auseinandersetzung so gut wie nichts bekannt, auch ist nicht anzunehmen, dass die Ritter in ihren Burgen einen selbstmörderischen Widerstand leisteten, da die Magyaren ja nichts anderes als die Vertreibung beabsichtigten. Die Zerstörungen der meisten Burgen gehen jedenfalls nicht auf die königlich ungarischen Truppen zurück, sondern auf die wenig später ins Burzenland und nach Ungarn einfallenden Mongolen.

Es war möglicherweise ein Zufall, dass schon wenige Monate nach diesen Ereignissen in der Deutschordenskomturei von Halle an der Saale einige vermummte Gestalten erschienen, die sich in schlechtem Latein als Abgesandte des Herzogs Konrad I. von Masowien und Kujawien vorstellten. Es war Winter, die Waffen schwiegen, und das war ein Glück für den Herzog, denn die missionarischen Bemühungen in Richtung des Pruzzenlandes hatten nichts anderes bewirkt, als die harten Waldbewohner auf die Klöster aufmerksam zu machen, in denen es so vieles zu holen gab, was die seit zweitausend Jahren im heutigen Ostpreußen siedelnden, Waldwirtschaft und Fischfang betreibenden Pruzzen als Reichtümer ansehen mussten. Herzog Konrad stand zwar im besten Mannesalter, aber er hatte eine slawische Fürstentochter geheiratet, regierte mit einer schlichten Hofhaltung und wusste sich gegen die schnell auftauchenden und ebenso schnell in ihren Wäldern verschwindenden Räuber nicht mehr zu helfen, ja er fühlte sich sogar in seinem Herzogssitz in Plock an der Weichsel gefährdet, da seine Hauptstadt am rechten Weichselufer lag, hoch über dem Fluss, den Konrad sehr gerne zwischen sich und den Pruzzen gesehen hätte. Plock war seit dem zehnten Jahrhundert Bischofssitz, hatte seit dem zwölften Jahrhundert eine Kathedrale, konnte also ein christlicher Vorposten gegen die heidnischen Pruzzen genannt werden und war des Interesses der Ordensritter durchaus würdig.

Hinsichtlich der Pruzzen, mit denen es die Ordensritter zu tun bekommen sollten, haben sich unsere Kenntnisse in den letzten zwanzig Jahren entscheidend erweitert und vertieft, weniger durch deutsche Forscher als durch die neue polnische Siedlungsarchäologie und die Orts- und Flussnamenforschung. Als ich vor vierzig Jahren über die Unterdrückung und Germanisierung der Pruzzen schrieb, warfen namhafte Forscher wie Karl Forstreuter mir vor, ich hätte Krokodilstränen über das Schicksal der Pruzzen vergossen, in welcher Bemerkung wohl auch anklang, dass kein Deutscher das Recht habe, sich von den Ereignissen zu distanzieren, die von 1228 an zum Verschwinden eines alten und eigenständigen Volksstammes geführt haben. Aber in der europäischen Völkervielfalt zählt eben jede Stimme, und in der Geschichte unseres kleinen Kontinents ist kein Element entbehrlich, wenn wir die Vergangenheit und die Entwicklungen verstehen wollen.

Die Forschungen, die uns ein gewisses Maß von Kenntnissen und Vorstellungen über die Sprache der Pruzzen gerettet haben und damit das Andenken dieses tapferen und zähen Volkes sind vor allem das Verdienst der Arbeitsgruppen um Gerard Labuda in Posen, 1981 in einer Studie von etwa dreißig Seiten zusammengefasst, in die auch die Arbeiten anderer polnischer Forscher eingegangen sind. Das Ergebnis ist in gewissem Sinn erschütternd, macht es uns doch klar, dass von einem ganzen, durch Jahrtausende in Ostpreußen siedelnden Volk nichts anderes auf uns gekommen ist als ein halbes Hundert von Sachbegriffen, also sprachliche Denkmale, und eine allerdings beträchtliche Anzahl von lokalen Benennungen. Da Labudas Folgerungen inzwischen auch in unserer Sprache zugänglich sind, beschränke ich mich hier auf die zum Verständnis der weiteren Ordensaktivitäten nötigen Fakten: Die Pruzzen hatten ihre Urheimat am oberen Dnjepr, vermutlich hart östlich der ausgedehnten Pripjet-Sümpfe, und wanderten im zweiten vorchristlichen Jahrtausend in Richtung Ostsee, wo sie auf eine wenig zahlreiche finnisch-baltische Schleierbevölkerung in großen Wäldern stießen.

Gerard Labuda folgert aus Wortstämmen und Benennungen eine Trennung der frühen Balten von den frühen Slawen am Übergang von der Jungsteinzeit zur Bronzezeit, also im dritten und zweiten Jahrtausend vor Christus. „Alles deutet darauf hin, dass die Balten noch lange Zeit in ihrer Urheimat verblieben, während die Slawen diese verließen: Zunächst zogen sie in südlicher Richtung den Dnjepr entlang, später ließen sie sich im mittleren Dnjeprgebiet nieder, aber auch ...

am rechten Ufer der mittleren und oberen Weichsel. In dieser Zeit knüpften Balten und Slawen unabhängig voneinander rege Kontakte zu den Germanen (an). Aus dieser Epoche stammen 164 gemeinsame Begriffe." Vor allem aber bildeten sich zwischen 500 vor und 500 nach Christus enge Gemeinsamkeiten in sprachlicher Hinsicht zwischen Balten und Slawen heraus, also in einer Phase von rund tausend Jahren, die im übrigen Europa mit der klassischen Antike gleichzusetzen ist.

Sehr wertvoll ist Labudas Feststellung einer frühen Berührung zwischen Balten und Germanen im Ostseeraum, hat doch die polnische Forschung bis zum Fallen des Eisernen Vorhangs von Germanen in diesem Bereich überhaupt nichts wissen wollen und alle vorgeschichtlichen Funde nicht näher zu bestimmenden Kulturen ohne Sprache und verlässliche Zuschreibung angedichtet. Labuda sagt in vorbildlicher Objektivität Germanen, er bestätigt den sprachlichen Befund der frühen Berührung und macht damit all die abstrusen Theorien von Kossina-Nachbetern überflüssig, die behaupten, die Wenden seien keineswegs Slawen, sondern Germanen gewesen. Es waren eben alle da, das große fischreiche Meer hatte sie angezogen, Balten, Slawen und Germanen, das Meer, das alle Bewegungen erleichterte, das ihnen Nahrung gab und über das die übervölkerten skandinavischen Landschaften Männer und Familien nach Süden schickten, an die waldreichen Küsten eines fremden, aber nach Norden offensichtlich unverteidigten Landes.

Die Konfrontation zwischen Balten und Germanen erfolgte also mindestens tausend Jahre vor dem Auftreten der Ordensritter, und es waren sehr kriegstüchtige Germanenstämme aus Skandinavien und von den Ostsee-Inseln, die in der Weichselmündung und von dort nach Osten eine Jahrzehnte währende, aber breiträumige Invasion vollzogen und dabei uralte Verteidigungslinien der Pruzzen gegen die Slawen überrannten. Die Einwanderungswelle war seit dem neunzehnten Jahrhundert bekannt und belegt, wurde aber von den deutschen Ostsee-Archäologen früher angesetzt, weil viele Funde im küstennahen Gebiet in ihrer ethnischen Aussage strittig blieben und Schriftdenkmäler ja nicht zur Verfügung standen. Die erste Kunde verdanken wir zwei Umständen: der sensationellen Schiffsreise des Pytheas, eines Kaufmanns und Kosmographen aus dem griechischen Massilia, und dem florierenden Bernsteinhandel, der schon seit der Mitte des zweiten vorchristlichen Jahrtausends auf zwei bekannten Routen die Ostsee mit der nördlichen Adria-Region verband.

Pytheas besuchte als Bürger einer wichtigen Handelsstadt ein Zentrum der Ausfuhr von Elektron, wie die Griechen wegen der bekannten elektrischen Eigenschaften den Harzschmuck nannten, der damals auch an der Nordsee noch häufig vom Meer ausgeworfen wurde. Hier, an der deutschen Bucht, scheint Pytheas auch das Phänomen kennen gelernt und studiert zu haben, das er Meerlunge nennt, das heißt die Ebbe, die, kilometerweite Teile des Wattenmeers in eine seltsame, von Prielen durchzogene, aber nicht mehr vom Meer bedeckte Landschaft verwandelt. Man konnte die Schlicklandschaft mit dem malerischen, aber auch gefährlichen Kommen und Gehen der Flut kaum besser vergleichen als mit einer großen Lunge und den Gezeitenwechsel mit dem Atmen. Die Bevölkerung, auf die Pytheas an den Bernsteinküsten stieß, nennt er Guionen oder Guttonen, soweit sie an der Ostsee siedelten und erwähnt in seiner verloren gegangenen Schrift westlich von ihnen siedelnde Ingwäonen. Die ausdrücklich als Germanen bezeichneten Guttonen siedelten am Aestuarium Oceani Mentonomon, nach Pauly-Wissowa gleichzusetzen mit dem Frischen Haff, dem Küstenstreifen zwischen dem späteren Elbing und Königsberg.

Ungleich ergiebiger als das Buch vom Weltmeer des Pytheas, das ja leider nicht auf uns gekommen ist, erwies sich für das ganze Mittelalter die große Naturgeschichte des älteren Plinius. In ihr ist schon im ersten nachchristlichen Jahrhundert vom Kap Skagen die Rede, von der Weichsel, von der dänischen Inselwelt und natürlich vor allem vom Bernstein, denn es sind die Bernsteinhändler, denen Plinius seine Kenntnisse verdankt. Die Bernsteinstraßen zwischen der Ostsee und der nördlichen Adria wechselten zwar in unregelmäßigen Zeitabständen ihren Verlauf, wenn kriegerische Wirren oder Unwetter bestimmte Strecken unwegsam machten oder als nicht ratsam erscheinen ließen. Aber in ihrer Generaltendenz verbanden sie das Ostseebecken durch die ostmitteleuropäischen Ebenen und über die niedrigeren Ausläufer der Ostalpen mit den Hafenorten an der Adria, insbesondere mit Aquileia. Dass dabei der Semmering begangen wurde, darf als sicher angenommen werden, aber auch das heutige Westungarn und das Burgenland waren Durchgangsgebiete. Plinius erwähnt ausdrücklich einen Bernsteinbrocken von mehr als sieben Kilogramm Gewicht und sagt, dass der Handel bis etwa zur Donau in den Händen von Germanen läge, dort warteten Händlerstämme, die von den Griechen Eneter genannt werden und die Wege über die Gebirge an die Adria kennen.

Bis ins neunzehnte Jahrhundert herrschte die Ansicht vor, dass die Römer über die Elbe hinaus niemals vorgedrungen seien und auch keine Ortskenntnisse erworben hätten. Selbst ein gebildeter Mann wie Hermann von Salza musste also annehmen, dass die Völker, mit denen ihn der Herzog von Masowien konfrontieren wolle, mindestens so unbekannt, unerforscht und rätselhaft seien wie die Kumanen, mit denen der Orden so bedenkliche Erfahrungen gemacht habe. Das neue Unternehmen, zu dem man den Orden veranlassen wollte, kam einerseits zur rechten Zeit, es konnte helfen, das Debakel im Burzenland stimmungsmäßig und hinsichtlich der Fakten zu überwinden; andererseits mussten die begangenen Fehler künftig vermieden werden.

Aus dieser geringen Kenntnis von der bevorstehenden großen Aufgabe für den Orden wird verständlich, dass die genaueren vertraglichen Abmachungen auf sich warten ließen. Sie kamen in Gestalt kaiserlichen Befehls: Die Goldene Bulle hatte Hermann von Salza von Kaiser Friedrich II. erlangt, sie bestätigte grundsätzlich das Privileg, auf dem der Orden aufzubauen gedachte. Die Kulmer Handfeste vom

28. Dezember 1233 hat demgegenüber schon den Rang einer Durchführungsbestimmung, eines Leitfadens, denn es ging ja nicht nur um die Städte Kulm und Thorn im späteren Westpreußen, sondern um die Verhältnisse und Gesetze, die in dem dereinstigen Ordensgebiet herrschen sollten und die klar und bekannt sein mussten, wenn deutsche Kaufleute und Handwerker dem Ruf in den Osten folgen sollten. Der Orden behielt sich in diesem Gesetzeswerk die in dem vor ihm liegenden Gebiet besonders wichtigen Gewässer, alle Seen und Flüsse vor, dazu sämtliche Erzvorkommen und Salzadern. Jagd und Fischerei wollten Ordensritter und Bürger gemeinsam nutzen, die Städte erhielten Grundbesitz, das Recht, Fähren zu betreiben (denn bis es Brücken gab, konnten noch viele Jahre vergehen) und vor allem: die Städte durften sich die Richter wählen, die in ihren Mauern Recht sprechen sollten. Als oberster Rechtsherr und Eigentümer aller eroberten Landstriche betrachtete sich der Deutsche Orden, aber damit konnten die nach und nach einströmenden Deutschen und Niederländer leben. Ohne dass es in irgendeiner Urkunde ausgesprochen worden wäre, sahen die Ankömmlinge in der Kulmer Handfeste eine gewisse Sicherheit dafür, dass sie dem mitunter recht eigenwilligen und unberechenbaren Landadel Masowiens und anderer polnischer Gebiete nicht Untertan waren, sondern es mit den gewiss harten, aber letztlich doch geistlichen und ritterlichen Herren des Ordens zu tun haben würden.

Durch seine umsichtigen Vorarbeiten hatte Hermann von Salza die Fehler vermieden, die der Orden im Burzenland begangen hatte und die zum Beispiel die Ritter vom Schwertorden mit vereinzeltem Vorpreschen ins Baltikum fortgesetzt begingen. Unzureichend abgesichert, einzeln oder in kleinen Gruppen agierend, mussten sie bald den Schutz und den großen Rückhalt beim Deutschen Orden suchen, verloren ihre Selbstständigkeit und büßten viel von dem Erreichten ein. Und natürlich wurden die Ritter des Schwertordens, die auf eine gewisse Priorität pochen konnten, innerhalb des Deutschen Ordens nie wirklich glücklich. Der große

Bischof und fürstliche Streiter Albert von Riga hatte die Fratres milicie Christi de Livonia unter seine Fittiche genommen, als es darum ging, die kleinen Christengemeinden an der Mündung des Dünaflusses zu beschützen. Aber Aufstände der heidnischen Esten im Jahr 1223 und die Gegnerschaft König Waldemars II. von Dänemark hatten den schwachen Orden immer stärker gefährdet, so dass seit 1230 Verhandlungen über die Einverleibung des Schwertordens, der sich auch Schwertbrüderorden nannte, in die schnell erstarkende Gemeinschaft der Deutschordensritter liefen. Letzte Widerstände der Schwertritter beseitigten auf höchst eindringliche Art die heidnischen Litauer, die am 22. September 1236 bei Schaulen einen vollständigen Sieg über die schwer gepanzerten Ritter erfochten, die sich auf dem morastigen Boden in ihren Rüstungen kaum bewegen konnten. Ritter und Livländer verloren etwa die Hälfte ihrer Streitmacht gegen die mit leichten Lederpanzern wieselflink angreifenden Litauer und Semgallen. Ordensmeister Volkwin fiel, die überlebenden Ritter vermochten gerade noch die Stadt Riga vor der Eroberung durch die Heiden zu bewahren. Hermann von Salza, der in den etwa sechzig Jahren seines Lebens nur (zusammengerechnet) vier Jahre in Deutschland weilte, hat die Kunde von Schaulen noch vernommen; sie erreichte ihn wenige Jahre vor seinem Tod im Frühjahr 1239 in Salerno, aber er hatte noch Zeit, die Lehren daraus zu ziehen.

Vom Drusensee zum neuen Elbing

Wie lange der letzte Aufenthalt Hermanns von Salza in seinem neuen Herrschaftsgebiet gewährt hat, weiß man nicht; sicher ist, dass er in Eile abreiste, weil für die Krankheit, die ihn in der feuchten Weichselniederung ergriffen hatte, weder Ärzte noch andere Hilfen zur Verfügung standen. Kaiser Friedrich II., der im Streit mit dem neuen Papst seinen wichtigsten Berater dringender brauchte als je zuvor, leitete die überstürzte Rückreise quer durch Deutschland dorthin, wo die besten Ärzte der Christenheit beisammen saßen, in der berühmten Schule von Salerno, und sie verdient ein paar Zeilen, weil sie charakteristisch ist für das Jahrhundert, für den Kaiser und für den Ordensmann, der in seiner letzten Not nicht nur auf Gott vertraut, sondern auch auf die arabische und jüdische Medizin.

Als Hermann von Salza erschöpft, aber noch nicht ohne Hoffnung, in Salerno eintraf, begegnete er einer berühmten medizinischen Hochschule, der berühmtesten des Abendlandes, in ihrer Spätphase. Die Grundlagen des salernitanischen Ruhmes waren schon im zehnten Jahrhundert geschaffen worden, auf byzantinische Texte vertrauend und auf die Überlieferungen des großen Galen für die medizinische Praxis. Arabisches Wissen brachte Constantinus Africanus ein, ein Kräuterhändler, der vierzig Jahre lang den ganzen Mittelmeerraum bereist hatte, ehe er sich taufen ließ und von Monte Cassino aus nach Salerno wirkte. In der Hoch-Zeit Salernos erwarb sich die Gynäkologin Trotula einen durch die Jahrhunderte fort wirkenden Ruhm, während zu Zeiten Friedrichs II. Albertus Magnus und Avicenna die meistzitierten Autoritäten waren. Sie alle konnten Hermann von Salza, der vielleicht älter war, als man vermutete, nicht mehr helfen, und er starb nach letzten langen Gesprächen mit dem Kaiser in dessen Beisein am 20. März 1239.

Schon 1230 hatte Hermann von Salza einen Landmeister für Preußen ernannt, genannt Hermann Balk, lateinisch Balco, der seltsamerweise beinahe zugleich mit dem Ordens-

Hochmeister starb, nämlich am 5. März des Jahres 1239. Ob dies ein früher Tod war, lässt sich nicht sagen, denn die bekannte Chronik des Peter von Dusburg spricht von einer zwölf Jahre währenden Tätigkeit Balks, die übrigen Quellen von einer Betrauung 1230 und einer darauf folgenden Tätigkeitsphase von nur neun Jahren. Wann der entweder aus Niedersachsen oder der Altmark stammende Landmeister geboren wurde, weiß man nicht, doch steht fest, dass er bedeutende militärische Erfahrungen gesammelt haben musste: Seine Erfolge in dem einen Jahrzehnt seiner Befehlsgewalt sprechen eine deutliche Sprache.

Am rechten, also östlichen Ufer der Weichsel hatten die Pruzzen eine Erd- und Holzfestung errichtet, da der Strom hier nur etwa einen Kilometer breit ist und der Übergang wegen fester Ufer nicht sehr schwierig. Diese Festung mit dem deutschen Namen Vogelsang wurde vermutlich schon 1228 von den Ordensrittern erobert, womit sich die zwölf Jahre, die Peter von Dusburg dem von ihm verehrten Hermann Balk zubilligt, erklären ließen. Drei Jahre später, 1231, errichtete Hermann Balk gegenüber der einstigen Pruzzenfestung die Stadt Thorn, die ihre Mauern aus der Deutschordenszeit bis vor hundert Jahren behielt und durch den schnellen Zuzug vor allem aus Westfalen ein Hauptstützpunkt der Ordensarbeit an der Weichsel wurde.

„Als die Brüder schon hier wohnten", berichtet Peter von Dusburg, „machten die Pruzzen einen feindlichen Einfall nach Polen; und als sie sahen, dass die Brüder ihnen in Waffen folgten, wunderten sie sich über die Maßen, woher und weshalb diese gekommen waren. Ein Pole, den sie gefangen mit sich führten, antwortete ihnen, die Ankömmlinge seien Ordensleute und erprobte Streiter, sie seien aus Deutschland vom Herrn Papst geschickt, um die Pruzzen zu bekämpfen, bis diese ihren harten und unbezwungenen Nacken unter das Joch der hochheiligen römischen Kirche gebeugt hätten. Als die Pruzzen dies hörten, lachten sie und zogen ab." (Quo audito subridentes recesserunt)

Hermann Balk war jedenfalls ein Mann nach dem Herzen des Chronisten, der ihn auch nicht genug zu rühmen weiß, und seine besondere Tüchtigkeit geht daraus hervor, dass er sowohl im fernen Livland als auch an der Deichsel erfolgreich und energisch tätig war, ehe er, „beschwert von Alter und Mühsal", wie die Chronik sagt, nach Deutschland zurückgekehrt sei, „dort starb er und wurde begraben", fiel also nicht von der Hand eines Pruzzen, die er zuvor zu Tausenden hatte töten lassen.

Die Pruzzen hatten offensichtlich bis dahin bei ihren Raubzügen keinen Widerstand gefunden und waren überrascht, dass sie auf ihrem Rückzug mit der Beute erstmals von Bewaffneten verfolgt wurden. Indes scheint der Kampf in den ersten Jahren noch ziemlich unentschieden gewesen zu sein, denn in Thorn lagen stets einige Langboote bereit, mit denen die Brüder und ihre Angehörigen flussabwärts flüchten konnten, wenn die Pruzzen über den Fluss setzen und das noch kleine Thorn angreifen sollten. Die Auffangfestung war das masowische Bollwerk Nessau, das Herzog Konrad dem Orden gleich zu Beginn der Zusammenarbeit, nämlich 1229, mit einigen umliegenden Dörfern als Eigentum überlassen hatte. Ein zweiter Feind von Thorn war der große Fluss; er trat so oft über seine Ufer, dass die junge Siedlung schon fünf Jahre nach der Gründung auf einen günstigeren Platz verlegt werden musste, nur die Burg in ihrer erhöhten Lage konnte bleiben, wo die Ordensleute sie errichtet hatten.

Ehe Peter von Dusburg die Kämpfe im Einzelnen schildert, gibt er einen Überblick über die Landschaften, in denen die Pruzzen wohnten, eine höchst wertvolle Aufzählung, die eine Hauptquelle geblieben ist, auch wenn er nach dem Grundsatz „Viel Feind, viel Ehr" zumindest die Zahl der Bewaffneten, die das Pruzzenland aufstellen konnte, ein wenig übertrieben haben dürfte. Er beginnt mit dem Kulmerland, das eigentlich eine Art Niemandsland war, ehe der Orden eintraf, weil die ständigen Angriffe der Pruzzen hier keine Siedlungen und keinen Landbau hatten entstehen lassen.

Für die Bemühungen, die Pruzzen zu unterwerfen, hat Peter von Dusburg nur wenige Zeilen übrig, soweit es sich um Aktivitäten vor der Betrauung des Deutschen Ritterordens handelt:

„Viele Kriege sind von Alters her gegen die Pruzzen geführt worden, wie die alten Geschichtsschreiber berichten, nämlich durch Julius Cäsar (?), auch durch neun Brüder aus Schweden mit Namen Gampti, durch Hugo, genannt Potyre, schließlich durch Bruder Christian, den Bischof von Preußen, und durch die Ritterbrüder Christi, genannt die Brüder von Dobrin."

Damit ist der Mann genannt, der in der nun folgenden geschichtlichen Phase des Preußenlandes als die tragische Figur bezeichnet werden darf, Christian, der 1245 verstorbene erste Bischof von Preußen. Die von den militärischen Erfolgen des Deutschritterordens übermäßig beeindruckte deutsche Geschichtsschreibung behandelt Christian durchgängig als einen Gegner des Fortschritts und der natürlichen geschichtlichen Entwicklung, und auch die Polen sehen in ihm weitgehend einen Eindringling ohne näheres Verständnis für Land und Leute. Einzig die ältere Kirchengeschichtsschreibung lässt ihm einige Ehre angedeihen, so vor allem Dr. Clemens Lüdtke, Domkapitular in Pelplin, dem Sitz des Bischofs von Kulm.

Christian war der Mann, der nach zweihundert Jahren, nach dem Tod Adalberts von Prag und Bruns von Querfurt, sich wieder um die Missionierung der Ostseevölker angenommen hatte. Mit der Hilfe der Zisterziensermönche von Oliva bei Danzig und Lekno bei Wongrowitz waren die heute vergessenen Fürsten Phalet und Sodrech zum Christentum bekehrt worden, doch hatte es Rückschläge gegeben; ein Missionar Namens Philipp erlitt den Märtyrertod, so dass Christian um 1210 das Missionswerk neu aufbauen musste.

Über Christians Herkunft ist nichts bekannt, doch darf man annehmen, dass es Abt Gottfried von Lekno war, der ihn für die schwere Aufgabe aussuchte, und tatsächlich konnte Christian schon 1215 in Begleitung von zwei pruzzischen Edlen eine Reise nach Rom antreten, wo Papst Innozenz III. die beiden taufte und Christian zum ersten Bischof von Preußen weihte.

Sprachlich und genealogisch interessant sind die bei dieser Gelegenheit festgehaltenen Namen Warpoda und Suavabuno der vornehmen Pruzzen und die auf den 18. Februar 1216 datierte Urkunde, die Christian als Episcopus Prutie (sic) bezeichnet und ihm zwei Landschaften zu eigen gibt, von denen man sich wundern muss, dass sie in Rom bekannt waren, nämlich Groß Lensk und die Löbau.

Auf der Heimreise, die Christian über Cammin in Pommern führte, fand der Bischof sein Missionsgebiet in hellem Aufruhr. Die Pruzzen waren bis nach Gnesen vorgedrungen, hatten selbst noch die kleinsten Kapellen zerstört und alle Priester und Mönche erschlagen, auf die sie stießen. Christian musste sein Vorhaben der friedlichen Mission aufgeben und regte in Rom den Aufruf zu einem Kreuzzug gegen die Heiden an der Ostsee an. Im Mai 1218 erhielt Christian alle Vollmachten zur Leitung dieses Kreuzzugs und zugleich den Auftrag, in den eroberten Gebieten Bistümer einzurichten, Kathedral-Kirchen zu erbauen, ja selbst Persönlichkeiten zu benennen, die dort als Bischöfe wirken könnten. Trotz eines gewissen Zuzugs an Kreuzfahrern aus Dänemark, Deutschland, Pommern, Böhmen und Mähren errangen die Pruzzen einen Erfolg nach dem anderen. Christian warb vor allem in Deutschland um Hilfe, ist zum Beispiel am 16. August 1220 bei der Weihe des Domes von Halberstadt nachgewiesen und führte endlich im August 1222 ein Kreuzheer zwischen Kulm und (Alt-) Thorn an die Weichsel. Herzog Konrad von Masowien und Bischof Gedeon von Plock stifteten Burgen und Dörfer, aber die Pruzzen fühlten sich vor allem durch die Ritter des Ordens von Calatrava herausgefordert, der bei der Einmündung der Ferse in die Weichsel eine kleine Niederlassung als Ausgangspunkt von Streifzügen nutzte, wie dieser Orden es in Spanien gegen die Mauren getan hatte. Die Pruzzen griffen in breiter Front an und zerstörten im Jahr 1224 Oliva mit Kirchen und Klöstern vollständig. Die Stiftung eines weiteren Ritterordens bei Dobrin gab wenig Hoffnung, die Pruzzen zu besiegen, darum begann Herzog Konrad von Masowien die Unterhandlungen mit dem Deutschen Orden.

Es zeigte sich nun, dass selbst im kaum bekannten Nordosten von Mitteleuropa, in eben erst oder noch gar nicht christianisierten Gebieten das ferne Rom eine entscheidende Rolle spielte und mit Rom auch der Kaiser. Kaum kam der Deutsche Orden ins Spiel, wurden auch die ausgezeichneten Verbindungen des Deutschordens-Hochmeisters wichtig und entscheidend, und der tapfere Bischof Christian, der die ersten Kohlen aus dem Feuer geholt hatte, stand fortan auf verlorenem Posten. Seine wenigen Ritter aus Dobrin wurden in kaum zugängliche und für niemanden wichtige Gegenden zwischen Bug und Nur verlegt, und was sie dort taten, hat niemand erfahren. Christian versuchte, wenigstens seine Bischofswürde zu retten und trat ein Drittel seiner Besitzungen in Preußen an die neuen Herren ab, dazu das Zehntenaufkommen aus dem Kulmerland, behielt sich aber die geistliche Jurisdiktion vor. Damit wäre er zumindest in geistlichen Dingen Herr über den Deutschen Orden und seine Gebiete geblieben, doch scheint sich niemand darum gekümmert zu haben, da seine Zisterzienser mit stillschweigender Billigung des Papstes ebenfalls jeden Einfluss verloren – sie hatten es in ganz Europa inzwischen auf etwa zweitausend Abteien gebracht und waren in den Augen Roms offensichtlich zu mächtig geworden.

Der Orden, der sich dem Ritterorden in Preußen vom ersten Augenblick an gefällig zeigte, waren die Dominikaner, die damals, Jahrhunderte vor der Inquisition, noch einen einwandfreien Ruf genossen. An sie hatte der Papst einen besonderen Aufruf erlassen, sich dem im Pruzzenland noch unerfahrenen kriegerischen Orden als Feldprediger und als Feldscher zur Verfügung zu stellen. Ohne wirklichen Rückhalt, ohne Verbindung nach Rom und dennoch verzweifelt um aktive Missionierung bemüht, geriet Bischof Christian im Jahr 1233 in die Gewalt der samländischen Pruzzen. Es wäre dem militärisch überlegenen Deutschen Orden ein Leichtes gewesen, den Bischof gegen pruzzische Geiseln auszutauschen oder durch eine gezielte Aktion zu befreien, doch Hermann Balk oder Hermann von Salza rührten keinen Finger.

Haft war zu allen Zeiten eine Prüfung, unter den Bedingungen des Mittelalters glich sie oft einer langen Folter. Man kennt das Beispiel jenes Mailänder Fürsten, dem sich nach jahrelanger Haft die Tore der Festung Loches öffneten, der aber, als der erste Sonnenstrahl auf ihn fiel, umsank und seinen Geist aufgab. Die Samländer Pruzzen, selbst arm, an der Hungergrenze lebend und an hohe Gäste nicht gewöhnt, mögen Bischof Christian fünf oder sechs harte Jahre beschert haben, ehe er es erreichte, seinen Bruder Heinrich und seinen Neffen Christian an seiner Statt als Geiseln zu stellen und selbst freigelassen zu werden. In Freiheit erst konnte er beim Papst erreichen, dass den Pruzzen Lösegelder bezahlt und seine Verwandten freigelassen wurden.

Landmeister Balk war kein Unmensch, aber ein harter Kriegsmann; mit den Pruzzen hatte er es schwer genug, und dass Bischof Christian gefangen saß, vereinfachte in gewissem Sinn die Ordensstrategie zwischen Weichselniederung und Memelland, weil es schwieriger ist, gegen einen Prälaten zu streiten, der das Ohr des Papstes besitzt, als gegen Heiden, die keinen Fürsprecher in Rom haben. Als der Bischof endlich freikam, hatte der Deutsche Orden die Jahre der Alleinherrschaft gut genutzt. Bischof Christian hatte sich wohl mit einer Beschwerde an den Papst gewendet, aber selbst Lüdtke räumt ein, dass sie Unwahrheiten enthielt und dem Orden Dinge anlastete, die Balk und Hermann von Salza nicht zu verantworten hatten. Dann kamen die Jahre, in denen die wichtigsten Akteure der Reihe nach starben, Balk, Hermann von Salza und 1241 auch Papst Gregor IX. Der zähe Preußenbischof überlebte sie alle, trotz der Jahre in pruzzischer Haft, aber der neue Würdenträger Roms in Masowien, der elegante Legat Wilhelm von Modena, hatte inzwischen eine salomonische Lösung gefunden: Er hatte im Auftrag Innozenz IV., des neuen Papstes, das Pruzzenland in vier Diözesen aufgeteilt, und Christian, einst der Bischof des ganzen großen Landes und Missionsbischof für alle gewonnenen Gebiete, sollte sich eine der vier Diözesen aussuchen, eine einzige!

Christian war offensichtlich kein großer Diplomat, und er verstand es nicht, die Sprache der Kurie zu sprechen, die nach dem nur zwei Wochen währenden Pontifikat Coelestins IV. nun von dem hochgebildeten Juristen Sinibaldo Fieschi, Conte die Lavagna geführt wurde, einem Papst, der den offenen Konflikt mit Kaiser Friedrich II. nicht scheute, seine Geschäfte vom sicheren Lyon aus führte und dem unbotmäßigen Bischof im fernen Pruzzenland in dürren Worten zu verstehen gab, dass er nehmen solle, was ihm angeboten werde. Nicht weniger als elf Äbte von Zisterzienserklöstern traten für Christian ein, womit sie die Lage eher verschlechterten, ein päpstlicher Legat aus dem Orden der Dominikaner reiste nach Kulm, um Bischof Christian umzustimmen, aber dieser war zutiefst verletzt, von Querelen aufgerieben und starb an einem nicht genau bekannten Zeitpunkt vor dem 8. November 1245.

Historisch bedeutsam sind seine Hauptvorwürfe gegen den Orden, obwohl er sie bei keiner Gelegenheit wirklich zusammenfassen und an den Mann bringen konnte, denn nicht alle Legaten aus Rom, die man zu ihm sandte, erreichten auch tatsächlich ihr Ziel, was weniger an den Pruzzen als an der Schwierigkeit der Reise selbst, an den Sümpfen, dem Weichselhochwasser, den zahlreichen Etappen und der Unsicherheit der Wege lag. Bischof Christian hatte das alte Ziel der Missionare aus dem zehnten und elften Jahrhundert verfolgt: Er wollte junge Pruzzen im Evangelium und in der deutschen oder auch der lateinischen Sprache unterweisen, so dass sie zu ihren Stämmen zurückkehren und dort den neuen Glauben verkünden könnten, nicht als Fremde oder gar Feinde, sondern eben als Bekehrte. Die Ritter aber hätten

es, bei einigem Erfolg dieser Tätigkeit, nicht mehr mit rechtlosen Heiden zu tun gehabt, sondern mit Christenmenschen,
die Anspruch auf jede Rücksicht und Achtung hatten, ein
Konflikt, von dem uns aus spanischen und portugiesischen
Kolonien bald darauf Cabeza de Vaca berichtet wird, vor
allem aber Fray Bartolomeo de las Casas: Das Bekenntnis
zum Christentum schied zwischen Mensch und Sache, und
so wie dreihundert Jahre später der Notar Cabeza de Vaca
gegen die brasilianischen Sklavenfänger um jeden einzelnen
getauften Indio kämpfen wird, so versuchte Bischof Christian vor den Ordensrittern einen Schutzwall christlich gewordener Pruzzen aufzurichten. Aber er scheiterte, und einzig
der Zisterzienserorden feiert heute noch an jedem 4. Dezember sein Gedenken, als ob er ein Heiliger wäre.

Gerard Labuda führt einen berühmten Zeugen dafür an,
dass Bischof Christian mit seinen Vorwürfen im Recht sein
könnte, und wenn auch von einem Aufenthalt Roger Bacons
an der Ostsee nichts bekannt ist, so hatte er doch weitrei-
chende Verbindungen, nicht zuletzt zum Franziskanerorden,
der sich inzwischen auch an den Grenzen des Pruzzenlandes
eingefunden hatte. Bacon (1214 – 1292, vielleicht auch
1294) hatte seine Studien in Paris absolviert und war 1240
nach Oxford zurückgekehrt, also zu einer Zeit, da Bischof
Christian noch lebte und die Auseinandersetzungen um die
Methoden der Christianisierungsbemühungen an der Weichsel zu vielen Briefen nach Rom Anlass gaben. Bacon vertritt
die Meinung, dass die Christianisierung der slawischen und
baltischen Völker zwischen Weichsel und Finnischem
Meerbusen schon erheblich weiter gediehen, wenn nicht gar
vollzogen worden wäre, würden die verschiedenen Ritterorden, angefangen von den Schwertbrüdern bis hin zum mächtigen Deutschen Ritterorden, nicht unausgesetzt Krieg gegen
die in dieser Zone lebenden Völker führen. Hätten Slawen
und Balten die Überzeugung, dass sie ihrer Heimatländer
nicht verlustig gehen würden, so wäre auch ihr Widerstand
gegen die neue Religion erheblich geringer und auf wenige
Gruppen wie Priester und herrschende Clans beschränkt.

Das hat sehr viel für sich, vor allem den humanen Gedanken des großen Denkers, aber es entspricht nicht den praktischen Notwendigkeiten, denen der Orden sich an der Weichsel gegenübersah, vor allem dem Bedarf an Arbeitskräften – ein Problem, das sich in allen Kolonien wiederholen wird.

Für Zustand und Verfassung der Pruzzen im Zeitpunkt ihrer Begegnung mit dem Christentum besitzen wir kein ausführlicheres Zeugnis als die Deutschordens-Chronik des Peter von Dusburg, der außer einer penetranten Bibelkenntnis, die ihm dauernd Zitate eingab, keine nennenswerte Bildung besessen zu haben scheint. Seine Mitteilungen sind dennoch ungemein wertvoll, weil sie bis heute lediglich durch Ausgrabungen und Grabfunde ergänzt wurden, zu denen es seit den fünfziger Jahren in pruzzischen und heute polnischen Gebieten kam, Befunde, die dadurch in ihrer Aussagekraft gemindert erscheinen, dass es sich weitgehend um christliche Bestattungen handelt, bei denen nur unauffällige pruzzische Rituale, wie kleine Grabbeigaben, beibehalten wurden, nicht jedoch die heidnische Mitbestattung von Pferden, Waffen und fürstlichem Schmuck.

Wer sich mit den Pruzzen beschäftigen will, kommt also an dem geschwätzigen, seinen Rittern huldigenden Peter von Dusburg nicht vorbei, der seinen Bericht zudem erst hundert Jahre nach den entscheidenden Anfängen, nämlich im Jahr 1326, abgeschlossen hat. Würde man zitieren, so hätte man mehr Bibelstellen im Text als relevante Aussagen, andererseits können seine Mitteilungen weder entbehrt noch kontrolliert werden: Er ist in der beneidenswerten Position des Erstberichters und in vielen Punkten auch Augenzeuge. Und da das Mittelalter ihn mit allen Vorbehalten, Überlieferungen, Gerüchten und dichtem Aberglauben umgibt, kann man ihm den einen oder anderen Irrtum nicht einmal zum Vorwurf machen, denken wir doch an die mitunter absurden Berichte hochintelligenter arabischer und jüdischer Reisender aus der gleichen Zeit.

Dass die Pruzzen keine Schrift kannten, exemplifiziert Dusburg an der Tatsache, dass sie über die Möglichkeiten des Briefeschreibens besonders verblüfft waren. Für die Naturreligion der Pruzzen offeriert uns Dusburg die Erklärung, sie seien zu einfältig, Gott zu erkennen: „deshalb verehrten sie in ihrem Irrtum jegliche Kreatur als göttlich, nämlich Sonne, Mond und Sterne, Donner, Vögel, auch vierfüßige Tiere, ja sogar die Kröte. Sie hatten auch Wälder, Felder und Gewässer, die sie so heilig hielten, dass sie in ihnen weder Holz zu hauen noch Äcker zu bestellen oder Fische zu fangen wagten."

Sehr interessant ist Peters Behauptung, im tiefsten Pruzzenland, nämlich in Nadrauen (vermutlich am oberen Pregellauf) habe es einen Ort namens Romow gegeben, in dem das geistliche Oberhaupt aller Pruzzenstämme bis hinauf nach Litauen und Livland seinen Sitz habe. Dieser Mann heiße Criwe, wobei nicht klar ist, ob dies ein Personenname ist oder die Bezeichnung für das hohe Amt, vielleicht auch für den Clan. Es genüge nämlich ein Zeichen, um einen von Criwe oder einem seiner engsten Verwandten ausgesandten Boten zu legitimieren und seiner Botschaft in pruzzischen und baltischen Gebieten Gehör zu verschaffen. Solch ein legitimierendes Zeichen sei meist ein Stab, vielleicht mit bestimmten Einkerbungen nach Art der Wikinger-Runen versehen, die den Pruzzen ja aus ihren Jahrhunderte langen Beziehungen mit seefahrenden und Handel treibenden Nordgermanen bekannt sein mussten.

Darauf bezügliche ergänzende Nachrichten verdanken wir König Alfred dem Großen (849 – 901), einem englischen Teilkönig von besonderer Wissbegierde, dessen Hauptgegner skandinavische Raubkrieger waren. Als er sie nach und nach aus Südwestengland vertrieben hatte, gewann er Zeit, sich auch für die geografischen Verhältnisse rund um die Inseln und Halbinseln zu interessieren, von denen in schier unerschöpflicher Folge die Landungsflotten der Feinde gekommen waren. Er ließ Seefahrer und Händler aus seinen Hafenorten zu sich bringen, um sie auszufragen. Eines der ergiebigsten Zeugnisse vermittelte ihm der Küstenfahrer Wulfstan, vermutlich ein friesischer Reeder, der die Strecke bis zum Frischen Haff regelmäßig befuhr und gut kannte, über die baltischen Küsten aber nur summarische Kenntnisse hatte. Aus seinem Bericht an den König geht hervor, dass schon seit langem in allen Flussmündungen der südlichen Ostsee kleine Handelsplätze der Wikinger entstanden waren; besondere Bedeutung habe der Pruzzenhafen Truso erlangt, dank seines großen Hinterlandes. Ausgrabungen haben seit 1936 die Existenz einer Wikinger-Kolonie bei Truso, dem späteren Elbing, bestätigt; wenige Jahre später wurden ähnliche Siedlungsreste bei Wiskiauten nahe dem ostpreußischen Cranz entdeckt, also im damaligen Siedlungsgebiet der samländischen Pruzzen. Dies bestätigt auch einer der interessantesten fremden Händler im damaligen Deutschland, der unter dem arabischen Namen Ibrahim al Jaqub reisende jüdische Kaufmann, der im Rahmen einer Händlerdelegation auch von Otto dem Großen empfangen wurde und den ganzen mitteleuropäischen Raum aus verschiedenen Reisen gut kannte. Er sagt in seinem (u. a. bei Hennig auszugsweise abgedruckten) Reisebericht: „Es grenzen an Mieszko von Polen im Osten die Rus (Waräger) und im Norden die Brus (Pruzzen). Die Wohnsitze der Brus liegen am Weltmeer (d. h. an der offenen Ostsee); sie haben eine Sprache für sich (!). Die Sprachen ihrer Nachbarn verstehen sie nicht ... Die Rus (Sammelbezeichnung für Wikinger, Waräger, skandinavische Raubkrieger) überfallen sie auf Schiffen, die von Westen kommen."

Ibrahim Ibn al Jaqub ist so wichtig, weil er die gelegentlich angezweifelte Beschreibung der großen Seestadt Jumne bestätigt, die sich bei dem Missionar Otto von Bamberg findet. Da nach der wilhelminischen, von der NS-Geschichtsschreibung übernommenen Theorie die Slawen keine Städte hatten und zur Stadtgründung angeblich die höhere deutsche Kultur notwendig sein sollte, war die Begeisterung des Pruzzenmissionars für einen so großen Seehafen ein fortgesetztes Ärgernis für die deutsche Geschichtsschreibung. Ibrahim besuchte dieselbe Stadt zweihundert Jahre vor Otto von Bamberg und weiß zu berichten, dass die Bewohner dieser reichen Stadt Krieg mit dem Polenkönig führten und eine große Streitmacht hatten, aber keinen König, sondern nur einen Ältestenrat, eine Art Stadtparlament. Damit rückt die von Ibrahim Unana genannte Stadt naturgemäß in den Rang jener Ostseestädte auf, die als das versunkene Vineta in Frage kommen. Da die Deutschordensritter aber erst im dreizehnten Jahrhundert auf den Plan traten, sind sie von der Zerstörung Vinetas zweifellos freizusprechen; sie trägt wohl mehr die Handschrift der Wikinger, deren Angriffe auf Pruzzenstädte Ibrahim ja erwähnt, Angriffe, unter denen viele Städte zu leiden hatten, so auch das slawische Lübeck, in dessen Asche dann deutsche Kaufleute eine neue Stadt begründeten. Tausende arabischer Münzen und arabische wie jüdische Aufzeichnungen beweisen, dass der Ostseeraum schon lange vor der Ankunft des ersten deutschen Ritters an der Weichsel ein blühender Wirtschaftsraum war, freilich zum Teil mit höchst unchristlichen Handelsgütern wie Sklaven und weiblicher Beute aus Überfällen. Die Siedlungen, die in der Vita des heiligen Ansgar, bei Adam von Bremen und in den erwähnten nichtchristlichen Quellen aufscheinen und weitgehend übereinstimmend geschildert werden, nennt Meyers Lexikon früher Kulturen noch 1993 „slawische Frühstädte" aus nacheilendem Gehorsam gegenüber einer die deutsche Überlegenheit zementierenden Geschichtsschreibung. Das Leben an der Ostsee war eben durch die Toleranz aller Handel treibenden Nationen untereinander von fruchtbarer Buntheit und bemerkenswerter Intensität; die Händler lebten in nationalen Gruppen, aber im Schutz einer Burg, und der Handel selbst erfreute sich der uralten Neutralität, die auch kriegerische Stämme den Kaufleuten gewähren, da man diese braucht und als friedfertig kennt. Die größte dieser noch nicht vom Christentum gebändigten Handelsmetropolen war Prag, und der staunende Ibrahim, der so viel von der Welt gesehen hat, dass ein Ranke ihn bewunderte, schreibt wörtlich: „Die Stadt Prag ist aus Steinen und

Kalk erbaut, und sie ist der größte Handelsplatz jener Länder. Zu ihr kommen aus der Stadt Krakau die Rus (die Waräger von der Wolga und von Nowgorod) ... und es kommen zu ihnen aus den Ländern der Türken Mohammedaner, Juden und Türken gleichfalls mit Waren und gültigen Münzen und führen von ihnen Sklaven, Zinn und verschiedene Felle aus. Ihr Land ist das beste des Nordens (vom Mittelmeer aus gesehen) und das reichste an Lebensunterhalt."

Zweihundert Jahre später wird aus eben jenem Prag der Fürst aufbrechen, der das freie Leben am Kurischen Haff beenden wird, nämlich König Ottokar, und da er und seine Ritter Heiden vorfinden, die ohnedies der Schrift unkundig und Feinde der allein selig machenden Kirche sind, ist von der selbstzufriedenen Herrlichkeit der Brus, wie Ibrahim Ibn Jaqub sie nennt, nichts anderes übrig geblieben als ein paar mühsam aus Kurztexten und Schriftfetzen erschlossene Wörter.

Der Vorgang, der mit der Betrauung des Deutschen Ritterordens einen neuen Charakter gewann, der große Feldzug auf breiter Front gegen ein Naturvolk, hat die Pruzzenstämme sehr gegen ihren Willen in die Geschichte eingebunden. Bis dahin hatten sie über die Versuche masowischer Fürsten, sie zu unterwerfen, nur gelacht; sie kannten ihre Kraft, sie kannten die Natur ihres Landes, aber sie kannten nicht die Macht, die sich in Begriffen wie Ordnung, Organisation, Disziplin verbirgt. Gerard Labuda hat als Pole durchaus das Recht, jene frühen masowischen Regionalfürsten in Schutz zu nehmen, ist doch militärische Tüchtigkeit keineswegs die einzige Moglichkeit, nachbarschaftliche Gebiete zu erschließen und endlich zu gewinnen. Das Gelächter der Pruzzen, die sichtliche Verachtung der Ordensritter, das waren Reaktionen auf eine Frühsituation der vorpolnischen Staatswesen. Konrad von Masowien hätte die Deutschen nicht gerufen, wären die Pruzzen nicht so lästige und räuberische Nachbarn gewesen; man rief die Deutschen damals überallhin, wegen ihrer handwerklichen Kenntnisse, wegen der bis heute nicht ausgestorbenen deutschen Tugenden, ja man wird sie bis an die Schwelle der Neuzeit bis an die Wolga und bis nach Brasilien rufen, warum also nicht an die Weichsel?

Der mit Billigung polnisch-masowischer Fürsten nun ausbrechende Christianisierungs-Feldzug war ein Eroberungskrieg, in dem die Ordensritter nicht die Absicht hatten, die Unterworfenen zu beglücken, zu bessern oder zu bereichern. Es war auch kein Kreuzzug, auch wenn viele es so nannten, denn es ging nicht um heilige Stätten und Orte, sondern um die Vernichtung der heiligen Haine und Male der Pruzzen und um die Zerstörung ihrer Naturheiligtümer, wie immer diese aussahen. Der ganze, ein halbes Jahrhundert erfüllende Vorgang ist uns nur in einem einzigen Werk wirklich eingehend und Phase für Phase geschildert worden, danach haben alle Historiker der beteiligten Nationen ihre Finger davon gelassen, als wollten sie sich die Hände nicht schmutzig machen. Dieses Werk ist von dem sonst weithin unbekannten Historiker Albert Ludwig Ewald verfasst, in den vierzehn Jahren zwischen 1872 und 1886 sukzessive in Halle erschienen und gibt seinen vier Bänden den Titel „Die Eroberung Preußens durch die Deutschen". Und dieser Titel klingt heute, nach Wilhelminismus und Nationalsozialismus, beinahe wie eine Provokation, hat man sich doch inzwischen daran gewöhnt, Preußen und Deutschland als eines zu sehen, ja im Preußentum die Essenz des deutschen Wesens zu verstehen.

Während Alexander von Humboldt den Verlauf brasilianischer Ströme erforschte, beschäftigte sich sein Bruder Wilhelm – was wenig bekannt ist und noch weniger geschätzt wird – mit einigen europäischen Uralt-Völkern. Die Tatsache, dass in unserem von Migrationen durchströmten Kleinkontinent einige wenige Völker es geschafft hatten, an Ort und Stelle zu bleiben und ihr Wurzelland zu verteidigen, dort ihre Sprache zu pflegen und unbeirrt an ihrer Sonderart festzuhalten, trat Wilhelm von Humboldt am deutlichsten bei den Basken vor Augen. Er beschäftigte sich in einer von der heutigen Fachforschung ein wenig belächelten Weise mit dem, was er von der Sprache der Basken aufzeichnen konnte und entwickelte ein nicht nur romantisches Verständnis für ihre Sonder-Position innerhalb der europäischen Sprachfamilien und der westeuropäischen Geschichte. Die ihm näher liegenden Pruzzen gab es, als er in seiner Königsberger Zeit ihnen hätte begegnen können, schon gar nicht mehr, denn alle Pruzzen-Artikel in den verschiedenen historischen Nachschlagewerken bescheinigen ihnen den Untergang spätestens im achtzehnten Jahrhundert, womit sie nicht einmal so lange lebten wie die Krimgoten.

Liest man, wie zufrieden Peter von Dusburg in seiner Chronik die Zahlen der erschlagenen Pruzzen anführt, wie er jubiliert, wenn es einmal in einer Schlacht gar fünftausend tote Pruzzen gibt, dann wird uns ihre militärische Niederlage in dem ein Jahrhundert erfüllenden Vernichtungskrieg als die Hauptursache für ihr Verschwinden aus dem Völkerspektrum deutlich. Dusburg versucht uns klarzumachen, dass es um solch ein Volk nicht sonderlich schade sei, man habe stets maßlos getrunken – ein Honiggetränk oder Met oder Stutenmilch –, man habe die Kleidung nicht gepflegt und einander in Blutrache-Fehden dezimiert. „Einige badeten täglich zur Ehre ihrer Götter, andere wiederum verabscheuten Bäder gänzlich. Männer und Frauen pflegten zu spinnen, die einen Leinen, die anderen Wolle, manche wagten schwarze Pferde, andere weiße ... aus Furcht nicht zu reiten." Und bei der Geschichte des Pruzzen Dorge im Gebiet von Schaaken im Samland, dem ein Dämon nacheinander drei Schimmel im Stall erwürgt, denkt man unwillkürlich an das Teufelspferd von Hauke Heien in Storms Schimmelreiter, ein Tier, das eine ganze Dorfgemeinschaft als besessen ansieht.

Mit welch selbstzufriedenem Behagen lesen wir die Briefe, die der damals noch keineswegs heilige Bonifatius nach Rom schrieb, um sich über die Bayern zu beklagen, die in ihren Kirchen lärmten, tanzten und soffen, weil diese innige Kirchenverbundenheit eines deftigen Alpenstammes uns den Fortbestand eines Kernes von Eigenschaften durch die Jahrtausende beweist. Über die Pruzzen schrieb man auch vieles nach Rom, man meldete, wie viele man umgebracht und wie erfolgreich man die Überlebenden getauft und zu Schanzarbeiten gezwungen hatte:

„Darauf zogen der (Land-)Meister Bruder Hermann (Balk) und andere Brüder zur Winterszeit, als durch die strenge Kälte alles (d. h. die Sümpfe) gefroren war, mit den Kreuzfahrern ... in das Gebiet Reisen. Sie töteten und fingen dort sehr viele Menschen und rückten dann an den Fluss Sorge vor, wo sie das erlebten, was sie schon lange gewünscht hatten: Sie trafen nämlich auf ein großes Pruzzen-Heer." Der Herzog von Pomerellen und sein Bruder Sambor, denen die Rückzugstaktik der Pruzzen offenbar seit längerem bekannt war, postierten ihre Truppen an den Fluchtwegen. „Die Pruzzen", stellt die Chronik fest, „konnten weder hierhin noch dorthin entweichen, und so wurde ein großes Blutbad unter dem Volk der Pruzzen angerichtet; an diesem Tag nämlich fielen ihrer nicht weniger als fünftausend. Darauf kehrten die Kreuzfahrer alle freudig heim und lobten die Gnade des Erlösers."

Dem Peter von Dusburg, der das große Schlachten am Fluss Sorge ja nicht miterlebte, ist diese naive Siegesfreude zuzubilligen, vor allem, da er sich in seiner an Bibelsprüchen überquellenden Chronik so eifrig bemüht, das blutige Werk der Ritter als höchst gottwohlgefällig hinzustellen und dabei ganz offensichtlich nicht über Masuren hinauszublicken imstande ist. In einer allgemeineren historischen Sicht erhalten wir durch diese und andere Schlachten im Pruzzengebiet neue Beispiele für die moralische Irrelevanz der Kriegskunst. Ob wir an Numantia denken oder an Alesia, es haben nicht die tapferen Verteidiger gesiegt, denen unsere Sympathie gehört und die ihren Triumph verdient hätten, würde es nach Recht und Gesetz zugehen, sondern es siegten in beiden Fällen die Römer mit Geduld, mit fleißigen Sappeur-Bemühungen, mit der rationalen Einschnürung einer heldischen Gemeinschaft.

Der Fehler, den die polnisch-masowischen Regionalfürsten begangen hatten, war die Bereitschaft gewesen, sich auf

Waffen und Methoden der Pruzzen einzulassen und ihnen im natürlichen männlichen Kräftemessen entgegenzutreten. Dabei war der Pruzze, der seine Wälder und Sümpfe kannte und seine Ressourcen im Rücken hatte, den Angreifern stets überlegen gewesen und dieser Überlegenheit so sicher, dass er kommende Angreifer – wie Peter von Dusburg es berichtet hat – nicht ernst nehmen konnte. Die Ritter aber kamen aus dem Heiligen Land, sie kamen aus weiten, trockenen Kampfplätzen, deren Behauptung ohne feste Zentren unmöglich ist. Sie hatten die Angriffswut der riesigen arabischen Reiterheere an Festungsmauern und Türmen zerbrechen sehen und hatten sogar im Burzenland binnen weniger schwerer Jahre Stützpunkte geschaffen, die alsbald zum Unterpfand ihrer herrischen Existenz geworden waren.

Überraschend ist, dass in diesem neuen Ordensland zumindest zunächst keinerlei Misstrauen gegen die Burgenbauer aufkommt. Offensichtlich haben die Landesfürsten seit Jahrzehnten unter den pruzzischen Übergriffen so sehr gelitten und wurden durch die Zisterzienser und durch die Orden von Dobrin und der Schwertritter so sehr enttäuscht, dass sie gar keine Wahl hatten, als rückhaltlos auf den Deutschen Orden zu setzen, der mit eindrucksvollen Herren und einem bedeutenden militärischen Ruf auftrat. Wir kennen sehr frühe und sehr großzügige Landabtretungen örtlicher Potentaten an den Orden, unwiderrufliche Aktionen zu einem Zeitpunkt, da man in Polen eigentlich nur wissen konnte, welche Schwierigkeiten die Ordensherren in Siebenbürgen gehabt hatten und warum. Hermann von Salza und die Protektion des Papstes mögen da wohl eine besondere Rolle gespielt haben.

Von vielen Urkunden regt vor allem eine weiträumige Eigentumsübertragung am Böthin-See unsere Phantasie an: Schon 1224 schenkte Herzog Wladislaw Odonicz von Polen, Sohn des Herzogs Odo, dem Orden nicht weniger als fünfhundert Hufen, wobei ja eine Hufe im Ausmaß durchaus unbestimmt war und bis zu sechzig Morgen umfassen konnte. Das Gebiet der Schenkung mit allen Bauern, die bei dieser

Gelegenheit freigegeben wurden, war also annähernd fünfundzwanzigtausend Morgen groß, in wertvoller Seelage, wo Wasser zur Verfügung stand, wo Fischfang möglich war, ein keineswegs entlegenes Gebiet westlich von der späteren Ortschaft Deutsch-Krone und durchflossen von der kleinen Piele, nahe der deutsch-polnischen Grenze von 1938. Der gleiche Polenherzog ergänzte diese Schenkung schon im Jahr darauf durch ein großes Landgebiet nördlich des Flusses Netze, in der Kastellanei Nakel „zur Besetzung durch deutsche oder andere Gastsiedler unter Befreiung von polnischem Recht". Beide Groß-Schenkungen lagen weit westlich der umkämpften Pruzzengebiete und können als eine Art Vorschuss auf die künftigen Verdienste des Ordens bei der Pruzzenunterwerfung angesehen werden.

Diese zweite Schenkung wurde in der Verwaltung den kundigen Mönchen der schlesischen Klöster Leubus und Heinrichau anvertraut, wenn auch die Ordensritter Konrad und Alexander auf der Burg Nakel den Akt mitunterzeichnen. Herbert Helbig und Lorenz Weinrich, die Herausgeber der Dokumentensammlung zur deutschen Ostsiedlung, betonen die verkehrspolitische Bedeutung dieses Gebietes, wenn sie es auch nicht ausdrücklich als Aufmarschgebiet für die zu erwartenden Kreuzheere bezeichnen: Der nun den Deutschen übergebene Landstrich war von zwei seit alters her bekannten, viel benutzten Landwegen durchzogen, die nach Danzig respektive nach Schlawe führten. Den nördlichsten Punkt des übertragenen Gebietes bildete der befestigte Ort Proch mit seiner Burg.

Die Karte des Ordensgebietes zeigt uns, dass Hermann von Salza und Hermann Balk ortskundige Mitarbeiter gehabt haben müssen, vielleicht sogar Pruzzen, jedenfalls aber auch Kontakte zu polnischen Beamten und Offizieren, denn es lässt sich kaum ein schwierigeres Aufmarschgebiet denken als das Vorland der Pruzzen, das praktisch wegelos war und in dem sich bei jedem Regenguss die vorhandenen Erdpfade in Schlamm-Adern verwandelten, selbst für leichte Karren so gut wie unbenutzbar. Für die in ihren Rüstungen zu

Kampf, aber auch schon zur Erkundung antretenden Ordensritter war das feuchte polnisch-pruzzische Land schlimmer als die Wüste und vergleichbar einem Dschungel. Es beeindruckt uns, wie schnell die Ritter zu ihren ersten Burgenbauten ansetzten, wie schnell ihnen klar wurde, wohin diese Festungen zu platzieren seien. Dazu kam, dass die Anfänge dieser großen Aufrüstungs-Bemühungen aus guten Gründen geheim gehalten werden mussten, denn die Pruzzen zeigten in vielen Fällen, dass sie nicht die Absicht hatten, zu warten, bis diese neuen Bauten in ihren Wäldern und an ihren Flüssen die volle Abwehrkraft haben würden. Peter von Dusburg betont mehrfach Heimlichkeit und Schnelligkeit des Burgenbaues.

„Nachdem die genannte Burg (Kulm) durch die Gnade Gottes erbaut ... war wie manche fest glauben, damit der Gott unseres Heils uns einen günstigen Weg ebnete zu den Ländern der benachbarten Heiden, da bereiteten der Meister und die Brüder das zum Burgenbau Notwendige vor, fuhren heimlich zu Schiff zur Insel Queden etwa gegenüber dem heutigen Marienwerder und errichteten dort im Jahre des Herrn 1233 auf einem Hügel eine Burg, die sie Marienwerder nannten."

Die Ordensbrüder waren offenbar so heimlich vorgegangen, dass Peter von Dusburg gar nicht den richtigen Hügel entdeckte: Scholz und Wojtecki, die kundigen Übersetzer und Herausgeber des Chronicon in der zweisprachigen Freiherr-vom-Stein-Gedächtnisausgabe, präzisieren nämlich, dass der heimliche Burgenbau auf dem so genannten Schlossberg erfolgte, nicht auf dem Werder Queden. Die Burg erhob sich also am Ostufer der alten Nogat in exponierter Lage, in der sie den Flussübergang schützte, nicht der Fluss die Burg.

Unsicherheit herrscht auch über den Zeitpunkt der Burg-Begründung; es gibt auch Quellen, die das Jahr 1232 für die Burg nennen. Der Kiez, also die Händleransiedlung mit zivilen Wohnungen, kam erst in den Folgejahren hinzu; jedenfalls wuchs Marienwerder in dieser zunächst doch gefährlich exponierten Lage sehr schnell, weil der Fluss die Verbindung zur Ostsee schuf und Pomesanien von allen Pruzzengebieten das wirtschaftlich am besten erschlossene Hinterland bot. Die alte Nogat und die Liebe, ein für Lastboote schiffbares Flüsschen, gestatteten den Warentransport bis hin zum Sorgensee, jenseits dessen später die Finckensteinschen Güter lagen. Der preußische Regierungsbezirk Marienwerder hatte noch um 1900 nicht weniger als zehntausendfünfhundert Menschen mit kassubischer Muttersprache.

Diese wichtige Gründung ist auch ein Beispiel für das gute Einvernehmen, das zu dieser Zeit noch zwischen Ordensleuten und Landesfürsten herrschte. Peter von Dusburg nämlich nimmt die Begründung der Burg keineswegs für die Deutschen in Anspruch, wie es den späteren Lehrmeinungen entspräche, sondern sagt eindeutig: „Während der Burggraf von Magdeburg noch in Kulm weilte ... kamen viele Fürsten aus Polen an ... und viele andere adelige und mächtige Männer, die von der Oder bis an die Weichsel, vom Bober bis an die Netze wohnten, dabei auch Swantopolk, der Herzog von Pomerellen mit seinem Bruder Sambor. Sie kamen mit so vielen Rittern und Bewaffneten, wie man sie nie zuvor in Preußen gesehen hatte, erbauten die Stadt Marienwerder und verstärkten die Befestigungen der schon vorher errichteten Burg.“

Die Ordensburgen wurden sehr schnell zu der entscheidenden Tatsache im Kampf um das Pruzzenland, denn mit ihnen lockten die Ritter die Sumpfkrieger aus dem Nordosten auf ein ihnen fremdes Terrain, sie holten die gefürchteten Guerilla-Virtuosen der masurischen Seen und Wälder gleichsam an das Tageslicht einer neuen Zeit, einer unbarmherzigen Zeit.

Burgenbau und Belagerungen sind ein ganz besonderes Gebiet der Kriegsgeschichte, das seine eigenständige Entwicklung hat und natürlich auch seine eigenen Fachleute. Was die Ordensritter im Heiligen Land erfahren und erprobt hatten, konnten die Pruzzen nicht wissen, die Ritter wiederum waren vorgewarnt: Sie hatten spätestens in Masowien

Berichte über die Versuche zur Unterwerfung der Pruzzen erhalten und aus ihnen erfahren, dass schon 997 Bischof Adalbert von Prag mit seinen Gefährten trotz friedlicher Absichten von den Pruzzen erschlagen worden war, und dass es wenig später Bruno von Querfurt, der eigens für seine Mission pruzzisch gelernt hatte, nicht besser erging. Die Mordwaffen waren Äxte, wie sie die Wikinger im Kampf zum Schrecken von ganz Westeuropa handhabten, und diese Äxte gebrauchten die Pruzzen auch gegen Masowien. Auf einer 1130 in Magdeburg gegossenen Bronzetür des Doms von Gnesen ist eine solche Axt, „die Axt mit dem Zahn" wiedergegeben; Erfahrung und Abbild waren somit schon hundert Jahre alt, als der Orden auf den Plan trat.

Niels von Holst hat in seinem Buch über den Deutschen Ritterorden und seine Bauten auf ein bislang kaum beachtetes Kapitel der Lebensgeschichte des viel reisenden Hermann von Salza hingewiesen – auf seine Beziehungen zu Spanien, wo schließlich gleichzeitig und an vielen Fronten die Reconquista im Gange war, die Rückeroberung der iberischen Halbinsel für das Christentum, die Verdrängung von Islam und Judentum aus Städten, Bildungseinrichtungen und Wirtschaft. Schon 1219, also lange, bevor der Orden nach Masowien gerufen wurde, hatten Ordensritter Verbindung zum Hof von Kastilien, denn die neue Königin des Landes war die schwäbische Prinzessin Beatrix, Base Kaiser Friedrichs II. Es folgte 1222 eine Landverleihung an den Deutschen Orden, bei welcher Gelegenheit Hermann von Salza vermutlich in Spanien weilte, und bald nach der Verleihung der Bau der ersten spanischen Ordensburgen im Westen von Kastilien und gegen Leon gerichtet, das noch bis 1230 als unsicherer Nachbar galt.

Im Spanien des dreizehnten Jahrhunderts veränderten die Fronten sich häufig, weil keineswegs alle Muslimen einig waren und zusammenhielten, und weil es durchaus sein konnte, dass ein gekränkter christlicher Adeliger wie etwa der Cid zeitweise mit dem Islam gemeinsame Sache machte. Hermann von Salza lernte in Spanien also eine Situation kennen, die wenige Jahre später in Nordostdeutschland wiederholt eintreten sollte: Frontwechsel zwischen den Regionalfürsten waren häufig, die Interessen von Litauern, Polen, Masowiern und pommerschen Herren konnten unerwartete Richtungen nehmen, und die verschiedenen christlichen Orden waren erst recht untereinander zerstritten, eifersüchtig und jeder auf seine Weise um gute Verbindungen nach Rom bemüht.

In dieser Lage Endgültiges zu schaffen, war praktisch nur durch den Bau von Burgen und durch die Begründung von Städten möglich. Hinsichtlich der Städte war es schwierig, sehr schnell und prompt zu handeln, weil die Aufgabe als solche umfangreich war, weil sie über die militärischen Gesichtspunkte hinaus rechtliche und herrschaftsrechtliche Probleme aufwarf und weil die Gemeinwesen zum großen Teil ja bereits vorhanden waren und funktionierten. Städte fallen nicht vom Himmel, Slawen und Balten hatten Verkehrsknotenpunkte und Marktorte seit Jahrhunderten gebraucht, nur die Mauern waren neu, die notwendig wurden, als sich das streitsüchtige Dauergebrodel an den masowischen Grenzen in einen großen Krieg zwischen christlichen Eroberern und pruzzischen Verteidigern ihrer Heimat zu verwandeln begann.

Kulm, Thorn und Marienwerder hatten den Reigen eröffnet, aber die Ritter erkannten bald, dass auch Bischofssitze wehrhaft errichtet werden mussten, denn die Pruzzen unterschieden nicht zwischen den friedlichen Oberhirten der neuen Religion und deren gewalttätigen Verbreitern. Ein eindrucksvoller Steinbau dieser Art wurde das befestigte Bischofsschloss von Ermland (auch Ermeland) in Rössel, also im südöstlichen Teil dieser Landschaft, die eines der elf pruzzischen Länder gewesen war. Nimmt man die Weichselniederung als Ausgangsbasis des Eroberungszuges, so war Rössel ein besonders exponierter Außenpunkt der neuen christlichen Machtposition. Einen weiteren Akzent setzte Papst Innozenz IV. mit der Erhebung von Ermland zu einer vom Deutschen Orden unabhängigen Diözese. Das ermländische Bistum erlangte in der Folge auch besondere landes- und geistesgeschichtliche Bedeutung, wofür allein schon die Tatsache zeugt, dass der hochgebildete und viel erfahrene Aeneas Sylvius Piccolomini zwei Jahre lang ermländischer Bischof war, ehe er als Pius II. einer der bedeutendsten Päpste der Geschichte wurde.

Der Steinmeister des Ordens war ein viel beschäftigter Mann, denn angesichts der pruzzischen Brandsätze, aber auch des feuchten Klimas wurden aus den ersten, schnell errichteten Kreuzfahrer-Kastellen bald aus Ziegeln errichtete Burgen, für die in großen Werkstätten die Bausteine erst hergestellt werden mussten. An den erhaltenen Ordensburgen werden die Ausmaße deutlich, die wohl nicht in allen Fällen sachlich begründet waren, sondern auch den Unterworfenen die Macht des Ordens dartun sollten und als optische Schwerpunkte in einem grünen Land für jenen Respekt sorgten, den die masowischen Herzöge bis dahin kaum genossen hatten.

Erst mit dem Anwachsen auch der Verwaltungsaufgaben und der Intensivierung der Wirtschaft im eroberten Gebiet rechtfertigten sich die imposant-drohenden Ausmaße der in die Wälder gestellten Burgen und Komtureien mit Haupthaus, Bergfried, Tortürmen und Umfassungsmauern. Sehr wohnlich waren die ausgedehnten Ziegelbauten mit ihren kahlen und kunstlosen Räumen zweifellos nicht. Es wundert uns nicht, dass zum Beispiel das Bischofsschloss von Roessel, nach Beschädigungen in den Ordenskriegen gegen Polen, im siebzehnten Jahrhundert schließlich als Zuchthaus benutzt wurde.

Rein baugeschichtlich lässt sich an den vielen Burgen des Deutschen Ordens im Nordosten das beträchtliche Improvisationstalent dieser ritterlichen Bauherren und geistlichen Krieger erkennen. Im Kreis Mohrungen – uns allen als die Heimat Herders bekannt – hatte Niels van Holst die Reste einer der ersten und primitivsten Ordensburgen studieren können: Alt-Christburg, „das unregelmäßige, durch Planken und Pfähle befestigte Erdwerk war durch einen höheren

Holzerdwall und davor durch einen Graben gesichert", es handelte sich also um eine behelfsmäßige Anlage, schnell errichtet zum Schutz der ersten, in isolierten Vorstößen erreichten Landgewinne, kamen die Pruzzen doch immer wieder über die Passarge mit ihren vielen Furten.

Der von Peter von Dusburg geschilderte Sieg an der Sorge mit dem hohen Menschenverlust der Pruzzen ermöglichte dem Orden dann weiteres Vordringen aus dem Gebiet dieser Behelfsburgen hinaus nach Osten und gab den Rittern Zeit, ohne wesentliche Beunruhigung durch die schwer angeschlagenen Pruzzen weitere und nun festere Burgen zu errichten. Das führte zu einer überraschenden Entwicklung an einzelnen Punkten, denn es gab ja keine landeskundigen oder gar aus dem Land selbst stammenden Baumeister, es konnte auch keinen speziellen Stil für die Ordensburgen geben, hatten doch die Pruzzen, in deren Land diese Bauten entstehen sollten, nichts Vergleichbares vorzuweisen.

Die Vorbilder, die Burgen-Erinnerungen, die diese Laienbaumeister einer kriegerischen Gemeinschaft vor Augen hatten, kamen – wie Bernhard Schmid, Armin Tuulse, Niels von Holst und andere vor allem in den letzten Jahren festgestellt haben – aus der Lombardei und aus Spanien, ja Niels von Holst riskiert in seiner Begeisterung über die entdeckten Parallelen und Einflüsse die Feststellung: „Vom Äußeren der Alcazares von Toledo, Córdoba und Sevilla, wie sie sich um 1250 darboten, geben Ordensburgen an der Weichsel eine bessere Vorstellung als irgendein heute in Spanien aufrecht stehendes Bauwerk." Wiewohl vermutlich mit Absicht als Boutade formuliert, ist der Gedanke doch für uns Deutsche in besonderem Maß anregend, denn die ältesten „aufrecht stehenden" Kirchen in Spanien – nur noch ein halbes Dutzend – stammen aus westgotischer Zeit, sind älter als die arabisch-berberisch-jüdische Invasion der Halbinsel und entsprechen in ihrer schlichten Frömmigkeit, in der erregenden Einsamkeit ihrer Lage zumindest im Geiste dem hohen Ziel, das der Deutsche Orden sich an der Heidengrenze im Osten gesetzt hatte.

Auf den Landkarten von der Danziger Bucht, dem Frischen und dem Kurischen Haff, von Ost- und Westpreußen erkennen wir auf unserer Suche nach den alten Burgen draußen an der Haff-Küste den Landbuckel, den nördlich von Heiligenbeil nicht erst die Ordensritter als geeigneten Ort für den Festungsbau erkannten, sondern vor ihnen, lange vor ihnen schon die Pruzzen, die hier eine Burg namens Honeda errichtet hatten. Die Pruzzenburg wurde von den Ordensrittern vergeblich berannt, was einiges heißen will, wenn man die Erfahrungen des Ordens im Heiligen Land bedenkt, und erst zwei Jahre nach den ersten blutig abgewiesenen Versuchen schließlich eingenommen. Peter von Dusburg hat uns die Vorgänge drastisch, aber wohl zutreffend geschildert:

„Nachdem also die Pomesanier und die Pogesanier ... sich dem Glauben und den Brüdern unterworfen hatten, trafen der Meister und die Brüder ihre Vorkehrungen für den Kampf gegen die Warmier (d. h. die Ermland-Pruzzen), die Natanger und die Barter (Pruzzen aus dem späteren Kreis Rastenburg). Auf Befehl des Meisters fuhren einige Brüder und Bewaffnete mit (zwei vorher eigens erbauten) Schiffen über das Frische Haff, um zu erkunden, wo man eine Burg gegen diese Pruzzen anlegen könne. Als sie an die Küste von Ermland kamen, verließen sie die Schiffe und sahen etwa an der Stelle, wo jetzt die (Ordens-)Burg Balga liegt, eine Pruzzenburg, die sie jedoch wegen ihrer geringen Zahl nicht anzugreifen wagten. Um aber nicht mit leeren Händen (?) zurückzukehren, überfielen sie die umliegenden Dörfer und verheerten sie mit Brand und Raub. Sobald die Pruzzen das sahen, sturzten sie sich auf sie und töteten alle Brüder und Bewaffneten außer denen, die zur Bewachung der Schiffe abgestellt worden waren. Als diese den Untergang der Ihren sahen, zogen sie sich schnell zurück und meldeten dem Meister, was geschehen war."

Dieser achtzehnte Abschnitt „Vom Krieg der Brüder" ist aufschlussreich. Der Bau von Transportschiffen war nötig, weil die Haffküste keine Deckung bietet und Angreifer von Land her schon aus großer Entfernung zu erkennen waren;

auch hätten sie im Fall einer Niederlage keine Chance zu entkommen gehabt. Vermutlich war den Ordensrittern auch bekannt, dass die Wikinger auf diese Weise angriffen, die erwähnten Berichte der Ostseefahrer und Händler betonen ja den Dauerkrieg der Raubflotten in diesem engen Meer, und aus Lübeck konnten die Ritter ebenfalls Ratschläge für einen amphibischen Feldzug erhalten haben. Sed ut vacua manu non redirent, invaserunt villas circumiacentes vastantes incendio et rapina ist deutlich. Die Vorstöße der Ordensritter glichen demnach den Raids christlicher Ritter während der Reconquista, es ging um Raub und Beute (rapina bedeutet beides), es ging um Verheerung und ums Niederbrennen, Aktionen, die der Verbreitung des Glaubens ganz gewiss nicht förderlich, sondern einfach Kriegshandlungen gegen Dorfbewohner waren.

Die oft genannte Burg Balga war somit, als sie noch Honeda hieß und den Pruzzen gehörte, zu einer Art Verdun am Haff geworden; die besondere stolze Lage des Bauwerks schien für die Ordensritter anzudeuten, dass mit dem Besitz der Burg auch die Herrschaft über die Haffküste verbunden sein würde. Die Weite der Landschaft, das Meer, die Zukunft des Ostseehandels, der die eroberten Gebiete sehr viel leichter erreichen würde als der Landverkehr auf sumpfigen Wegen, dies alles verlieh dem Platz, um den es ging, eine besondere Bedeutung und steigerte den Kampf um die Heidenburg ins Mythische:

„(Der Landmeister) tröstete sich endlich und schickte ein großes Heer auf Schiffen aus, um die Erschlagenen zu rächen; als die Brüder an die Küste bei Balga kamen, gingen sie an Land, stellten Bogenschützen an geeigneten Plätzen auf, legten Leitern an die Wälle und griffen die Pruzzenburg mannhaft an und nahmen sie mit Hilfe Codrunus', des Anführers der Belagerten, gewaltsam ein." (Codrunus capitaneus, wie ihn Peter von Dusburg nennt, hatte sich also offensichtlich kaufen lassen und den Rittern einen geheimen Zugang zu der Pruzzenburg eröffnet.)

Ein Teil der Besatzung wurde verschont, die anderen wurden getötet; das Jahr 1239, in dem Balga in die Hand des Ordens fiel, gilt seither als der erste Höhepunkt im Eroberungskrieg der Ritter. Die Pruzzen mochten es ebenso empfunden haben, denn sie gaben sich mit dem Verlust der Burg am Haff nicht zufrieden, sondern zogen unter Pyopso, dem Häuptling der Ermländer, gegen die Burg und schlossen sie ein. Es war einer der sagitariis ad loca competencia, dem es gelang, den leicht auszumachenden Anführer Pyopso durch einen Pfeilschuss zu töten. Von der Präzision, mit der die Fernwaffe getroffen hatte, erschreckt, durch den Tod des Anführers entmutigt, brachen die Ermländer die Belagerung ab und zogen sich in ihre Wälder zurück.

Es waren solche und ähnliche Episoden, die den Ordens-Hochmeister Luther von Braunschweig in seiner kurzen Amtszeit (1331 – 35) dazu veranlassten, das Chronicon des Peter von Dusburg schon wenige Jahre nach dessen Vollendung ins Deutsche übertragen zu lassen. War es Pruzzenzauber, war es ein wohl gelungener Überfall, jedenfalls wurden die Anfänge dieser wichtigen Arbeit zum höheren Ruhm des Ordens durch Brand vernichtet, und der Ordensmann, der sich damit abgemüht hatte, musste unter dem nächsten Hochmeister, unter Dietrich von Altenburg (1335 – 41) noch einmal von vorne beginnen.

Dieser Unermüdliche, dem der Orden so viel verdankt, der zahllose Leseabende mit seiner ausdauernden Arbeit erfüllte, ist einer der am wenigsten bekannten Dichter unserer Sprache. Er trug den im Osten des deutschen Siedlungsgebietes häufigen Namen Nikolaus, doch bezeichnet der Zusatz „von Jeroschin" vermutlich einen Ort des slawischen Raumes. Er war Kaplan des Ritterordens und übertrug das lange Werk des Peter von Dusburg in 26.755 Verse. Die Leistung wird als souverän gerühmt, die Sprache ist das Mittelhochdeutsch des vierzehnten Jahrhunderts, das damit ein umfangreiches und wertvolles Denkmal besitzt. Nikolaus, soviel lässt sich sagen, ohne die Historikerarbeit des Peter von Dusburg zu vernachlässigen, war in der günstigen Situation, sich der Form und der Kraft der Aussage widmen zu können; der Sachverhalt lag ja gesichert vor ihm. Er verzichtete weitgehend auf die Zitate aus den blutrünstigen Kämpfen der Könige aus dem Alten Testament und bemühte sich, die Taten der Ordensritter selbst in den Mittelpunkt zu stellen. Das Heldische und Kämpferische überwiegt in diesen Versen gelegentlich die christliche Absicht, obwohl Peter wie Nikolaus daran noch geglaubt hatten und zweifellos schon aufgrund ihrer örtlichen Nähe in die Vorgänge eingebunden waren.

Erst Nikolaus von Jeroschin macht aus dem Chronicon wahrhaft eine Kreuzzugsdichtung; seine Verse ermutigten, immer wieder gelesen und vorgelesen, die inzwischen durch Niederlagen und anhaltende Schwierigkeiten demoralisierten Ordensbrüder, in den Wäldern und Sümpfen zu bleiben.

Es ist verständlich, dass sich die Wissenschaft mit der „Kronike von Pruzinland" des Nikolaus von Jeroschin vor allem linguistisch beschäftigt und sie als Sprachdenkmal gewürdigt hat. Sind die beinahe siebenundzwanzigtausend Verse auch kein Unikat in dem Sinn wie die Gotenbibel des Bischofs Ulfilas, so haben wir doch eine sehr umfängliche Arbeit vor uns und zudem den Vorteil eines lateinischen Textes, der zwar nicht wörtlich übersetzt, aber doch sinngemäß wiedergegeben und in Verse gegossen wurde, so dass sich – ähnlich wie bei dem berühmten Stein von Rosette – vokabulare Unklarheiten mit Hilfe Peters von Dusburg klären ließen. Wenig beachtet bleibt bei dieser seligselbstgenügsamen Germanistenarbeit die psychische Auswirkung auf die geistlichen Krieger an der Heidengrenze. Nikolaus von Jeroschin machte sie nach einer Distanz von zweihundert Jahren wieder zu Kreuzrittern, was sie in gewissem Sinn ja stets gewesen waren, und er machte die Pruzzen zu Sarazenen, was weit weniger berechtigt war. Die Ordensritter fielen zurück in Auftrag und Methoden ihres Wüstenkrieges im Heiligen Land, wo sie sich gleichsam unter den Augen des Herrgotts kämpfen sahen und die zahlenmäßig überlegenen Heere des Glaubensfeindes für so manchen Ritter nichts anderes waren als Teufelsbündler.

Für die Rolle des Ordens im Nordosten Deutschlands wurde dieses Missverständnis verhängnisvoll. Die Jeroschin-Verse wurden auch im Herzen und im Westen Deutschlands gelesen, waren in vielen Handschriften verbreitet und gingen in alle späteren historischen Texte über das Preußenland ein, insbesondere auch in die Hochmeisterchronik, die Chronik von Oliva und andere verbreitete Ordensschriften. Es war wie ein schleichendes Stimulans, das Gift einer nicht mehr auszurottenden Überzeugung von allerhöchstem Auftrag, eigener Überlegenheit und von der Nichtswürdigkeit, ja Rechtlosigkeit des Gegners. Um das Unheil vollständig zu machen, fühlte sich ein Thorner Humanist namens Konrad Gesselen berufen, die Verse des Nikolaus von Jeroschin ins Lateinische zu übertragen. Das war 1464, also zu einer Zeit, da der erste Glanz der Ordensherrlichkeit bereits verblasst war, und die polnischen Gelehrten, für die das Lateinische bis ins achtzehnte Jahrhundert eine Art lingua franca blieb, hatten nun Gelegenheit, die Kriegsgesänge ihrer gefährlichsten Gegner zu studieren.

Marian Biskup und Gerard Labuda haben aufgrund von Verlustziffern zu ermitteln versucht, wie viele Ordensritter eigentlich im Pruzzenland kämpften, gelangen dabei aber zu so niedrigen Zahlen, dass allein die Verteilung der Ritter auf die verschiedenen Ordensburgen bereits eine Korrektur nach oben notwendig macht. Bestehen bleibt, dass die Pruzzen sehr viel zahlreicher waren und, erprobt in ihrem Dauerkampf gegen Polen, so gut wie alle mannlichen Dorfbewohner im Kriegshandwerk geschult hatten. Auch Peter von Dusburg, der mit absolut unwahrscheinlichen Zahlen operiert, räumt ein, dass die Ordensritter außerstande gewesen wären, aus eigener Kraft ein so großes und unwegsames Gebiet wie Ostpreußen zu erobern; auch die Heranziehung von Schiffen, wo immer dies möglich war, oder die Winterfeldzüge über gefrorenem Boden machen dies deutlich.

Aus dem großen Komplex von Einzelaktionen heben sich als für die spätere Zeit besonders wichtig die Kämpfe um die Küstenburgen heraus, denn der wirtschaftlich wichtigste Vorgang des ganzen dreizehnten und vierzehnten Jahrhunderts war der Übergang des Ostseehandels an christliche Staaten. In letzten spektakulären Aktionen hatten die skandinavischen Raubkrieger slawische Handelszentren wie Alt-Lübeck, Julin, Truso und andere überfallen und so nachdrücklich verwüstet, dass es zu einem internationalen Neu-Aufbau nicht mehr kommen konnte, sondern die Initiative an die christliche Macht des Hinterlandes überging, also an Deutsche: Adam von Bremen, Helmold von Bosau, der arabische Geograph Edrisi und andere Chronisten wissen von diesem Dauerkrieg an den Ostseeküsten zu berichten, der ja bis in die Frühzeiten der Hanse andauerte und zu den Gründen für ihr Zustandekommen gezählt werden muss.

In einem straßenlosen Land und angesichts der unsicheren Wasserstände von Oder und Weichsel ergab sich daraus, dass die Küstenstriche und ihre Beherrschung entscheidende Bedeutung gewannen. Wegen der Möglichkeit des Seetransports konnten nur dort größere Mengen von Kriegern bewegt werden, während die Pruzzen gleichsam am Ort waren, den Vorteil der inneren Linie besaßen und mit den eigenen Mitteln des Ordens nicht besiegt werden konnten.

„Zu dieser Zeit kam ... als ein guter Bote aus fernem Land der edle, gottergebene Otto, der berühmte Fürst und Herzog von Braunschweig ... mit einer großen Menge Kreuzfahrer ins Pruzzenland den Brüdern zu Hilfe, die sich in schwerer Not befanden", schreibt Peter von Dusburg zum Jahr 1239 und meint damit die siebenhundert bewaffneten Pilger, die ohne weiteres als Krieger einzustufen sind, wenn auch die Hilfeersuchen des Ordens und des Papstes noch immer von dem Kreuzzugsgedanken ausgingen und aus den Raubzügen der Pruzzen gegen die Polen eine Gefahr für das Christentum konstruierten. Herzog Otto war „Otto das Kind" genannt worden, da er mit vierzehn Jahren auf den Thron gelangt war. Nach der großen Schlacht von Bornhövede (Kreis

Seegeberg) im Juli 1227 war Otto, der die unterlegenen Dänen unterstützt hatte, für drei Jahre in Gefangenschaft geraten. Kaiser Friedrich II. sah es ihm später nach, dass er den mit Otto verwandten Dänenkönig unterstützt hatte, verlieh ihm für sein Land die Herzogswürde und legte ihm damit wohl auch nahe, Gemeinschaftsaufgaben wie den Pruzzenkreuzzug auf sich zu nehmen. Tatsächlich wurde die Hilfe, die der nun erwachsene Otto den Ordensbrüdern brachte, für die Lage am Haff entscheidend:

„Von Partegal und einer anderen Pruzzenburg rückten Tag für Tag so viele Bewaffnete zum Kampf aus, dass den Brüdern ... jede Möglichkeit genommen war, sie zu bekämpfen. Auf den Rat des angesehenen Pruzzen Pomanda (den die Brüder bekehrt oder gekauft hatten) kamen die zum Krieg tauglichen Männer aus dem Ermland, aus Natangen, Barten und anderswoher zusammen und schlugen ein Lager auf, um Balga zu belagern; die Brüder indessen, die diesen Vorgang und Plan lange vorher erfahren und sich mit den Kriegsleuten des Fürsten von Braunschweig vereinigt hatten, zogen in Waffen aus der Burg in die Schlacht gegen die Pruzzen und vernichteten sie vollständig ... Danach rückten der Herzog (Otto) und die Brüder mit ihrem Heer vor die Burg Partegal und die Feldbefestigung des Häuptlings Scrando, eroberten sie und äscherten sie beide ein; die Besatzungen wurden entwaffnet und getötet.“

Pardon wurde nicht gegeben, denn tote Pruzzen brauchte man nicht zu bekehren und schon gar nicht zu germanisieren, und die nach solchem Abschlachten ihrer besten Krieger entmutigten Pruzzen baten um Frieden und stellten Geiseln. Peter von Dusburg stellt den Bau der Burgen Bartenstein, Wiesenburg und Rössel als eine unmittelbare Folge dieser Siege dar und deutet an, dass nun erst, nach diesen militärischen Erfolgen, eine massive Einwanderung von Siedlern begann: „Viele andere Burgen hatten die Adeligen und Lehnsleute erbaut, die aus Deutschland mit ihrer ganzen Familie, mit Gesinde und Verwandtschaft dem Preußenland zu Hilfe kamen; ihre Namen weiß Gott allein. Von da an begann die Schar der Gläubigen sich im Preußenland auszubreiten und der Gottesdienst sich zu mehren zum Lobe und zum Ruhme Christi. "

Das also war der große Unterschied gegenüber den klassischen Kreuzzügen, die vor allem die Eroberung der heiligen Stätten in Palästina und die Sicherung der Pilgerschaft zum Ziel gehabt hatten: Kommt man mit Gesinde und Verwandtschaft, dann will man bleiben, auch wenn das Land bis dahin einem anderen Volk gehört hatte. Neben zahlreichen, offenbar schnell errichteten Burgen gab es auch Versuche zur Stadtgründung, die jedoch den ersten schwachen Siedlergruppen meist misslangen. Selbst die Ruinen der von Seeräubern wiederholt heimgesuchten pruzzischen Hafenstadt Truso konnten erst in jahrelanger Bemühung zum Ordenshafen Elbing werden (1237).

Das Stadtrecht, das diese Ansiedlung im Schutz einer Ordensburg erhielt, war bezeichnenderweise nicht dem Magdeburger Muster nachgebildet, sondern orientierte sich an der jungen Stadt Lübeck, die verwandte Schicksale gehabt hatte: Slawenstadt, Plünderung durch Seeräuber, Neubegründung durch deutsche Kaufleute. Doch konnte sich Elbing im Schatten der schnell aufblühenden Stadt Danzig nicht in dem Maß entwickeln wie Lübeck, das in der Hanse und im Ostseehandel bald eine beherrschende Rolle spielte.

In all seiner Begeisterung über die Taten der Ordensritter vergisst Peter von Dusburg doch nicht, die Hilfe aus Deutschland zu erwähnen, den wohlbegüterten Landgraf von Meißen, der den Gewinn aus seinen Silberbergwerken zur Finanzierung einer kleinen Expedition einsetzte, die noch vor dem Herzog von Braunschweig den Rittern zu Hilfe kam, und die Kaufleute von Lübeck, die erkannten, dass der Orden in seinen neuen Gebieten eine Hafenstadt brauchen werde. Im Siegel des neu begründeten Elbing figuriert denn auch keine Burg und kein Glaubenssymbol, sondern ein heraldisch vereinfachtes Schiff, um die Bedeutung der Seefahrt für Stadt und Hinterland zu betonen. Man muss annehmen, dass es beim Verkehr zwischen den Ostseestädten keineswegs nur um Waffen und Kriegsleute ging, sondern immer noch um Versorgungsgüter und Lebensmittel, denn „anfänglich litten die Brüder und die anderen Christgläubigen im Preußenland vielfältigen und unglaublichen Mangel an Speise, Trank, Kleidung und den anderen zum menschlichen Leben nötigen Dingen; wenn sie etwa Felder bebauen wollten, so konnten sie dies nur zur Nachtzeit tun, und was sie unter großer Gefahr und Mühsal gesät hatten, das ernteten andere" – ein ziemlich rätselhafter Bericht, der sich vielleicht durch pruzzische Heckenschützen und Überfälle auf abgelegene Felder erklärt. Ein Volk, das sein Land so kannte wie die Pruzzen seit Jahrhunderten das ihre, ist schwer zu verdrängen und findet viele Möglichkeiten zu lästigem Kleinkrieg.

In diesem Zusammenhang sind die Abweichungen vom Lübecker Stadtrecht und einige Ergänzungen von besonderem Interesse, die Ordens-Hochmeister Heinrich von Hohenlohe (1244 – 49) für notwendig hielt. In der Urkunde von 1246 setzt er die Grenzen der Stadt Elbing fest und das Gemeinschaftseigentum der Stadtbürger „vom Wall der Stadt bis zum Galgen Warmitten" und bis zum Frischen Haff bei Lenzen. Ein breiter Streifen vor den Mauern muss frei bleiben und darf nicht verbaut werden, eine zweifellos der Abwehr von Pruzzenangriffen dienende Maßnahme. An Mönche dürfe kein Grundstück verkauft oder verpachtet werden, jede Niederlassung von Mönchen – das heißt: jedes Auftreten eines anderen Ordens – bedürfe der Zustimmung des Ordens-Hochmeisters. „Außerdem setzen wir fest, dass alle Bürger, je nachdem, was die Notlage gebietet, zur Verteidigung der Stadt und der Heimat bereit sein sollen." (siehe Bühler) Sehr vorsichtig wird auf einzelne Lübecker Besonderheiten angespielt, die den dortigen Bischof wichtiger Rechte beraubten: Der Hochmeister des Deutschen Ordens hielt es wohl nicht für notwendig, hier ins Detail zu gehen: „Ebenso haben wir den Bürgern der Stadt die Rechte gewährt, die es in Lübeck gibt, so jedoch, dass all das, was gegen Gott und unser Haus (das heißt: den Orden) wäre, gänzlich ausgeschlossen ist; an dessen Stelle soll nach dem Rat der Brüder, der Bürger und anderer weiser Männer etwas anderes gesetzt werden, was unserem Hause, dem Lande und der Stadt förderlich erscheint." Als Gerichtsstand für die aus diesem Punkt mit Sicherheit zu erwartenden Auseinandersetzungen wird, „um den Bürgern lange Wege zu ersparen", das Ordensgericht (die vier Gerichtsbänke nach dem Rat unseres Hauses) als zuständig erklärt. Die freie kapitalistische Entwicklung des Stadtwesens wie in Lübeck war damit von vornherein nicht gerade verhindert, aber doch eingeschränkt und von deutlichen Warnungen begleitet. Der Text des Deutschordensmeisters lässt erkennen, dass er oder seine Berater die Entwicklung in Lübeck sehr aufmerksam verfolgt hatten.

Die großen Aufstände

Die Chronik des Peter von Dusburg füllt in modernem Buchdruck mehr als fünfhundert Seiten und ist damit – von allen sonstigen Qualitäten abgesehen – eine der ausführlichsten Schilderungen der Kriegsführung im späten Mittelalter, die wir überhaupt besitzen. Sie ist nicht von einem selbsthandelnden Offizier verfasst wie etwa die unschätzbaren Commentaires von Blaise de Monluc und stammt auch nicht von einem Augenzeugen der Geschehnisse wie die Memoiren des Philippe de Commynes, aber sie bringt eine Fülle von Einzelheiten über die Kriegsführung im dreizehnten Jahrhundert, die über die Ordensgeschichte hinaus wertvoll sind und im farbigen Detail und in der oft grausigen Anekdote den Stempel der Wahrhaftigkeit tragen. Die ganze hartnäckige, blutige und von beiden Seiten mit größter Rücksichtslosigkeit geführte Auseinandersetzung ist, da sie sich am Nordostrand des mitteleuropäischen Kulturraumes vollzog, in der Geschichtsschreibung meist zu summarisch behandelt worden. Selbst die methodisch vorbildliche neue Darstellung von Biskup und Labuda verweist hinsichtlich des eigentlichen Geschehens auf Peter von Dusburg, dessen Text ja nicht jeder zur Hand hat, und begibt sich damit der erschütternden Wirkung jener Fülle von bildkräftigen Einzelheiten.

Liest man im „Chronicon", wie das Glück bald dem einen, bald dem anderen hold war, wie sich Verrat manchmal zugunsten der Ordensritter auswirkte, in anderen Fällen den Orden dem Untergang nahe brachte, dann muss man verstehen, dass eine junge Historikergeneration in Frankreich, Deutschland und Polen gelegentlich die Frage aufgeworfen hat, warum denn überhaupt mit Gewalt christianisiert werden musste: Zwischen dem seit tausend Jahren christlichen Heiligen Römischen Reich und dem seit fünfhundert Jahren christlichen riesigen Zarenreich wären die Pruzzen früher oder später ebenso Christen geworden wie Norweger und Schweden, denen nie ein Kreuzfahrerheer auf den Leib gerückt war, obwohl man auch dort Missionare erschlagen hatte.

Eine mögliche Erklärung für den so viele Jahrzehnte blutig erfüllenden Vorgang liefert zweifellos Rom. Das Papsttum fühlte sich in der Pflicht, das Christentum zu verbreiten, und war in Rom andererseits so weit vom Ort des Geschehens entfernt, dass Schwierigkeiten, Verluste und Rückschläge als übliche Ereignisse oder gar als unvermeidlich hingenommen wurden. Wilhelm, Bischof von Modena, weilte als einflussreicher Legat des Papstes von 1239 – 1242 im Pruzzenland. Er wurde zwar nicht, wie Peter von Dusburg meint, als Alexander IV. Papst, womit ein ortskundiger Protektor des großen Kampfes auf dem Heiligen Stuhl gesessen hätte, aber auch Rainald von Segni, als Alexander IV. von 1254 – 61 Papst, hielt am Kreuzzugsgedanken fest, propagierte einen Kreuzzug gegen die Mongolen (!) und vermochte vermutlich, angesichts seiner großen politischen Schwierigkeiten in Italien mit Friedrich II. natürlichem Sohn Manfred, die Kampfzonen im Nordosten und im Osten gar nicht scharf zu unterscheiden. Der kundige, in pruzzischen Angelegenheiten bewanderte Wilhelm von Modena erholte sich von Gefahren und Strapazen an der Weichsel als Kardinalbischof von Sabina, einer der angenehmsten Pfründe, die in Rom zu vergeben waren.

Vielleicht wäre es dem gewandten Legaten gelungen, den in dieser Landschaft wichtigsten der slawischen Fürsten zu einem verlässlichen Verbündeten des Ordens zu machen. Swantepolk von Pomeranien und sein Bruder Sambor hatten entscheidend zu dem ersten großen Christensieg an der Sorge beigetragen, ja ihn vermutlich erst ermöglicht. Als dieser Swantepolk selbst nicht mehr unter den Pruzzen zu leiden hatte, wurden die Ordensritter von Elbing und an der Weichsel seine schnell an Macht gewinnenden Nachbarn, so dass es den Pruzzen nicht sonderlich schwer fiel, den kriegsgeübten Swantepolk als Verbündeten zu gewinnen. Dass die Initiative zum Bündnis gegen den Orden von Herzog Swantepolk selbst ausging, wie Peter von Dusburg schreibt, ist hingegen weniger wahrscheinlich, waren die Pruzzen doch keine geschlossene und ohne weiteres verbindlich anzusprechende Gemeinschaft und längst von der Haffküste abgedrängt.

Der Konflikt zwischen dem Orden und Swantepolk macht klar, dass religiöse Momente in diesen Auseinandersetzungen eine nur sehr geringe Rolle spielten. Es ging um handfeste wirtschaftliche und finanzielle Interessen wie die Weichselschifffahrt und in gewissem Sinn auch um die persönliche Rivalität zwischen den Brüdern Swantepolk und Sambor. Nach ersten Streitigkeiten schon 1237 schickte Swantepolk 1242 seine Truppen gegen die mit dem Orden verbündeten Herzöge von Masowien und Polen. Im Gegenstoß eroberten die Ordensritter die Zollburg Sartowitz an der Weichsel mit dem unerwarteten und zumindest für die christlichen Streiter wichtigen Erfolg, dass eine kostbare Reliquie aufgefunden und nach Kulm gebracht werden konnte:

„Die Pruzzen sammelten sich also wie ein Mann" – da sie sonst oft uneinig waren, fiel dies Peter von Dusburg besonders auf –, „machten Swantepolk zu ihrem Führer und brachen ... in die unteren Landschaften (d. h. ins Küstenland) des Landes ein. Alle Altchristen, die aus Deutschland zu Hilfe gekommen waren, brachten sie jämmerlich um, Frauen und Kinder führten sie in dauernde Gefangenschaft fort. Sie töteten auch den Bruder Konrad von Dortmund mit seinem ganzen Gesinde. Alle Burgen außer Balga und Elbing eroberten sie ... Nicht lange danach versammelte Swantepolk, der Sohn des Teufels, die abtrünnigen Neubekehrten wiederum, und sie fielen feindlich in das Land Pomesanien und ins Kulmerland ein. Alle Burgen ausgenommen Thorn, Kulm und Rehden eroberten sie und zerstörten sie gründlich. Vom Volke Gottes machten sie 4000 nieder, so dass das ganze Preußenland vom Christenblut rot zu sein schien."

Nach diesen Anfangserfolgen eines ersten großen Aufstandes erkannten die Ordensritter das Entscheidende der Stunde. In einem Handstreich eroberte Ritter Dietrich von Bernheim mit nur vier Brüdern und vierundzwanzig bewaffneten Knechten die Burg Sarkowitz. Der sonst mit Bibelsprüchen nicht sparende Peter von Dusburg findet für diese Tat nur Vergleichbares in der heidnischen Welt, bei Odysseus und Hektor. Der nächtliche Kampf endete erst gegen zehn Uhr morgens mit der Gefangennahme von etwa einhundertfünfzig Frauen und Kindern, die gebunden weggeführt wurden. „Danach fanden sie in einem Keller eine Truhe und in ihr eine silberne Büchse, in dieser aber das Haupt der Märtyrerin Barbara. Als sie es sahen, fielen sie auf die Knie und priesen Gott."

Nun war die Heilige Barbara nicht nur einer der vierzehn Nothelfer, sondern galt gleichsam als eine Personifizierung des Christenglaubens, hatte sie doch in dem Turm, in dem ihr reicher Vater sie vor dem Bösen der Welt schützen wollte, heimlich ein eigenes Fenster für das Himmelslicht und Gottes Einwirkungen ausbrechen lassen. Sie soll 306 das Martyrium erlitten haben und galt mit dem Symbol des Turms bald als die Schutzheilige christlicher Burgen und Kämpfer. Den nach den schweren Niederlagen zwischen dem Haff und dem Kulmerland entmutigten Ordensrittern muss die Auffindung der Reliquie als ein Fingerzeig vom Himmel erschienen sein, und der Fund wurde denn auch von den in Kulm Zurückgebliebenen in feierlicher Prozession eingeholt. Die Reliquien hatten, wie diese Vorgänge beweisen, auch im dreizehnten Jahrhundert noch besondere Bedeutung, ja sie schienen in kriegerische Abläufe einzugreifen wie in den merowingischen Zeiten sechs- bis siebenhundert Jahre zuvor.

Der Handstreich in der Nacht vom 3. zum 4. Dezember 1242 hatte tatsächlich eine Wende des Krieges eingeleitet, freilich nur, weil Dietrich von Bernheim offenbar ein ebenso tüchtiger wie mutiger Kriegsmann war und die eroberte Burg erfolgreich gegen Swantepolk verteidigte, ja in einem Ausfall das Lager Swantepolks niederbrennen konnte. Die günstige Wendung rief auch die polnisch-masowischen Truppen wieder auf den Plan, und es kam vermutlich im Frühjahr 1243 zu einem Waffenstillstand. Swantepolk stellte seinen Sohn Mestwin als Geisel. „Darauf gaben die Brüder ihm alle Gefangenen zurück, die (noch) aufgefunden werden konnten, unter ihnen 70 adelige und ehrbare Frauen außer den anderen Weibern, Männern und Kindern", eine sehr bezeichnende Stelle! Sie beweist nicht nur die Existenz einer pruzzischen Oberschicht, für die es natürlich noch andere Beweise gibt, sondern auch den beinahe archaischen Charakter dieser Kriegsführung, in der Frauen und Kinder und wohl auch noch andere Nichtkombattanten rücksichtslos als Unterpfand angesehen wurden.

Dass beim Gefangenenaustausch sich dann Schwierigkeiten ergaben, weil so manche Frau und vor allem viele heidnische Kinder nicht mehr auffindbar waren, deutet Peter von Dusburg nur an. Vielleicht war dies einer der Gründe dafür, dass dieser Waffenstillstand nur bis zum Sommer hielt. Swantepolk baute neue Zollburgen an der Weichsel, brannte Sarkowitz nieder und konnte erst erfolgreich bekämpft werden, als es dem Orden gelang, eine größere Anzahl von österreichischen Rittern zu Hilfe zu holen. Seltsamerweise zeigte sich Swantepolk auch vom Bannstrahl des Papstes beeindruckt. Als nach langen Verhandlungen Abt Opizo von Messina als päpstlicher Legat Swantepolk vom Bann löste, lenkte dieser schließlich ein und willigte in eine Grenzlinie, die mitten in der Weichsel verlaufen sollte. Er durfte schließlich auch seinen Sohn Mestwin wieder in die Arme schließen, der damals noch sehr jung gewesen sein muss; er starb als Mestwin II. erst im Dezember 1294. Nach dem Tod seines Vaters am 10. Januar 1266 war Mestwin, lateinisch Mestowinus, zur Herrschaft gelangt, aber der Orden hatte mit ihm nicht viel mehr Freude gehabt als mit Swantepolk; wie im Falle Sambors aber hatte Mestwins jüngerer Bruder Wratislaw sich dem Orden und dem Christentum geneigt gezeigt.

Ehe es soweit kam, erwies sich jedoch Österreich als eine bislang unerschlossene und unverbrauchte Kraftquelle für den Orden. Die Niederlagen der Ordensritter und die hohen Blutverluste der christlichen Siedler aus dem Reich waren in

Böhmen und den Donauländern kaum bekannt geworden; die Tendenz, sich an einem Kreuzzug in vergleichsweise nahe gelegenen Ländern zu beteiligen, kann in diesem Jahrhundert einer expandierenden Landwirtschaft kaum verwundern, und so kam es zu dem überraschenden Kriegszug Herzog Ottokars II. von Böhmen an die Ostsee.

Seit dem großen Ordens-Hochmeister Hermann von Salza und dem Tod des ihn schätzenden Kaisers Friedrich II. hatten sich die großen Mächte für die Geschehnisse im Nordosten des Reiches nicht sonderlich interessiert. Die Herrlichkeit der Staufer ging zu Ende, und die Orte, an denen sich ihr Untergang vollzog, lagen größtenteils südlich der Alpen, ja Friedrichs II. Sohn Kaiser Konrad IV. starb gar im fernen Apulien. Das war 1254, und im Januar 1255 sehen wir König Przemysl Ottokar II. mit einer eindrucksvollen Reiterarmee an den Grenzen des Pruzzenlandes.

Den kühnen Zug aus der Mitte Europas in den Norden umgeben viele Gerüchte und Unsicherheiten, doch sind die Motive des Przemysliden, der vermutlich der begabteste Fürst seiner Generation war, ziemlich offenkundig. Ottokar hatte eine Babenberger-Prinzessin geheiratet. Nach dem Tod des Babenberger-Herzogs Friedrich II. 1246 an der Leitha (gegen die Ungarn gefallen), brachte Ottokar teils mit Gewalt, teils mit diplomatischen Mitteln die österreichischen Erblande an sich und schuf sich von Krain bis Schlesien eine Besitz- und Einflusszone, die den Machtmöglichkeiten des zerrissenen Reiches am Rhein und an der oberen Donau deutlich überlegen war. Zu Sachsen und Brandenburg unterhielt er gute Beziehungen, und für sein Bistum Olmütz strebte er einen sich nach Norden ausweitenden, womöglich bis zu den Litauern reichenden Einfluss an.

Ottokar war der Sohn Herzog Wenzels III. und der deutschen Königstochter Kunigunde, hatte also Stauferblut und war, als er ins Ordensland zog, vermutlich erst fünfundzwanzig Jahre alt. Die Historiographen der Habsburger haben in Schriften des siebzehnten und achtzehnten Jahrhunderts behauptet, auch Rudolf von Habsburg, der spätere

Gegner Ottokars II., habe an dem ruhmreichen Zug gegen die Pruzzen teilgenommen, aber Oswald Redlich und andere haben nachgewiesen, dass Rudolf zu dieser Zeit im Reich weilte, auch hätte Peter von Dusburg, der ja zu einer Zeit schrieb, in der Rudolfs Aufstieg auf den deutschen Kaiserthron schon Geschichte war, die Teilnahme des späteren Königs zweifellos erwähnt.

Unbestritten ist hingegen die Teilnahme des Markgrafen Otto III. von Brandenburg und des Bischofs von Olmütz, eines Deutschen: Bruno Graf von Schaumburg-Holstein war vom Papst zum Bischof von Olmütz ernannt, aber erst nach langen Intrigen in Böhmen und Mähren tatsächlich auf diesen wichtigen Bischofsstuhl gelangt, auf dem er bald mit Umsicht und Erfolg wirken konnte. Er versöhnte Ottokar II. durch seine Treue als Ratgeber und Mitstreiter und zählte mit dem Brandenburger zu den nächsten Paladinen des jungen Königs.

In seiner Begeisterung lässt Peter von Dusburg ganz Deutschland nach dem Pruzzenland pilgern und gelangt nach der Aufzählung aller beteiligten Gaue zu einer Zahl von sechzigtausend Kämpfern, womit dieser Feldzug wesentlich mehr Militär versammelt hätte als die wichtigste und letzte Schlacht im Leben des Böhmenkönigs, der Entscheidungskampf gegen Rudolf von Habsburg auf dem Marchfeld bei Dürnkrut und Jedenspeigen am 26. August 1278. Ziehen wir diese genau bekannte Schlacht zur Kontrolle des Chronicon heran, so sehen wir Rudolf mit zweitausend deutschen Rittern antreten, zu denen fünfzehntausend ungarische und kumanische Reiter als Bogenschützen kamen. Ottokars Streitmacht wird auf achttausend Ritter und etwa zwanzigtausend Bogenschützen geschätzt. Insgesamt waren also auf dem sommerlichen Marchfeld fünfundvierzigtausend Mann zusammengetroffen, wozu auch die Zahl von zehn- bis zwölftausend Toten und Gefangenen stimmt, die Rudolf als Verlustbilanz seines Gegners angibt. Gerard Labuda ist also unbedingt darin recht zu geben, dass er die Zahl der Kämpfer aus dem Chronicon als viel zu hoch gegriffen ansieht, doch ist die von ihm vorgeschlagene Reduktion auf ein Zehntel (!) so radikal, dass die einwandfrei belegte Wirkung auf die Pruzzen unerklärlich bliebe:

„Der König drang im Gebiet Medenau mit seinem Heer ins Samland ein, verbrannte alles, was das Feuer zu verzehren vermochte, fing und tötete viele Menschen ...“ Er richtete ein solches Blutbad unter dem Volk der Samländer an, dass die Adeligen dem König Geiseln stellten und ihn anflehten, er möchte doch nicht das ganze Volk vernichten (!). Et totum populum non deleret. Selbst der Ordenschronist verwendet das härteste Wort, das Auslöschen und Vernichten bedeutet, und charakterisiert damit einen Vorgang, für den wir heute das Wort Genocid verwenden. So grausam dieser Vorgang ist, so oft der Begriff von polnischen und sowjetischen Historikern aufgegriffen und gegen den Deutschen Orden angeführt wurde, so bleibt es doch eine Tatsache, dass auch die Polen – bald als Feinde, bald als Kolonialherren – an der Unterdrückung und schließlichen Vernichtung des Pruzzenvolkes beteiligt waren, dass auch die Litauer Krieg gegen die Pruzzen führten und die Wikinger zumindest punktweise durch Angriffe gegen pruzzische Seestädte zum Untergang dieses Volkes beitrugen. Die Reste, die sich hielten, verdankten dies der nach langen Kämpfen und zwei Revolten eingetretenen relativen Ruhe im Ordensland, weil die Ritter Arbeitskräfte brauchten und weil der immer noch notwendige Burgenbau ohne eine gewisse arbeitsame Unterschicht nicht durchzuführen gewesen wäre. In Einzelfällen wurden zu diesem Zweck sogar abtrünnige, dem Christentum wieder verloren gegangene Pruzzen pardoniert, weil ein Heide schließlich nicht schlechter arbeitete als ein Neubekehrter.

„Danach“, fährt Peter von Dusberg fort, „kam Ottokar in die Gebiete Quednau, Waldau, Kaimen und Tapiau, und damit er hier nicht ebensolche Verwüstungen anrichte wie in den anderen Gebieten, übergaben ihm die einzelnen Samländer ihre Söhne als Geiseln und verpflichteten sich bei Todesstrafe (!), den Geboten des Glaubens und der Brüder demütig zu gehorchen. Nachdem dies alles in gehöriger Weise geschehen war, lieferte der König die Geiseln den (Ordens-) Brüdern aus und rückte bis zu dem Berg vor, auf dem jetzt die Burg Königsberg liegt. Er riet den Brüdern, dort eine Burg zur Verteidigung des Glaubens zu errichten und überließ ihnen großartige und königliche Geschenke zur Unterstützung dieses Vorhabens. Da er nun die Mühsal seiner Kreuzfahrt überstanden hatte, kehrte der König, ohne dass sein Kriegsvolk großen Schaden erlitten hätte (!), in sein Reich zurück."

Es ehrt den Ordenschronisten, dass er das Ausmaß der Tragödie ermessen kann, die sich im Vorfeld des Ordenslandes vollzogen hat. Er hat sich ja zu Beginn seines großen Werkes mit aufrichtigem Bemühen mit den Pruzzen beschäftigt, nicht frei von Irrtümern, wie man heute weiß, aber doch eingehender, als die christliche Geschichtsschreibung sonst meist auf ihre heidnischen Gegner eingeht. Peter von Dusberg deutet auch an, dass die schnelle und übermächtige Aktion der böhmisch-österreichischen Ritterschaft weder Raum noch Zeit für ein Bekehrungswerk ließ. Im Sattel das Schwert schwingend, waren Ottokars Kämpfer auf Sieg, Vernichtung und Töten aus, und wenn wir auch von drei Bischöfen in den Reihen der Krieger wissen, so steht doch nirgends, dass – wie später in Mittelamerika – die Konquistadoren von Priestern begleitet gewesen wären. Die Geiseln werden dem Orden überlassen, die Streiter ziehen ab bis auf jene, die gekommen waren, um hier Land zu finden: jüngere Söhne, unbehauste Ritter, Abenteurer, die vermutlich nicht einmal den Ordensleuten wirklich willkommen waren. Vielleicht war es eine freilich uneingestandene Abwehr-Aktion gegen einflussreiche adelige Siedler, wenn der Ritterorden nach und nach beinahe dreihundert Pruzzen der Oberschicht Eigengüter zubilligte, die nicht sehr groß waren, in ihrer Verteilung über die pruzzischen Landschaften aber doch geschlossenen adeligen Großbesitz des deutschen Adels in der Entstehung behinderten.

Diesem kaum sichtbaren, ja vermutlich kaschierten langsamen Wandel in den Besitzverhältnissen stand sehr auffällig und folgenreich die Gründung einer neuen Hauptstadt am Meer gegenüber, die Entstehung jenes Königsberg, das Jahrhunderte lang an Ottokar II. erinnern sollte und das die neuen Verhältnisse an der Ostsee sichtbar bestätigte.

1952 erschien in der Zeitschrift des Vereins für Schleswig-Holsteinische Geschichte der Epoche machende Aufsatz „Ostsee und Mare Balticum" von Herbert Ludat, damals noch Professor in Münster. Von den bekannten Handelsverbindungen zwischen Ostsee und antiken Mittelmeerkulturen ausgehend, weist Ludat auf die wenig beachtete Tatsache hin, dass der Wandel der skandinavischen Machtexpansion ins Weltweite an der Ostsee etwa ab dem elften Jahrhundert ein Machtvakuum schuf. Die seit dem siebenten Jahrhundert durch ihre schnellen Kriegsflotten übermächtigen skandinavischen Krieger waren an die Grenzen der damals bekannten Welt gestoßen, ja über sie hinausgegangen, wenn sie als Waräger Warentransporte auf der Wolga bis ins Schwarze Meer begleiteten, wenn sie auf Sizilien und in Apulien, im Ostmittelmeer und am Ostrand der Adria Krieg führten, wenn sie vor Westafrika auftauchten, die ihnen 911 übertragene Normandie durchdrangen und sie als Sprungbrett nach England benützten. Sie griffen über Island nach Grönland und von dort nach Neufundland aus, erreichten also im frühen elften Jahrhundert die Neue Welt und überließen eben darum den Ostseeraum neuen Seefahrervölkern wie den Ostseeslawen und den Balten, von denen die Prusai, wie sie sich nannten, mit Sicherheit eigene Flotten zu bauen und einzusetzen verstanden.

Die Seefahrt der Wendenstädte und der Pruzzen und Esten nützte ein Machtvakuum von einhundertfünfzig bis zweihundert Jahren und lieferte der aufkommenden bewaffneten Handelsfahrt der ersten Hansestädte noch so manchen heftigen Kampf. Der Überfall auf die Hansestadt Bergen und ihre Einäscherung 1429 durch die Vitalienbrüder kann als letztes Aufbäumen dieser ohne staatliche Bindung überlebenden Seefahrerbünde angesehen werden.

Im beginnenden deutschen Ostseehandel zwischen dem auf Slawenruinen neu begründeten Lübeck und der stolzen Bischofsstadt Riga kam Königsberg eine außerordentlich wichtige Rolle zu: Fritz Gause, unvergessener letzter Archivar der Pregelstadt, deutet an, dass die Lübecker vom ersten Augenblick an versuchten, in Königsberg Einfluss, ja Herrschaft zu gewinnen. Sie waren eben Reichsstadt geworden, sie hatten die Dänen besiegt, sie fürchteten die Konkurrenz auf dem Seeweg zum Finnischen Meerbusen. Aber die geistlichen Herren des Ordens, in Intrigen wohlerfahren, reduzierten die Kaufherren aus Lübeck auf den Status willkommener Gäste.

Zu bedauern ist, dass offensichtlich niemand unter den Hoch- oder Landmeistern des Deutschen Ordens auf den Gedanken kam, sich die zweifellos alte und bewährte Ostseevertrautheit der Pruzzen zunutze zu machen. Dass sie seit dem frühen Mittelalter rege am Ostseehandel teilgenommen und dabei beträchtliche Erfolge erzielt hatten, beweisen neben deutschen und russischen Chronisten zwei der nordischen Sagas, die in ihrem Wahrheitsgehalt ja unbestritten sind: die Knytlinga-Saga über die dänischen Könige vom zehnten bis zum dreizehnten Jahrhundert mit Berichten, die um 940 einsetzen, und die Fornmannsögur, deren Berichte bis ins neunte Jahrhundert zurückreichen und sich vor allem mit den norwegischen Königen beschäftigten. In ihnen wird ein im Samland residierender Groß- und Fernkaufmann namens Vidgaut oder Widaute erwahnt, ein pruzzischer Name. Die Sagas rühmen ihm großen Reichtum nach und berichten, dass seine Handelsbeziehungen von Nowgorod bis Schleswig gereicht haben. Ludat führt als Beweis für die Möglichkeiten dieses Samländers den Umstand an, dass er einem Herzog namens Lavard ein Gastgeschenk von nicht weniger als achttausend Fellen überreichen konnte. „Man gewinnt (auch) aus Adams (von Bremen) Erzählung den Eindruck, dass den Preußen sehr viel an dem Handel mit den Fremden gelegen war und dass diese homines humanissimi (besonders freundlichen Menschen) vermutlich schon ein Gästerecht (Exterritorialität für Händler) kannten. Die Vorstellung von ihrer besonderen Wildheit und Gästefeindlichkeit passt jedenfalls schlecht zu diesen Zeugnissen." (Ludat) Herbert Ludat vermutet auch intensive russisch-pruzzische Beziehungen schon für das elfte Jahrhundert, fußend auf der Tatsache, dass in der bedeutenden Handels- und späteren Hansestadt Nowgorod um diese Zeit schon eine nach Pleskau führende Fernstraße nach den Pruzzen benannt wurde und diesen Namen bis ins dreizehnte Jahrhundert behielt, als die Unterjochung der Pruzzen begann. Möglicherweise gab es damals in Nowgorod Händlergruppen, die auf den Verkehr mit den Pruzzen spezialisiert waren; so hatten zu jener Zeit Erfahrung und Beziehungen besondere Bedeutung.

Das Zentrum dieses zeitweise sehr intensiven Ostseehandels war nicht die Pregelmündung, dort lagen nur drei Pruzzendörfer, die nun der Neugründung von Stadt und Festung Königsberg weichen sollten, sondern das alte Truso wenige Kilometer landeinwärts von der Mündung des Elbing-Flusses ins Frische Haff. Auf dem Gelände des Dorfes Meislatein bei Elbing wurden Grundmauern aus der römischen Kaiserzeit gefunden, aber auch dichte Bebauung aus der Wikingerzeit und aus der Pruzzenzeit. Der Platz war in den Landnahmekämpfen des Ordens heftig und wiederholt umkämpft worden, am Drausensee hatte es Schlachten und Scharmützel gegeben, und die Nähe Pommerns mit seinen wankelmütigen Herzögen sprach nicht für künftige friedliche Entwicklungen an diesem Platz. Königsberg hingegen hatte nicht nur den königlichen Fingerzeig für sich, den Hinweis auf den Berg Tuwangste, der an seiner Südostecke ohnedies schon eine Pruzzenfeste trug, sondern auch Gunst der Lage an einem geteilten Fluss: Der Pregel umfließt mit einem nördlichen (samländischen) und einem südlichen (natangischen) Arm die Inseln, die zur Errichtung von Speichern, Bürgerhäusern, Kaianlagen und öffentlichen Gebäuden geradezu einluden.

Wer immer heute über Königsberg schreibt, wird nicht umhin können, das Standardwerk von Fritz Gause zur Hand zu nehmen, damit aber auch einzutauchen in eine Atmosphäre hilfloser Melancholie, deren Gründe Gause schon im ersten Satz seines großen Werkes begründet: „Eine Geschichte von Königsberg unterscheidet sich von allen anderen Stadtgeschichten dadurch, dass weder der Verfasser noch seine Leser den Ort besuchen können, dessen Schicksale dargestellt werden. Eine fast siebenhundertjährige Tradition ist 1945 jäh abgerissen worden."

Das schrieb Gause im Sommer 1965 in Essen, und hätte er die Möglichkeit zu einem Besuch von Kaliningrad noch erlebt, wohin heute ganze Busladungen von Nostalgietouristen fahren, so wäre ihm vermutlich auch nicht leichter ums Herz geworden, denn sein Königsberg war das von Agnes Miegel und Käthe Kollwitz, von Kant, Sudermann und Paul Fechter.

Gause hat in seinem Hauptwerk in drei Zeilen der Seite 13 auch sein Bekenntnis zur deutschen Ostpolitik des späten Mittelalters ausgesprochen: „Die Eroberung Preußens entsprang weder der Kampfeslust raubgieriger Ritter noch der Beutegier gewinnsüchtiger Kaufleute, sondern wurde ausgeführt von den besten Kräften abendländischen Gemeinschaftsbewusstseins." Nach unserer Kontroverse über mein Buch „Land im Osten" hat Fritz Gause mir wenige Jahre vor seinem Tod die Hand zur Versöhnung gereicht, aber diesen Satz würde selbst er heute nicht mehr aufrechterhalten. Denn vom Abendland wussten die Lübecker Kaufleute gar nichts und die Ordensritter noch herzlich wenig, und von einem Gemeinschaftsbewusstsein zu sprechen, als das ganze Reich in einem Interregnum versunken war, die Fürsten und Kirchenfürsten einander wütend bekriegten und nicht nur Gegenkönige, sondern auch Nebenpäpste das Abendland in eine tiefe Krise stürzten, das ist erst recht eine jener rückgewandten Wunschvorstellungen, an denen die Geschichtsschreibung vergangener Generationen nicht arm ist.

Die schlichten Fakten hingegen haben auch ohne den erhabenen Hintergrund Bedeutung und Interesse für sich, einmal, weil es in ganz Europa nicht vornehmer zuging als in Preußen, zum andern aber, weil die Arbeit des Deutschen Ritterordens, von ihrer blutigen Frühphase einmal abgesehen, als durchaus verdienstlich im Sinn eines allgemeinen Fortschreitens der europäischen Geschichte angesehen werden muss. Die Ostsee ist das zweite Mittelmeer Europas. Der hellsichtige englische König Alfred hatte sich auf seiner Insel frühzeitig für dieses Meer interessiert, das bis zur Erfindung des Schienenverkehrs die einzige taugliche Westostverbindung im Norden unseres kleinen Kontinentes anbot. Für eine neue Stadt unter neuen Machtverhältnissen konnte es keinen günstigeren Platz geben als die Pregelmündung, geschützt durch das Frische Haff, im Angesicht der für den Handel seit tausend Jahren offenen Danziger Bucht, der Insel Bornholm und der Ostküste von Schweden.

Am 17. Januar 1255 war König Ottokar II. nach blitzschneller Unterwerfung des Samlands und einiger angrenzender Landstriche wieder in Elbing, am 6. Februar hielt er Einzug in seiner Stadt Troppau; keine drei Wochen hatte seine berittene Truppe gebraucht, um von der Ostsee ins Herz Mitteleuropas, nach Mähren, zu gelangen, von der Danziger Bucht durch den Warthegau, über die schlesischen Randgebirge bis hin zur Mährischen Pforte. Er hätte es nicht nötig gehabt, sich so sehr zu beeilen, hatte er doch noch dreiundzwanzig Jahre vor sich, ehe ihm nach der verlorenen Schlacht gegen Rudolf von Habsburg der steirische Ritter Otto von Emmerberg, um einen Verwandten zu rächen, das Schwert in die Brust stoßen wird.

Am Frischen Haff ließ man sich mehr Zeit. Zwar wird das pruzzische Castrum Pregore aus den Urkunden verschwinden und durch das Castrum de Coningsberg in Zambia (Samland) ersetzt, aber ehe zu der Burg eine Stadt kommt und dieses Gemeinwesen mit den Gemeinden Löbenicht und Kneiphof zwischen den Pregel-Armen zu der einzigartigen Stadt Königsberg auch rechtlich zusammenwachsen wird, muss ein energischer Monarch wie Friedrich Wilhelm I., der Soldatenkönig, das Machtwort des Jahres 1724 sprechen. Die Ursachen dieses langen und langsamen Aufstiegs liegen zu einem gewissen Maß in Gegensätzen zwischen Kaufleuten aus Lübeck, die gerne vollständig vom Orden unabhängig gewesen wären, und den Rittern, die mit einem eigenen Wirtschafts-Mittelpunkt und Handelshafen die Beute aus den eroberten Gebieten hätten besser und vor allem in eigener Regie verwerten können. Zäher als diese nach langen Verhandlungen einigermaßen beigelegten Rivalitäten hemmten jedoch geopolitische Fakten einen schnellen Aufstieg des neuen Gemeinwesens, hatten doch Elbing und Danzig an eben derselben Ostsee-Bucht ältere Rechte und seit langem eingespielte Handelsverbindungen.

Hertha Grunau aus Elbing hat in einem Aufsatz im Westpreußen-Jahrbuch (13. Jahrgang) einige Gründe dafür zusammengetragen, dass vor allem die Nachfolge-Stadt des alten Truso noch viele Jahrzehnte lang den vereinigten Kaufleuten und Ordensrittern von Königsberg eine übermächtige Konkurrenz blieb. Danzig nämlich war es nicht, die Stadt gehörte zwar seit 1358 zum Hansebund, besaß aber keine schiffbare Verbindung zur Weichsel und hatte darum als Endpunkt der Binnenschifffahrt nicht die Bedeutung wie das nahe der Nogatmündung liegende Elbing. Norwegen, England, die handelsaktiven flandrischen Städte und Frankreich bezogen die Exportgüter des Ordenslandes aus den Elbinger Speichern, ja Philipp der Schöne von Frankreich hatte Elbing ein besonderes Privileg für den Seehandel mit französischen Hafenorten gewährt. Ein ähnliches Privileg stellte 1284 König Eric von Norwegen aus.

Ende des vierzehnten Jahrhunderts brach die Weichsel nach Danzig durch, ein zunächst katastrophales, schließlich aber segensreiches Ereignis, das Danzig an den Binnenhandel aus Galizien und Polen anschloss. Weitere Veränderungen brachten Gegensätze zum Orden mit einem kuriosen Winterfeldzug von 1455, bei dem, nach Hertha Grunau, siebenhundert Reisige des Ordens über den zugefrorenen Drausensee gegen Elbing marschierten, aber dabei beinahe erfroren. Die Kämpfer, die in erstarrten Händen die Schwerter nicht mehr halten konnten, wurden von den wehrhaften Bürgern der Stadt mühelos überwältigt; andererseits wurden mindestens zweimal die Speicher von Elbing von Feinden niedergebrannt, ein Grund dafür, dass in der jungen Stadt Königsberg die Speicher von vornherein so angelegt wurden, dass bei Bränden, die offensichtlich nicht selten waren, das Speicherviertel die Wohnviertel nicht gefährden konnte.

In Königsberg bildeten die nahen Pruzzen lange Zeit die Hauptgefahr. Auf dem Tuwangste, dem Burgberg, beweisen frühe Befestigungsanlagen, dass es hier schon lange vor den Ordensrittern eine Festung gegeben hatte, wurden die Pruzzen doch, wie wir von Ibrahim Ibn Jaqub wissen, von skandinavischen Seeräubern bedroht und wiederholt ausgeplündert. 1260 versuchten die Pruzzen, sich ihre Burg wiederzuholen, aber sie scheiterten, nur die Stadt, das junge Königsberg, konnten sie 1262 zerstören.

Die Unruhe vor den großen Aufständen begann im Grunde schon 1259, also wenige Jahre nach der Begründung der Stadt Königsberg. Nur die Burg auf dem Tuwangste hatte schon ihre Abwehrkraft, die Stadt war so klein, dass man an Mauern noch gar nicht denken konnte, und zunächst ging es auch nicht um die neuen Stützpunkte des Ordens, sondern um eine zweifellos verfrühte Ausweitung der Ordensaktivitäten in Richtung Baltikum. Dort hatte sich mit dem Bischofssitz Riga und Niederlassungen deutscher und schottischer, aber auch dänischer und schwedischer Kaufleute ein neuer Schwerpunkt der christlichen Seefahrt und des Handels gebildet. Albert II., Bischof von Lübeck und päpstlicher Legat, hatte 1253 das Pallium als Erzbischof von Riga mit Macht auch über Semgallen erhalten, und er war ein energischer Herr. Die baltischen Gebiete zwischen Riga und der Ordensburg an der Memel mussten dem Bischof oder dem Orden anheim fallen, und wenn Bischof Albert seine Macht bis an die Memel ausdehnte, dann war die Lage für den Papst zweifellos neu zu überdenken, die Ordensmacht begrenzt, ein neuer großer Herr vorhanden, der an der Samlandküste mitreden würde.

So kann man die Eile erklären, mit der die Ritter des Deutschen Ordens aus den eben durch König Ottokar unterworfenen Gebieten in Richtung auf Lettland und Litauen aufbrachen, vielleicht auch verlockt durch eine kleine Streitmacht schwedischer Ritter, die Herzog Karl über die Ostsee geschickt hatte, und vollends ermutigt durch ein Bündnis mit König Mintove von Litauen, der seine Schenkung von Samogitien aus früheren Jahren 1259 noch einmal bekräftigte.

Ordensritter wie König hatten allerdings die Rechnung ohne die Samogiten selbst gemacht, einen stolzen und selbstbewussten Volksstamm, der sich bis an die Schwelle des zwanzigsten Jahrhunderts von fremden Einflüssen freizuhalten verstand und den Ordensrittern zeigte, wie schnell sie viertausend Bewaffnete den Rittern entgegenstellen könnten. Sie fielen nach Kurland ein, und als das Ordensheer eingreifen konnte, sah es sich unversehens zwischen den Samogiten und erbosten Kuren, ein Kampf, der nicht zu gewinnen war. „Endlich ließ der Herr zu, dass die Brüder nach langem Kampf den Sieg verloren, denn ihre ganze Heeresmacht war durch die Flucht des gemeinen (gemeint ist: des niederen) Kriegsvolks sehr geschwächt. Und es fielen an diesem Tag der heiligen Margaretha (am 13.7.1260) auf einem Feld am Flusse Durbe Bruder Burchard, der Meister Livlands, Bruder Heinrich Botel, der Marschall Preußens, und mit ihnen 150 Brüder und vom Volke Gottes eine solche Zahl, dass ich sie nicht habe erfahren können (!). Nach dieser Niederlage verfolgten die Feinde das fliehende Kriegsvolk, das so furchtsam geworden war, dass drei oder vier Feinde hundert Christen erschlagen oder auf beschämende Weise verjagen konnten."

Auch die Beute an Waffen und Ausrüstung, deren sich die Samogiten bemächtigten, scheint beträchtlich gewesen zu sein. Es war eine schicksalhafte Schlacht, nicht mehr im eigentlichen Ordensland, sondern im Raum des lettischen

Libau. Peter von Dusburg weiß auch zu berichten, dass der Ritter Hermann, wegen seiner Taten im Heiligen Land Saracenus genannt, vor jenem Julitag von einer Erscheinung auf den nahen Tod vorbereitet wurde: In einer Vision habe ihm die Gottesmutter gesagt: „Hermann, ich lade dich zum Mahl meines Sohnes." Als er aufs Pferd stieg, sagte er seinen Mitbrüdern, dass sie ihn wohl nicht wiedersehen würden. Der Orden hatte sich verwundbar gezeigt, und vor allem hatte es sich erwiesen, dass die militärischen Mittel des Ordens nicht ausreichten, christlich gewordene Dörfer gegen Übergriffe jener Stämme zu schützen, die ihr Heidentum bewahren wollten. König Mintove verhielt sich, wie Könige es nicht selten tun – er rettete die eigene Haut und seinen Thron dadurch, dass er seinem Volk die Rückkehr zu den alten Göttern freistellte. Noch 1908 sagt der zu Recht berühmte „Alte Meyer": „Die Litauer sind blond, von festem Körperbau, religiös, in hohem Grad abergläubisch und hängen mit großer Zähigkeit an den althergebrachten heidnischen Gebräuchen."

Dieses Hängen am Althergebrachten hatte sie jedoch nicht daran gehindert, aufmerksam die Kämpfe zwischen Elbing und Memel zu verfolgen und der damals modern zu nennenden Technik der Ordensritter aus dem Bewegungskrieg im Heiligen Land einiges abzugewinnen. Auch die Samogiten erscheinen in diesem neuen Krieg als ein Volk, das sich, um die eigene Haut zu retten, von Gewohntem trennt und den Gegner dort imitiert, wo er sich als überlegen gezeigt hat. Das war vor allem der Burgenbau, bei dem die Pruzzen nicht entscheidend über die Fluchtburgen hinter Erdwällen hinausgelangt waren. In den Jahren nach 1255 finden wir, noch nicht sehr häufig, aber doch gelegentlich, Pruzzenburgen beinahe im Angesicht der Ordensburgen, gleichsam konkurrierende Festungen, von denen die eine die andere überwachte, eine Methode, die schon die Römer angewendet haben, um sich bei Belagerungen vor Ausfällen zu schützen.

Aus solchem vereinzelten Kräftemessen wurde nach der Ordensniederlage an der Durbe nicht plötzlich, aber von

Woche zu Woche deutlicher erkennbar ein Flächenbrand. Dass die Pruzzenstämme sich nur zaudernd zusammenfanden, erklärt sich daraus, dass so manchem wohl noch der große Schrecken von König Ottokars Reiterei in den Gliedern saß. Die hochgemuten Ritter hatten ja – wie selbst Gause zugibt, aber als mittelalterliche Gepflogenheit entschuldigt – den Grundsatz der verbrannten Erde radikal durchgeführt. Der Bedeutung des Ereignisses entspricht, dass die Quellen nun auch die Namen von Anführern nennen. Bei Peter von Dusburg finden sich ja auch schon vorher nicht wenige Pruzzennamen, aber da handelt es sich meist um Personen, die sich hatten taufen lassen oder die dem Orden geheime Dienste erwiesen hatten. Nun aber tauchen namhafte Gegner auf: Ein Diwan Clekine, der gemeinsam mit seinem Bruder Dabore die Barten anführt, ein Hauptmann namens Glande und ein Henricus Monte, der auch mit dem martialischen Vornamen Herkus in Erscheinung tritt und die Männer aus Natangen führte. Er wurde in den nun folgenden dreizehn Jahren bis zu seinem Tod im Jahr 1273 vermutlich der berühmteste Pruzze der Geschichte. Ihm allein wurden zwischen 1840 und 1936 sechs belletristische Werke gewidmet, die wissenschaftlichen Abhandlungen nicht gerechnet. An diesem somit ein Jahrhundert lang anhaltenden, nach den Befreiungskriegen gegen Napoleon in ganz Deutschland aufflammenden Interesse an dem hartnäckigen Kämpfer haben sich zwar unsere großen Schriftsteller nicht beteiligt, aber immerhin ein Botho Graf Keyserlingk, also ein Balte aus landschaftlicher Nähe, und ein Autor namens A. Heinrich, dessen Buch 1865 in Mohrungen erschien, dem Herder Städtchen: Ein Herr Lauckner schrieb 1938 gar ein Drama mit dem Titel „Der letzte Preuße", fünf Jahre nach Hitlers Machtergreifung eine bemerkenswerte Feststellung. Der Gerechtigkeit halber sei angeführt, dass auch die Ordensritter ausgiebig behandelt wurden: Gustav Freytag nennt sie in einem Abschnitt der Ahnen sowie sie sich in Urkunden gerne benennen lassen, nämlich die „Brüder vom deutschen Hause", und Agnes Miegel widmet ihnen 1933 eine Erzählung unter dem Titel „Die Fahrt der sieben Ordensbrüder": Es ist eine erschütternde Geschichte von im Schneesturm verirrten Ordensbrüdern, die durch eine seltsame Fügung den Tod des letzten Pruzzenherzogs und das Abschlachten seiner ganzen Familie miterleben müssen.

Es waren harte Zeiten, in denen viel Blut floss, und obwohl in diesen ausgedehnten Aufständen die Ritter einmal nicht die Angreifer waren, sondern sich ihrer Haut wehren mussten, keimte in dem einen oder anderen frommen Ordensbruder ein Zweifel an der Mission im Pruzzenland auf. Leander Petzold hat in seiner Sammlung historischer Sagen, die ausschließlich geprüfte Texte vereinigt, dazu eine kleine Geschichte. Ihr Held ist namentlich bekannt, es ist der Ordensritter Cunebrecht von Decken, richtiger von der Decken, aus dem alten niedersächsischen Geschlecht. Cunebrecht tat auf Burg Rehden Dienst und verfiel wegen des großen Blutvergießens in düstere Gedanken. In einer nächtlichen Vision sah er die Brüder anderer Orden in der himmlischen Glorie, aber keinen einzigen Ritter des Deutschen Ordens darunter. Da er darüber sehr traurig war, führte ihn – in dieser Vision – ein Engel vor die Gottesmutter. Sie war von Ordensrittern umgeben, die sich im Kampf gegen Pruzzen und Litauer Verletzungen zugezogen hatten und an ihnen gestorben waren. Sie wies dem Cunebrecht von der Decken diese Male eines blutigen, aber verdienstlichen Kampfes. Nicht lange darauf fiel der Ordensritter selbst in einem Scharmützel mit heidnischen Pruzzen.

Die dreizehn Kampfjahre gegen die aufständischen Pruzzen und ihre Verbündeten haben nicht nur in der Literatur, sondern auch in der Überlieferung des Volkes tiefe Spuren hinterlassen, wobei wie in der Sage um Cunebrecht meist die Ordensritter im Mittelpunkt stehen, weil sie schließlich die Schrift besitzen und die Verbindungen zu den Chronisten der Städte (der Elbinger Historiker Grunau ist eine der Hauptquellen für altes Sagengut und Geschichten). Aber auch von der anderen, der heidnischen Seite gibt es Materialien zu diesen anhaltenden Kämpfen, und sie beweisen eine eigenständische pruzzische Tradition über die Jahre, in denen das Volk zunächst seine Selbstständigkeit verlor und schließlich in der Sklaverei zugrunde ging. Es ist nur natürlich, dass die Anführer des großen Aufstandes im Mittelpunkt der Legendenbildung stehen und unter ihnen wiederum Herkus Monte aus Natangen. Der großartige Jodokus Donatus Hubertus Temme (1798 – 1881), ein wegen seiner Sympathien für die äußerste Linke (in der deutschen Nationalversammlung) nach Tilsit versetzter Richter, hat in seinem Verbannungsort in einzigartiger Weise Märchen, Sagen, Überlieferungen und Zeugnisse der Volkssprachen aufgezeichnet. In einer Sammlung, die 1837 in der Nicolaischen Buchhandlung zu Berlin erschien, erzählt er von den Jahren, die Herkus Monte im Reich zubrachte, dass er dort Christ wurde und viel Förderung durch einen Freund namens Hirschhals erfuhr. Dieser ging später ins Ordensland, wo er auf den vom Christentum abgefallenen Herkus Monte traf, ja ihm schließlich in der Schlacht gegenüberstand und mit anderen christlichen Streitern von den Natangern gefangen genommen wurde. Die Pruzzen opferten ihren Göttern seit Jahrhunderten nicht nur Tiere, sondern – wenn sie ein besonderes Anliegen hatten oder der ganze Stamm in großer Not war – auch Menschen. Diese Menschenopfer wurden durch ein rituelles Losverfahren bestimmt, und das Los traf Hirschhals. „Herkus Monte aber, eingedenk der vielen Wohlthaten, so er von Hirschhals empfangen, lies das Los noch einmal unter ihnen werfen. Und siehe, dasselbe traf wiederum den Hirschhals, den jedoch Herkus Monte noch einmal davon losgemacht. Als nun aber das Los zum dritten Male geworfen und nochmals denselben getroffen, da hat Hirschhals selbst loszukommen nicht begehret, sondern war bereit zu sterben, und er wurde, angethan mit seinen Waffen, auf sein Ross gesetzt und also den heidnischen Göttern zu Ehren verbrannt."

Die bizarre Anekdote findet sich in leicht abgewandelter Form auch bei Peter von Dusburg, überdies auch in der Historia des Caspar Schütz und in den Aufzeichnungen des

Lucas David, die freilich später entstanden als die berühmte Ordenschronik. Immerhin erfahren wir auch über Herkus Monte etwas mehr, als sonst von den Pruzzenführern bekannt ist: seinen Aufenthalt in Magdeburg, seinen Übertritt zum Christentum mit der Annahme eines anderen Vornamens (Heinrich) und einer offensichtlich längeren Phase des Zusammenlebens mit Stadtbürgern, in der dieser Mann aus den Wäldern zweifellos einiges erfuhr, das er später als Haupt der Natanger gut gebrauchen konnte. Peter von Dusburg lässt im Augenblick des Opfertodes eine weiße Taube aus dem Mund des sterbenden Hirschhals aufflattern und bezeichnet das Scharmützel, bei dem Hirschhals mit anderen in Gefangenschaft geriet, so genau, dass an dem Vorfall kaum zu zweifeln ist: Am 22. Januar 1261 hatte ein Herr von Ryder mit seinen Rittern und einigen Ordensbrüdern Dörfer in Natangen überfallen und niedergebrannt, und das zum zweitenmal, als er auf dem Rückmarsch in eine inzwischen herbeigeeilte Eingreiftruppe der Pruzzen geriet. „Die Pilger und die Brüder wehrten sich tapfer, besonders ein Ritter aus Westfalen namens Stenckel von Bentheim ... der gab seinem Streitross die Sporen, brach nach Ritterart mit eingelegter Lanze durch die Scharen der Feinde und tötete die Gottlosen zur Rechten wie zur Linken. Als er aber auf dem Rückweg bis mitten unter die Feinde gekommen war, wurde er erschlagen, und nun erhob sich ein schwerer Kampf, und auf beiden Seiten wurden viele tödlich verwundet und getötet. Endlich geschah es nach Gottes Willen, dass der Herr von Ryder selbst mit einem großen Teil des Heeres und den Brüdern, die bei ihm gewesen waren, den Tod fand; einige wurden gefangen, andere ergriffen die Flucht."

Peter von Dusburg berichtet in diesem Zusammenhang die bemerkenswerte Tatsache, dass der Ritter Stenckel von Bentheim in der Predigt eines Bischofs vernommen hatte, wer immer gegen die Pruzzen fallen werde, brauche keinen Tag im Fegefeuer zuzubringen, was immer er sonst bei Lebzeiten verbrochen habe. Es war also zumindest von einer Reihe von Kanzeln und in einzelnen Diözesen ein Generalablass für die Teilnehmer am Kreuzzug gegen die Pruzzen verkündet worden. Schmerz und Wut über diese Niederlage müssen sehr groß gewesen sein, wenn man Kapitel 94 der Dusburgschen Chronik glauben will:

„Nicht lange darauf schlossen die Pruzzen mit drei Heeren, drei Belagerungsmaschinen (!) und anderem Kriegsgerät die Burg Heilsberg des Bischofs von Ermland ein. Vor Hunger verzehrten die belagerten Ritter 250 Pferde und deren Häute. Als ihnen schließlich die Lebensmittel völlig ausgingen, gaben sie die Burg auf und zogen sich heimlich nach Elbing zurück. Dort stachen sie zwölf pruzzischen Geiseln, die sie mit sich geführt hatten, die Augen aus und sandten sie zu ihren Verwandten zurück." Sie waren ja vor dem Fegefeuer sicher, und sie kämpften, wie Peter von Dusburg uns versichert, gegen die Söhne Belials, hebräisch Belijaal, Satan, der große Verderber.

Fronten gab es in dem durch die Aufstände ausgelösten Krieg nicht, und auch die Beobachtung, dass die Pruzzen im offenen Feld überlegen waren, vor den Burgen aber versagten, ist nur sehr bedingt richtig. Es gab Phasen des Pruzzenkrieges, in denen der Orden sich nur noch auf das Kernland um Thorn stützen konnte und auf jene Burgen, die über die Ostsee versorgt werden konnten oder wie Elbing auf einem schiffbaren Fluss. Das eben gegründete Königsberg wurde wegen seiner meernahen Lage sehr schnell wichtig, ebenso Balga am Frischen Haff und die Ordensburg Heilsberg in Warmien, in inselähnlicher Lage zwischen den wasserreichen Flüssen Alle und Simser. 1261 konnten die Pruzzen diese wehrhafte Burg nur aushungern, sie zu berennen wäre aussichtslos gewesen. Sie wurde zu einer entscheidenden Bastion und wird in den folgenden Jahren immer wieder genannt, und als sie nach zwölf (!) Jahren endlich von Ordensrittern unter dem Landmeister Dietrich von Gatersleben zurückerobert wurde, hatte damit auch der große Pruzzenaufstand einen seiner militärisch wichtigsten Stützpunkte verloren.

Ein besonderes Schicksal hatte die Christburg, „mitten im sündigen Volk gelegen", wie Peter von Dusburg sich ausdrückt. Die pomesanische Heidenfestung war 1239 in der Christnacht von Ordensrittern handstreichartig erobert worden, die überlebende Besatzung hatte man über die Klinge springen lassen und das eroberte Festungswerk zur Erinnerung an diese weihnachtlichen Erfolge Christburg genannt. Diese Burg hatte jedoch Herzog Swantepolk, „noch nicht an christlichem Blut gesättigt" (Peter von Dusburg) in einem Angriff durch zwei Heeresabteilungen zurückerobert und dabei die ganze Besatzung getötet. Mit der Hilfe zahlreicher Kreuzfahrer aus dem Reich bauten die Ritter an einem nahen, aber anderen Platz eine neue Christburg auf, die fortan im Mittelpunkt beinahe ständiger Auseinandersetzungen mit Belagerung, Angriff und Ausfall stand. Einmal wäre Herzog Swantepolk beinahe selbst ums Leben gekommen, als viele seiner Leute auf der Flucht vor den Rittern in der Weichsel ertranken, ihn selbst seine Getreuen aber in ein Boot ziehen konnten.

Es muss sich also um eine größere Operation gehandelt haben, denn die Christburg selbst lag östlich der Nogat an dem Fluss Sorge, der in den Drausensee mündet.

Ein besonderes Unsicherheitsmoment lieferten Spione und Überläufer, denn die Ordensritter waren natürlich auf Informationen aus dem feindlichen Lager angewiesen und hatten auch die Möglichkeit, die bitterarmen Pruzzen durch allerlei in Versuchung zu führen, mussten nach einem Sieg des Ordens doch auch pruzzische Bauern auf neu zu vergebenden Landstücken angesiedelt werden. Einen sehr kräftigen pruzzischen Bauer, dessen christlicher Gesinnung die Brüder nicht recht zu trauen vermochten, hatten sie auf der Christburg eingekerkert. Ehe sie sich über seine wahren Absichten klar werden konnten, berannten die Pruzzen in einem Aufflackern des großen Aufstands 1266 die Burg Tappeinen an der Grenze von Natangen. Die Ritter aus der Christburg eilten den Bedrängten zu Hilfe und entsetzten die Burg, doch die Pruzzen sammelten sich schnell und überfielen die ver-

lassene Christburg. Die Sage will wissen, dass der einge-
kerkerte pruzzische Christ, ein Mann namens Syrene, auf
den Kampfeslärm hin aus seinem Gefängnis ausbrach und an
der heruntergelassenen Zugbrücke die Burg erfolgreich verteidigte. Die Brüder dankten es ihm nicht: Sie zogen die
Brücke hoch, so dass Syrene, um wieder in die Burg zu gelangen, an den Ketten hochklettern musste – die Burg
Christburg aber war gerettet.

Während des ganzen langen und allgemeinen Pruzzenaufstands hatte der Deutsche Orden genau genommen kein
Land besessen, sondern ausschließlich Stützpunkte. Dies
war eine Situation, in der nach allen Regeln der Vernunft
und der militärischen Einsicht der große Kreuzzug hätte abgebrochen werden müssen, so wie dies vorher im Heiligen
Land der Fall gewesen war und wie es später bei kleineren
Kreuzzügen in Europa der Fall sein wird. Der Deutsche Ritterorden aber gab nicht auf, weil es für ihn zu diesem großen
und schweren Kampf keine Alternative mehr gab. Skandinavien war christlich, die baltischen Küsten hatten sich die
deutschen Kaufleute erobert und dort einen starken Bischof
eingesetzt, in Ungarn konnten sich die Ritter nicht mehr sehen lassen, und die Polen waren bessere Katholiken als die
im Krieg demoralisierten Ordenskämpfer. Die bloße Christianisierung konnte diesen Verzweiflungskampf nicht motivieren. Längst hatte man Ausnahmen machen müssen, wenn
sich heidnische Pruzzen unterwarfen oder wenn christlich
gewordene Pruzzen sich als Gegner entpuppten. Die Front
verlief nicht mehr nach den Religionen, sie war eine Macht-
grenze geworden, eine Besitzgrenze, eine territoriale Herausforderung, keine religiöse. Wäre es nicht um Land und
Besitz und die Verheißung eines Ordensstaates gegangen,
Hoch- und Landmeister, Burgenvögte und Gebietiger hätten
längst aufgegeben und sich im Reich verlaufen; aber die Ritterorden, ob sie sich nun Malteser nannten oder Templer,
strebten keineswegs nur nach dem ewigen Lohn in der Glorie nach dem Märtyrertod, sondern überall, wo sie auftraten,

mit größter Entschiedenheit nach Unabhängigkeit von irdischen Gewalten, ja selbst vom Papst und nach selbstständigem, unantastbarem Besitz an Ländern, Dörfern, Bauern, Burgen und Städten. Dafür ließen die Malteserritter Gefangene an die Ruderbänke ihrer Galeeren schmieden und die Templer horteten als unübertroffener Geldverschieber-Orden legendäre Schätze in ihren Balleien. Nur so erklärt sich jene aus Tausenden Helden- und Missetaten erwachsende Eroberungs-Dynamik, die den Orden zu einem herausragenden Agens in der deutschen Geschichte gemacht hat, ja ihn unter die Schöpfer jenes Deutschen Reiches einreiht, das wir 1918 zugrunde gehen sahen und dem nachzutrauern keine Schande ist.

Der große Pruzzenaufstand wirkt demgegenüber als ein letztes Aufbäumen jenes anderen Europa, das sich in seinen Naturreligionen auch ohne staatliche Ordnungen über die Jahrtausende gerettet hatte. Es waren Völker, die ihrer eigenen Meinung nach seit jeher in ihren Gebieten saßen und dort nach erprobten Gesetzen lebten. Das Christentum, das man ihnen bringen wollte, verstanden sie als das, was es war – als eine fremde Religion, in einer anderen Welt entstanden, zum Instrument einer unerwünschten Ordnung geworden und in jedem Fall die Doktrin von Eroberern. Die plakativen Kreuze auf dem Habit der Ordensritter machten das, was die Herren vertraten, nicht besser und nicht verständlicher, und Sergej Eisenstein hat – als er in seinem Film über Alexander Newski die Reihen der Ritter wohlgeordnet aufmarschieren ließ – vermutlich genau jene Gefühle imaginiert, denen die großen, gewaltigen Fremden mit ihren überlegenen Waffen in den pruzzischen Wäldern begegneten.

Nach den Wikingern, die mit ihren lautlosen und schnellen Flotten viel bessere Chancen gehabt hatten als die Pruzzen und die auch spektakuläre Erfolge erzielten, nach diesen nun da und dort fest im Sattel sitzenden Nordmännern hatten die Pruzzen den größten und entschlossensten Versuch unternommen, das alte Europa zu retten. Aber mit den Führern der einzelnen Gaue, die einer um den anderen im Kampf fielen, erlosch auch der große Aufstand und verliefen sich die wenigen Überlebenden zwischen den Brandruinen ihrer Dörfer. Diwanus, genannt Clekine, Anführer der Barten, war 1271 der erste, der starb; darauf folgte die große Verwüstung des schönen Landes Natangen durch den Markgrafen von Meißen, der sich hier für schwere Querelen im eigenen Haus schadlos halten wollte, das Jahr 1272 aber nicht überlebte. Ob Herkus Monte, der Berühmteste von ihnen allen, noch vom Tod des harten Gegners erfuhr, ist zweifelhaft. Er starb wie Glappo, der Heerführer der Ermländer, im Jahr 1273, und es ist wohl eine besondere Ehre für ihn, dass die Geschichtsschreiber das Ende des großen Pruzzenaufstandes mit seinem Todesjahr gleichsetzen. Das Kulmerland und Pomesanien, wo die Kreuzritter sich dank fester Burgen weitgehend gehalten hatten, wurden zum Ausgangspunkt für das, was man in der ganzen Welt verschämt Befriedungspolitik nennt. Die ging in Preußen im Grunde nicht anders vonstatten als tausend Jahre vorher durch die Römer und fünfhundert Jahre später durch die Hannoverschen Truppen im besiegten Schottland. Was die Schwerter nicht vermocht hatten, bewirkte der Hunger, und da die alten Götter offenbar mit den Dörfern verbrannt waren, beugte man sich dem neuen Gott. Der sieht bekanntlich alles, und so sah er auch an einem Tag des Jahres 1273 Herkus Monte mit wenigen Getreuen vor seinem Zelt sitzen, während andere seiner Genossen auf der Jagd waren. „Da kamen unerwartet die Brüder Hermann von Schönburg, der Comtur von Christburg, und Helwig von Goldbach mit einigen Mannen vorbei; bei dem Anblick des Henricus (Herkus) Monte freuten sie sich sehr, fingen ihn, hängten ihn an einen Baum und durchbohrten ihn mit dem Schwert." (Dusburg a.a.O.p. 254)

Der schwere Weg zur Sicherheit

Die beiden hochadeligen Herren, die dem wehrlos an einem Baum hängenden Herkus Monte ihre Schwerter in den Leib stießen, hatten damit nicht nur gegen das Kriegsrecht verstoßen, gegen ihre ritterliche Ehre und ihren christlichen Glauben, sie haben uns auch der Möglichkeit beraubt, die abgelaufenen dreizehn Jahre aus einer Darstellung von der anderen Seite kennen zu lernen. Hermann von Schönburg, Komtur von Christburg aus dem später zu gräflichen und fürstlichen Ehren gelangten Geschlecht, das hundert Jahre zuvor das Kloster von Geringswalde gestiftet hatte, war gebildet genug, um zu wissen, dass Herkus Monte, des Schreibens und Lesens kundig, in der Gefangenschaft ein einzigartiges Zeugnis hätte verfassen können, den einzigen großen pruzzischen Bericht vom Untergang dieses Volkes. In jenem dreizehnten Jahrhundert wusste man durchaus schon vom Wert solcher Zeugnisse; die Päpste hatten ihre Gesandten stets veranlasst, Berichte zu schreiben, und die Legaten sind in ihrem feinen Latein wichtige Zeugen für das Leben im hohen Mittelalter. Es hat nicht sollen sein; die Wälder von Natangen und Sudauen, die Strände von Warmien, die Ufer der Memel, sie blieben alle stumm. Herr Helwig von Goldbach wird fünf Jahre nach seinem Mord an Herkus Monte auf dem Feld bei Dürnkrut in der Augustsonne sein Leben aushauchen, und ein halbes Jahrhundert wird vergehen, ehe Peter von Dusburg in seiner beschränkten Getreulichkeit dies und anderes aufdeckt.

Es bedurfte des Fleißes der Späteren, um die großen und schweigenden Wälder des Masurenlandes zum Sprechen zu bringen: Von den Städten Lyck, Lötzen, Sensburg, Ortelsburg, Neidenburg, Allenstein und wie sie alle hießen, ging eine sanfte Germanisierung aus und durchdrang die schließlich zum Deutschen Reich gehörenden Landstriche, in denen sich die Pruzzen und ihre Nachbarstämme so standhaft gegen den Deutschen Orden gewehrt hatten. Auf preußischem Boden zählte man zu diesen Gebieten mit gemischter Bevölkerung Wälder, Wiesen, Seen und Dörfer auf etwa zwölftausend Quadratkilometern, und während die Städte eine fast durchwegs deutsche Bevölkerung hatten, gab es im Masurenland doch noch etwa zweihundertfünfzigtausend Menschen aus dem alten Masowien, die nicht mehr dem Glauben der Ordensherren anhingen, sondern evangelisch waren. „Die Masuren", schrieb man über sie im Jahr 1908, „sind ein biederes, von Landwirtschaft und Viehzucht lebendes Völkchen, bei dem noch patriarchalische Familienzustände herrschen. Sie gelten für gesellig, gutmütig und weich (!) und kleiden sich zum Teil noch in selbst gewebtes graues Wollzeug (Wand); ihre einfachen Häuser sind aus Holz erbaut und mit Stroh gedeckt ... Die protestantischen Masuren stehen dem Deutschen, dessen Sprache sie alle (!) kennen, freundlich gegenüber, im Gegensatz zu ihren katholischen Stammesgenossen auf polnischem Gebiet. Lyck gilt als Hauptstadt des Landes."

Während man „Gewand" noch da und dort lesen kann, ist „Wand" völlig aus dem Gebrauch gekommen, und man muss schon zu sehr alten Büchern greifen, um einen Satz zu lesen wie: „Viel palmgeformbte Röck und steingesticktes Wand" bei dem aus dem Erzgebirge stammenden Dichter Paul Fleming, der 1640 starb; vielleicht kennt sogar Siegfried Lenz dieses und so manches andere Wort aus dem masurischen Sprachschatz, da er, in Lyck geboren, seine Heimat nie vergessen hat. Die Männer, die in Lyck und anderswo Heimatmuseen begründeten und dem Lauf der Geschichte in Ostpreußen nachzugehen versuchten, fanden wohl keine Schrittdenkmaler der Pruzzen und ihrer gegen den Orden gefallenen Anführer, aber im Dunkel der Wälder und an schweigenden kleinen Seen oder Wasserläufen blieb so manches andere Zeugnis in tiefem Frieden erhalten, obwohl es seine Entstehung dem Unfrieden des dreizehnten und vierzehnten Jahrhunderts verdankte. Die in ihrer Detailfreude und Emsigkeit unübertroffene Geschichte von Masuren aus der Feder von Dr. Max Toeppen, 1870 in Danzig erschienen, beginnt ihre Vorrede mit dem Satz: „Die Eröffnung der Eisenbahn von Königsberg nach Lyck ist für Masuren ein Ereignis von höchster Bedeutung." Der Bahnbau schnitt, wie auch anderswo, in Hügel und Hänge ...

Die Bahnlinie verlief von Königsberg südwärts nach Preußisch-Eylau und von dort weiter über Bartenstein und Rastenburg zu der Landenge (zwischen zwei Seen) von Lötzen und schließlich nach Lyck. Gewitzt durch die zahlreichen Kleinfunde während der langen Baujahre achteten die Behörden nicht nur auf das, was bei dieser Gelegenheit ans Tageslicht gekommen war, sondern bewerteten nun auch die Funde aus dem vorangegangenen Jahrhundert und die eifrige Bodenforschung der Heimatkundler und Dorfschullehrer neu, Einzelaktionen, die bis dahin oft belächelt worden waren und allenfalls in den Wochenendbeilagen der Regionalpresse Beachtung erfahren hatten.

Während die Burgwälle sich immer noch über den Boden erhoben (an manchen Stellen selbst des westlichen Europa zweieinhalb Jahrtausende lang), ruhten die Gräber tief unter der Erde und blieben in Ostpreußen auch meist ungeplündert, vermutete hier doch niemand Schatzfunde oder gar Pharaonengräber. Von der wilhelminischen Wissenschaft darüber belehrt, dass östlich des deutschen Siedlungsgebietes nur kulturlose Völkerschaften ein höchst primitives Leben geführt hatten, ehe die schwertschwingenden Kulturheroen sie mit der Zivilisation beglückten, hatte man mit ungläubigem Staunen in den Gräbern Urnen und in und neben diesen nicht nur Nadeln, Schnallen und Waffen gefunden, sondern auch kunstvollen Schmuck aus Bronze und Bernstein, Ketten mit bis zu siebzig Gliedern. Da und dort gelangen ausgesprochene Hortfunde wie etwa bei Olschewen nordwestlich von Oletzko mit Silberstangen, die als Zahlungsmittel dienten, und römischen Münzen, fast sämtlich aus der Zeit nach Nero, also nach dem Jahr 68, von dem an der Bernsteinhandel zwischen Jütland, den altpruzzischen Küstenländern und den römischen Adriastädten in Schwung gekommen sein muss. Hält man einheimische Bestattungen und die Datierung erleichternde Funde aus dem Mittelmeerraum zusammen, so gelangt man zu der Erkenntnis, die Dr. Erich Weise in seinem Handbuch der historischen Stätten, in der Einleitung zum Band Ost- und Westpreußen formuliert:

„Für Ostpreußen bekunden die vorgeschichtlichen Altertümer, dass die Besiedlung dieses Landes vom Ende der Jungsteinzeit bis zum Mittelalter ohne jede Unterbrechung angedauert hat. Das bedeutet gleichzeitig, dass die altpreußische Bevölkerung hier von jeher, so lange hier Menschen gelebt haben, ansässig war. Es gibt nur wenige Gegenden, in denen sich die Siedlungsstetigkeit über Jahrtausende durch Altertumsfunde so klar dokumentiert wie in Ostpreußen."

Diese gleichsam unendliche Vergangenheit, diese Verwurzelung der Pruzzen mit vielen Stämmen in einem Land, in dem sie die ersten Menschen gewesen sind, schuf eine Verbindung zwischen Land und Bewohnern, die den Ordensrittern vielleicht nicht völlig klar und in den Fakten erkennbar wurde, aber mit der sie sich doch auseinandersetzen mussten. Es spricht immerhin für das Ahnungsvermögen und das Verständnis der neuen Herren, dass sie nach den militärischen Erfolgen wenigstens auf die gewaltsamen Verpflanzungen und Vertreibungen verzichteten und versuchten, wenigstens die erkennbaren gesellschaftlichen Strukturen, das heißt die ansprechbare Oberschicht, mit den neuen Verhältnissen in friedlichen Einklang zu bringen. Das nach dem großen Aufstand und nach dem Tod der Anführer nun zum zweiten und dritten Mal unterworfene Gebiet diente zwar als Ausgangsbasis für die weiteren Unternehmungen in Richtung Sudauen, blieb aber selbst und eben deswegen von weiteren Ausplünderungen und Mordbränden verschont. Der Orden arbeitete sich langsam in die Rolle des Landesherren ein und trachtete, die Eroberungen der ersten Stoßrichtung zu festigen.

Dass auch das ausgedehnte Sudauen ständig besiedeltes, von Burgen durchsetztes Pruzzengebiet war, ist durch die verschiedenen großen und kleinen Ausgrabungen, durch das Auffinden von Burgwällen und Friedhöfen heute erwiesen;

für die Ordensritter hingegen waren die weiten Wälder zwischen dem Geeserich See und der Seesker Höhe eine riesige Terra Incognita. Umso mehr muss es überraschen, dass die Gesamtplanung der Eroberung des späteren Ostpreußen durchaus schlüssig ist. Der Beginn der Aktionen konnte sich auf die Versorgung von See her stützen und zielte auf eine meernahe Basis für die späteren Vorstöße ab. Diese setzten schon vor dem großen Aufstand von 1260 an den festen Plätzen an, von Thorn nach Osten, von Christburg nach Südosten und in etwa gleicher Richtung aus den Basislagern der Vorräte und Waffen in Braunsberg, in der Kreuzburg und von Königsberg pregelaufwärts in ziemlich genau östlicher Richtung über Wehlau. Die Gebiete, in die nun größere und kleinere Ordenstruppen gelangten, konnten nur einigen wenigen gebildeten Brüdern bekannt sein, die sich an den antiken Geographen orientiert hatten, denn der Bernsteinhandel, der in etruskische Zeiten zurückreicht, hat den antiken Historikern und Geographen die Wege zu den Samlandküsten vergleichsweise gut bekannt gemacht. Zu den zahlreichen Münzfunden war es während der ersten Kämpfe wohl noch nicht gekommen. Heute kennen wir eine Fülle römischer Münzen mit den Prägezeichen und Inschriften von mehr als einem Dutzend römischer Kaiser, dazu arabische und griechische Münzen, mit denen man zu jener Zeit noch nicht viel anzufangen wusste, so dass – wie im Fall des Fundes von Ortelsburg – vieles verloren ging. Aber die Nachrichten aus den Schriftstellen konnten historisch interessierten Brüdern bekannt gewesen sein. Es „genügen die Angaben Herodots, die Kenntnisnahme des Aristoteles ... vollauf, um uns zu lehren, dass man von Olbia oder der Mündung des Bog ... eine nicht eben seltene Warenbewegung nach und von dem Ostseeküstenland stattfinden ließ ... Ein nicht seltener Austausch von Artikeln zwischen der Küste des Pontus und dem Norden war ja schon durch das Salzbedürfnis des Weichsel- und des Pregel(!)gebietes veranlasst. Dass sodann Herodot so merkwürdig viel von den Flusslinien, von den Völkerschaften, der Landesnatur ... den Überschwemmungen u. a. weiß, ist doch ein Zeichen davon, dass ihm während seines Aufenthaltes in Olbia Handelsleute die betreffenden Auskünfte gaben ... Wenn nun auch kein griechischer Kaufmann ... die Bernstein'insel', nämlich die vom Pregel und von der Daime umflossene Landmasse, direkt kannte ... so spricht doch die Kenntnis des Flusses Eridanos im Bernsteinland dafür, dass man mit dieser Region Fühlung hatte ... Am natürlichsten scheint uns übrigens die Deutung auf den Pregel."

Dr. Wilhelm Goetz, seinerzeit Dozent an der Technischen Hochschule in München, aus dessen 800-Seiten-Buch über die Verkehrswege im Altertum und Mittelalter dieses Zitat stammt, verweist auf athenische und kyzikische Münzen und datiert aufgrund der Prägedaten die Aufnahme eines nur selten unterbrochenen Warenverkehrs aus den Räumen der antiken Kernkulturen an die Ostsee auf die Zeit zwischen 460 und 431 vor Christus. Und er nennt Flüsse und Landschaften aus dem angestammten Siedlungsgebiet der Pruzzen und die Gegend ihrer Hafenorte. Zu ähnlichen Schlussfolgerungen kommt auch der polnische Altstraßenforscher Sadowski in seiner Abhandlung über Handelsstraßen der Griechen und Römer durch das Flussgebiet der Oder und der Weichsel (deutsch 1877 bei Costenoble), obwohl ihm Goetz zu bedenken gibt, „dass eine minder national-feindselige Haltung gegen die deutsche Gelehrtenwelt uns in einem Werk empfehlenswert erschiene, das trotz seiner zunächst polnischen Verabfassung (sic) doch weitaus am meisten auf deutsche Leserkreise notwendig berechnet sein musste."

Nun, deutsche Leser für Ptolemaios, Strabo, Herodot und andere Geographen gab es in den Ordensburgen höchstens sehr vereinzelt; die Ritter waren also auf ortskundige Informanten angewiesen, und nicht jeder dieser zur Zusammenarbeit mit dem Feind bereiten Autochthonen scheint ehrliche Auskünfte gegeben zu haben. Peter von Dusburg beklagt sich über Irrwege, Wildnis, Dickicht, Sümpfe und Hinterhalte, und wenn wir den Zustand Masurens zu jener Zeit uns vorzustellen versuchen, dann denken wir an Schwierigkeiten und Hemmnisse, die auch einer modernen Armee noch ernsthafte Probleme geschaffen hätten. Die außerordentliche Zähigkeit des Ordenskampfes nach 1275 erklärt sich allerdings auch aus dem großen Zorn, den die Pruzzen durch zahllose Gewalttaten während des Aufstandes ausgelöst hatten. Peter von Dusburg macht ja kein Hehl daraus, wie die Parteien dieses Kampfes miteinander umgegangen sind. Zweifellos kamen verschiedene Ursachen zusammen, die diesem Endkampf um Ostpreußen seinen besonderen Charakter verleihen; man fühlt eine Energie walten, die von den Panegyrikern des Deutschen Ritterordens als ein alles überwindender Eifer im Glauben aufgefasst wird, von den Historikern der baltischen und slawischen Nachbarn aber als hemmungsloser Drang zum Besitz und als kriegerischer Furor. In der Kombination haben diese Kräfte, wo immer sie auf diese Weise in der Geschichte wirksam wurden, zu ganz besonderen Leistungen geführt.

Die Vorstöße des Ordens in jenen neun Jahren nach 1274 stützten sich auf die eroberte Samlandküste, die nach dem großen Aufstand sicherer war als vorher, weil die Pruzzen offensichtlich zumindest hier aufgegeben hatten. Östlich des Samlandes erstreckte sich ohne Küstenberührung das Gebiet der Nadrauer und nördlich von ihnen bis an die Memel Schalauen. Der Kamswikus-Berg am Flüsschen Angerapp, nahe dem späteren Insterburg, war von den Nadrauern zu einer starken Festung ausgebaut worden; fuhr man den Pregel stromauf, so hatte man bis in ihr Vorfeld etwa hundertfünfundzwanzig Kilometer zurückzulegen und musste noch von Glück sagen, dass dieser Wasserweg überhaupt zur Verfügung stand, auf dem Lastkähne getreidelt werden konnten und die Rückfahrt zum Haff vergleichsweise schnell und mühelos vor sich ging.

Die Methode dieser Eroberungen war ebenso wirksam wie hart, es war der Grundsatz der verbrannten Erde, der auch den Unbeteiligten, den Überlebenden keine Existenzmöglichkeit mehr belieβ, so dass sie, um ernährt zu werden, um mit ihren Kindern nicht zu verhungern, sich in die Hand der Ordensritter und ihrer Organisation begeben mussten. Ein Ritter, vielleicht der Landmeister Dietrich von Gatersleben, hatte sich als Vogt des Samlandes einige Erfahrungen erworben. Er drang in Nadrauen ein, eroberte zwei Pruzzenburgen und verheerte dabei die Dörfer so gründlich, dass die dritte Burg keinen ernsthaften Widerstand mehr leistete! „Danach durchzog der Landmeister mit einem großen Heer das Land Nadrauen mit Brand und Raub", schreibt Peter von Dusburg, „und als er zur Burg Cameniswika (Kamswykus) gelangt war, die über dem Fluss Angerapp liegt, griff er nach den üblichen Vorbereitungen die Burg an. Es gab viele Verwundete auf beiden Seiten, zumal (da) in der Burg 200 waffengeübte Männer lagen. Erst nach langem und ziemlich schwierigem Kampf drangen die Brüder schließlich mit Gewalt in die Burg ein. Alle 200 Männer wurden getötet, Frauen und Kinder gefangen genommen, dazu unermessliche Beute gemacht. Die Burg verbrannten sie vollständig ... Wenn auch die Nadrauer bis dahin eine große Heeresmacht und viele Befestigungen besaßen, so unterwarfen sie sich doch nach Ablegen all ihrer Wildheit dem Glauben und den Brüdern, wenige ausgenommen, welche sich nach Litauen wandten. Und so liegt das Land Nadrauen bis zum heutigen Tag (d. i. 1335) verlassen da."

Man wüsste gern, woraus die unermessliche Beute bestand und welche Güter das Heidenvolk noch besaß, von denen ein Ordenschronist eine so hohe Meinung haben konnte. Mit Lebensmitteln waren die Burgen naturgemäß gut versehen, gab es doch in diesen Kämpfen monatelange Belagerungen, und wenn das Heer des Landmeisters Dietrich so groß war, dann hatte es trotz der Flussschifffahrt auf dem Pregel gewiss Versorgungsengpässe gegeben. Kamswykus war jedenfalls, darauf weisen verschiedene Quellen hin, mehr als eine Fluchtburg, es war in der günstigen Lage über dem zentralen Flusssystem der Nadrauer Mittelpunkt des nadrauischen Widerstandes, auch wenn im Gegensatz zu früher die Burgenbesatzungen nicht mehr so zahlreich sind wie in den Kämpfen während des großen Pruzzenaufstands.

Die Zeit der Uneinigkeit unter den Heiden ist nämlich vorbei: Auch die nicht unmittelbar beteiligten Sudauer hatten offensichtlich ihren Brüdern an der Küste Hilfstruppen geschickt, und siegreiche Armeen haben ja vor allem im beutegierigen Mittelalter eine Art ständigen und mitunter sogar ungebetenen Zulauf. Auf Seiten des Ordens stellen sich polnische Hilfstruppen christlicher Teilfürsten ein, Herzog Ziemowit von Masowien hielt treu als Bundesgenosse des Ordens aus, während König Witowed von Litauen Glauben und Partei wechselte und der wankelmütige Herzog Casimir von Kujawien für alle Beteiligten ein Unsicherheitsmoment darstellte.

Die Sudauer waren lange von einem Kriegskönig namens Kumat oder Komat geführt worden, der in den Kämpfen gegen Boleslaw fiel. Nun, zehn Jahre nach diesen Ereignissen und nach einer, diesmal weitgehend erfolglosen Intervention Ottokars von Böhmen, zog sich das Strafgericht über den Sudauern zusammen wie eine dicke Wolkendecke. Die Ordensritter mühten sich nicht mehr mit versumpften Wegen und verräterischen Führern ab, sondern vertrauten auf die Wasserwege, die schon gegen die Burg Kamswykus den Feldzug erheblich erleichtert, wenn nicht gar erst ermöglicht hatten. An ihrer rechten Flanke operierte eine Art Condottiere, ein Freibeutertypus, dem man in den Ordenskriegen selten begegnet und der darum genannt sei: Er hieß Martin von Golin und war bald berüchtigt durch besondere Grausamkeit gegen die überfallenen Dörfer der Sudauer und durch die Härte, mit der er Beute erpresste. Er war bei dem Debakel vom Rondsen-Sumpf Jahre zuvor mit dem ganzen Tross in pruzzische Gefangenschaft geraten. Mit ihm hatte man auch seine hochschwangere Schwester fortgeführt, und als sie ihres hohen Leibes wegen nicht Schritt halten konnte, öffnete ihr ein Pruzze mit dem Schwert den Leib. Das Kind fiel heraus und überlebte, Martins Schwester starb unter Schmerzen, und das vergaß er den Pruzzen nicht. Er erscheint bei

Peter von Dusburg immer wieder und geriet bei den Kämpfen um die Burg Rehden ein zweites Mal in pruzzische Gefangenschaft. Da man ihn erkannte, sollte er enthauptet werden. Er riet den Pruzzen, ihm vorher seine kostbare Kleidung auszuziehen, damit das Blut nicht über sie ströme. Das sahen die Pruzzen ein, lösten seine Fesseln und hatten damit das Nachsehen: Martin von Golin entsprang in dürftiger Kleidung und rettete sein Leben.

Die letzte Tat oder Untat vollbrachte Martin von Golin gemeinsam mit einem Artgenossen und zwanzig ausgesuchten Kämpfern unter einem Hauptmann namens Konrad Teufel im Auftrag des Komturs von Königsberg. Es ging um einen litauischen Kleinfürsten, der mit einem zum Orden übergelaufenen Verwandten im Streit lag und die Möglichkeit für eine Art Strafexpedition ausgekundschaftet hatte. „Als sie", schreibt Peter von Dusburg, „in die Nähe des Anwesens jenes Kleinfürsten gelangten, fanden sie fast alle Adeligen aus der Nachbarschaft, durchwegs litauische Herren, zu einer Hochzeit geladen. Nach Landessitte hatten sie herzhaft getrunken und waren nacheinander auf die Lager gesunken. Martin von Golin, Konrad Teufel und die anderen Männer der kleinen, aber erprobten Truppe fielen über die Schlafenden her und töteten außer dem Gastgeber siebzig Adelige. Bräutigam und Braut sowie die Frauen der Adeligen mit ihrem Gesinde und den Kindern führten sie ebenso mit sich fort wie hundert Pferde und eine beträchtliche Beute an Gold, Silber und Schmuckstücken mit einigem Hausrat. Derselbe Martin brach mit wenigen Genossen nach Litauen auf, und nachdem er dreimal überschwemmte Landstriche durchquert hatte, gelangte er an den Fluss Bug, auf dem er ein mit Waren beladenes Schiff stromabwärts fahren sah. Diesem folgte er heimlich am Ufer, und als nach der Mahlzeit die Schiffsbesatzung sich schlafend ausruhte, überfiel er das Lastboot gemeinsam mit seinen Genossen und metzelte alles nieder. Voller Freude bemächtigten sie sich des Schiffes und gelangten damit bis zur Stadt Thorn, in der sie Schiff und Waren verkauften. Bei der Beute-Aufteilung entfielen auf jeden zwanzig Mark Silbers."

Lässt sich auch nicht mehr verlässlich ausrechnen, wie viel dieser Beuteanteil in heutigem Geld ausmachen würde, so beweist der genaue Bericht doch, dass an der Seite der Ordensritter Freibeuter mit erheblich unterschiedlicher Auffassung vom Sinn und von den Methoden dieses Kreuzzugs operierten. Neben Martin von Golin, der wohl der bekannteste war und von den Pruzzen sichtlich gejagt wurde, tritt ein Mann namens Stovemele auf, dazu Konrad Dywel, Kudare von Sudauen und Naka von Pogesanien, also Männer mit einem nom de guerre, der sich offensichtlich auf die Landschaften bezieht, in denen sie sich zuerst ihren zweifelhaften Ruhm erwarben. Bündnisse scheinen sie wenig interessiert zu haben, denn wem jenes Schiff auf dem Bug gehört hatte, erfahren wir gar nicht: Zweifellos handelte es sich um einen Kaufmannstransport, also ziviles Eigentum. Die deutsche Version von Scholz und Wojtecki ist denn auch eher schmeichelhaft – Peter von Dusburg nennt Martin von Golin schlicht „latrunculus", also einen Banditen.

Bruder Dietrich, der schon auf dem Pregel erfolgreich gewesen war, brauchte die Halsabschneider und Freibeuter nicht, denn er führte seine Leute in geschlossenen Abteilungen auf der Memel gegen die letzte und äußerste Bastion der Schalauer, des Nordzweiges der Sudauer, gegen die Burg Ragnit. Vermutlich wussten die Ordensritter, dass die Pruzzen die starke Burg etwa ein halbes Jahrhundert zuvor lange und vergeblich belagert hatten. Mit etwa tausend Mann war die Ordenstruppe darum besonders stark und mit Belagerungswerkzeug aller Art bestens ausgerüstet. Die Technik war erprobt: Um die stürmenden Kämpfer auf den Leitern zu schützen, beschossen die Bogenschützen des Ordensheeres jeden Schalauer, der sich auf den Mauern zeigte.

Peter von Dusburg ist sich über die Bedeutung der Burg Ragnit völlig im Klaren; sie kommt an vielen Stellen seines Werkes vor. Er betont das Wagnis der Eroberung, seien in der Burg doch mehr Verteidiger gewesen als die Ordensbrüder für den Angriff an Kämpfern zur Verfügung hatten. Die Sieger „töteten mit dem Schwert die Gesamtheit der Heiden", schreibt der Chronist, erschrickt über die martialische Aussage und schränkt ein, dass man Frauen und Kinder am Leben gelassen und ebenso wie die reiche Beute fortgeführt habe. „Danach verbrannten sie die Burg samt ihrer Vorburg und alle benachbarten Gebäude vollständig."

Der Platz am südlichen Hochufer der Memel war aber viel zu wichtig, um eine wüste Stätte zu bleiben, ist doch der Memel-Fluss, den die Pruzzen Njemen nennen, vermutlich seit dem Altertum, mit Sicherheit aber seit dem frühen Mittelalter eine Hauptader des Verkehrs, der Händlertransporte und mit seinen neunhundert Kilometern auf weiten Strecken auch eine Grenze zwischen Siedlungsgebieten. Schon Wolfgang La Baume, der Altmeister auf dem Gebiet der ostdeutschen Früh- und Vorgeschichte, deutete den mit seinen vier Etagen einzigartigen Friedhof von Linkuhnen auf das sechste Jahrhundert für die unterste, altpreußische Schicht der Bestattungen, über der dann Wikingergräber lagen, die auf den intensiven Handelsverkehr zwischen Skandinavien, den Schalauern und Sudauern und Weißrussland schließen lassen, vielleicht gab es sogar eine ständige Handelsniederlassung der Wikinger mit Billigung der Pruzzen, die ja auf den Absatz ihrer Produkte durch ein Händlervolk angewiesen waren. (Die gleiche Gemeinschaft zwischen Altpruzzen und Wikingern zeigt das Gräberfeld von Wiskiauten im Samland, nahe dem späteren Ostseebad Cranz. Hier sind die ältesten Pruzzengräber auf das zweite vorchristliche Jahrtausend (!) datiert worden, die eigentliche pruzzische Nekropole der älteren Bronzezeit. Der Wikingerfriedhof hebt sich durch kunstvolle Grabbeigaben, verzierte Schwerter und Schmuck deutlich von den pruzzischen Bestattungen ab.)

Der Orden brauchte nicht weniger als vierzehn Jahre, um an der Stelle, wo Ragnit gelegen hatte, eine neue Festung zu errichten, vierzehn Jahre, in denen zweifellos manche Stimme dafür plädiert hatte, diese fernen Zonen jenseits der großen Wälder gar nicht in Besitz zu nehmen. Die Mittellösung, zu der es schließlich kam, bestand aus zwei Ordensburgen, die eine auf dem Platz von Ragnit, die andere ein Stück unterhalb. Der Name Landeshute, wie ihn Peter von Dusburg schreibt, hielt sich nicht, schon das „Chronicon" berichtet von der Rückkehr zu dem alten Namen Ragnit. Das Kommando hatte ein österreichischer Ordensritter namens Bertold Brühaven; ihm waren vierzig Brüder und das nötige Gesinde an Knechten und Schanzarbeitern beigegeben, dazu hundert Bewaffnete, nach den Gewohnheiten des Ordens somit eine sehr starke Besatzung. Brühaven, dessen Name wenig österreichisch klingt, machte im Orden große Karriere und wurde durch eine ziemlich gewagte Methode, seine Keuschheit zu erproben, bekannt, als er Komtur von Königsberg geworden war: „Er nahm ein jungfräuliches Mädchen zu sich, das wegen seiner außerordentlichen Schönheit seinesgleichen im Umkreis nicht hatte, und lag fast jede Nacht auf seinem Lager nackt mit der Nackten, ein Jahr lang und länger, wie sie selbst später durch Eid bekräftigte und es die Zeichen ihrer Unberührtheit erwiesen: Niemals hatte er sie fleischlich erkannt." (Dusburg, a.a.O.p. 350)

Die eine Möglichkeit, eine Grenze zu sichern, lag in den Burgen, die andere in dem, was die alten Chroniken „Wildnuss" nennen, in einem breiten Streifen verlassenen Landes, in dem die wenigen Siedlungen ohnedies durch die Ordenstruppen niedergebrannt worden waren, die Männer getötet, Frauen und Kinder weggeführt. Nach Kurt Forstreuter, einem der glühendsten Lobredner des Ordens, blieb der Landstrich an der Memel bis ins fünfzehnte Jahrhundert eine Wildnis. Die aufwändige und kostspielige Versorgung der Burgen Ragnit, Tilsit und einiger kleinerer Befestigungen deckte der Orden durch eine eigene Steuer, das Schalwenkorn.

Forstreuter erwähnt auch eine rechtsgeschichtliche Besonderheit, zu der die exponierte Lage der Burgen Winrich von Kniprode, einen der berühmtesten Hochmeister des Ordens, vermutlich im Jahr 1369 veranlasste: Jene Schalauer, die bei den Burgen aushielten und im Schutz der Befestigungen trotz aller Kriegsgefahr ihr Land bebauten und damit zur Versorgung der Ordensleute beitrugen, erhielten nicht nur Freiheit vom Zehnten, wie er sonst überall an die geistlichen Herren abzuführen war, sondern auch ein Erbrecht. Die Schalauer wurden also gleichsam als Wehrbauern eingesetzt, so wie wir es später an der Türkengrenze im Südosten Österreichs finden. Damit beginnt am Ende des dreizehnten und im vierzehnten Jahrhundert eine für jene Zeiten sensationelle Entwicklung: Der Bauer, der seine Scholle zu verteidigen bereit ist, wird aus der Leibeigenschaft entlassen, ein Umstand, der im fünfzehnten Jahrhundert zu einer gewissen Einwanderung von litauischen Bauern führt, während die Schalauer, wie die Namen ihrer Privilegien und Freibriefe ausweisen, pruzzische Namen tragen. (Artikel Schalauen in: Weise, Handbuch der Historischen Stätten, Ost- und Westpreußen)

Wie oft mögen sich in diesen Jahrhunderten des Wiederaufbaus nach den großen Aufständen die Ordensritter einen tauglichen Atlas des Landes gewünscht haben, das sie in vielen Angriffen und Rückschlägen bis zum Ende des dreizehnten Jahrhunderts schließlich erobert hatten. Aber es brauchte noch volle zweihundert Jahre, bis die Landtafel des historisch wie geographisch gebildeten Caspar Hennenberger solch ein Verlangen befriedigte. Er schrieb sich vielleicht Henneberger, und er nannte seine Landtafel in einer ihrer Ausgaben auch Große Landschaft von Preußen. Jedenfalls hat er, ein Pfarrer aus Ehrlichen in Thüringen, Ostpreußen unermüdlich abgewandert, was in jenem Jahrhundert recht mühselig war, und nach dem Muster der Landtafeln des böhmischen Landgerichts Ostpreußen und Danzig auf neun Kartenblättern aufgenommen. Das großartige Werk im Maßstab 1:240.000 blieb für zweihundert Jahre die beste kartographische Grundlage zur Kenntnis Ospreußens. Henneberger starb siebzig Jahre alt, im Jahr 1600, in Königsberg.

Wechselnde Bündnisse und sehr wechselhaftes militärisches Geschehen haben bis heute verhindert, dass uns die Ordensarbeit an der Memel wirklich klar geworden ist. Von der Ordensburg Splitter im heutigen Stadtgebiet von Tilsit wissen wir sicher nur, dass sie 1365 zerstört wurde; wie lange sie zu diesem Zeitpunkt schon bestanden hatte, ist unbekannt. Selbst der Lage nach unbekannt ist die Ordensburg Caustriten, und von der Burg Neuhaus wissen wir nicht viel mehr, aller Wahrscheinlichkeit nach, weil es sich nicht um große Steinburgen handelte, sondern um Erdbefestigungen mit Palisaden, also Forts, wie wir sie aus der amerikanischen Geschichte kennen und die, wenn sie militärisch nicht mehr gebraucht wurden, den Dörflern willkommene Baumaterialien lieferten.

Selbst die Stadt Tilsit, am Rand des wilhelminischen Deutschland gelegen, Symbol der Grenze, andererseits aber auch Verbannungsort für Beamte, selbst diese Stadt, deren Namen jeder Deutsche kannte, nahm eine merkwürdige Entwicklung. Obwohl die Memel bei Tilsit nur zweihundertzwanzig Meter breit ist und die einmündende Tilse noch schmäler, begnügt sich die Stadt seit sechshundert Jahren mit dem Südufer, als hätte sie stets den Schutz des Stromes gesucht, ja gebraucht. Das nördliche, das litauische Ufer galt seit Gründungszeiten als ein Reich der Dämonen, blieben die Litauer doch den christlichen Einwanderern nach Schalauen viel fremder und unheimlicher als die Pruzzen. Tilsit entwickelte sich erst, als der Orden begann, die große Wildnis zu durchdringen, die selbst geschaffenen Wüstungen zu besiedeln. Das erklärt den späten Burgenbau, zwischen 1406 und 1409, eineinhalb Jahrhunderte nach Königsberg und erstaunlich spät angesichts der Lage an einem schiffbaren Strom. Aber es hatte offensichtlich der Burg und ihres Schutzes bedurft, ehe sich ein Kiez bilden konnte, in dem nun Händler der verschiedenen Regionen und Nationen sich niederließen. Es war auch nicht der Ritterorden, sondern eine konkurrierende Organisation der Franziskaner, die sich im fünfzehnten Jahrhundert unerschrocken und arbeitsam in die ausgedehnte Wildnis aufmachten und damit Tilsit (das damals vermutlich noch Tilse hieß) ein Hinterland schufen. Bemerkenswert ist, dass trotz des pruzzischen Umlands und der nahen Litauer die Stadtbewohner so gut wie ausschließlich Deutsche waren, allenfalls mit Gesinde aus dem Umland, und so sehr man die zeitweise sehr aggressiven Litauer und ihre unternehmungslustigen Könige fürchtete, blieb Tilsit selbst unzerstört, bis das Ende des Zweiten Weltkriegs auch für die Memelstadt die große Heimsuchung brachte.

Zur Ordenszeit nur Residenz eines Pflegers, also von den Rittern geringer geachtet als Ragnit, hatte Tilsit schließlich am Vorabend des Zweiten Weltkriegs sechzigtausend deutsche Einwohner, heute sind es nur noch die Hälfte, und die Deutschen an der Memel kann man zählen. Erfreulicher ist die literarische Ausbeute: Ein Erich von Lojewski veröffentlichte 1931 den Roman „Im Rauschen des Memelstromes", Eckart von Naso siedelte eine Novelle in Tilsit an, und Hermann Sudermanns melancholische Reise nach Tilsit ist unvergessen.

Nur im Prinzip akzeptierte der Orden die Memelgrenze, weniger wegen der Litauer als wegen der heiklen politischen Verhältnisse in den baltischen Ländern. Die durchwegs adeligen und hochadeligen livländischen Ordensbrüder agierten selbstbewusst und verfolgten seit Jahrzehnten ihre eigenen Ziele, und die Stadt Riga mit ihrem Bischof und einem stolzen und wirtschaftlich erfolgreichen Bürgertum, mit bedeutenden Schulen und einem großen Vorsprung gegenüber Königsberg, was den Ostseehandel betraf, dies alles mahnte zur Vorsicht. Warum der preußische Ritterorden dennoch immer wieder über die Memel gegen litauische Positionen vorstieß, ist darum kaum zu verstehen. Was in der spanischen Reconquista als Raid bezeichnet wurde, nannten die preußischen Ritter Reisen. Sie holten sich dabei oft blutige Köpfe, einzig der Comtur Berthold war, trotz seiner seltsamen sexuellen Kasteiungen, bei jeder Unternehmung erfolgreich und kam heil nach Hause, zu seiner schönen Königsbergerin.

Die eigentliche große Ordenspolitik wechselte schließlich die Richtung, sie wandte sich den Westverbindungen der gewonnenen Länder zu, um von der jahreszeitlich beschränkten Schifffahrt nach Lübeck unabhängig zu werden und eine stabile Landverbindung im Norden zu schaffen – für den nicht mehr auszuschließenden Fall eines Zerwürfnisses mit Polen, das die binnenländischen Landstraßen und sogar den Weichselweg eines Tages sperren konnte.

Die Herzöge von Pomerellen, deren Reich sich zwischen der Tucheler Heide und der Danziger Bucht erstreckte, hatten im ganzen dreizehnten Jahrhundert mit ihrem Wankelmut, ihren Rivalitäten und ihren Nachfolgestreitigkeiten für viel Unruhe im Westen des Ordensgebietes gesorgt und Peter von Dusburg gelegentlich zu saftigen Verwünschungen verleitet. Im Juli 1295 starb nach beinahe dreißigjähriger Regierungszeit Herzog Mestwin II. (Es wird auch das Jahr 1294 genannt.) Mit unschöner Einmütigkeit machten sich alle Nachbarn und sogar Böhmen auf, das Erbe an sich zu bringen. Die Ansprüche waren unterschiedlich und bei allen Beteiligten eher dürftig, weil die verschiedenen Prinzen des Herrscherhauses keine dynastische Heiratspolitik betrieben hatten. Es gab wohl eine Hedwig, die Wladislaw Herzog von Großpolen geheiratet hatte, aber beide waren inzwischen ebenfalls tot; das Gleiche galt für Prinzessin Salome, die einen Herzog von Kujawien geheiratet hatte, und für vier oder fünf andere Verbindungen nach Parchim, Rügen, Stettin und Mecklenburg. Die Ordensritter hatten naturgemäß keine ehelichen Verbindungen aufzuweisen, aber einen Prinzen, der in den Orden eingetreten war, was wiederum einen päpstlichen Legaten zu einem ungebetenen Schiedsspruch zugunsten des Ordens veranlasste. Nach kurzen kriegerischen Aktionen vor allem im Raum der wertvollen Stadt Danzig siegte schließlich das Geld, und der Orden konnte den militärisch erfolgreichen Brandenburgern ihre Ansprüche für zehntausend Mark Silbers abkaufen, ein Betrag, der den Zeitgenossen niedrig erschien, in so armen Zonen wie dem eben eroberten Ordensland aber offensichtlich einiges Gewicht hatte. Nach einer venezianischen Umrechnung vom Jahr 1200 entspräche der Betrag eintausendneunhundert Kilogramm Silber.

Die Stadt Danzig war natürlich der wertvollste Gewinn dieses Handels, dem nach einigem Zaudern sogar König Kasimir von Polen zustimmte. Wir finden den gotischen Handelsplatz schon bei Jordanes erwähnt, also im sechsten Jahrhundert; Adalbert von Prag besuchte den Fürsten von Danzig im Jahr 997 und durfte in der Stadt einige Taufen vornehmen, wurde aber schon wenige Wochen später vermutlich in der Nähe des späteren Königsberg von den Pruzzen durch Lanzenstiche getötet. Als Danzig an den Orden kam, war das Weichsel-Mündungsgebiet schon als christianisiert zu bezeichnen, vor allem durch den Zuzug von Kaufleuten und Schiffsbauern aus Niedersachsen und Schleswig-Holstein. Die Danziger Kaufleute bekamen neue Herren, die sich eingehender um ihre Geschäfte kümmerten als die slawischen Fürsten, und zudem ein neues Stadtrecht, das kulmische anstelle des lübischen.

Die Erwerbung von Pommerellen und Danzig erweist die Herren des Deutschen Ordens als hervorragende Diplomaten. Sie hatten die geistliche Schulung über dem Waffenhandwerk nicht vergessen, sie wussten die Nähe zu der mächtigen Institution des Papsttums zu nützen, und sie strichen eine Vermittler-Provision ein, wie sie wertvoller kaum sein konnte. In späteren Jahrhunderten werden sich die Briten auf diese Weise – ohne Waffen, aber wohlgerüstet – bei so manchem Friedensschluss als die tatsächlichen Gewinner erweisen. Im hohen Mittelalter gab es in Deutschland keine besseren Diplomaten als die des Deutschen Ordens. Selbst die gewitzten Bürger und Fernhändler in den Mauern der Handelsstadt Danzig, die zunächst murrten und sich verschaukelt fühlten, erhielten bald Gelegenheit, sich über den Frieden zu freuen, den die Herren des mächtigen Ordens ihnen beschert hatten, einen Frieden inmitten aufrüstender Monarchien, die ihre sanftmütige Phase beenden und sich an der Aufteilung des europäischen Ostens beteiligen wollten.

Nach der Zustimmung Polens zu dem Handel um Danzig und Pommerellen dehnten die Kaufleute der alten Stadt ihre Flusstransporte tief ins polnische Gebiet hinein aus. Es ist eine Beziehung besonderer Art, die jetzt entsteht, zwischen dem deutschen Stadtbürgertum und den kaschubischen Flößern, die das Holz nach Danzig bringen; fünfhundert Jahre nach dem Friedensschluss von Soldin wird uns noch die junge Käthe Kollwitz von dem leisen Schauder berichten, den sie empfand, wenn die wilden Gestalten auf ihren großen Flößen in die Städte kamen.

Gesitteter waren die Fremden, die sich aus dem Westen einfanden, die Dänen, Briten und Niederländer. Auch zu Frankreich entstanden enge Verbindungen; auf Danzigs guten Werften gebaute Schiffe segelten nach Brouage und nahmen dort Salz auf für den deutschen Osten, so lange, bis der mächtige Kardinal Richelieu der Protestantenstadt Brouage den Zugang zum Meer zuschütten ließ und aus dem ummauerten Nest eine Geisterstadt von elegischem Charme machte.

Trotz aller Fremden, die ihre Kontore eröffneten, trotz der Ordensritter, die aus den Wäldern Masurens und von den Ufern des Memelflusses kamen und Frieden wie Erholung in der reichen Stadt suchten, wurde Danzig von Generation zu Generation immer deutlicher deutsch, durch den Zuzug aus den Altstämmen an Rhein und Mosel weniger als durch die Zuwanderer aus dem Land zwischen Elbe und Oder, das damals noch Mitteldeutschland genannt wurde. Ein Rathaus am Langen Markt wurde erbaut, und neue Viertel setzten sich um die Altstadt herum, seit 1343 von Mauern umgeben. In ganz Europa wusste man von Danzig und seinem Reichtum, weil kostbare Bilder aus den Niederlanden dorthin verschifft wurden und schlanke Schiffe von den Danziger Werften den breithüftigen Koggen Konkurrenz machten. Man wird sich an all das erinnern, an die Legenden um den Peter von Danzig, an das Kruzifix von Sankt Marien, an die Glocken der Danziger Kirchen, an Konrad Letzkau, Bürgermeister von Danzig, und seine Tochter. Friedrich Griese, Max Halbe, Hans von Hülsen, Ernst von Wolzogen, Paul Fechter und 1910 sogar Oskar Loerke werden diese einzigartige Stadt literarisch ins Herz schließen, eben weil sie so wirklich

eng zu Deutschland gehören durfte als Stadt eines der großen europäischen Wasserwege, die vielen gehören müssen.
Diese vielen schickten sich nun aber an, den schnellen und
klugen Ordensrittern die reiche Beute am Haff und an der
Danziger Bucht abzujagen, und es wird ihnen beinahe gelin-
gen ...

Um das Erbe der Wikinger

Die materielle Kultur des mittelalterlichen Lebens im zentralen und östlichen Europa verdankt dem deutschen Handwerker außerordentlich viel. Verlässlichkeit und Arbeitseifer gesellten sich zu einer von Generation zu Generation weitergegebenen und vermehrten Sachkenntnis, und da diese Tatsache schon wegen ihrer Verbreitung von Schleswig bis Südtirol nicht verborgen blieb, waren diese Deutschen, waren deutsche Fachleute, vom Gesellen bis zum Meister, beliebte Einwanderer, denen man alle Wege ebnete.

Viele Jahrzehnte hindurch hat dies den Blick der Historiker für das frühe Mittelalter, die Zeit vor der Entwicklung des Handwerks und vor dem Wachsen der Städte, beeinflusst und dazu verleitet, die Länder südöstlich, östlich und nordöstlich des deutschen Siedlungsgebietes zu Entwicklungsländern, zu kolonialen Territorien herabzustufen. Diese Auffassung ist irrig, weil sie einen großen Wirtschaftsraum ignoriert, in dem die rein materielle Zivilisation mindestens ebenso hoch entwickelt war wie im Herzen von Europa, und sie ist irrig, weil sie davon ausging, dass die Entfernungen zwischen dem hoch entwickelteren arabisch-levantinisch-pontischen Lebensraum und Europa damals nicht überbrückt werden konnten.

Einer der ersten Historiker, die sich über diesen Fragen den Kopf zerbrachen, war der Berliner Friedrich Stüwe, mit seinem trotz aller Umständlichkeit bis heute wichtigen Buch über die Handelszüge der Araber unter den Abbassiden durch Afrika, Asien und Osteuropa, seinem väterlichen Freund Professor Dr. August Zeune 1836 zugeeignet. Zeune, zunächst am Grauen Kloster zu Berlin, später an der Universität tätig, war einer der Begründer der Deutschen Gesellschaft für Erdkunde und wusste sehr genau, warum er diese Arbeit angeregt hatte: Die Araber nämlich, und die wie sie am arabischen Handel teilnehmenden Juden, waren schreibkundig und schreibfreudig. Sie reisten nicht nur und trieben dabei Handel, sie legten ihre Eindrücke über fremde Länder auch schriftlich nieder, und da das Arabische die Weltsprache war, die von Cadiz bis Chorasmien gesprochen und verstanden wurde, gehörten die zahlreichen Schriften der arabischen Geographen, Händler und Gelehrten bald zum Wissensschatz der Alten Welt, auch wenn sich manches Mönchlein bekreuzte, ehe es solch ein von fleißigen spanischen Juden ins Lateinische oder Hebräische übersetzte Standardwerk für den eigenen Wissenserwerb heranzog.

Stüwe hatte ein unleugbares Faktum zu erklären, „die unglaubliche Menge arabischer Münzen, die man nicht allein im eigentlichen Russland, Kurland und Finnland, sondern auch in allen (anderen) Küstenländern der Ostsee, in Preußen, Mecklenburg usw. gefunden hat. Sie trugen sämtlich das Gepräge der Fürsten östlich und südlich vom Kaspischen Meer ... und gehörten größtenteils dem Zeitraum zwischen der Mitte des achten und dem Anfang des elften Jahrhunderts an ... Mit geschichtlicher Gewissheit können wir behaupten, dass der Weg dieser Handelsleute nicht eine Karawanen-, sondern eine Wasserstraße gewesen ist. Wie sie auf ihren Fahrzeugen die Fluten der Ostsee durchfuhren, so verfolgten sie hier den südlichen Lauf des Dnjepr usw."

Gestützt auf Ibn Fadhlan, der vor allem auf der Wolga reiste, aber auch auf byzantinische Geschichtsschreiber, entwirft uns Stüwe das Bild eines Handels zwischen Ostsee und Schwarzem beziehungsweise Kaspischem Meer, für den das gewaltige Russland nichts anderes ist als ein Landozean, ein durch schiffbare Wasserstraßen vergleichsweise problemlos passierbares Riesenland, wie auch der arabische Straßenforscher Ibn Khordadbeh und der berühmte Geograph Masudi bestätigten. Dieser so emsig benützte Handelsweg für Tausende von Frachten und Menschen aber umging das Herz Europas, umging den christlichen Kern unseres Kontinents mit seinen vielen Kleinfürsten, Zollschranken und religiösen Hemmnissen gegenüber dem Sklaventransport und den nichtchristlichen Kaufleuten.

Wir wissen zwar, dass die grundsätzlichen christlichen Vorbehalte gegenüber dem Transport von Menschen wie

Waren nicht überall ernst genommen wurden. Bischof Thietmar von Merseburg stimmt in seinen noch heute durchaus lesbaren, ja unterhaltsamen Aufzeichnungen ein Klagelied über jene seiner Amtsbrüder an, die sich durch Spenden und andere Zuwendungen mit diesen Transporten einverstanden erklärten oder ganz einfach ein Auge zudrückten. Verdun etwa, mitten im christlichen Frankreich gelegen, war ein Hauptumschlagplatz für Sklaven aus dem Osten, die für die Hofhaltungen der arabischen Fürsten Spaniens bestimmt waren. Aber so ganz sicher konnten die Herren Sklavenhändler sich doch nicht sein, wenn sie den Transit durch Deutschland den heidnischen Wasserwegen vorzogen. Vermutlich war aber die technische Möglichkeit, größere Menschen- und Warenmengen auf Flüssen und auf dem Meer zu transportieren, für die Umgehung des deutschen Kernraums in höherem Maß ausschlaggebend. Weitere Handelswaren aus slawischen Gebieten waren Silber, Honig, Wachs und vor allem Pelze, auf die wir schon sehr früh stoßen. Im Gegenverkehr aus Deutschlands Westen wurde vor allem friesisches Tuch über die Ostsee zu den russischen Endpunkten der Flussschifffahrt befördert, also nach Pleskau, Nowgorod, zum Ladogasee und später nach Riga.

Während Karl der Große seine Kaufleute noch warnte, über Bardowiek an der Unterelbe, über Magdeburg und Erfurt hinaus nach Osten zu gehen, waren andere Herrscher der Zeit über den Ostseehandel besser informiert, vor allem natürlich die am Seehandel besonders interessierten britischen Teilkönige, die Dänen und die Kleinfürsten am südlichen Ufer der Ostsee. Für das Jahr 844/45 verzeichnet Hennig eine maurische Gesandtschaftsreise nach Skandinavien, und der sprachgewandte jüdische Sklavenhändler Ibrahim Ibn al Jaqub traf am Hof Ottos des Großen Gesandte aus Bolgar an der Wolga. Das war in Merseburg im Frühjahr 973, also fünf Jahre nach einem russischen Überfall auf Bolgar, diese alte Schlüsselposition. In den eigentlichen Aktionszentren dieses Handelsverkehrs hatte sich der Unfrieden, wie ihn die russischen Stämme immer wieder verursachten, mitunter positiv ausgewirkt: Die Waren- und Sklaventransporte aus Skandinavien ins Schwarze Meer und zu den Abnehmern im Zweistromland wurden, wie uns zum Beispiel Ibn Fadhlan berichtet, von starken Aufgeboten skandinavischer Krieger begleitet. Diese bewaffneten Konvois auf Russlands Flüssen stellten die stärkste Militärmacht auf dem ganzen Landozean dar und spielten natürlich auch bei der einsetzenden Staatenbildung eine Rolle, was nicht heißen soll, dass die Waräger die Staaten begründeten: Sie bildeten, wie noch jahrhundertelang bis nach Tiflis, Leibgarden und Schutztruppen, ohne sich enger mit dem Land selbst zu verbinden.

Die reichen Funde bei den Ausgrabungen von Haithabu (im Stadtgebiet von Schleswig) und die beginnenden Erfolge der polnischen Mittelalter-Archäologie in Truso und anderen Ostseehäfen der Vor-Ordenszeit erweisen die Ostsee als ein Beinahe-Binnenmeer von regem Verkehr, den neben den skandinavischen Seefahrern auch slawische Frühstädte mit kleinen Flotten bestritten, nicht zu vergessen die keiner staatlichen Gewalt zuzuordnenden Seeräuber aus verschiedenen Nationen und Orten. Über den Nordsporn der jütischen Halbinsel hinweg lief wohl der Fernhandel nach England und den französischen Häfen, aber der eigentliche Nordseehandel, der kleinräumige Seeverkehr in der Deutschen Bucht wurde – wie Arnold Kiesselbach dargelegt hat – mit lokalen Mitteln bewältigt. Bardowiek, Stade und friesische Häfen hatten sowohl rheinaufwärts feste Verbindungen als auch zum Schlei-Weg, der die jütische Halbinsel an ihrer Wurzel nahe Haithabu kreuzte, so dass Kap Skagen nicht umfahren werden musste (Stades Marktprivileg datiert von 1038).

Der Ostseeverkehr hatte größere Strecken zu bewältigen. Wir wissen aus den Aufzeichnungen über die Fahrten eines reichen Seefahrers und Rentierzüchters namens Ottar, dass der Walfang schon im neunten Jahrhundert die Gewässer vor dem Nordkap und das Weiße Meer kannte, und dass in der Ostsee bis tief in den Bottnischen Busen hinein vorgestoßen wurde, aber wohl nicht bis zu seinem nördlichen Ende, weswegen die Halbinsel Skandinavien lange Zeit als Insel galt. Für den Hauptverkehrsweg von Haithabu bis in den Finnischen Meerbusen hatte dies keine Bedeutung. Er lag, da die Elbe durch Jahrhunderte die Slawengrenze bildete, im Bereich der Wikinger-Seefahrt und der Küstenfahrt der slawischen und pruzzischen Handelsfahrer an der Ostsee-Südküste, ein Zustand, der für die gesamte Vor-Ordenszeit gilt. Deutsche Händler siedelten, nach der Meinung mancher Hanse-Historiker wie Kiesselbach oder Beutin, vereinzelt im Schutz slawischer Burgen, deutsche Städte aber gab es ab 1143 mit dem neu gegründeten Lübeck und 1201 mit Riga, alle anderen Gründungen erfolgten später. Die normannisch-slawisch-pruzzische Priorität im Ostseehandel, ja die jahrhundertelange Dominanz dieser Völker im Ostseebecken ist heute unbestritten.

„Es gibt", schreibt Professor Labuda in seinem wiederholt erwähnten Buch, „jedoch keinerlei Grundlage für die von manchen Sprachwissenschaftlern und Archäologen vertretene Ansicht, dass an der slawischen und pruzzischen Ostseeküste ständige Siedlungen skandinavischer Wikinger existiert hätten, zum Beispiel in Truso bei Elbing oder in Wiskiauten im Samland." (A.a.O.p. 73) Aber bei allem Misstrauen gegen die Wort- und Silbenforschung und die vagen oder zufälligen Anklänge bei Orts- oder Gewässernamen bleibt doch bestehen, dass südlich von Truso und bei Wiskiauten Wikingerfriedhöfe entdeckt wurden, die durch mehr als zweihundert Jahre im Gebrauch waren; bei den zahlreichen dort gemachten Grabfunden kann man nicht mehr von Funden „aus dem Handelsaustausch" sprechen. Andere wichtige Wikingerhäfen am Südufer der Ostsee sind in Reise- und Missionsberichten erwähnt, aber noch nicht sicher lokalisiert, wie das sagenhafte Vineta (1098 oder 1119 bei Überfällen zerstört) oder Dauersiedlungen an der Peenemündung oder nördlich von Stettin. Alle diese Wikinger-Orte waren mit der Absicht gegründet worden, als Handelsstützpunkte lange Zeit zu bestehen, nicht etwa nur in der sommerlichen Seefahrts-Saison; sie hatten nur in Pommern und im Pruzzenland den großen Nachteil, dass ein dicht besiedeltes und Waren produzierendes Hinterland fehlte. Für den Bernsteinhandel brauchte man keine Schiffe, Honig und Silber waren ebenfalls keine Massengüter, darum bemühte sich der Schiffsverkehr in der Ost-Westrichtung um die Verbindung mit den Russen, die damals, lange vor der Gründung von Sankt Petersburg, allgemein noch Moskowiter genannt wurden. Auf ihren Wasserstraßen kamen, wie erwähnt, die Waren aus dem Süden bis an den Finnischen Meerbusen und in den Ostseeraum.

Während die Ordensritter, von Thorn ausgehend, langsam das große und schwer passierbare Pruzzengebiet zu erobern versuchten, hatte der Livländische Orden an den Küsten der Ostsee jenen geschichtlichen Augenblick getroffen, in dem die deutschen Kaufleute vom Südwesten her quer durch den Slawengürtel an dieses verheißungsvolle Meer vorstießen. Schon vor dem Jahr 1000 hatte der arabische Astronom und Geograph Al Biruni geschrieben, man könne durchaus annehmen, dass auch der Norden Europas bewohnt sei, er erwähnt das Warägermeer und den Umstand, dass im Norden Skandinaviens die Sommernächte sehr kurz sind: „Sie (die Wikinger) beobachten das und brüsten sich damit, dass sie den Ort erreicht haben, an dem es keine Nacht gibt." Für den deutschen Kaufmann und für die Ordensleute mit dem Ziel Baltikum ging tatsächlich die Sonne auf, denn hier ergaben sich schnelle und überzeugende Fortschritte für Handel und Religion.

Allerdings lagen die Kräfteverhältnisse zwischen Orden und Kirche hier anders als in der pruzzischen Ordensprovinz. Die Bischöfe von Riga waren zwar nicht so starke Persönlichkeiten wie der Gründungsbischof Albert, der als eine der großen Gestalten des hohen Mittelalters genannt werden muss, aber die Ritter, zunächst im Orden der Schwertbrüder organisiert, hatten auch keineswegs so starke Ordensoberen wie den überragenden Hermann von Salza und seinen kriegserfahrenen Landmeister Hermann Balk. Als im Jahr 1244 vier preußische Bistümer errichtet wurden, bestimmte

Rom, dass ein jedes in drei wertmäßig gleiche Teile zu unterteilen sei, von denen jeweils zwei der Orden verwalte und nur das dritte die Kirche: In Livland war nach einem schwachen Bischof ein zweiter Albert auf den Bischofsstuhl von Riga gelangt, der scharfsinnige und gebildete Kölner Albert Suerbeer, der auf einem Konzil zu Papst Innozenz IV., einem Grafen Fieschi, guten persönlichen Kontakt gewonnen hatte. Die Herkunft der beiden konnte nicht unterschiedlicher sein, aber sie wurden enge Freunde.

Albert II. Suerbeer erhellt in seiner Lebensgeschichte über Preußen und das Baltikum hinaus den universellen Anspruch der katholischen Kirche und ihre Rolle als eigener Kosmos zwischen den in Bildung begriffenen kleinen und großen Mächten. Als Albert sich bei einem ersten Versuch, Bischof von Riga zu werden, nicht durchsetzen konnte, erhielt er das Bistum Armagh in Irland, die einstige Diözese des Heiligen Patrick, also eine höchst ehrenvolle Lösung. 1246 machte ihn dann der ihm gewogene Innozenz IV. zum Erzbischof von Preußen (!) und Legaten in Livland, Estland, Holstein und Rügen, außerdem zum Legaten in Russland und zum Administrator des Bistums Chiemsee in Bayern. In diese Zeit fallen auch die Versuche, die Russen für die katholische Kirche zu gewinnen. Der Papst glaubte wie schon einige seiner Vorgänger, dass die Mongolengefahr diesem Bestreben günstig sein werde, aber alle Bemühungen blieben erfolglos und machten Innozenz geneigt, das aus der Ostkirche nicht zu lösende Russland als Gegner anzusehen.

Die Schwertspitze des Pseudokreuzzugs gegen die christlichen Brüder im nordwestlichen Russland konnte nur der Deutsche Orden sein, und da der Papst auf seine geharnischten Ritter Rücksicht nehmen musste, verlor Suerbeer sein Legatenamt, wurde allerdings von 1247 bis 1253 Administrator des wichtigen Bistums Lübeck, wo er an einer Schaltstelle saß. Mit dem Tod von Bischof Nikolaus im Jahr 1253 wurde schließlich der Bischofsstuhl in Riga frei, den man nun Suerbeer nicht mehr verweigern konnte. Er wurde zudem Metropolit für Livland und Preußen und 1255 von Papst Alexander IV. als erster Erzbischof von Riga bestätigt.

Die stärkste der in der Jahrhundertmitte neu auftretenden Persönlichkeiten war allerdings nicht der endlich in Riga zur Ruhe gekommene Albert II. Suerbeer, sondern jener Gegner, den ihm die Päpste zugewiesen hatten: Alexander, der zweite Sohn des Großfürsten Jaroslaw Vsevolodic. Jaroslaw, ein fünfter Fürstensohn, hatte in seinen Machtkämpfen alles Erdenkliche versucht, um in den Kämpfen aller gegen alle im polnisch-litauisch-westrussischen Grenzgebiet Sieger zu bleiben, ja er hatte sich zeitweise sogar mit Batu Khan, also den Mongolen, verbündet, und er war beim Großkhan in Karakorum so raffiniert vergiftet worden, dass er erst auf der Rückreise von diesen Verhandlungen im Jahr 1245 starb. In seiner dritten Ehe mit der jungen Feodosia von Rjasan war ihm nach Theodor, der nur vierzehn Jahre alt wurde, um 1220 jener Alexander geboren worden, der seit 1240 nach seinem Sieg an der Newa über weit überlegene schwedische Truppen den Beinamen Newsky führte.

Die wichtige Handelsstadt Nowgorod liegt am Wolchow, nahe seinem Austritt aus dem Ilmensee, eine jener geographischen Situationen, die in der durch Seeraub gekennzeichneten Frühzeit des Ostseehandels das Wachsen einer Metropole begünstigte (das schwedische Birka und sogar Haithabu hatten von ähnlichen Besonderheiten der Lage profitiert). Zwischen der reichen Händlerstadt mit ihrem selbstbewussten Bürgertum und Jaroslaw hatte es wiederholt Versuche der Einigung gegeben, denn je reicher eine Stadt war, desto größer war ihr Schutzbedürfnis. Nach Alexanders eindrucksvollem Sieg hätte die Stadt ihn gerne als Schutzherren gewonnen, war andererseits aber nicht bereit, sich ganz in die Hand eines Fürsten zu geben. Als 1241 die Ordensritter sich dem Wolchow bedenklich näherten, holten die Nowgoroder Alexander eilends zurück. Gemeinsam mit seinem jüngeren Bruder Andrej eroberte Alexander die Ordensburg Kopore und wenig später die von den Rittern besetzte Stadt Pleskau am Fluss Welikaja, häufig umkämpft und ähnlich um Unabhängigkeit für den eigenen Handel bemüht wie Nowgorod.

Die Schlacht, die Alexander Newsky über Russland hinaus berühmt und bis heute zu einer legendären Figur machte, schlug er am 5. April 1242 auf dem Eis des eben noch zugefrorenen Peipus-Sees. Alexander hatte seine Nowgoroder, durch Truppen aus Vladimir-Susdal verstärkt, am Südostende des Sees, also nahe Pleskau, aufgestellt, die Ritter griffen über das Eis hinweg an, hatten aber in den bewaffneten Esten eine nicht sehr verlässliche Hilfstruppe und wurden, da diese Truppenteile ihre Stellung nicht hielten, von den Russen bald umzingelt. Die Niederlage des Ordens gilt als vernichtend, wenn auch die Angaben über die Verluste des Ordens stark differieren. Sicher ist, dass hinter dem Ordensheer das Eis da und dort brach und damit der Fluchtweg abgeschnitten war. Die Ritter in ihren schweren Rüstungen brachen ein und ertranken, ihre Hilfstruppen machten sich über die westlichen See-Ufer davon. Ein russischer Chronist schildert die Flucht mit dem Bemerken, die Leichen der Gefallenen seien über eine Strecke von sieben Werst (7,4 Kilometer) verstreut gewesen.

In Parenthese sei hier an den Film erinnert, den Sergej M. Eisenstein 1938 über dieses Ereignis gedreht hat. Die zu erwartende Geräuschkulisse einer großen Schlacht war durch die Musik von Sergej Prokofieff ersetzt, Nikolai Tscherkassow (1903 – 66) spielte den Großfürsten Alexander. Ein Jahr nach seiner Erstaufführung, beim Abschluss des Hitler-Stalin-Paktes, wurde der Film verboten, hatte aber zu diesem Zeitpunkt seinen Weg um die Welt schon angetreten.

Waren die Pruzzenkriege mitteleuropäische Querelen, so wurde der Orden nun mit Riga, Livland und den russischen Problemen in die Weltpolitik hineingezogen, soweit man damals von ihr sprechen konnte. Unter Erzbischof Albert II. Suerbeer von Riga waren nun die Bischöfe von Dorpat, Kurland, Ermland, Kulm, Pomesanien und von der Insel Oesel tätig, sieben Bistümer, die – ohne Gegner der Deutschordensritter zu sein – doch eine zweite, geschlossene Macht an der Ostsee bildeten. Obwohl es seinem Vater schlecht bekommen war, entschloss sich auch Alexander Newsky zu einer Huldigungsreise nach Karakorum, zum Großkhan, Reisen ins wilde Herz Asiens, die jeden staunen machen, der die unter den Mongolen nun herrschenden ausgezeichneten Verkehrsverhältnisse nicht kennt. Auf den Kurierpisten des Großkhans war der Sieger vom Peipussee 1248/49 unterwegs, und als er spätestens 1250 zurückkehrte, war er nach allem, was er gesehen und erfahren hatte, überzeugt, dass es die russischen Fürstentümer mit den Mongolen nicht aufnehmen könnten. Er tat fortan, was er konnte, um das große Blutvergießen eines rücksichtslosen Mongolensturms zu verhindern, sicherte Nowgorod im Westen durch einen Grenzvertrag mit Norwegen ab und durch einen gemeinsamen litauisch-russischen Feldzug gegen den Orden. Es kam zu einem tragischen Bruderzwist, da Alexanders jüngerer Bruder, Großfürst Andrej, ein antimongolisches Bündnis zusammengebracht hatte, Alexander Newsky seinen Völkern aber zu Abkommen mit der Goldenen Horde riet. Schon 1252 erlitt Andrej eine schwere Niederlage, in den Folgejahren wurden Galizien und Wolhynien unterworfen, selbst die Stadt Nowgorod akzeptierte die Tributpflicht gegen die Mongolen.

Es ist heute müßig, den Patriotismus Alexanders zu diskutieren; er hatte als Großfürst von Nowgorod und auf seinen Kriegszügen gegen Karl Birger mit seinen Schweden, gegen die Ordensritter und gegen die Norweger genug Unheil gesehen und wünschte für Städte und Hafenorte des westlichen Russland und bis hin zum Dnjepr nichts so sehr wie friedliche Entwicklungen. Er wusste von der Welt mehr als die Menschen seiner Heimat und hielt an der Ostkirche fest, weil er die erwerbstüchtigen Prälaten und Legaten aus Rom im Baltikum hinreichend kennen gelernt hatte. Es war auch die kirchliche Oberschicht der jungen russischen Fürstentümer, die hinter Alexander stand und ihn nach seinem Tod als Heiligen der Ostkirche proklamierte. Schon 1282 verfasste der Metropolit Kyrill eine (nicht eben fehlerfreie) Lebensbeschreibung des großen Feldherrn und Politikers, die ebenso sehr Heiligenvita wie Biographie eines weltlichen Fürsten ist. 1547 folgte die Kanonisations-Synode. Alexanders Tod am 14. November 1263 war übrigens wie der seines Vaters auf der Rückreise von einem seiner wiederholten Diplomatenbesuche bei der Goldenen Horde erfolgt.

Zweifellos wäre es eine Übertreibung, von einem Zweifrontenkrieg der Ordensritter zwischen Russland im Osten und der Kirche von Riga im Westen zu sprechen. Die Russen waren mit den Mongolen und mit sich selbst hinreichend beschäftigt: Iwan der Schreckliche war noch nicht geboren, der große Livländische Krieg von 1558 lag noch in weiter Ferne. Aber das Schutz- und Trutzbündnis, das 1266 vom Domkapitel zu Riga mit den Ordensrittern abgeschlossen wurde, überdeckte nur flüchtig die immer wieder aufflammenden Gegensätze zwischen diesen beiden Mächten. 1268 vereinbarten die Parteien, dass keine von ihnen etwa vorfallende Streitigkeiten vor ein römisches Schiedsgericht bringen dürfe, was auf einige schwelende Konflikte hinweist. 1269 bricht der Streit, von dem man bis heute nicht weiß, worum es ging, offen aus. Es kommt zu einer Aktion vergleichbar dem legendären Mord in der Kathedrale ziemlich genau hundert Jahre zuvor: Eine kleine Gruppe von Ordensrittern überfällt Erzbischof Albert II. Suerbeer in seiner eigenen Sankt Michaels Kapelle. Ihn zu töten, wie es Thomas Beckett widerfuhr, ist nicht nötig, der Erzbischof ist sehr alt und eher ein Quengler denn ein Streiter. Es genügt, ihn gemeinsam mit seinem gefährlicheren Probst Johann von Fechten auf der Burg Segewold gefangen zu setzen und zu bewachen. Dort ist er so vergessen, dass selbst sein Tod kaum noch bemerkt wird; eine letzte Urkunde hat er um die Jahresmitte 1272 unterzeichnet.

Inzwischen hatte der Ritterorden mit seinem baltischen Landvolk bei Wesenberg einen Versuch der Nowgoroder zurückgeschlagen, sich der mit deutschen Bevölkerungskernen aufblühenden baltischen Städte zu bemächtigen. Alexander

Newsky war schon lange tot, die Ordensburgen hielten stand, und schließlich brachte das zur Macht gewordene Lübeck Hilfe in der Form einer Handelssperre gegen Nowgorod. In dem Beginn dieser Zusammenarbeit zwischen Lübeck und dem livländischen Orden kann man die Keimzelle jenes Bundes sehen, der als Hanse oder deutsche Hanse bald das Geschehen im Ostseeraum und die Wirtschaft der Anrainerländer dominieren wird. Als Erste spürten Nowgorod und Pleskau das Ausbleiben der sommerlichen Handelsfahrer aus Lübeck. Das konnte nicht lange gut gehen, die westrussischen Städte waren nach Jahrzehnten der Dauerkriege auf Zufuhren angewiesen, ja einmal hatte es sogar eine wahre Hungersnot gegeben, in der die Lübecker Kornschiffe zur Rettung geworden waren. Ein neues Abkommen ließ darum nicht lange auf sich warten. Es war in zwei Sprachen abgefasst, auf Russisch und Niederdeutsch: Fürst Jaroslaw III., ein jüngerer Bruder Alexander Newskys und Großfürst von Twer, Wladimir und Nowgorod, bestätigte dem Lübecker Unterhändler Heinrich Wullenpunt und den anderen Deutschen der Delegation, „auf Grund Eurer Briefe die Gerechtsame für Euch, Ihr deutschen Söhne und für die Goten und für die Leute aller lateinischen Zungen. Und ich habe bestätigt den alten Frieden". Russland hatte sich dem Westen geöffnet, den Rittern und den Kaufleuten, nicht der Kirche. Die verharrte in ihrer östlichen Sonderform, vielleicht auch, weil man den Bekehrungseifer, wie er von Königsberg, von Riga und von Dorpat ausging, als Bedrohung empfand.

Das Unbehagen gegenüber den nicht nachlassenden Aktivitäten des Erzbistums Riga war offensichtlich nicht nur bei den Russen und den Ordensrittern vorhanden, sondern auch bei der jungen Kaisermacht Rudolfs I. von Habsburg, erst 1273 auf dem Reichstag zu Frankfurt an die Spitze des Reiches gekürt. Schon wenige Monate nach diesem Ereignis präsentierte sich der Diplomat Heinrich von Fürstenberg in der wichtigen Ostseestadt, was die Bedeutung Lübecks so kurz nach seiner Neubegründung durch eine deutsche Kaufmannsgilde unterstreicht, wohl aber durchaus banale Gründe hatte, denn Geld gab es in dieser Lage ausschließlich bei den Städten. Graf Fürstenberg überreichte einen Geleitbrief, in dem das Ende von Interregnum und Anordnung noch einmal ausdrücklich verkündet und die Herrschaft Rudolfs I. auch über Lübeck klargelegt wurde. Die Lübecker wurden in dieser ihnen bis heute teuren Urkunde als „die besonders bevorzugten Pfleglinge des Reiches" bezeichnet (zitiert nach Kurd von Schlözer).

Die vom Nowgoroder Großfürsten in seinem Privileg erwähnten Goten sind keineswegs jene Germanen aus Südschweden, die eineinhalb Jahrtausende zuvor über die Ostsee gekommen waren, sondern die deutschen Kaufleute, die seit dem Ende der Wikingerzeit die Insel Gotland zu einem Stützpunkt des deutschen Russlandhandels gemacht hatten. Die etwa dreitausend Quadratkilometer große Insel ragt bis zu siebenundsiebzig Meter über das Meer auf, hat ein außerordentlich mildes Klima und in ihren Hochufern eine Reihe guter Häfen, darunter an der Westküste Wisby. Die Gotländer hatten sich gegen das Christentum lange und standhaft gewehrt, und als um 1030 Norwegens König Olaf der Heilige die auch von ihm eben erst entdeckte neue Religion auf der wertvollen Insel einführte, gab es viele Tote, was seiner Heiligkeit freilich nur zugute kam. In der Zeit, da der Orden mit seinen Rittern in das große Russlandgeschäft einzugreifen versuchte, hatte Wisby an die zwanzigtausend Einwohner, darunter sehr viele Deutsche, und war von den anderen Ostseemächten so gut wie unabhängig. In dem aus verschiedenen kleineren Fernhändlergilden langsam entstehenden Hansebund spielte Wisby so lange eine bedeutende Rolle, bis die Dänen am 27. Juli 1361 aus reiner Beutegier und altem Handelsneid die Stadt überfielen und sie nach Metzeleien unter den Bewohnern leer plünderten und niederbrannten.

Damit waren tausend Jahre einer einzigartigen Insel-Existenz und Handelsbedeutung abrupt beendet, denn Gotland hatte seit dem vierten Jahrhundert Besonderheiten exportiert wie die Bildsteine, kunstvolle Steinmetzarbeiten nach spätantiken Motivvorbildern, und Handel bis hin zu den islamischen Staaten Mittelasiens getrieben. Man hat ermittelt, dass annähernd ein Viertel aller Münzen, die in der Wikingerzeit zwischen Elbe und Ural in Umlauf waren, sich auf Gotland gefunden haben.

Nach dem Niedergang des schwedischen Hafens Birka stieg die Bedeutung der Gotland-Hafenorte Paviken und Bogeviken noch an. Waldemar IV. Atterdag, König von Dänemark, machte all dem 1361 ein Ende.

Der Deutsche Ritterorden hatte Gotland nur sehr kurz im Besitz (1398 – 1408), als nach den Überfällen der Vitalienbrüder auf der bis dahin nun dänischen Insel verworrene Verhältnisse herrschten. Wichtiger waren die friedlichen, nämlich die wirtschaftlichen Verbindungen zwischen den Rittern und der Gilde der so genannten Gotlandfahrer. Deren Aeldermänner wurden von den Städten Lübeck, Soest, Wisby und Dortmund gestellt und schufen dem am Ostseehandel interessierten Orden eine Möglichkeit, die Ausfuhrgüter des eroberten Pruzzenlandes im kaufkräftigen Ostdeutschland abzusetzen. Da diese Fahrtengemeinschaften auch Verbindungen nach Flandern und nach England pflegten, kann man in ihnen eine der Vorstufen für die deutsche Hanse sehen, die in den folgenden Jahrhunderten so eng mit dem Deutschen Orden zusammenarbeitete. Denn bei allem Entgegenkommen gegenüber den deutschen Städten hatten doch die auf das Interregnum folgenden Kaiser – also Rudolf I. von Habsburg und Adolf von Nassau – keinen Zweifel daran gelassen, dass die Reichsgewalt das Ostseegebiet den Rittern anvertraut habe. (Die Bestätigungen, die Livland betreffen, tragen das Datum 17. Juni 1279. Adolf von Nassau bekräftigte 1293, Albrecht I. 1298.)

Dennoch sieht der Ausgang des dreizehnten Jahrhunderts die ganze Institution der Ritterorden in einer tiefen Krise. 1291 hatte Sultan Malek el Aschraf die Stadt Akkon erobert. Sie war die letzte Bastion aus ruhmreichen Kreuzzugszeiten gewesen, und als sie nach nur sechs Wochen fiel, obwohl sie an der Haifa-Bucht vom Meer aus versorgt werden konnte, wurde offenbar, welch durchaus unritterliches Leben die Besatzung geführt, wie sehr sie sich dem orientalischen Genussleben hingegeben hatte. Der Kreuzzugs-Ideologie und den päpstlichen Interessen am Deutschen Orden war dies naturgemäß sehr abträglich. Templer und Johanniter retteten sich aus der brennenden Stadt nach Zypern, der Hochmeister des Deutschen Ordens verlegte das Haupthaus nach Venedig, später dann in die Ordensfeste Marienburg.

Dem Verlust der Position im Heiligen Land steht ein deutliches Aufblühen des Ostseehandels gegenüber, an dem der Orden zunächst nicht unmittelbar teilnahm, durch seine Städtegründungen zwischen Elbing und der Memelmündung aber eine günstige Warteposition einnahm: sobald die Eroberungen des Ordens in Masowien, Sudauen und Schalauen zu einem ertragreichen Hinterland geworden waren, würde der Orden mitsprechen können, vielleicht sogar mit eigenen Schiffen. Den sich bildenden Bünden der deutschen Kaufleute musste diese Unterstützung willkommen sein, denn sie kämpften in Stockholm und Bergen gegen die so genannten Umlandfahrer, das heißt gegen jene Fernhändler aus Flandern und England, die um die Nordspitze von Jütland herum in die Ostsee einliefen. Und da die Deutschen – Kaufleute und Schiffsbesatzungen – nicht immer sehr umgänglich waren, kam es zum Beispiel in Bergen nicht selten zu heftigen Auseinandersetzungen.

Wenn der Ritterorden sich noch nicht mit voller Kraft am Zustandekommen des Hansebundes beteiligte, so lag das an den zähen Auseinandersetzungen mit der Kirche von Riga. Die Ordensritter hatten sich nicht gescheut, Erzbischof Johann von Riga auf der Ordensburg Kokenhusen gefangen zu setzen, wofür sich der nächste Erzbischof, ein streitbarer Graf von Schwerin, durch einen Überfall auf die Burg des Ordens in der Stadt Riga rächte. Der Komtur wurde kurzerhand gehängt, die Burg zerstört, sechzig Ritter im Kampf getötet. Und als der Orden daraufhin seine Streitkräfte zusammenzog, riskierte es der Erzbischof, die heidnischen Litauer gegen die Ritter zu Hilfe zu rufen. Wer weiß, wie lange das so weitergegangen wäre, hätten nicht die Kardinäle zu Weihnachten 1294 mit Benedetto Gaetani einen besonders befähigten und energischen Nachfolger für den schwachen Coelestin V. gewählt. Gaetani mit dem Papstnamen Bonifatius VIII. befahl in seiner Bulle von 1299 beiden Parteien, den Streit sofort einzustellen, aber es währte noch bis 1302, ehe der Friede tatsächlich durch eine Vereinbarung besiegelt werden konnte.

Es war höchste Zeit, denn inzwischen zog im reichen Frankreich ein Gewitter über dem Orden der Tempelritter auf, die in vielfachen Beziehungen zum Deutschen Orden standen und sich ebenso stark in Besitz- und Geldgeschäften engagiert hatten. In den Jahren 1307 bis 1311 verstand es König Philipp der Schöne, vor allem aber auch sein scharfsinniger Kanzler Philipp von Nogaret, eine Richterbank von gelehrten Theologen zusammenzubringen, die den Tempelrittern eine Reihe von Vergehen anlasteten, die schwer nachzuweisen, aber noch schwerer zu widerlegen waren. Schon im Oktober 1307 hatten in Paris und in Frankreichs Provinzen die Verhaftungen begonnen, die Lücken in die wohl organisierte Phalanx der Ritter rissen und Absprachen zur Verteidigung erschwerten, so verschwommen der Hauptanklagepunkt – Verleugnung Christi und Götzendienst – auch gefasst war. Populärer war der Vorwurf der Bereicherung, denn die Templer hatten sich als eine europaweit arbeitende Organisation von Bankiers etabliert und viel von dem an sich gezogen, was bis dahin den Juden vorbehalten gewesen war (da Christen keine Zinsen nehmen durften).

Nach den grausamen Grundsätzen des Mittelalters wurden die Ordensritter, obwohl von Adel, allesamt gefoltert, der Vorwurf der Gotteslästerung machte dies möglich. Jene, die nicht das Gewünschte gestanden, wurden verbrannt, es sollen vierundfünfzig gewesen sein. Der Orden wurde durch den Nachfolger von Papst Bonifatius, von Klemens V. im Jahr 1312 aufgehoben und alle seine Güter für den König eingezogen. Trotz aller Gerüchte, dass der zauberkundige Großmeister des Ordens furchtbare Rache auf das Haupt

Philipps herabrufen würde, mussten am 11. März 1313 sogar Jacques de Molay und sein Großpräzeptor den Holzstoß auf der Pariser Ile des Juifs nahe dem Justizpalast besteigen und wurden bei langsamem Feuer verbrannt. De Molay rief König wie Papst in seiner Todesstunde vor den Richterstuhl Gottes; der Papst starb schon fünf Wochen später, der König im November desselben Jahres ...

Obwohl aus Riga sehr böse Briefe nach Rom gelangten, in deren einem die Deutschordensritter des Teufelsbündnisses beschuldigt wurden, blieb dem Orden das Schicksal der Templer erspart. Zu deutlich war, dass dieser streitbare Orden sich seinen Besitz nicht mit Geld- und Warengeschäften erworben hatte, sondern dass dafür im Lauf der Jahrzehnte ein erheblicher Blutzoll entrichtet worden war. Es war wohl auch die große Entfernung und die Undurchsichtigkeit der Verhältnisse an der Ostsee, die das Interesse der Päpste erlahmen ließen, vor allem, da in eben diesen Krisenzeiten die Päpste von Avignon aus regieren mussten und eigene Sorgen genug hatten.

Die Vorgänge im Baltikum spiegelt am deutlichsten das Erzbistum Riga. Dass Johannes III., ein Graf von Schwerin, sich mit Heiden gegen eine christliche Streitmacht verbündet hatte, war für einen Erzbischof höchst ungewöhnlich; neu war es nicht. In den Jahrhunderten vorher hatte man ebenfalls an der Ostsee deutsche Könige oder ihre Grafen im Bund mit den heidnischen Liutizen gesehen, die sogar noch Abbilder ihrer heidnischen Götter mit in die Schlacht tragen durften.

Dem Grafen von Schwerin bekam seine Kühnheit nicht sehr gut, er wurde in der blutigen Fehde von den Rittern gefangen genommen und in Ketten dem Papst übergeben, der ihn in Rom vor weiteren Unbilden schützte. Schon im Jahr 1300 gab es einen neuen Erzbischof von Riga, den aber schon 1304 ein böhmischer Minorit namens Friedrich Baro ablöste und sogleich Streit mit dem Orden bekam. Er muss ein geschickter Diplomat gewesen sein, denn er brachte nicht nur Polen auf seine Seite, sondern auch die Bürger von

Riga, aber 1330 eroberten die Ordensritter Riga, als sei es eine Stadt der Muslimen, und zwangen die Besiegten, die zerstörte Ordensburg neu und schöner denn je wieder aufzubauen. Baro musste nicht so weit ins Exil reisen wie der Graf Schwerin – er starb in Avignon, und wie er beendeten seine drei Nachfolger auf dem Erzbischofsstuhl ihr Leben nicht an der Ostsee, sondern im heißen Avignon, was für die Übermacht des Ordens spricht, der offensichtlich die verbannten Päpste nicht so fürchtete wie vordem den energischen Bonifatius VIII. Nach einer kurzen Friedenszeit, in der die Ritter dem Bischof seine Stadt wieder zurückgegeben hatten, brach neuer Streit aus, den eine besondere Situation beenden sollte: Der Papst ernannte als Johannes V., Erzbischof von Riga, den Bruder des Ordens-Hochmeisters Konrad von Wallenrode, aber diese Wende vom vierzehnten zum fünfzehnten Jahrhundert war durch größere Ereignisse als den Streit um eine Ostseestadt gekennzeichnet.

Dänemark hatte in Königin Margarete eine Herrscherin, die man ob ihrer Erfolge bald die Semiramis des Nordens nannte, die sich aus solchem Schmuck aber weniger machte als aus der tatsächlichen Macht. Ihr gelang 1397, als der Orden wieder einmal in Riga hatte nachgeben müssen, die Errichtung eines skandinavischen Staatenbundes, der als Kalmarer Union Dänemark, Norwegen und Schweden politisch und militärisch vereinigte. Die Unions-Akte mit dem Datum 20.7.1397 hat sich, wie so manches Dokument aus dem Mittelalter, als kein schlüssiges Abkommen erwiesen, es handelte sich eher um eine Absichtserklärung; Margarete aber war stark genug, die Union dennoch Wirklichkeit werden zu lassen.

Damit war dem Orden und seinen Expansionsplänen zur See eine Schranke gesetzt, und er suchte die Festigung der Landverbindung zum Reich durch die Erwerbung der Neumark. Um Polen zog sich damit ein Ring von Territorien zusammen, die von Ordensburgen durchsetzt und durch eine ausgezeichnete Verwaltung den slawischen Gebieten, die er umschloss, erheblich überlegen waren. Den Begriff Logistik kannte man damals noch nicht, aber dass der Orden um Gotland mit einer Flotte gekämpft hatte, dass er vom Baltikum bis Lübeck als Großmacht angesehen werden musste, das zeigte den Polen wie den Litauern, dass sie handeln mussten: Im August 1409 begann der offene Konflikt der Waffen. Der Orden war durch seine Dauerfehden besser vorbereitet, die Litauer erschienen überhaupt nicht, und der als Schiedsrichter angerufene Böhmenkönig Wenzel IV. traf eine Entscheidung, die als Vorschlag zur Vermittlung untauglich war und von Wladislaw II. Jagiello nicht angenommen wurde.

Entscheidend für das kaum noch zu vermeidende Desaster der Ordensmacht wurde aber, dass Litauen in diesem geschichtlichen Augenblick eine starke und kundige Führung hatte: Witautas, in unseren Nachschlagewerken Witowt geschrieben, ein Enkel des Fürsten Gedimin (1257 – 1341) aus einer Nebenlinie, hatte in den Wirren der polnisch-litauischen Machtkämpfe wiederholt beim Deutschen Orden Zuflucht gesucht und sich zweimal (!) taufen lassen. 1409 begann er Schamaiten, das er selbst fünf Jahre zuvor dem Orden überlassen hatte, für einen Aufstand zu rüsten und verbündete sich mit seinem Vetter Wladislaw II. zu einem Großangriff von Osten und Süden her gegen die Positionen des Ordens.

Die Ritter hatten, durch Kundschafter absichtlich oder unabsichtlich getäuscht, mit einem Angriff auf ihre wertvollen küstennahen Städte und Burgen gerechnet; statt dessen stießen Witowt von Osten und Wladislaw II. von Süden her gegen Masowien vor. Gilgenburg (damals wohl Ilienburg genannt), auf einer Landenge am Damerau-See, etwa halbwegs zwischen Osterode und Heidenburg gelegen, wurde nicht nur verwüstet, es kam auch zu so grausamen Metzeleien, dass der Orden durch die Schreckensnachrichten zu sofortigem Handeln gezwungen wurde und keine Zeit für überlegte Operationen mehr hatte. In anstrengenden Märschen von nur zwei Tagen führte Hochmeister Ulrich von Jungingen seine Truppen zum Schutz des Ordenslandes nach Süden und traf bei den Dorfsiedlungen Grünfelde und Tannenberg auf die polnisch-litauische Streitmacht.

Wie bei allen bedeutenden Schlachten des Mittelalters schätzten die Zeitgenossen die Zahl der beteiligten Kämpfer höher ein als die spätere Forschung. Schumacher nimmt in seiner Geschichte von Ost- und Westpreußen, einem unbestrittenen Standardwerk, eine Ordensmacht von zwölf- bis fünfzehntausend Streitern an, eine Angabe, die H. Boockmann noch vierzig Jahre später in seinem Artikel im Mittelalter-Lexikon ohne Kritik übernimmt und durch die Mitteilung ergänzt, dass in den Reihen des Ordens dreihundert Söldner wohl aus Böhmen und Schlesien kämpften. Alle Berichte stimmen darin überein, dass die vereinigte litauisch-polnische Armee erheblich stärker gewesen sei: Schumacher vermutet zwanzigtausend Mann.

Stark abweichende Zahlen finden sich in der grundlegend neuen Untersuchung von Biskup und Labuda. Marian Biskup zählt nach polnischen Chroniken nach Fahnen, was man akzeptieren kann, auch wenn die einzelnen Detachements unterschiedliche Stärken hatten, und gelangt zu einer Vermutung von achtzehntausend polnischen und elftausend litauischen Reitern, in deren Reihen sich ein paar Hundertschaften Tataren befanden. Für den Orden nimmt Biskup maximal einundzwanzigtausend Reiter „und einige Tausend Fußsoldaten" an. Während Schumacher betont, auf Seite des Ordens hätten ausschließlich Deutsche gekämpft (was sehr unwahrscheinlich ist angesichts von inzwischen sehr vielen getauften Pruzzen), schreibt Biskup glaubhaft: „Bezeichnend für diese Armee war ihre ethnische Vielfalt. In ihren Reihen kämpften Deutsche, Slawen und Pruzzen, wenn auch der deutsche Anteil überwog. Die zahlenmäßige Überlegenheit der polnisch-litauischen Heere wurde durch die nicht eigentlich bessere, aber modernere Ausrüstung der Ordensheere (sic) kompensiert."

Das Faktum, auf das damit angespielt wird, ist in den Geschützen zu sehen, die der Orden einsetzen konnte, eine völlig neue Waffe, mit allen Nachteilen ihres Frühstadiums behaftet; sie ist im eigentlichen Verlauf der Schlacht darum bedeutungslos geblieben. Die Abläufe innerhalb des Schlachtgeschehens – die frühen Vorteile des Ordensheeres, die Auflösung wichtiger Truppenteile im Lauf unüberlegter Verfolgungsritte und die Entscheidung durch die Reservetruppen Wladislaws – werden im Allgemeinen übereinstimmend geschildert. Kurios ist der Schlachtgesang eines Marienliedes beim Heer zweier Fürsten, die beide erst seit einigen Jahren Christen waren und gegen eine christliche Großmacht kämpften. Weniger erfreulich ist das Verhalten des kulmischen Adels unter Nikel von Renys, in dessen vorzeitiger Kapitulation auch Biskup eine der Hauptursachen für die katastrophale Niederlage des Ordens sieht, aber auch dafür, dass sich die Kommandospitze des Ordens nicht mehr absetzen konnte, sondern umstellt wurde und im Kampf Mann gegen Mann fiel, der Hochmeister voran.

Die Brüder von Renys waren die Häupter des 1397 gegründeten konspirativen Eidechsenbundes, und es ergibt sich die Frage, warum sie, seit Jahren Gegner des Ordens, mit ihren Leuten überhaupt in die große Schlacht gezogen sind. Verziehen wurde ihnen dieses Verhalten nicht, denn als Heinrich von Plauen durch die Behauptung der Marienburg gegen die siegreichen Polen und nach allgemeiner Ermüdung der kämpfenden Parteien die Ordensmacht einigermaßen wiederhergestellt hatte, ging er gegen den Eidechsenbund vor, und es kam zu einer Reihe von Hinrichtungen. In den Folgejahren bis zur Mitte des sechzehnten Jahrhunderts flammen die Aktivitäten dieses offensichtlich polenfreundlichen Bundes immer wieder auf, der durch seine Beschränkung auf adelige Mitglieder vor allem die nicht ritterbürtigen Neu-Besitzer von Gütern in Ost- und Westpreußen anzog, als würden sie durch diese zweifelhafte Mitgliedschaft in den Kreis des Uradels tatsächlich aufgenommen. Immerhin haben sich Ordens-Historiker wie Biskup oder Boockmann in ausführlichen Untersuchungen mit dem Eidechsenbund der Brüder Renys und Kynthenau beschäftigt.

Im Gedächtnis nicht nur der Deutschen, sondern wohl aller geschichtsbewussten Europäer lebt der Tag von Tannenberg, der 15. Juli 1410, ebenso weiter wie die Erinnerung an die Schlachten von Bornhövede oder gar von Bouvines, nur hat diese Schlacht noch keine so glanzvolle Darstellung gefunden, wie sie Georges Duby dem Sonntag von Bouvines gewidmet hat.

Wie oft nach einem großen Desaster geht dann unerwartet ein neuer Stern auf, es war nach dem Schlachtentod des Hochmeisters Jungingen ein Mann aus der Frühzeit eines großen Geschlechts: Heinrich von Plauen, aus der Reihe der Vögte und Herren von Plauen, einem Zweig der späteren Grafen und Fürsten von Reuß. Das Geschlecht hatte seit dem dreizehnten Jahrhundert nicht nur Vögte und Burggrafen im Sächsischen hervorgebracht, sondern immer wieder auch Prälaten und Damen in hohen Klosterpositionen, und die Männer der verzweigten Großsippe geben bis heute der Forschung manches Rätsel auf, weil eine früh etablierte Tradition will, dass sie sich alle unterschiedslos Heinrich nennen.

In jenem Niederbruch des Ordens nach der Schlacht von Tannenberg gab es zwei Brüder mit dem Namen Heinrich von Plauen, einen jüngeren, impulsiven, ja gewalttätigen Adeligen, zeitweise Komtur des Deutschen Ordens in Danzig. Auf dem Konzil von Konstanz war er dadurch aufgefallen, dass er das Todesurteil gegen Johannes Hus mutig als unrecht bezeichnete. Der ältere Bruder hatte, als die Nachricht von der Niederlage bei Tannenberg sich verbreitete, etwa dreitausend Mann Ordenstruppen unter sich, mit denen er gegen die zur Feindseligkeit neigenden Pommern sichern sollte. Dass der Polenkönig gegen die Marienburg marschieren würde, um den Orden im Kern zu treffen und um sich der dort vermuteten Schatzkammer zu bemächtigen, war vorauszusehen. Also warf sich Heinrich von Plauen, obwohl nur Komtur und von niemandem beauftragt, mit seiner Truppe und tausend Söldnern in die weitläufige Burg und setzte sie in größter Eile in Verteidigungszustand. Die Men-

Bildteil

Heilige Grabeskirche zu Jerusalem an der Stelle einer Basilika, die Kaiser Konstantin der Große im Jahr 336 errichten ließ.
Deutschordensmuseum Bad Mergentheim

Darstellung der Krankenpflege zu Jerusalem auf einer Glasmalerei für den Sommerremter der Marienburg. Das Orginal wurde 1944 vernichtet. (Maler Karl Wilhelm Kolbe d.J.).

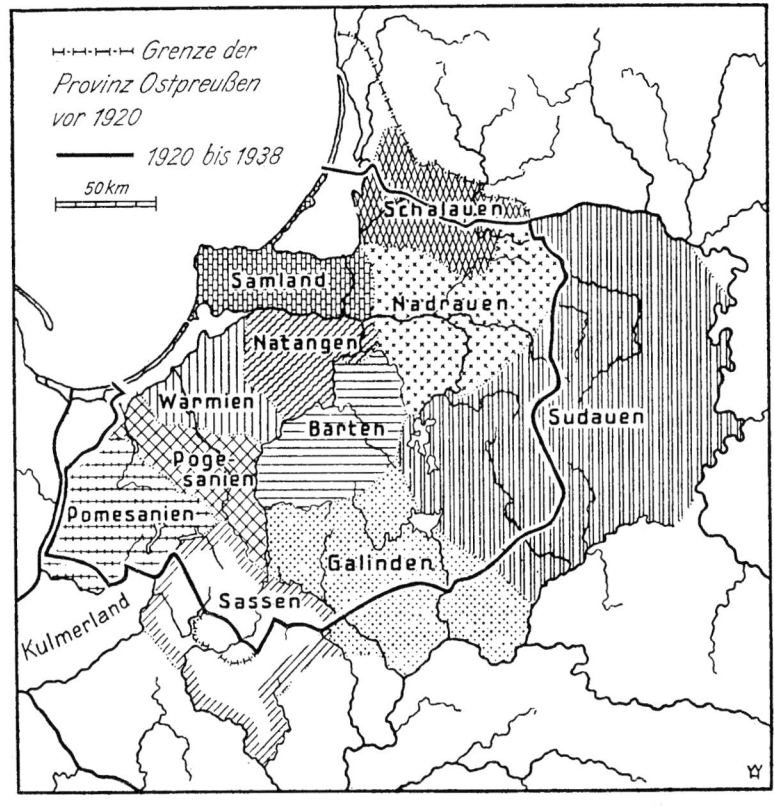

Die alten
preußischen
Landschaften
(Handbuch der
historischen
Stätten Ost-
und Westpreus-
sens, hrsg. von
Erich Weise,
Kröners Ta-
schenausgabe
Band 317,
1981, S. 249,
Alfred Kröner
Verlag,
Stuttgart)

*Um 1350 geschaffenes Steinre-
lief des Ordens-Hochmeisters
Konrad v. Thüringen (1239/40)
aus der 1253 - 83 vom
Deutschen Ritterorden
erbauten Elisabethenkirche
zu Marburg an der Lahn.*
Deutschordensmuseum
Bad Mergentheim

*Bildnis des Ordens-Hochmeis-
ters Hermann von Salza (um
1170 - 1239), der 1209 bereits
im Alter von 30 Jahren an die
Spitze des Ordens gerufen
wurde.*
*Deutschordensmuseum Bad
Mergentheim*

Die Baumburg von Thorn. Die Darstellung geht auf einen Bericht des Ordenschronisten Peter von Dusburg zurück, nach dem Hermann Balk 1231 bei seiner Landnahme am rechten Weichselufer auf einem Eichbaum Brustwehren und Befestigungen errichtet habe. Unbekannter Künstler. Leinwand. Um 1780. Lana, Priorat des Deutschen Ordens. Reproduktion, Deutschordensmuseum Bad Mergentheim

Kampf der Kreuzritter gegen die Pruzzen. Kaminfries in der Marienburg.

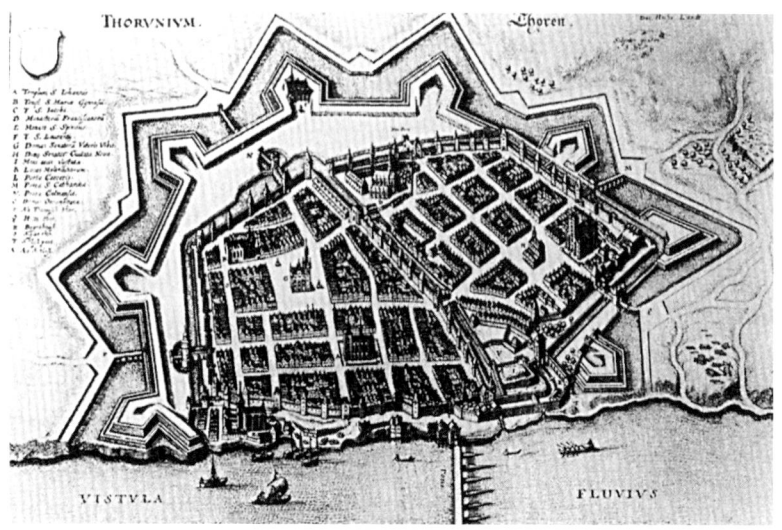

Alter Plan der Stadt Thorn an der Weichsel mit Befestigungen und der Brücke über den Fluss. Deutschordensmuseum Bad Mergentheim

Die befestigte Hafenstadt Danzig nach einem Stich des Matthäus Merian d. Ä. (1593-1650) Deutschordensmuseum Bad Mergentheim

Abbildungen und Karten entstammen – soweit nicht anders angegeben – dem Archiv des Verlages.

Die Marienburg an der Nogat. Schlossanlage des Deutschen Ritterordens

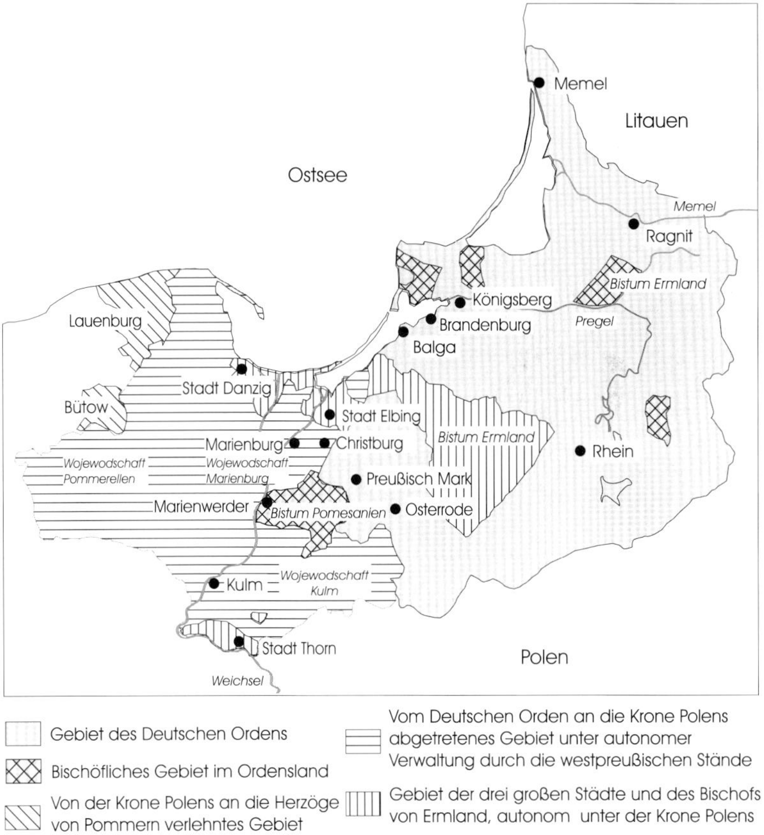

Memel

Litauen

Ostsee

Memel

Ragnit

Bistum Ermland

Königsberg

Brandenburg

Balga

Pregel

Lauenburg

Stadt Danzig

Bütow

Stadt Elbing

Bistum Ermland

Christburg

Marienburg

Rhein

Wojewodschaft
Pommerellen

Wojewodschaft
Marienburg

Preußisch Mark

Marienwerder

Bistum Pomesanien

Osterrode

Kulm

Wojewodschaft
Kulm

Stadt Thorn

Polen

Weichsel

Gebiet des Deutschen Ordens

Bischöfliches Gebiet im Ordensland

Von der Krone Polens an die Herzöge
von Pommern verlehntes Gebiet

Vom Deutschen Orden an die Krone Polens
abgetretenes Gebiet unter autonomer
Verwaltung durch die westpreußischen Stände

Gebiet der drei großen Städte und des Bischofs
von Ermland, autonom unter der Krone Polens

Die Auswirkungen des Thorner Friedens auf das Ordensgebiet

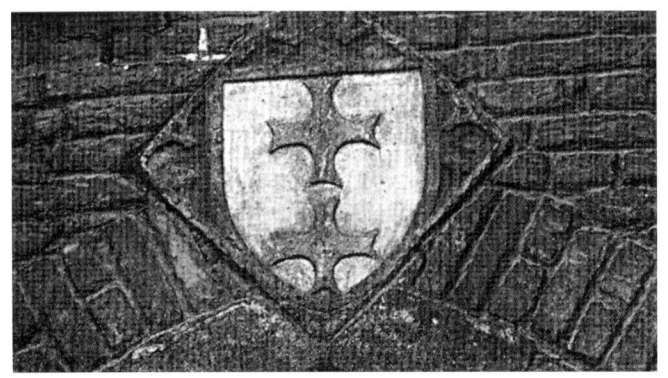

Am Brotbänkentor in Danzig findet sich noch ein altes Wappen ohne Krone aus der Ordenszeit.

*Winrich von
Kniprode,
Ordens-
Hochmeister
von 1352 bis
1382, Jahre,
die als Blüte-
zeit des Ordens
gelten.
Deutschordens-
museum Bad
Mergentheim*

◀ *Rekonstruktionszeichnung der Danziger Ordensburg
nach einem Gemälde im Artushof, Danzig, aus dem
15. Jahrhundert.*

*Darstellung
des Balleisie-
gels um 1900.
Das Motiv
hält sich vom
13. bis ins 20.
Jahrhundert.
Deckenfresko.
Bozen.
Kommende
Weggenstein*

*Das Siegel des Rentmeisters.
19. Jahrhundert.
Foto: Hans G. Boehm,
Bad Mergentheim*

Hochmeister Albrecht von Brandenburg-Ansbach im Jahr 1522.
Der Hochmeister in Ordenstracht und mit der Kette des von Kur-
fürst Friedrich II. von Brandenburg gestifteten Schwanenordens.
Farbdruck nach einem Gemälde von Hans Henneberger im Münster
von Heilsbronn. Deutschordensmuseum Bad Mergentheim

Darstellung der Schlacht von Tannenberg (1410). Buchmalerei. Letztes Viertel des 15. Jahrhunderts. In der Berner Chronik (1478–1484) des Diebold Schilling. Deutschordensmuseum Bad Mergentheim

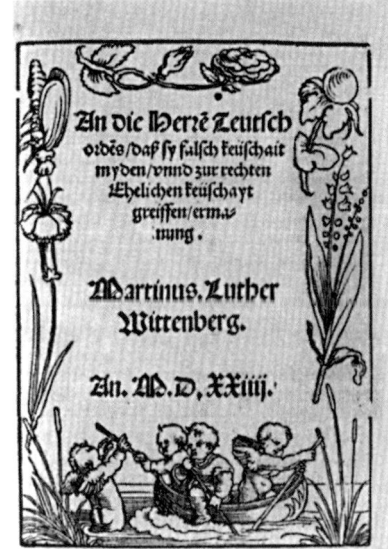

Martin Luther, An die Herren Teutsch Ordens/ daß sy falsch keuschait myden, Wittenberg 1524. Titelblatt. Papier.

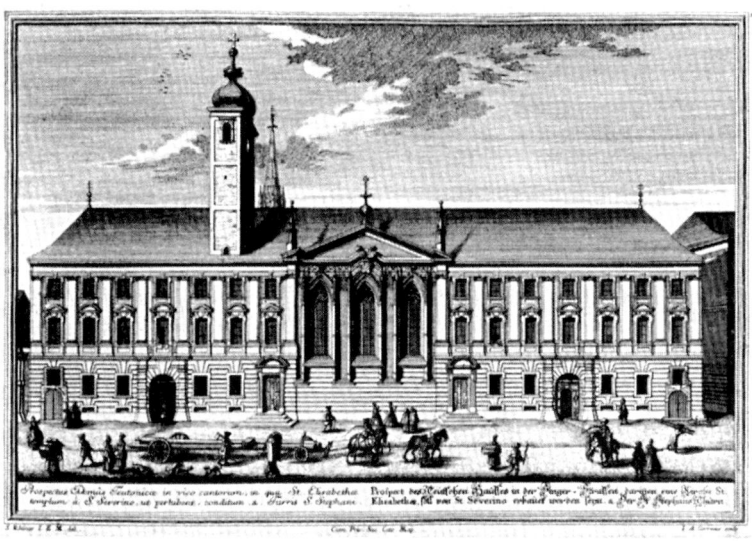

Das Deutschordenshaus in Wien vor dem Um- und Ausbau durch den Landkomtur Graf Starhemberg im 18. Jahrhundert. Deutschordensmuseum Bad Mergentheim

Extrait des minutes de la Secretalrérie d'Etat.
En notre Camp imperial de Ratisbonne
le 24. Avril 1809.
Napoléon, Empereur des Français, Roi d'Italie Protecteur de la Confédération du Rhin, etc. etc. etc.
Nous avons decrété et décretons ce qui suit:
Art. 1.) L'Ordre Teutonique est supprimé dans tous les Etats de la Confédération du Rhin. 2) Tous les biens et domaines du dit ordre seront réunis au domaine des Princes dans les Etats desquels ils sont situés. 3) Les princes au domaine desquels les dits biens auront été réunis, accorderont des pensions à ceux de leur sujets qui en jouissoient en qualité de membres de l'ordre. Sont spécialement exceptés de la présente disposition ceux des dits sujets membres de l'ordre qui auront porté les armes pendant la guerre actuelle, soit contre nous, soit contre les Etats de la Confédération du Rhin, ou qui seront restés en Autriche depuis la déclaration de guerre. 4) Le pays de Mergentheim avec les droits, domaines, et revenus attachés à la grande maitrise, et mentionnés dans l'article 12 du traité de Presbourg, sont réunis à la couronne de Wurtemberg.

Signé N A P O L E O N.

Par l'Empereur
le ministre Secrétaire d'Etat
H. B. MARET.

Napoleon hob am 24. April 1809 den Deutschen Orden in den Rheinbundstaaten auf. In: Rheinischer Bund, Frankfurt/M. 1809, 11. Teil, 33. Heft, Nr. 38. S. 450f.

*Anton Viktor, Hoch-
und Deutschmeister
aus dem Hause Habs-
burg (1779–1835).
Deutschordensmuse-
um Bad Mergentheim*

*Das Ordenskreuz ähnelt in seiner heraldischen Ausführung dem
späteren deutschen Militärorden vom Eisernen Kreuz.
Deutschordensmuseum Bad Mergentheim*

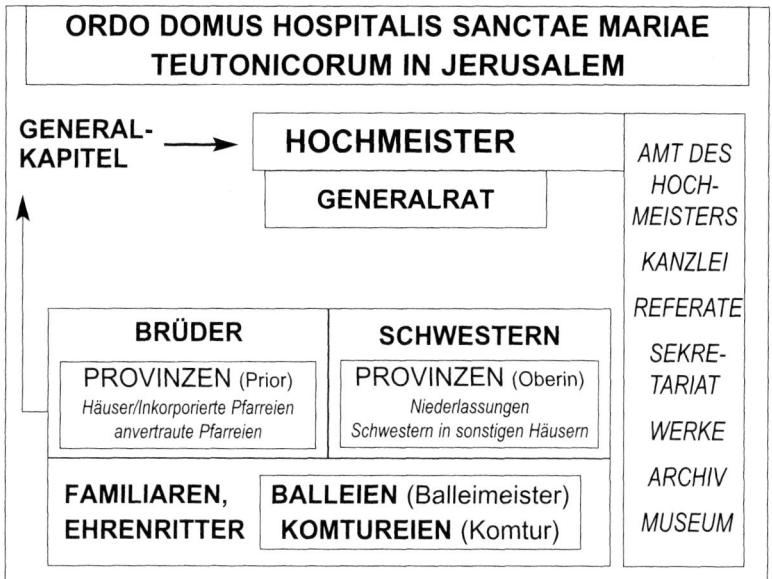

Die Struktur des Ordens

Das Mergentheimer Schloss, das von 1527/28 bis 1809 Residenz des Hoch- und Deutschmeisters des Deutschen Ordens war. Blick von Westen. Im Gebäudekranz um den inneren Schlosshof befindet sich heute das Deutschordensmuseum. Luftbild Bytomski, Würzburg.

schen aus dem Städtchen Marienburg mussten aufgenommen, die Häuser vor den Mauern niedergebrannt werden, der heranziehende Feind sollte keine Deckung und keine Lagermöglichkeit vorfinden: Nur das Rathaus und die Kirche blieben von den Flammen verschont, die Brücke über die Nogat wurde abgebrochen, so dass zum linken Flussufer keine Verbindung mehr bestand.

Die Polen und Litauer hatten sich bei Plünderungen nach der Schlacht so lange aufgehalten, dass Heinrich von Plauen zehn Tage Zeit für seine Maßnahmen hatte. Mehr aber half ihm eine Seuche unter den Belagerern, deren Keim wohl schon aus der Schlacht stammte, von Pferdekadavern, Ungeziefer und wegen der bei längeren Feldzügen eintretenden Verwahrlosung. Jedenfalls wurde am 19. September 1410 die Belagerung aufgehoben, Witowt zog mit seinen Litauern dem livländischen Orden entgegen, Wladislaw II. kehrte in die polnischen Gebiete zurück, Heinrich von Plauen aber musste sich nun um einen Friedensschluss bemühen. Zwar standen nach dem Widerstand der Marienburg die Sterne dafür günstiger als unmittelbar nach Tannenberg, aber Heinrich, seit dem 9. November nun Hochmeister des Deutschen Ordens, war kein Diplomat, wie so mancher Mann des Schwertes.

Es war vermutlich günstig, dass er nicht selbst verhandelte; seine Geschäftsträger verstanden es, unterschwellige Rivalitäten zwischen dem glanzvollen Witowt und dem Polenkönig zu nützen, und der Thorner Friede – auf einer Insel in der Weichsel geschlossen, um vor Überfällen sicher zu sein – war, was die Territorien betraf, für den Orden erstaunlich günstig. Den Siegern war es angesichts ihrer leeren Kassen vor allem um Geld gegangen, und die dem Orden auferlegte Kriegsentschädigung, bald in Groschen, bald in ungarischen Gulden ausgedrückt, wird von allen Historikern als außerordentlich hoch bezeichnet, ja als eine Garotte am Hals der Besiegten.

Tatsächlich wurde für die künftige Entwicklung erstmals das Geld entscheidend: Heinrich von Plauen hatte für einen

Teil der großen Schuld die Neumark verpfänden müssen, ein Land, dessen der Orden unbedingt bedurfte, weil er sonst keine Verbindung zum Reich gehabt hätte als die Ostsee und eng von polnischen Gebieten umschlossen gewesen wäre. Es war eine Lage wie 1939, aus der man sieht, wie Land zum Schicksal werden kann. Auch Heinrich von Plauen sah keine andere Lösung als einen neuen Krieg, rüstete für ihn, wurde aber, durch Krankheit behindert, von Männern der Friedenspartei im Orden überwältigt und gefangen gesetzt. Unter Michael Küchmeister, einem gewandten Politiker aus schlesischem Adel, begann das, was die Deutschen nie geschätzt haben, die Erfüllungspolitik. Heinrich von Plauen erlangte die Freiheit erst sieben Monate vor seinem Tod, wenn auch die Haftbedingungen der letzten Jahre erträglich zu nennen waren. Sein Bruder, Komtur von Danzig, wütete umso mehr, ließ Bürgermeister und Stadtverordnete umbringen, floh verkleidet an den polnischen Königshof und sorgte in diesen Jahren nach Tannenberg für so viele Peripetien, dass selbst ernsthafte und bedeutende Historiker wie Treitschke fanden, die Schicksale der Brüder aus dem Hause Reuß von Plauen seien für die Bühne besser geeignet als für das Geschichtsbuch. „Im Grunde", schreibt Karl Hampe, der Altmeister unserer mittelalterlichen Geschichte, „endet Plauens Leben mit seiner Gefangenschaft ... Sein auf knappe drei Jahre begrenztes geschichtliches Leben kennzeichnet sein Wesen so eindeutig, dass es keiner zusammenfassenden Charakteristik bedarf ... (er ist) immerhin kein strahlender, sondern ein finsterer, von Not und Unglück umwitterter Held." Sosehr man seine Härte gegenüber den Verrätern begreifen wird, sosehr es ihn anwidern musste, wie Adel und Bürgertum versuchten, sich dem polnischen Sieger anzudienen, obwohl die Marienburg sich noch wehrte, so steht doch fest, dass dieser geistliche Ritterorden in seinen höchsten Positionen nie mit Kriegern allein glücklich geworden war; die Kirche, zu der auch dieser Orden schließlich zählt, hat zu allen Zeiten auch gute Diplomaten hervorgebracht, an denen es in diesem fünfzehnten Jahrhundert offensichtlich dem Orden gefehlt hat.

An Nachruhm hat es dem Unbeugsamen hingegen nicht gefehlt. Am reinsten und schönsten hat die große Agnes Miegel ihn in ihrer Ballade gefeiert, aber auch der Roman von Ernst Wichert, 1881 in nicht weniger als drei Bänden veröffentlicht, ist bei aller Ausführlichkeit doch ein farbiges Zeitgemälde und heute ein seltenes Dokument. Die Dramatik eines auf drei Jahre zusammengedrängten Lebensabschnitts hat wiederholt die Bühnendichter angezogen: August von Kotzebue, Joseph von Eichendorff, Max Halbe und natürlich auch einen teutonischen Barden wie Walter Bloem.

Das große Trauma aber blieb die verlorene Schlacht von Tannenberg. Dass man sie eines Tages mit der Doppelniederlage von Jena und Auerstädt vergleichen würde, konnten die Ordensritter nicht wissen. Aber sie dachten an den Tag von Capo di Cotrone in Süditalien, da war Kaiser Otto II. ebenfalls an einem 15. Juli in einen Hinterhalt geraten, und eine schnell und geschickt agierende kleine Armee aus Sarazenen und byzantinischen Söldnern hatte unter der Blüte der deutschen Ritterschaft entsetzlich gewütet. In zweihundert Jahren wohl überlegter, mühsamer, an Rückschlägen reicher Ordensarbeit gewonnenes Land war binnen Stunden schutzlos eben jenen preisgegeben, denen man mit einer neuen Religion auch das ganze Abendland hatte nahe bringen wollen. Und mochten Witowt und Wladislaw sich auch seit kurzem Christen nennen, die Scharen, die sie in den Kampf führten, waren, Marienlieder auf den Lippen, dennoch im Wesen und in ihrer Lebensführung Altvölker des heidnischen Osteuropa geblieben.

Die Macht des Ordens kehrte so, wie sie gewesen war, nicht mehr wieder, und Polen blieb in seiner schicksalhaften Nähe bald gnädiger Protektor, bald unversöhnter Gegner. Das Gedächtnis der Deutschen klammerte sich an die wenigen Lichtblicke, an Männer, die aushielten, und an Burgen, die sich wehrten, und darin lag tatsächlich ein seltsamer Vorgriff auf die Zeit nach Jena und Auerstädt, als Preußens

Königin Luise von jedem Festungskommandanten wusste, ob er gegen die Franzosen tapfer gekämpft oder ihnen die Tore seiner Festung geöffnet hatte. Nach 1410 war der Hort von Trost und Gedenken die Marienburg, wo ein wundertätiges Marienbild einem polnischen Richtschützen rechtzeitig das Augenlicht genommen hatte. Aber da der Orden ja mit ruinösen Geldforderungen belegt worden war, da der Thorner Friede eine Geldknechtschaft festgeschrieben hatte, fehlte es am Lohn für die Söldner des Ordens, was eine Meuterei in der verpfändeten Marienburg zur Folge hatte und das große charismatische Ordensschloss 1457 in die Hand des Polenkönigs brachte.

Auftrag und Selbsttäuschung der Kreuzzugsidee sind erloschen. Es ist mehr gelungen und geblieben als im Heiligen Land, wo Erkenntnisse, Eindrücke und Vorstellungen vom Islam mitgenommen zu haben, als einziger Gewinn verblieben sind. Es ist Land bestellt, es sind Menschen gewonnen, Städte gebaut worden, aber auch die Grenzen der Ordenskraft sind erreicht, ja überschritten worden, und in manchen mochte fernes Erinnern von dem erbärmlichen Debakel im Burzenland wieder aufdämmern mit dem Unterschied, dass der Deutsche Ritterorden in dieser Weltstunde keinen Hermann von Salza zur Verfügung hatte.

Condottieri an der Weichsel

Wäre es dem ehrlich bemühten Peter von Dusburg durch eine besondere Gnade der Schöpfung vergönnt gewesen, zweihundert Jahre Deutschordensgeschichte zu überblicken, so hätten ihn die Widerstände des bösen Heidenvolkes zweifellos nicht sonderlich überrascht. Worauf er aber mit biblischen Beschimpfungen, ja Verwünschungen reagierte, das waren die Angriffe auf den Orden und sein Land von außen, von anderen Fürsten, ob sie nun zu Christen geworden waren oder nicht. Das mag darin begründet sein, dass dieser in seiner Naivität oft belächelte Chronist ein Gespür für die positiven Tendenzen der Ordensarbeit hatte, sich für die getauften Pruzzen ohne Vorbehalte interessierte und uns viele Fakten über die alten Pruzzen überliefert, die ein hochfahrender Geschichtsschreiber an einem unterworfenen Volk zweifellos ignoriert hätte.

Merkwürdigerweise erwähnt er aber ein sehr aufschlussreiches Dokument der Toleranz und der Verständnisbereitschaft überhaupt nicht, nämlich den Christburger Frieden vom 7. Februar 1249, auf dem, allerdings unter energischer Mitwirkung des päpstlichen Richters Jakob von Lüttich, allen getauften Pruzzen ihre persönliche Freiheit ebenso zugesichert wurde wie die Nutzung ihres Eigenbesitzes. Reinhard Wenskus hat in einer genauen Untersuchung von 1962 das Dokument ein wenig aufgeblättert und nachgewiesen, dass in diesem Frieden nicht alle Pruzzengaue gleich gut wegkamen, ja dass es sich in erster Linie auf Pomesanier, Natanger und Warmier bezog, Gaue, die sich im Allgemeinen ruhiger verhalten hatten als die südlichen und östlichen Landesteile. Aus der Zuerkennung der niederen und der hohen Gerichtsbarkeit an christlich gewordene pruzzische Adelige folgert Wenskus, dass nach dem Christburger Frieden die Entstehung einer pruzzischen Oberschicht christlichen Glaubens begünstigt und nicht behindert wurde.

Genau genommen konnte der Orden gar nicht anders handeln. Er brauchte das Land, er brauchte einen weltlichen

Neu-Adel, wie ihn nur die Unterworfenen stellen konnten, die mit ihrer Herkunft, ihrem Umfeld, ihrer heidnischen Verwandtschaft zerfallenen christlichen Pruzzen. Sie wurden, als die Zeit der großen Aufstände vorbei und Abfall nicht mehr zu befürchten war, zu den treuesten Parteigängern und Gehilfen des Ordens, weil sie keine andere Chance hatten. Der Kreuzfahrer-Adel hingegen, die auf Landsuche aus dem Reich, aus Böhmen und den österreichischen Erbländern angereisten fahrenden Ritter, blieben mit ihren Familien in Verbindung und waren unkalkulierbar eingesponnen in die Adels-Interessen der deutschen Länder bis hin zum Rhein.

Da es um ein und dasselbe Land ging, das sich nicht vermehren ließ, standen Kreuzfahrer-Adel und Pruzzenadel einander in einem nicht zu behebenden Gegensatz gegenüber. Die dritte Kraft bildeten die inzwischen zweihundert Jahre alten und zu einigem Wohlstand gelangten Städte mit einem selbstbewussten Bürgertum aus Fernhändlern und Handwerkern und einer slawischen oder pruzzischen Unterschicht von Seeleuten und Dienstpersonal. Da der Orden sich nach wie vor als Herr der von ihm gegründeten und durch seine Handelsprotektion geförderten Gemeinwesen verstand, konnten auch hier Konflikte nicht ausbleiben, die schließlich zu einer großen Organisation führten. Sie trat ab etwa 1440 ins Geschehen ein und nannte sich Preußischer Bund, eine gegen den Orden, ja sogar gegen Kirche und Papst gerichtete Vereinigung von bis zu fünfzig Städten und Marktdörfern und etwa ebenso vielen Adelsherrschaften der zu Besitz in Ost- und Westpreußen gelangten Kreuzfahrer.

Ordens-Hochmeister Konrad von Erlichshausen (1441 – 49) versuchte, die Gegensätze zu mildern und zu verhandeln, doch sein Nachfolger wurde der weniger geschickte und oft unsicher agierende Ludwig von Erlichshausen, der Papst und Kaiser anrief, um den Preußischen Bund als unrechtmäßig und konspirativ verurteilen zu lassen.

Es war eine weiträumige Intrige, die zu diesem Zweck gesponnen wurde, einerseits mit flehentlichen Botschaften nach Rom, andererseits mit Kurierreitern nach Wiener Neustadt, wo Kaiser Friedrich III. residierte. Der Kaiser hatte eben die Schweiz verloren, war aber an den pruzzischen Händeln durchaus interessiert: Seine Mutter war Zigmundis von Masowien gewesen, sein Großvater Herzog Ziemowit IV. von Masowien aus dem Hause Piast, seine Großmutter Alexandra war eine Tochter des streitbaren Olgerd von Litauen. Diese bizarre Kombination höchst unterschiedlicher Vorfahren hatte in Friedrich III. einen Herrscher von vielen Begabungen hervorgebracht, der gemeinsam mit seinem Sohn Maximilian denn auch als der Begründer der habsburgischen Weltmacht gilt. Es kam zu dem Urteil von 1453, in dem der Preußische Bund als ungesetzlich und als eine gegen die Interessen des Reiches gerichtete Vereinigung bezeichnet wurde. Da der Adel tatsächlich Not litt, vor allem wegen kriegerischer Verwicklungen in der Ostsee, die den Güterverkehr behinderten, und da den Pfeffersäcken aus den Städten ihr Geldbeutel offensichtlich wichtiger war als ihr Nationalgefühl, vollzog der preußische Bund unerwartet und folgenreich die große Wendung und unterstellte sich dem König von Polen.

Der Krieg, der nun begann, wird als der Dreizehnjährige bezeichnet. Die Revolte ging nicht mehr von den Pruzzen aus, die inzwischen keinen Grund mehr dazu hatten, und auch Litauen spielte kaum eine Rolle: Es war eine ebenso widersinnige wie überflüssige Auseinandersetzung, in der sich die Ordensritter auf Söldnertruppen stützen mussten und in dem Zweifrontenkrieg gegen Preußenbund und Polen eine schwere innere Krisen des Ordens durchlebten.

Die zwei Großereignisse des langwierigen Krieges waren der volle Sieg der Ordens-Söldnertruppe am 18. September 1454 bei Konitz und der Verkauf (!) der Marienburg im Juni 1457 an den König von Polen. Wie es dazu kam, ist nicht nur für die Geschichte des Deutschen Ordens in Preußen interessant und wichtig; die Vorgänge sind auch aufschlussreich hinsichtlich des militärischen Geschehens im hohen

Mittelalter und der mitunter durch die seltsamsten Umstände zu historischen Entscheidungen berufenen Kräfte.

Kaiser Friedrich III. hatte gegen die kampftüchtigen Schweizer die wilden Scharen der Armagnacs zu Hilfe gerufen, Marodeure unter adeligen Anführern, die ihrer Grausamkeiten wegen Ecorcheurs (Hautabzieher) genannt wurden. Erst zehn Jahre vor der Schlacht von Konitz hatten zweitausend Schweizer bei Basel sechstausend Armagnacs erschlagen, hatten dabei aber selbst bis auf sechzehn verwundet Überlebende ihr Leben verloren. In Italien waren die Condottieri mit ihren schnell zusammengebrachten, gegen gutes Geld zu allem bereiten Truppen längst ein Begriff, und die Macht des Sigismondo Malatesta stand in voller Blüte. Unter den böhmischen Söldnern bei Konitz hatte sich Bernhard von Zinnenberg besonders ausgezeichnet, aber auch seine Mitstreiter hatten große Namen: Graf Adolf von Gleichen, Graf Johann von Montfort, Graf Hans von Hohnstein und Heinrich Reuß von Plauen der Jüngere.

Die Beschreibung dieser in gewissem Sinn sensationellen deutsch-böhmischen Condotta erfolgte in einer maschinenschriftlichen Dissertation von Wilhelm Rautenberg, deren Kurzfassung in der Festschrift zu Erich Keysers siebzigstem Geburtstag ich die folgenden Fakten verdanke. Sie hellen erstmals auf, wie es zum Verkauf der Marienburg, also des hehren Ordens-Zentrums, an Polen kam, ein durch und durch krimineller Akt, dem Gewalttätigkeiten vorausgingen, wie wir sie von anderen böhmischen Marodeuren in den Hussitengräueln kennen. Rautenberg hat auch herausgefunden, dass Zinnenberg, Sohn eines Kuttenberger Münzmeisters, zum Clan der Waldstein/Wallenstein gehörte. (Johann von Waldstein auf Skal kämpfte damals auf polnischer Seite, er war ein Vorfahr des Albrecht von Wallenstein.)

Zinnenberg dürfte nach Persönlichkeit, Kenntnissen, Autorität und angesichts seiner bekannten Tapferkeit der Wortführer bei den Verhandlungen gewesen sein, in denen die Söldner als Sicherung ihrer hohen Forderungen aus rückständigem Lohn die Verschreibung der Marienburg und anderer Besitztümer des Deutschen Ordens verlangten. Dafür spricht, dass Zinnenberg einen eigenen Schreiber und durch diesen ein eigenes Exemplar der Vereinbarung hatte. Die verpfändeten Objekte durften erst verkauft werden, wenn der Schuldner – also der Orden – die Zahlungsfristen nicht einhielt. Der Orden konnte also vor der vollständigen Begleichung seiner Schulden durch pünktliche Bezahlung der Raten Verkäufe verhindern. Rautenberg betont, dass eine volle staatsrechtliche Gültigkeit dieser Vereinbarung angezweifelt werden muss, gehörte doch das ganze Ordensland „dem heiligen Petrus", also dessen Nachfolgern in Rom.

Die zwischen den führenden Persönlichkeiten beider Lager getroffene Übereinkunft vermochte natürlich nicht die praktischen Probleme zu lösen, wie sie marodierende, beschäftigungslose Truppen nun einmal schaffen, wenn für ihren Unterhalt nicht gesorgt wird. Brotgetreide und Pferdefutter wurden gewaltsam eingetrieben, die Bevölkerung drangsaliert. Als sich abzeichnete, dass der Orden die Zahlungsfristen nicht würde einhalten können, bot er einzelnen Adeligen Vergütungen aus Ordensbesitz außerhalb Preußens an. Rautenberg erwähnt Angebote aus elsässischen Liegenschaften an Heinrich Reuß den Jüngeren und an Veit von Schönberg und aus Ordensgütern in Komotau an Johann von Wartenberg, um nur einige zu nennen. Offenbar fühlte sich bei diesen Versuchen, die in gewissem Sinn ja Bestechungen waren, der böhmische Söldnerführer Ulrich Czerwenka von Ledec übergangen und betrieb seither die große Lösung eines Verkaufs aller Pfandgüter an den König von Polen in der Annahme, dass damit schnell bedeutende Summen flüssig würden. Im Hintergrund dieser Überlegungen darf man die Unzufriedenheit anderer böhmischer Söldnergruppen vermuten, da auch der Preußische Bund seine Hilfstruppen nicht bezahlt hatte und sogar der König von Polen mit Soldzahlungen an in Südpolen stehende Gruppen im Rückstand war – besonders wilde Gesellen, die sich zu den Taboriten zählten, zum radikalen Flügel der Hussiten.

Am 4. April 1456 besetzten die Männer der Verkäufer-partei um Czerwenka das Hochschloss, also die Keimzelle der gesamten Ordensverwaltung, und weigerten sich auch, diese für das kirchliche wie weltliche Leben des Ordens zentrale Position zu räumen, als der livländische Landmarschall Gotthard von Plettenberg mit einer beträchtlichen Anzahlung auf die Söldnerforderungen an der Marienburg eintraf. Trotz konkreter Zusagen Plettenbergs, trotz der Ankündigung großer Zahlungen lehnte die Verkäuferpartei ab und machte damit klar, dass es ihr nie um anderes als um den Gesamtverkauf an Polen gegangen war. Daraufhin zogen die Livländer ab. Auch ein Versuch aus Elbing scheiterte, weil nun Czerwenka neben dem Grafen von Gleichen gleichberechtigt, aber zweifellos energischer agierte. Den dritten Versuch unternahmen die Marienburger Ritter selbst, indem sie ihren ganzen privaten und den Ordensbesitz an Geld, Kostbarkeiten und Schmuck zusammentrugen, um die Burg auszulösen. Czerwenkas Leute aber nahmen ihnen alles hohnlachend ab, sperrten die Ritter in das Pfalzhaus der Burg und begannen mit einer Reihe von Schikanen, die den Widerstand der Ritter brechen sollten: Die Herren wurden ihrer Ordenstracht entkleidet, wurden nackt durch die Gänge der Burg gehetzt, geschlagen und ihrer Bärte beraubt, wobei es ohne Lippenverletzungen nicht abging. Der Hochmeister wurde in seinem Schlafgemach konfiniert, der Briefverkehr untersagt, und in den verhandelnden Delegationen überwogen nun die slawischen Namen. Als schließlich auch noch bedeutende Bestechungssummen aus Danzig eintrafen, das ja vom Orden seit jeher unabhängig sein wollte, und als Danzig dem Polenkönig weitere 18.000 Gulden vorschoss, war die Marienburg nicht mehr zu retten. In der Pfingstnacht vom 4. auf den 5. Juni 1457 wurden Offiziere des Polenkönigs und des Preußischen Bundes in die Festung eingelassen und das zum Abtransport bereitstehende Eigentum des Hochmeisters und des Ordens von den Wagen herabgeplündert. Über das Schicksal des Hochmeisters Ludwig von Erlich(s)hausen in diesen Tagen besteht Unklarheit, da er nach manchen Quellen die Übergabe nicht abgewartet haben soll, nach anderen drei Tage danach entkommen sei, als die Söldner ihn zum Beweis ihres Sieges in anderen Ordensburgen herumzeigten.

Erst jetzt konnte der Orden beginnen, seine eigenen bedeutenden Verbindungen einzusetzen, hatte aber Mühe, unbeeinflusste Zeugen zu finden. Der Justitiar des Ordens, ein Dr. Laurentius Blumenau, war von den Söldnern dermaßen malträtiert worden, dass dieser Mann der Feder aus Angst vor Mördern zu keiner Aussage mehr zu bewegen war und zu Weihnachten desselben Jahres alle Ordensämter niederlegte. Der Papst beschränkte sich darauf, die Verkäufer mit dem Bann zu belegen, was ihnen als Hussiten ziemlich gleichgültig war. Erst, als sich auch von Seiten des Preußischen Bundes, also der Ordens-Gegner, unabhängige Zeugen für Raubzüge, Mordaktionen und Übergriffe der Czerwenka-Gruppe meldeten, kam es auf Befehl des Böhmenkönigs Georg von Podiebrad und Kunstatt (1458 – 71) zur Verurteilung des Czerwenka zu einer hohen Kerkerstrafe, während andere Söldnerführer in einem Scharmützel mit Rittern aus der Neumark getötet wurden. Polens König Kasimir befreite Czerwenka nach seinen Verhandlungen mit Georg von Podiebrad schließlich im Herbst 1462. Er erhielt Burg und Stadt Gollub wieder, scheint aber nicht mehr lange gelebt zu haben.

Während dieser ritterlichen und unritterlichen Querelen hatte ein tapferer Marienburger Bürgermeister namens Bartholomäus Blume für einige wenige Jahre zumindest die Stadt selbst in eine deutsche Bastion zurückverwandelt, was auch den Polen kaum geschadet hatte. Dennoch ließ ihm und zweien seiner Gefährten der Polenkönig am 8. August 1460 den Kopf vor die Füße legen; nicht weniger als fünf deutsche Romane sind seinem Schicksal gewidmet.

Im Allgemeinen aber lässt sich das nationale Element als Handlungsmotiv nur vereinzelt erkennen; selbst Zinnenberg, der zeitweise als Oberfeldherr des Ritterordens besondere Verantwortung trägt, eignet sich die Burg Gollub mit der zugehörigen Siedlung an und muss sie schließlich an den begnadigten Czerwenka wieder herausgeben. Lediglich die Ordenszentren in Livland und später auch die im westlich anschließenden Reichsgebiet, also der Neumark und Mitteldeutschland, agieren bewusst und zielgerichtet für einen deutschen Staat östlich der Weichsel.

Das rein militärische Geschehen vollzog sich auch auf so kleinem Raum, dass Rückwirkungen auf die Reichsgeschichte sich höchstens mittelbar ergeben konnten. Da Wildnis- und Waldgebiete für Truppenbewegungen ausfielen, entschied sich der Dreizehnjährige Krieg in den Bereichen Konitz-Kulm-Thorn bis hin nach Elbing, Danzig und Königsberg, woraus sich naturgemäß auch eine nautische Komponente ergibt. Wir haben aus den bisherigen Ordensjahren gesehen, dass die Flussschifffahrt auch in Kriegszeiten jede Möglichkeit nutzte, weiter zu funktionieren, ließen sich doch Vorräte, Waffen und Mannschaften im ganzen Osteuropa am besten auf Wasserwegen transportieren. Darum war die Freiheit der Weichselschifffahrt von entscheidender Bedeutung für die Kriegsführung, und als der Orden die Verbindung zwischen Polen und Danzig zu blockieren versuchte, kam es im September 1463 im Westwinkel des Frischen Haffs zu einer veritablen Seeschlacht. Die erfahrenen Danziger und Elbinger Seeleute trugen den Sieg über die vorwiegend von Landtruppen besetzten Ordensschiffe davon. Der Orden verlor im nachfolgenden Waffenstillstand die Positionen Putzig, Mewe und, was schwerer wog, die über eine gesicherte Weichsel nach Westen gegebene Verbindung zum Reichsgebiet. Der Ordensfeldherr Bernhard von Zinnenberg hatte offensichtlich keine zureichende maritime Erfahrung, liegt Böhmen doch nicht am Meer ...

Danzig, das heißt die Kaufmannschaft einer großen und wichtigen Hansestadt, tritt also auch hier entscheidend in Erscheinung, und es waren auch in besonderem Maß Schiffe von Danziger Werften, die sich der zusammengewürfelten Ordensflotte als überlegen erwiesen hatten. Dass Rivalitäten gegenüber dem einzigen mit einigen Chancen aufkommenden Seestützpunkt des Ordens, nämlich Königsberg, dabei eine Rolle gespielt hatten, wollten die Danziger in späteren Zeiten nicht mehr wahrhaben.

Weit weniger glimpflich als dieser Zinnenberg-Friedensschluss liest sich der Thorner Friede vom Oktober 1466. Er wird als der Zweite Thorner Friede bezeichnet, weil im Jahr 1411, nach der Niederlage des Ordens bei Tannenberg, Heinrich von Plauen hier für den Orden erträgliche Bedingungen hatte aushandeln können. Anders als damals blieb beim Zweiten Thorner Frieden der Territorial-Bestand der Ordensritter nicht mehr ungeschmälert: Pomerellen, also die Gegend des späteren Polnischen Korridors, dazu das Kulmerland und Michelau, das Land an der Drewenz, gingen dem Orden verloren, dazu die Städte Marienburg, Stuhm, Elbing und Christburg mit ihrem Umland. Das Bistum Ermland wurde aus dem Ordensbereich herausgelöst und unter polnische Schirmherrschaft gestellt. Überdies sollte der Orden sich polnischen Adeligen öffnen, und zwar bis zur Hälfte der Mitgliederzahl, womit der Unterwanderung naturgemäß Tür und Tor geöffnet waren und wohl auch klar wird, dass die polnische Seite bei diesem Friedensschluss uneingestanden sehr viel weitergehende Ziele verfolgte: Aus der Lehnsabhängigkeit vom Königreich Polen wäre schließlich eine Einverleibung geworden. Selbst Marian Biskup sagt deutlich: Dies hätte zur Polonisierung des ganzen Ordens führen und seine gesellschaftliche Struktur einschneidend verändern können (a.a.O.p. 448).

Im Übrigen aber ist gerade dieser Friedensschluss, an dem doch deutsche Handelsstädte entscheidenden Anteil hatten, ein Lieblingsthema der polnischen Geschichtsschreibung und wird als Thema mitunter jubilierend behandelt, während die besonnenen Mediävisten wie etwa Marian Biskup erkennen, dass die Umsetzung dieser Beschlüsse von der künftigen Politik des polnischen Königreiches abhängen musste. Auch einer der besten deutschen Kenner der Materie, nämlich Dr. Erich Weise, hat in einer besonderen Studie über den Thorner Frieden und die Grenzen seiner Rechtmä-

ßigkeit auf den Fortbestand der Rom-Bindung des Ordenslandes hingewiesen und den Lehnscharakter gegenüber Polen dadurch in Frage gestellt.

Tatsächlich blieb es, was den Zweiten Thorner Frieden
betraf, bei einem Augenblick polnischen Triumphes. Der
deutsche Kaiser Maximilian I. hob ebenso weitschauend wie
kompromisslos die Bestimmung auf, dass der Deutsche Ritterorden auch polnische Mitglieder aufnehmen müsse. Damit
war aber auch die Richtung der kaiserlichen Politik gegenüber dem Orden und dem Ordensland in ihrer Tendenz gekennzeichnet. Es ging ja nicht um das Papier, es ging für einen Pragmatiker wie Maximilian um die tatsächliche Arbeit
im Land. Der Niedergang des Ordens und der Verlust wichtiger Verwaltungszentren der ritterlichen Gemeinschaft
drohten eine Entwicklung einzuleiten, die dem deutschen
Königtum erhebliche Nachteile bringen konnte. Maximilian
dachte europäisch, er war in den wirtschaftlich starken Niederlanden ebenso engagiert wie in Burgund und an den Han-
sestädten nicht minder interessiert als am Seehandel und am
Warenverkehr überhaupt. Die Städte an der Ostsee waren
überraschend schnell aufgeblüht und in das wirtschaftliche
Erbe des Warägerhandels hineingewachsen. Danzig hatte
schon um 1400, also vor der Schlacht von Tannenberg, mit
vierundzwanzigtausend Einwohnern eine Bevölkerungszahl
erreicht, die im Reich nur von Köln und Wien übertroffen
wurde, es war – um nur ein Beispiel zu nennen – doppelt so
groß wie Frankfurt am Main.

So volkreiche Zentren, so bedeutender Handelsumschlag,
das waren Fakten, die eine entsprechende Verwaltung auch
des Hinterlandes verlangten, und der Deutsche Orden mit
seinem ausgeklügelten Netz an Komtureien hatte diese Probleme, für die wir heute Begriffe wie Infrastruktur und Logistik verwenden, glanzvoll bewältigt, Unterschleife und Sand
im Getriebe so gut wie vollständig vermieden und dank einer
allgemein geachteten Hierarchie auch Konkurrenzkämpfe
unter den Akteuren gar nicht erst entbrennen lassen. Die
neun preußischen Komtureien deckten ein Gebiet von annä-

hernd vierzigtausend Quadratkilometern tauglich ab, kleinere und größere Besitztümer der Bischöfe waren wirtschaftlich eingebunden. Das junge Christentum lebte mittlerweile in annähernd tausend Kirchspielen, von denen sechshundert in Preußen selbst lagen, die übrigen in Pommerellen und im Umland von Kulm (wie uns verlässlich, aber ein wenig umständlich, Lothar Weber in seinem unentbehrlichen Überblick über Preußen vor fünfhundert Jahren mitteilt. Das 1878 in Danzig erschienene Werk ist ein Musterbeispiel historisch-strategischer Landbeschreibung und hätte einen Reprint verdient).

Ein in diesem Maß organisiertes, geordnetes und aufgewertetes Land hatte im damaligen Europa ausgesprochenen Seltenheitswert; die erreichten Ziele mussten verteidigt und die übrigen Teile des großen Reiches an diesen Zustand herangeführt werden, auch wenn dies mit weltlichen Verwaltungskräften unterschiedlicher Bildung und Fähigkeit nicht so einfach sein würde. Andererseits war von einem Untergang dieses Ordnungs-Gebildes in einem anderen Grundsätzen gehorchenden, von Kriegen erschöpften, von Adelsfehden zerrissenen Königtum wie Polen eine negative Wirkung auf die Gesamtentwicklung zu befürchten. Denn darin bestand nun einmal die Tragik der polnischen staatlichen Existenz, dass es in Friedenszeiten westliche Nachbarn von gesichertem, ja wachsendem Wohlstand vor Augen hatte. Nicht nur das Königreich Polen ist an solchen Anforderungen gescheitert, man denke nur an die tiefe, zu unmenschlichen Zuständen führende Krise des von Friedrich II. eben eroberten Schlesien: Die reiche österreichische Landschaft war wirtschaftlich zur Donau hin orientiert, an die Verbindungen mit wohlhabenden Abnehmer- und Lieferzonen gewöhnt und nun gleichsam über Nacht zum Vorland, zur ungeliebten Provinz eines Militärstaates geworden, der drei Kriege hintereinander aus einer erschöpften Miniaturnation und ihren Sandböden heraus zu finanzieren versuchte.

Herbert Ludat hat es von höchster Sicht, aus der Optik des römisch-deutschen Kaisertums heraus formuliert: „Als der gemeinsame Freund des jungen Kaisers und des polnischen Herrschers, der Slavnikidenspross Adalbert, bei den heidnischen Pruzzen den Märtyrertod erlitten hatte, war die Stunde für die Verwirklichung jener Konzeption gekommen, die der Dreiheit von Roma, Gallia und Germania die Sclavinia als viertes gleichrangiges Glied zuführen sollte. In der Pilgerfahrt Ottos III. zum Grabe Adalberts und in den außergewöhnlichen Ehrungen, die Boleslaw Chrobry als frater und cooperator imperii mit der Verleihung der Patriziuswürde und der Mauritiuslanze damals zuteil wurden, fand das neue Verhältnis Polens als eines gleichberechtigten Regnum im Rahmen des christlich-universalen Imperiums seinen sichtbaren Ausdruck" („Das deutsch-slawische Verhältnis und seine ältesten geschichtlichen Grundlagen").

Schöne Worte, doch jene Flüsse und Landschaften, die unser europäisches Schicksal dominieren, sie lebten und strömten in alter Weise, wiesen Polen mit der Weichsel an die Ostsee, wo ein Gürtel skandinavischer und deutscher Machtpositionen Konflikte verhieß, statt in jenen offenen pontischen Raum, in dem polnisch-bolgarisches Zusammenwachsen eine chancenreiche Großmacht hätte schaffen können. An solch uralten Gegebenheiten vermochte auch ein Friedensschluss nichts zu ändern.

Zwischen dem Jahr 1466 des Thorner Friedens und dem Jahr 1581, als schließlich auch die stolze Bischofsstadt Riga dem Polenkönig huldigte, hatte das Königreich Polen vergleichsweise wenig von seinen Eroberungen an der Ostsee. Die eigentlichen Gewinner der einigermaßen stabilen friedlichen Epoche waren die deutschen Städte, vor allem, da sie nicht nur deutsch blieben, sondern durch Zuzug aus dem Reich das deutsche Element verstärkten und es durch die Ständeverfassungen gegen die unkontrolliert einströmende Unterschicht aus dem pruzzischen und slawischen Umland absicherten. Eckpfeiler dieser Entwicklung waren zweifellos Lübeck und Riga, aber auch die Vereinbarungen, die der Orden mit Reval und Dorpat abschloss, und die Rolle der eigenwilligen Stadt Danzig zeigten insgesamt, dass an der Ostsee eine völlig neue Lage eingetreten war.

Durch die Niederlagen gegen Polen erbittert, gingen auch die livländischen Ordensritter zu Methoden über, die sich mit den beschworenen ritterlichen und christlichen Idealen keineswegs vertrugen. Im alten und scheinbar unauslöschlichen Kampf gegen das Erzbistum Riga treten auf beiden Seiten Persönlichkeiten auf, die besonderes Format zeigen: Erzbischof Henning Scharpenberg versuchte, mithilfe eines Provinzialkonzils in Riga im Jahr 1438 einen Ausweg aus den örtlichen Wirren zu finden und sandte eine Delegation mit aufschlussreichen Berichten von Riga nach Rom. Sie kam dort aber nie an, die Ordensritter hatten den auffälligen Reisezug abgefangen, die Delegierten ungeachtet ihres Diplomatenstatus umgebracht und die Berichte gegen Scharpenberg ausgewertet.

Erst 1484, als Michael Hildebrand, ein mit den Begebenheiten vertrauter und vielen Patrizierfamilien freundschaftlich verbundener Bürger aus Riga, Erzbischof der Stadt wurde, kehrte zwischen Orden und Bistum Frieden ein. Das war auch dringend nötig, denn wieder einmal zeigten die Russen Gelüste auf das wertvolle Vorland ihres hafenlosen Riesenreiches. Erzbistum und Orden verbündeten sich gegen Iwan III., siegten und ließen dem großen Tag vom Smolina-See (13.9.1502) einen Frieden folgen, der ein halbes Jahrhundert währte.

In der deutschen Geschichte des Hochmittelalters ist es nicht mehr häufig, dass geistliches Amt und militärische Begabung gemeinsam auftreten. Auf dem Lechfeld zogen noch die Prälaten neben den Rittern gegen die Ungarn in den Krieg, aber auch vierhundert Jahre später zeigt sich Feldherrenbegabung bei Ordensrittern und in deren leitenden Rängen. Die kühnen Präventivschläge gegen die überlegenen Moskowiter waren die Idee des livländischen Landmarschalls Wolter von Plettenberg (um 1450 – 28.2.1535) aus einem der ältesten westfälischen Adelsgeschlechter. Das erste Stammhaus war Schloss Plettenberg in der Grafschaft

Mark, ging aber schon im dreizehnten Jahrhundert in einer Fehde mit den Grafen von der Mark verloren, worin man einen der Gründe für die Ostwanderung erkennen kann; für die zurückgebliebenen Plettenbergs wurde Schloss Schwarzenberg der neue Stammsitz.

Wolter von Plettenberg kam sehr früh, vermutlich 1464, nach Livland, trat in den Orden ein und stieg über verschiedene Ämter zum Vogt von Rossiten auf. Seit dem Mai 1489, vermutlich noch nicht dreißigjährig, erscheint er als Landmarschall und damit Leiter der militärischen Angelegenheiten. 1491 besiegt er die Truppen der immer unbotmäßigen Bischofsstadt Riga und beendet damit eine langjährige Fehde, aber es währt noch drei Jahre, ehe er Ordensmeister wird und dem Ordensland Livland eine Phase von Frieden und wachsendem Wohlstand bescheren kann. Als der Orden sich schließlich mit Michael Hildebrand, Bischof von Reval, auf eine Übernahme des Bischofstuhles von Riga verständigte, schwiegen alle alten Gegensätze, und man konnte vereint gegen die Moskowiter ziehen: Zunächst am Fluss Serica, danach am Smolina-See, Schlachtorte im alten Begegnungsgebiet zwischen dem deutsch-baltischen und den russischen Interessen, hinter denen mit Iwan III. ein begabter und energischer Herrscher stand.

Die Überraschungsangriffe, die in die russischen Bereitstellungen hineinstießen, führten zu einem wechselseitigen Friedensgebot, das bis zum Jahr 1558 hielt. Dann führte der russische Druck auf die Ostseeländer zu jenem Livländischen Krieg, der alle Ostsee-Anrainerstaaten einbezog und neue Verhältnisse schuf.

Plettenberg war in der Übergangszeit der Reformation ein besonnener Leiter aller Ordensgeschäfte und der Interessen des Ritterordens in Livland; er unternahm nichts gegen die Lutheraner, blieb selbst aber Katholik. Wenn er mit dem Gedanken spielte, das livländische Ordensgebiet zu säkularisieren und einen eigenen Staat zu schaffen, wie es etwa gleichzeitig in Preußen geschah, so scheint er diesen Ideen nicht entschlossen genug nachgegangen zu sein. Er wurde zwar 1527 von Kaiser Karl V. zum Reichsfürsten erhoben und erhielt Sitz und Stimme in der Reichsversammlung, aber das Land, für das er so viel getan hatte, erhielt ein anderer zum Lehen: Gotthard Kettler, letzter livländischer Meister des Deutschen Ordens, seit 1561 Herzog von Kurland und Semgallen von Gnaden des polnischen Königs Siegmund August.

Gotthard von Kettler, auch Ketteler geschrieben, hatte sich auf dem Höhepunkt der pruzzischen Angriffe im Jahr 1559 unter den Schutz Polens begeben müssen. Kurland wurde Erbherzogtum, und um Erben haben zu können, wurde Kettler wie viele seiner Untergebenen evangelisch. 1566 heiratete er Anna, Tochter Herzog Albrechts VII. von Mecklenburg, und hatte damit alle wünschenswerten Beziehungen zum Adel der deutschen Ostseeländer, während in Kurland und Semgallen nicht alle Edlen mit der neuen Lage einverstanden waren. Indes arbeitete, wie man heute sagen muss, Kettler so umsichtig für sein Land, wie es kein einheimischer Potentat hätte besser machen können. Er baute Kirchen, gründete Schulen und legitimierte auf diese Weise die Herrschaft seines Geschlechts über ein letztlich doch koloniales Gebiet. Dass die Zarin Anna 1737 ihren eleganten Günstling Ernst Johann von Biron zum Herzog von Kurland machte, war, gelinde ausgedrückt, grober Undank ...

Verglichen mit den weiten preußischen Gebieten und den vielen Stämmen des altpruzzischen Volkes in einem schwer zugänglichen Wald- und Seenland, liegen die livländischen Ereignisse im hellen Licht der Geschichte. Von den hansischen Kundfahrten nach Pleskau, Dorpat und Riga angefangen, gleicht der Griff des Ritterordens nach den baltischen Ländern eher einer herrschaftlichen Landnahme denn einem blutigen Kreuzzug. Das Bild entsteht, weil die Ritter hier auf bekannte Gegner stießen, auf eine Gegnerschaft, die sich berechnen ließ, auf Feinde aus Rivalität und Stolz wie die Erzbischöfe von Riga oder Feinde im Osten, die aus ihrem großen Land an die Ostsee drängten. Im Land selbst, unter den estnischen Bauern und lettischen Seeleuten, wuchs wenig

Widerstand, vielleicht, weil die Bevölkerungszahlen einfach zu gering waren. Das Land war zu flach, um es wirksam zu verteidigen, das Landvolk zu arm, um die Möglichkeiten und Chancen auszuschlagen, die mit den neuen Herren gegeben waren.

Man müsste also an eine vergleichsweise humane Christianisierung des Baltikums glauben, an Kriege nur gegen Armeen der Zaren oder der Kirchenfürsten, die sich dem Orden nicht unterwerfen wollten. Aber sieht man genauer hin, dann nimmt sich der livländische Orden, obwohl er es vielleicht leichter hatte als die Preußen-Kreuzfahrer, kaum viel anders aus als die Ritter, die bei der Eroberung von Pruzzenburgen kein Pardon gaben und jeden Ausritt damit begannen, ein paar Dörfer niederzubrennen. Peter von Dusburg hat uns getreulich und ohne zu beschönigen genug Einzelheiten einer Schreckenschronik geliefert, und er fand einen Nachfolger für das Gebiet des livländischen Ordens in Paulus Pole, einem Kaplan der altstädtischen Pfarrkirche zu Königsberg. Er war einer der ersten Kirchenmänner der Pregelstadt, die sich für Martin Luther entschieden, blieb nicht Kaplan, sondern wurde Kaufmann und hatte das Unglück, danach lange krank zu werden, als wolle der Himmel ihn für solche Untreue strafen. Auf dem Krankenlager las Pole in Bruchstücken verschiedener preußischer Chroniken und bekam Lust, da er sich für die geschichtlichen Vorgänge um ihn herum stets interessiert hatte, selbst einiges aufzuzeichnen. Er ergänzte seine eigene Erinnerung aus Dokumenten und Gesprächen, die ihm mündliche Überlieferungen vermittelten, und kompilierte auf diese Weise seine eigene Ordensgeschichte, die an Deutlichkeit dem berühmten Vorbild des Dusburgschen Chronicons nacheifert. Selbst nicht mehr Katholik, ging er mit den Rittern unbefangen ins Gericht.

Pole berichtet mit bemerkenswerten Einzelheiten vom Tod des Bischofs Dietrich von Cuba, „war ein Doktor beider Rechte, gar ein geschickter, gelehrter, sinnreicher Mann, weiß (!) und von schönem und zartem Körperbau, so dass, wie man sagt, Gott an ihm nichts vergessen hatte". Der Bischof wurde, ungeachtet aller seiner Vorzüge, vom Hochmeister zu Königsberg und vom dortigen Domkapitel mit wenig verhüllter Feindseligkeit aufgenommen; er revanchierte sich, indem er den Ablass gegen Geldspenden verkündete. „Es kam ganz außerordentlich viel Geld ein, so dass der Bischof denken mochte, wenn viele solcher Tage im Jahr kämen, wolle er lieber Bischof im Samland sein denn Kardinal in Rom." Geld weckt Begehrlichkeit, der Ordens-Hochmeister wollte die Hälfte des Geldsegens für die Ritter haben, um das vom Krieg verheerte Land wieder aufzubauen, aber der Bischof entgegnete „er wollte erst seiner Kirchen Notdurft ansehen. So dann etwas übrig bliebe, alsdann wollt er sehen, was über die Sache (die Teilung des Geldes) beraten würde. So behielt der Bischof das Geld, und beide Herren schieden gar freundlich voneinander und begannen fortan heimlich aufeinander zu grollen."

Der Bischof brachte einige einflussreiche Ordensritter auf seine Seite und bereitete eine Absetzung des Hochmeisters Heinrich von Richtenberg vor. Um für diese Veränderungen auch in Rom den Boden zu bereiten, versetzte der Bischof Gegenstände aus dem Kirchenschatz bei Geldverleihern aus Königsberg und Danzig, deren Namen Pole nennt: Kurt Hospel und Jakob von Frechten, und auch die Summe von 20.120 Mark Silbers ist ihm bekannt. Verschwörungen bleiben selten geheim, der Hochmeister erfuhr alles und ließ den Bischof auf die Burg Tapiau bringen, „anfangs nur gebunden, aber in einem ehrbaren Gemach, wie es einer solchen Persönlichkeit ziemt". Ein Kaplan, der Pole offensichtlich persönlich bekannt war, überredete den Bischof zu einem Fluchtversuch und machte sich bei dem Hochmeister dadurch beliebt, dass er die Fluchtvorkehrungen verriet. Man erinnerte sich der Vorgänge um Heinrich von Plauen, der aus seiner milden Haft heraus dem Orden noch manche Schwierigkeit bereitet hatte, „und es wurde beschlossen, dass man den Bischof in ein hartes Gefängnis führen sollt und ihn Hungers sterben lassen ... Also ward Bischof Dietrich von Cuba von zwei dazu bestimmten Kreuzherren heimlich, damit der Pöbel nicht Ursach hätt, in allen Gassen und Wirtshäusern sich den Mund darüber zu zerreißen, in ein dunkles, fensterloses Gewölbe geführt und mit Händen und Füßen kreuzweis stehend an eine Mauer in eiserne Ringe gespannt, wo er nach etlichen Tagen Hungers gestorben ist, was der allerjämmerlichste Tod sein muss."

Johannes Bühler, in dessen Sammelband über Ordensritter und Kirchenfürsten sich diese Auszüge aus Pole finden, ist nicht so mitleidig wie der einstige Kaplan. Er kommentiert den Bericht mit den Worten: „Die Verurteilung des Bischofs zum Hungertod ist kein Zeichen von besonderer Grausamkeit der Ordensritter, sondern eine im Mittelalter nicht selten verhängte Strafe, die zum Beispiel in den Städtechroniken häufig erwähnt wird." Bischof Dietrich von Cuba dürfte die relative Häufigkeit dieser Strafe kaum getröstet haben; er litt so unter dem Hunger, dass er die ihm trotz der Fesseln erreichbaren Partien seines Körpers mit den Zähnen zerfleischte, weswegen der Hochmeister befahl, „die Leiche erst dann herzuzeigen, wenn sie ehrbar und bischöflich angezogen und bei passender Zeit in das erste Gemach (d. h. das frühere Gefängnis) gebracht wäre ... So geschah es auch, die Leiche wurde nach Königsberg geführt und mit allen bischöflichen Ehren begraben."

Wer sich nicht täuschen ließ, das war der Papst Sixtus IV. (1471 – 84); Pole zitiert wörtlich seine Verwünschung: „Vertilget muss werden das überaus schnöde schwarze Kreuz (auf dem Ordenshabit), denn das ist immer ein verfluchter Orden, wo ein Laie über einen Priester herrscht." Das Zerwürfnis mit dem Papst wurde dadurch beigelegt, dass der Orden „sieben Männer mit Geld (bestach), dass sie mit aufgereckten Fingern vor dem Papst stunden und schworen, dass Bischof Dietrich nicht auf diese Weise vom Orden umgebracht worden sei, wie missgünstige Leute Seiner Heiligkeit zugetragen hätten, sondern er wäre eines ganz natürlichen Todes gestorben, so war ihnen Gott helfe und seine lieben Heiligen. Das musste der Papst ja nun glauben, dazu halfen getrost etliche Kurtisanen, die der Papst auch sehr lieb hatte ... vielleicht hatten auch sie vom Orden Geschenke empfangen."

Eine wenig bekannte Facette der Ordensaktivitäten berichtet Paulus Pole von einem Ritter namens Hans von Liebenthal, Pfleger zum Grunnenhof. Er hatte das an dieser Küste (und nicht nur dort) wichtige Recht, Strandgut einzusammeln und für den eigenen Säckel zu verkaufen, weswegen er sich besonders freute, wenn stürmisches Wetter herrschte und Handelsfahrer in Seenot gerieten „und sie reich und selig wurden, wenn andere Leib und Gut verloren, das war ihres Herzens Wonne. Nun hatte besagter Sturm ein mast- und segelloses Schiff in den Winkel unter Brüsterort getrieben ... Die größten Anker und Ketten brachen und rissen. Als nun schier kein Rat mehr war, nur der kleinste Anker noch hielt und die Seeleute in ihrer Not zu Gott schrieen, da half Gott, dass der Anker sie rettete. Als der Sturm nun gestillet war, wären sie gern an Land gegangen, konnten aber nicht hinkommen, denn Boot und Schaluppe hatte der Sturm fortgerissen. Und die Leute, die zu Rosehnen und anderswo ringsum am Strande wohnten, die durften nicht zu ihnen fahren, denn der fromme geistliche Mann, der Pfleger, hatte das bei Hals und Gut verboten, damit die Schiffbrüchigen doch zuletzt vor Hunger umkommen ... müssten und so das, was übrig war ... an ihn kam. Ich weiß nicht, wie in Königsberg bekannt wurde, dass da ein Schiff vor Anker lag, indes meine ich, die Bauern haben es herausgebracht, und also wurden die armen Leute (d. h. die Schiffbrüchigen) mit Gottes Hilfe gerettet, und das Schiff wurde auch bald darauf zur Stadt gebracht". Und dann verliert Paulus Pole jede Contenance, was durchaus für ihn spricht, und bricht jenseits jeder Chronistenpflicht in den Schrei aus: „Ist dieser Pfleger nicht ein scheußlicher Tyrann gewesen? An ihm war nichts Menschliches mehr denn Aussehen und Gestalt, nichts Geistliches denn Bart, Kreuz und Mantel."

Man kann es heute jede Woche in den Beilagen vornehmer deutscher Zeitungen lesen, wie übel es Königsberg geht, seit es Kaliningrad heißt, wie die Menschen hungern, im Müll stochern und zu einem monströsen Hochhaus aufblicken müssen, das sich auf den Fundamenten der Königsberger Burg erhebt. Aber vor sechshundert Jahren hatte die Stadt auch recht bunte Schicksale. Was ein solides Staatsgebilde durchaus überstehen kann, einen langen, verlustreichen und schließlich verlorenen Krieg, muss einer landfremden Konstruktion wie einem geistlichen Orden zum Verhängnis werden. Die perfekteste Organisation hängt plötzlich in der Luft, in dem großartigen Netz lösen sich die Knoten.

Die Ansprüche der uns bekannten Söldnerführer aus dem Dreizehnjährigen Krieg bezeichnet Fritz Gause, der große Historiker der Stadt Königsberg, als eine „hinzunehmende Gefahr", ein kostbarer Begriff, in dem sich das stille Einverständnis mit dem Landerwerb deutscher Adeliger verbirgt: Ein Wendt von Eulenburg macht sich im Samland sesshaft, die Familie verkauft ihren Besitz in der Lausitz und erwirbt Schloss Bartenstein und weiterer Grundbesitz, lässt Gauses Königsberg aber ungeschoren. Eine große Gefahr kam aus dem schlesischen Haus der Herzöge von Glogau, Sagan und Krossen. Balthasar, Sohn Johannes I. Herzogs von Sagan und der Scholastika, Tochter Rudolfs III., Kurfürst von Sachsen, war ein Mann von großen Verbindungen und beträchtlichem Vermögen und im Dreizehnjährigen Krieg Verbündeter des Deutschen Ritterordens, ohne freilich das Blatt wenden und die Polen und Litauer besiegen zu können. Hochmeister Ludwig von Ehrlichshausen hatte ihm 1455 einen Schuldbrief über vierzigtausend Goldgulden ausgestellt, und für diese uneinbringliche Summe verlangte Balthasar nicht weniger als Königsberg, Heiligenbeil, Eylau, dazu die Kreutzburg, Labiau und das ganze Samland, und das, obwohl der Orden den Bürgern von Königsberg und den Samländern versprochen hatte, sie nie zu verpfänden. Der Hochmeister scheint, obwohl Ehrlichshausen heißend, ein unehrliches Spiel getrieben zu haben, denn der Herzog schaltete bald wie ein Herr der Stadt, brachte die Königsberger Münze wieder in Gang, wenn man auch zu dem, was er prägen ließ, nicht viel Zutrauen hatte.

„Herzog Balthasar regierte in Königsberg indessen wie ein Fürst", schreibt Fritz Gause, aber das haben die Herzöge eben an sich, und man kann es ihnen schwerlich vorwerfen. Erst den vereinten Bemühungen und wohl auch Geldleistungen der zugezogenen deutschen Adeligen gelang es, dem Herzog eine Rückkehr in sein heimatliches Schlesien schmackhaft zu machen. Gause nennt die Grafen Hans von Gleichen und Georg von Henneburg und dazu Wendt von Eulenburg. Im April 1457 jedenfalls kehrt Herzog Balthasar endlich nach Schlesien zurück, einige Jahre später tröstet er sich über das entgangene Samland durch eine Ehe mit der jungen Prinzessin Barbara, Tochter des Herzogs von Teschen. Der Ordens-Hochmeister scheint auf die Abreise des Herzogs gewartet zu haben: Kaum hat Balthasar der Stadt den Rücken gekehrt, hält der Hochmeister – es ist immer noch Ludwig von Ehrlichshausen – seinen Einzug in der Pregelstadt und beruhigt damit die Bürger, unter denen inzwischen nicht wenige beträchtlichen Besitz aus der Schiffahrt und dem Fernhandel gewonnen haben: Die Ritter, das verlangen sie, sollen selbst keinen Handel mehr treiben.

Die Einzelheiten, die uns Paulus Pole schildert, wirkten gemeinsam auf das Großereignis des frühen sechzehnten Jahrhunderts hin, auf die Reformation. Keiner der Reformatoren war im Ordensland zur Welt gekommen oder auch nur aus den Reihen des Ordens hervorgegangen, dessen Mitglieder sich ja nicht verehelichen durften. Aber die politischen und kriegerischen Wechselfälle bis hin zum Zweiten Thorner Frieden hatten in der großen Verunsicherung der Bevölkerung den Boden für einen Wandel bereitet.

Als der preußische Bund aus Adel und Handelsstädten sich gegen den Orden zusammenschloss, hatte der Papst alle Mitglieder dieses Bundes gebannt; was sonst hätte er aus der Ferne tun können? Der große Bann konnte durch individuelle Ablasszahlungen gelöst werden, ein höchst diskutables Vorgehen, von dem uns schon Pole berichtet. Es konnte die

Autorität der alten Kirche nicht steigern und durch die einkommenden Summen nur Begehrlichkeit und Zwietracht wecken. Wo das Geld so wichtig wird, da sinkt die Moral ins Bodenlose. Fritz Gause erzählt die tragische und bis heute nicht klare Geschichte des Domherrn Andreas Brachwagen, der einer schwachsinnigen Frau ein Kind gemacht haben sollte und deswegen verhaftet wurde, seine Unschuld beteuerte und in Freiheit, aber geächtet und in tiefer Kümmernis starb. Deutlicher erscheinen uns die Vorgänge um die Nonnen des Königsberger Klosters, denn der Nonnenprobst Jorg Zan nahm bei dem jahrelangen Streit kein Blatt vor den Mund. Gause bemerkt sarkastisch: „dass er die Nonnen als Huren beschimpfte, wird seinen Grund gehabt haben".

Jedenfalls gingen Glaubwürdigkeit, Glanz und Macht der alten Kirche trotz einer immer noch existierenden Ordensorganisation unaufhaltsam zugrunde; die grandiose Beschwörung des neuen Geistes durch die große Fastenprozession von 1519 berührte alle Kirchen von Königsberg, fünf an der Zahl, so jung die Stadt war, und sah die Würdenträger mit ihren großen Namen noch einmal vereint, ob sie nun Ordensritter oder Prälaten der alten Kirche waren. Zum Teil waren sie von weither angereist wie Erich I., Herzog von Braunschweig, unter den Bischöfen erscheint zum erstenmal der alte meißnische Adelsname Polenz, der lange als preußisch galt: Die Polenz sollten nämlich die Siedlung Fischhausen wenige Kilometer von Königsberg erbaut haben, als sie 1269 an einem Pruzzenkreuzzug teilnahmen. Erst eine spätere Dresdner Chronik reklamierte das Geschlecht erfolgreich für Sachsen.

Über dem Festzug schwebten schon die dunklen Wolken alter und neu ausbrechender Gegensätze; noch im selben Jahr sollte Hochmeister Albrecht, ein Prinz aus dem Hause Ansbach, gezwungen sein, um die Befreiung des Ordens aus der polnischen Oberhoheit zu kämpfen, einer der jüngsten Hochmeister und doch der Mann, der alles entscheiden sollte.

Die große Wende

Sie kam von außen, und sie kam von innen, und alles wurde anders im Ordensland. Während die Ritter, der preußische Bund und Polen in Thorn um den zweiten Frieden rangen, begann der Wandel in der Welt. Portugiesische Karavellen tasteten sich der afrikanischen Küste entlang nach Süden; kühne Händler gaben erste Berichte aus jenem Indien, das manche für einen Fiebertraum des großen Alexander gehalten hatten, und als Johann von Tiefen sein drittes Jahr als Hochmeister des Deutschen Ordens begann, verbreitete sich zuerst in Danzig, Elbing und Königsberg und dann auch in den Städten des Binnenlandes das Gerücht, drei spanische Schiffe, geführt von einem Juden aus Genua, hätten jenseits des großen Meeres im Westen große Inseln entdeckt, die Indien vorgelagert sein mochten oder Cipangu oder aber Teile einer völlig neuen Welt.

Die Ostsee, die in den Jahrhunderten seit der Wikingerzeit wichtig geworden war wie ein zweites Mittelmeer, an der Großmächte entstanden waren wie Schweden und Russland, rückte wie von Gotteshand geschoben an den Ostrand der christlichen Welt. Die tüchtigen friesischen Fernhändler setzten Segel für die Fahrt nach Westen, Dänemark besann sich auf Island und Grönland, und an der englischen Westküste wurden Städte groß, von denen zuvor niemand gehört hatte. Der Kaiser aber, der lange Zeit wie seine Vorgänger immerzu nach Rom geblickt hatte, wandte den Blick den Silberbergwerken in den Anden zu und dem Aztekenland, wo es – man sollte es nicht glauben – ohne Christentum und ohne Papst, eine glanzvolle Hochkultur gegeben hatte, die nun natürlich zerstört werden musste.

Es fehlte im Ordensland nicht an Stimmen, die der einst so mächtigen Organisation der deutschen Ritter das nahe Ende voraussagten. Viele verbanden damit keine Schmähung, ja nicht einmal Kritik. Sie dachten nur an die natürliche Begrenzung aller Kreuzzüge und aller missionarischen Tätigkeiten und an Gegenden von Europa, in denen die Ordensarbeit sinnvoller und dringender notwendig wäre als unter den Fittichen des inzwischen in seinem Christentum gefestigten polnischen Königtums. Es kam aber nicht zu einer Verlagerung der gesamten Ordensaktivitäten wie nach dem Debakel im Burzenland, als Hochmeister Johann von Tiefen nun mit nicht allzu vielen Rittern 1497 gegen die Türken marschierte. Johann von Tiefen starb auf diesem Zug im August 1497, und zwei Monate später erlitt das polnische Heer, verstärkt durch die Ordensritter, eine Niederlage gegen die ortskundig geführte Armee Stephans IV., genannt der Große, den Fürsten der Moldau, die das polnisch-deutsche Expeditionscorps bei Cozmin überfallen hatte. Im Jahr darauf eroberte Stephan sogar Lemberg und 1501 mitten im Frieden Pokutien, einen Landstrich in Ostgalizien zwischen Dnjestr und Karpaten.

Johann von Tiefen hatte durch die Erfüllung seiner Lehnspflicht gegenüber dem Polenkönig die zweite, radikalere Wandlung der Ordensexistenz vermieden, die Verpflanzung nach Podolien, für die es angeblich eine Zustimmung des Kaisers gab, weil das Reich die Türken fürchtete. Diese Gesamtverpflanzung des Ritterordens in den fernen Südosten hatte einen zweiten Fürsprecher in dem Ermland-Bischof Lukas von Watzenrode, der damit in der ordensfeindlichen Tradition des Ermland-Bistums blieb. Die katholische Geschichtsschreibung für des Ermland bezeichnet Watzenrode als einen der größten Männer seines Jahrhunderts, so Dr. Karl Schrödl, Domprobst und Generalvikar in Passau: „In seinem Äußeren so ernst, dass er nie gelacht haben soll, war er trotz der anfänglichen Gegnerschaft bald den polnischen Königen wie dem Hochmeister Friedrich von Sachsen für die Behandlung der preußischen Angelegenheiten ein förmliches Orakel, an dessen weitere Information sie beiderseitig in ihren geheimen Instruktionen ihre Gesandten banden. Da er die ganze damalige Gehaltlosigkeit (!) des deutschen Ordens aus nächster Nähe kannte, erklärte er ... dessen exzeptionelle Stellung und Berechtigung in dieser Gegend überhaupt für verfallen, weil der Orden nach Bekehrung der hiesigen Völkerschaften seinen ursprünglichen Zweck verloren habe ... Von Erfolg begleitet war sein Bemühen, das Abhängigkeitsverhältnis Ermlands von der Metropole Riga zu lösen." Watzenrode reorganisierte die Domschule in Frauenburg durch Heranziehung guter Lehrkräfte aus Kulm und unternahm 1509 den Versuch, gemeinsam mit Elbing eine Universität zu begründen, wogegen sich die dortigen wohlhäbigen Handelsherren freilich verwahrten. Mehr Freude bereitete ihm sein Neffe, der Domherr Nikolaus Copernikus, geboren am 19. Februar 1473 zu Thorn als Sohn des deutschen Kaufmanns Niklas Koppernigk und der Barbara Watzenrode (der Name Kopernig, ursprünglich ein Ortsname, findet sich schon vorher in Böhmen, Mähren und Schlesien).

Die Lebensgeschichte des großen Astronomen kann hier nicht ausgebreitet werden, sie hat mit dem Deutschen Ritterorden auch nicht viel zu tun. Aber sein Bildungsgang zwischen italienischen Universitäten wie Bologna, der Universität Krakau und der Domschule zu Frauenburg ist kennzeichnend für die intensiven Beziehungen zwischen Nord und Süd auch in Ostmitteleuropa, Beziehungslinien, die wir in den Jahrzehnten zwischen 1945 und 1989 beinahe vergessen hatten. Hierher gehören auch die Ostsee-Reisen des Südtiroler Adeligen und Dichters Oswalt von Wolkenstein, der in verschiedenen Dokumenten wie etwa dem Marienburger Tresslerbuch des Ritterordens aufscheint. Eckhart von Vilanders, ein Vetter des Wolkensteiners, war als Söldnerführer in den litauischen Scharmützeln des Ritterordens besonders aktiv und forderte seinen Verwandten zu angeblich ertragreichen „Reisen" zu den Litauern auf, doch scheint sich der Wolkensteiner mehr um den Export des berühmten Südtiroler Weins ins weinlose Ostpreußen bemüht zu haben. Immerhin besitzen wir seine Verse „Ich han gewandelt manig her/gen Preußen, Reußen/über Mer".

Ostmitteleuropa ist damals also trotz schwieriger Verkehrsverhältnisse kein abgeschiedenes, abgelegenes oder gar vergessenes Land, im Gegenteil: Die sich im Westen konsolidierenden Monarchien Frankreich, Spanien, Portugal und

England schaffen für die Kaiser aus dem Hause Habsburg eine Situation, die zur Herstellung fester Ordnungen und verlässlicher Grenzen auffordert. Aber diese Grenzen sind lang. Von Südosten her drängen die Osmanen über den Balkan herauf gegen das Reich, und im Osten zieht sich Großpolen von der Ostsee bis zum Dnjestr und würde über Podolien bis ans Schwarze Meer heranreichen, hätte nicht Stephan der Große bei Cozmin so deutlich gesiegt.

Dieses weiträumige Engagement der polnischen Könige rettet den Orden, denn längst wären die Polen zu den Waffen geeilt, um den neuen Hochmeister Friedrich von Sachsen zum Treueid zu zwingen, wären sie nicht von der Situation überfordert gewesen. Es war an der Wende zum sechzehnten Jahrhundert einfach nicht möglich, Truppen aus Podolien an die Ostsee zu verfrachten, es sei denn, man hätte eine große Armee und gute Straßen zur Verfügung gehabt.

Friedrich von Sachsen, also ein deutscher Hochmeister aus einem regierenden Haus, beschränkte zudem seine Tätigkeit für den Orden keineswegs darauf, dem Polenkönig den Treueid zu verweigern, die vorhandenen Ordensburgen in Verteidigungszustand zu setzen, die verfallenen Burgen zu räumen und die Wirtschaftsbeziehungen des Ordens zu aktivieren: Er reiste unermüdlich im Reich, trat auf Fürstentagen auf, proklamierte den Orden mit seinem so mühsam kultivierten Land als einen Teil des Reiches und brachte Kaiser Maximilian, den stets Vorsichtigen, zu einer ermutigenden Erklärung, der freilich von Seiten des Reiches herzlich wenig Taten folgten.

Wichtiges geschah beinahe im Verborgenen: Die durch den langen Streit mit Polen und Litauen verwüsteten Landschaften wurden durch neuen Zuzug aus dem Reich wieder bevölkert. Unfreie Bauern stiegen zu freien Grundbesitzern auf, und Adeligen, die diesen Prozess zu behindern suchten, klopfte der Hochmeister wachsam auf die Finger. Abgaben und Dienstleistungen blieben im Osten deutlich niedriger als im alten Reich, was neue Siedler anlockte. Weitere Hilfe kam aus dem Süden, weil der Fürst von Masowien mit den

Polen in Unfrieden lag und die mit den Wäldern und den Waldgewerben vertrauten Masowier friedlich ins Ordensland einsickern konnten. Schon seit dem 14. Jahrhundert hatten vor allem die Honigsammler, damals Beutner genannt, ihren festen Platz in der Ordenswirtschaft. Es gab ja noch keine Zuckerrübenindustrie, der würzige und wertvolle Waldhonig aus Ostpreußen war ein geschätzter Exportartikel, ja ein Dorf der masowischen Einwanderer erhielt sogar den Namen Beutnerdorf (es lag bei Ortelsburg). In der beginnenden Reformation zeigten sich auch die Masowier dem neuen Glauben geneigt, während ihre im Süden, an den polnischen Grenzräumen siedelnden Landsleute katholisch blieben.

Diese umfassende Reorganisation, Ordnung, Aufrüstung, Verknappung des Apparates waren in summa Aufgaben, die mit den noch vorhandenen und einsatzfähigen Ordensrittern nicht bewältigt werden konnten. Friedrich von Sachsen bewies auch in seiner Personalpolitik eine glückliche Hand. Er löste kostspielige Komtureien auf und suchte im bodenständigen Adel des Ordenslandes nach fähigen Köpfen für die Verwaltung. Da diese weltliche Beamte und Räte blieben, bereitete sich auf diese Weise die Säkularisation des Ordensimperiums vor – ein Vorgang von größter Tragweite, der in dieser Phase des Ordensschicksals weder dem König von Polen noch auch dem Kaiser erkennbar wurde. Erst, als Friedrich von Sachsen auf dem Reichstag zu Worms im Jahr 1509 einen Hilferuf an die versammelten deutschen Fürsten richtete, wurde auch dem Polenkönig klar, dass sich ein großer Wandel anbahne. Es kam zu Verhandlungen, die sich monatelang hinzogen, ohne die entscheidenden Probleme zu lösen, und im Dezember 1510 starb Friedrich von Sachsen, der Hochmeister.

Friedrich von Sachsen hatte hinsichtlich der religiösen Erneuerungsbewegung eine eher passive Haltung eingenommen, die Ausbreitung des neuen Gedankengutes in den Nordosten Deutschlands aber nicht behindert. Der Buchdruck war das Medium, durch das zwar nicht auf breiter Front, aber unter schneller Nutzung der bestehenden Verbindungen nicht nur die Schriften der Humanisten, sondern allgemein informierendes Schrifttum Königsberg, Riga und Dorpat erreichten. Die unter der Last einer ungewohnten Ware ächzenden Bücherkarren erreichten von den sächsischen und österreichischen Druckorten aus das Ordensland, und die Folge war eine lautlose Woge neuer und zum Teil überraschender Einflüsse, durch die sich die innere Bereitschaft zur Auflösung der straffen Ordensordnung anbahnte.

Erst vergleichsweise spät, als den weisen Hochmeister Friedrich von Sachsen schon lange die Erde deckte, kam es zu lauten Aktionen in den Ostseestädten, ja Königsberg sah sogar einen nordischen Savonarola in seinen Mauern, den im Plattdeutsch der Schiffer predigenden und hetzenden Johannes Amandus, auf dessen Veranlassung eine Art Bildersturm den Dom seiner alten Gemälde beraubte. Silbernes Altargerät wurde für den Rat der Stadt beschlagnahmt, das Franziskanerkloster sogar gestürmt, allerdings, ohne dass die Mönche persönlichen Schaden nahmen: Lediglich Sankt Franziskus, vielleicht der unschuldigste aller Heiligen, wurde in Gestalt seines im Kloster verwahrten großen Bildes an einen improvisierten Pranger gestellt und schließlich verbrannt. Amandus selbst blieb dieses Schicksal erspart, das in Florenz bekanntlich Girolamo Savonarola erlitt, er musste aber Königsberg verlassen oder tat dies freiwillig.

Als im Dezember 1510 eine schwere Krankheit das Lebensende des Hochmeisters Friedrich von Sachsen ankündigte, bemühten sich Ordensritter und Bischöfe gemeinsam um eine Nachfolgeregelung, die sowohl im Reich als auch am polnischen Königshof begrüßt werden würde, und es war Hiob von Dobeneck, Bischof von Pomesanien, der eine zukunftsträchtige Lösung fand. Dobeneck, auch der eiserne Bischof genannt, verwaltete das Land gemeinsam mit seinem Amtsbruder aus dem Samland und dem Ordens-Großkomtur Simon von Drahe; er wusste, dass der junge Markgraf Albrecht von Brandenburg nicht nur persönliche Eignung mitbrachte, sondern eine Tochter König Kasimirs IV. von Polen als Mutter hatte, also ebenso wohl ein polnischer wie ein deutscher Fürst war. Was Dobeneck vermutlich nicht beurteilen konnte, waren die Sympathien des jungen Markgrafen für die neue Lehre. Erst im Februar 1511 auf seine neue Ehre eingeschworen, nahm Albrecht von Brandenburg, nun Hochmeister des Deutschen Ritterordens, schon wenige Jahre später Verbindung zu Luthers Protektor, dem Kurfürsten Friedrich dem Weisen, auf und ließ behutsam anfragen, wie sich Luther zu einer Reform des Ritterordens im Sinn seiner neuen Ideen stellen würde.

Luther hatte soeben seine bahnbrechende Schrift an den christlichen Adel deutscher Nation veröffentlicht, von der wohl entscheidende Anregungen auch an Albrecht von Brandenburg ausgingen. Weitere Einflüsse darf man Albrechts persönlichen Begegnungen auf dem Reichstag zu Nürnberg im Jahr 1522 zuschreiben. Jedenfalls ließ Albrecht bald nach dem Reichstag Luther insgeheim eine Abschrift der Ordenssatzungen zugehen und verschwieg auch nicht, dass selbst der Papst den Augenblick für eine grundsätzliche Reform der Ordensorganisation als gekommen ansah.

Die Antwort, die Luther dem Vertrauten des Hochmeisters gab, ist nicht überliefert; möglicherweise handelte es sich aus Gründen der Geheimhaltung lediglich um eine mündliche Botschaft. Sicher ist hingegen, dass Albrecht von Brandenburg Luther im November 1523 in der Stadt Wittenberg besuchte, und es steht auch fest, dass Luther, der kühnere Denker der beiden, schon bei diesem Zusammentreffen riet, die Ordensregel völlig beiseite zulassen und aus dem Ordensland einen weltlichen Staat zu machen.

Man hat Martin Luther gerade im Zusammenhang mit diesem doch sehr weit gehenden Ratschlag an einen deutschen Fürsten nachgesagt, er habe sich als „Deutschlands Prophet bewährt" (Georg Buchwald). Aber Luther hatte als aufmerksamer Beobachter der Zeitereignisse erkannt, dass selbst für einen so radikalen Schritt alle Voraussetzungen gegeben seien. Schon der Krieg, den der Hochmeister Albrecht gleich zu Beginn seiner Herrschaft gegen Polen hatte führen müssen, hatte trotz seiner kurzen Dauer von 1519 bis 1521 erkennen lassen, dass beide Seiten keinesfalls geneigt oder auch nur fähig waren, bis zum Äußersten zu gehen. Überraschende Kriege konnten zu jener Zeit nur mit Soldtruppen geführt werden; weder im entvölkerten Pruzzenland noch im verarmten Polen konnten Armeen auf die Weise aus dem Boden gestampft werden, die im nächsten Jahrhundert Albrecht von Wallenstein zu einer beherrschenden Größe machen werden.

Polens beschränkte Möglichkeiten bestanden in lokalen Verheerungen, in Nadelstichen, in begrenzten Aktionen zur Demoralisierung. Hingegen waren die Städte des Ordenslandes wohlhabend und weitgehend bereits ummauert, und in den Ordensburgen vermochte man zumindest einen schwachen ersten Angriff mit begrenzten Zahlen an Verteidigern auszuhalten. Erst 1520 kam es zu heftigeren Kämpfen, obwohl es bei geringen Aufgeboten blieb und bald Albrecht, bald die Polen Siege errangen. Und als es schließlich gelang, den Dänen klar zu machen, dass ein polnisches Ostsee-Ufer für sie mehr Gefahr bedeute als deutsche Städte und Fürsten, begehrten wichtige Gruppen des polnischen Adels gegen die verlustreichen und wenig aussichtsreichen Kämpfe auf, und Polen zeigte Verhandlungsbereitschaft. Albrecht, in dieser entscheidenden Phase erst dreißigjährig, hatte offensichtlich die besseren Nerven. Er lenkte noch nicht ein, ja tat so, als setze er zu neuen Vorstößen gegen die polnischen Positionen in Danzig und Elbing an, rief ein kaiserliches Schiedsgericht an und hatte mit all dem schließlich den Erfolg des so genannten Thorner Kompromisses vom April 1521.

Polens König Sigismund I., der Alte genannt, weil er zu jener Zeit fünfundfünfzig Jahre zählte, hatte 1519 eine Niederlage von den Tataren hinnehmen müssen, wurde gleichzeitig von Reichstruppen, Ordensrittern und vom Nordosten her von den Russen bedrängt, und willigte zunächst in ein Stillhalte-Abkommen von vier Jahren Dauer, 1525 dann in den Vertrag von Krakau, in dem Albrecht von Brandenburg das ganze Preußenland als Herzogtum und erbliches Lehen aus der Hand Sigismunds empfing.

Dass Masowien an die polnische Krone zurückfiel, mag der König als eine Art Ausgleich empfunden haben, und ein friedliches Preußen war schließlich wirtschaftlich für das schwer kämpfende polnische Binnenland förderlicher und hilfreicher als der Zustand latenter Feindschaft und gegenseitigen Misstrauens, der seit dem Zweiten Thorner Frieden, also länger als ein halbes Jahrhundert, geherrscht hatte.

Für den Ritterorden war dieser Wandel in ein weltliches Herzogtum mehr als eine Chance, er war die Rettung aller Früchte Jahrhunderte langer Ordensarbeit in einem Augenblick, da der Orden selbst auf dem tiefsten Punkt angelangt war. Karl V. distanzierte sich immer deutlicher von der protestantischen Mitte des Reiches und richtete den Blick nach Übersee, in die Neue Welt. Karl V. hatte zwar nicht, wie sein Vater es sich gedacht hatte, das habsburgische Weltreich gleichmäßig mit seinem jüngeren Bruder Ferdinand geteilt, aber er überließ ihm in hohem Maß die deutschen Angelegenheiten, und als Ferdinand die Tochter des Königs Wladislaw von Ungarn und Böhmen heiratete, war es klar, dass die Mitte Europas habsburgisch werden würde, eine Entwicklung, gegen die Sigismund sich allein nicht stemmen konnte.

Der Ordensstaat war ein Geniestreich und dennoch ein starkes Stück, und die Opposition im Orden selbst war nicht unbeträchtlich, sogar Dietrich von Schönberg, ein Adeliger, der im Polenkrieg und als Berater Albrechts mitunter eine mephistophelische Rolle gespielt hatte, soll sich gegen die Säkularisation ausgesprochen haben. Und es gab offensichtlich auch Zwang: Philipp von Creutz, ein bei seinen Untergebenen höchst unbeliebter Pfleger des Ritterordens in Insterburg, schrieb um 1526 einen übellaunigen Bericht über Randereignisse des großen Abfalls von der Ordensherrlichkeit, wie Johannes Bühler vermutet, dem ich die Kenntnis dieser Quelle verdanke, aus persönlicher Enttäuschung über nicht eingehaltene materielle Zusagen:

„Als nun das Land dem neuen Herzog Albrecht huldigen sollte ... da stand hinter ihm der große Haufe, und Hans Schertwitz schrie und andere stimmten ein: Wir erstechen die Kreuzpfaffen. Dies habe ich selber gehört, und wir armen Deutschherren waren in keiner geringen Furcht ... Da wurde ich, Philipp von Creutz, gewarnt, wenn ich nicht (dem Herzog) huldigte, so würde mir alles genommen, was ich hatte ... da huldigte ich auch (um) mein Gut damit zu retten, denn ich hatte von meinem Amt große Summen und mehr als irgendein anderer Deutschherr. Mir wurden gleichwohl, trotz aller Zusagen, meine Briefe und Siegel nicht gehalten, die mir der neue Herzog selber gegeben hatte, als er noch Hochmeister war."

Offensichtlich war Albrecht der Meinung, Philipp von Creutz habe in seiner Vertrauensstellung als Pfleger des Ordens schon genug auf die Seite gebracht und brauche nicht zusätzlich mit der Nutznießung von Gütern belohnt zu werden. Wichtig ist daran nur, dass es sich keineswegs um einen Einzelfall handelte. Der Orden war moralisch gesehen an der Klippe angelangt, die auch den Templern zum Verhängnis geworden war. Durch das Ausbleiben der Kontrollen in unruhigen Zeiten, durch den wachsenden Egoismus der einzelnen Gruppen und Zentren fehlte immer mehr das Bewusstsein der großen gemeinsamen Aufgabe, die in früheren Zeiten so manchen Ritter zum Helden gemacht hatte.

Aber es gab auch ganz andere, sehr menschliche Gründe für den Übertritt zu der neuen Religion, wie zum Beispiel den Wunsch, sich eine Frau nehmen, sie in allen Ehren ehelichen zu dürfen: Seit 1519 war Georg von Polenz Bischof der Diözese Samland, als Persönlichkeit wohl nicht so bedeutend wie Hiob von Dobeneck oder gar Lucas von Watzenrode, setzte er doch bemerkenswerte Zeichen in jener Übergangszeit. Auf seine Veranlassung hielt Johann Bismann am 27. September 1523 die erste protestantische Predigt in der Domkirche zu Königsberg, und wenige Monate später empfahl Polenz in einem Rundschreiben der Geistlichkeit seines Amtsbereiches die Lektüre von Luthers

Schriften. Philipp von Creutz aber glaubt ihm seine ehrliche Überzeugung nicht, sondern schreibt in seinen Denkwürdigkeiten: „Der Bischof von Samland, Jorg von Polenz, hat einfach ein Weib haben wollen und ist darum treulos und ehrlos worden und ist ihm keine Schalkheit zuviel gewesen. Er hat seine Inful zerbrechen lassen und aus den köstlichen Perlen und Edelsteinen seinem Weibe einen Schmuck machen lassen. Er hat, wie die Domherren sagen, auch vierundzwanzig Stück Goldstoffe aus der Kirche genommen und daraus Decken und Vorhänge für die Betten machen lassen. Er hat Klöster und Kirchen beraubt und sich in seiner Hoffahrt aus dem Gewinn silbernes Geschirr und was ihm sonst gefallen hat machen lassen. Der ist ein rechter Hauptmann, um das Preußenland zu übergeben; man findet nicht viel, wo Land und Leute verraten werden, woraus Aufruhr und Blutvergießen kommt, (ohne dass) Bischöfe und Doktores mit im Spiele (wären). Also ist es auch zu Preußen geschehen."

Das Problem der Ehelosigkeit der Ordensritter beschäftigt an dieser Wende sogar den polnischen Hof und in besonderem Maß auch Martin Luther. Die polnische Königsfamilie, die in ihrer Frömmigkeit an eine Verschmelzung mit dem Orden gedacht hatte, ließ sich schnell darüber belehren, dass eine Weiterexistenz der Jagellonen dann nur durch illegitime Nachkommenschaft gesichert werden könnte. Und Luther richtete zu Ende des Jahres 1523 eine „Ermahnung" an die Herren des Deutschen Ritterordens, damit sie die falsche Keuschheit künftig meiden und zur echten Keuschheit einer ehelichen Existenz übergehen mögen. Darin stehen auch sehr deutliche Worte über den Zustand des Ordens selbst, wenn er sagt, es bestehe bei niemandem ein Zweifel darüber, „dass der Deutsche Orden dann (d. h. nach dem Bekenntnis zu der neuen Lehre) allen seinen Untertanen leidlicher und angenehmer sein wird, als er jetzt ist. Denn man sieht, dass er jetzt schier wider Gott und der Welt nichts nütze ist. Auch sind die deutschen Herren deshalb verdächtig und unbeliebt, weil man allenthalben wohl weiß, wie selten Keuschheit sei ... denn es ist jenen, so ohne Ehe leben, nicht zu trauen ... Alle Dinge zwingen, dringen, locken euch zu dieser Zeit, und ihr tut damit Gott und seinem Wort eine große Ehre, dazu gebt ihr den schwachen Gewissen ein tröstlich Beispiel ... Nur frisch und getrost hinan, Gott vor Augen gesetzt und in rechtem Glauben und der Welt mit ihrem Rumpeln, Scharren und Poltern den Rücken gekehret."

Dieses Stück herzhafter lutherischer Prosa hat sicherlich so manchen Wankelmütigen zu den neuen Wegen ermutigt. Für Albrecht, Hochmeister und Herzog eines neuen Landes, war neben dem starken Eindruck, den er von Luther empfangen hatte, auch der Zuspruch des Reformators Andreas Osiander wichtig geworden, der mit dem Feuer seiner vierundzwanzig Jahre an der Lorenzkirche in Nürnberg gepredigt hatte, als Albrecht zum Fürstentag in der Stadt weilte. Damals konnte er nicht ahnen, welche Schwierigkeiten ihm gerade der unabhängige und unbedingte Verstand dieses Reformators in späteren Jahren noch bringen werde.

Zunächst gab es des Scharrens und Polterns, wie Luther ahnungsvoll formuliert hatte, genug im Bereich der weltlichen und politischen Probleme. Eine Institution wie der Deutsche Ritterorden hatte durch Jahrhunderte den Papst und die kaiserliche Politik gleichermaßen beschäftigt. Machte sich nun ein Prinz, und sei er auch Neffe eines Königs und Spross des aufsteigenden brandenburgischen Hauses, zum Herrn blutgedüngten Koloniallandes an den Grenzen und im Vorland des Reiches, so war doch die Reichsacht eine Antwort, die nicht ausbleiben konnte. Sie erging 1531, aber da hatte Albrecht längst eine Tochter des Dänenkönigs geheiratet und sich wie im Suden so auch im Norden abgesichert.

Als Herzog Albrecht 1536 zur Krönung seines Schwagers nach Kopenhagen reiste, lernte er nicht nur den Hof König Christians III. kennen, sondern auch die Universität, die eben durch den berühmten Humanisten Johannes Bugenhagen in jahrelanger Arbeit reformiert und modernisiert worden war. Bugenhagen stammte aus Wollin, stand in jungen Jahren darum dem Deutschen Orden nahe, ohne jemals Ritter zu werden, und war dennoch in dem Regastädtchen

Treptow ein Begriff für alle Gebildeten des Ordenslandes. Die Begegnung mit dem Werk des bedeutenden Mannes festigte in Albrecht den Wunsch, der Stadt Königsberg und damit dem Ordensland eine Universität zu geben.

Ein sehr früher Versuch, ein Bildungszentrum für das Ordensland zu schaffen, ehrt geistesgeschichtlich gesehen den Orden und seine Ritter; er hätte zu einer der ältesten deutschen Universitäten geführt, wenn die Hohe Schule zu Kulm wie geplant um 1400 tatsächlich geschaffen worden wäre. Aber die Region war zu unruhig, das Interesse des Ordens zu sehr auf den wirtschaftlichen Fortschritt gerichtet, und so ergab sich die Lage, dass die bildungswillige Jugend des Ordenslandes lange Zeit außer Landes gehen musste, um ihre Ziele zu erreichen. Bevorzugte Universität war Leipzig, wo die Jungmänner aus dem Ordensland im Rahmen der so genannten polnischen Nation studierten (solche landsmannschaftlichen Bursen waren an allen Universitäten üblich); nächst Leipzig waren Krakau und Wien beliebte Universitäten. Bis zum Zweiten Thorner Frieden hatte Wien sogar vor Krakau gelegen, eine Südorientierung, die nach dem Sieg der Reformation den Absichten Herzog Albrechts naturgemäß widersprechen musste.

Obwohl die katholischen Geschichtsschreiber des Herzogtums an Albrecht wenig Gutes finden und ihm einen „sinnlichen und herrschsüchtigen Charakter" (Pastor) bescheinigen, ging er bei der Verwirklichung seiner Lieblingsidee, einer Universität, sehr überlegt zu Werke. Er befragte ein Halbdutzend kundiger Gelehrten und begnügte sich zunächst mit einer Vorstufe, einem so genannten Partikular, das den Studenten aus dem Land das Studium an den etablierten berühmten Universitäten erleichtern sollte, unter denen nun natürlich die protestantischen Hochschulen Leipzig und Wittenberg an erster Stelle standen. Im Zusammenwirken zwischen dem Herzog und dem Rat des Kneiphof genannten Teiles der späteren Stadt Königsberg konnte 1542 das so genannte Partikular eröffnet werden; es war eine Königsberger Gemeinschaftsaktion, denn auch der Löbenicht, die Altstadt und sogar der Bischof von Samland hatten finanziell mitgeholfen. Initiator aber blieb der ehemalige Ordens-Hochmeister, und der Bau erhob sich auf seinem Grundstück, das man nun herzoglich nennen durfte und das damit frei sein sollte von Einflüssen aus der Stadt, abgesehen von der Tatsache, dass die Bürgermeister der Teilstädte im Kuratorium des bald zur Universität erhobenen Partikulars saßen.

Nach einigen Querelen unter den zunächst verpflichteten Lehrern, deren einer ein berühmter Humanist aus Litauen (!) war, wurde mit Georg Schuler, der sich Sabinus nannte, ein Rektor gefunden, den ganz Deutschland als Dichter im Stile Ovids kannte. Max Toeppen, der verdiente Historiker Masurens, hat ihm eine Lebensbeschreibung gewidmet und die für die gelehrten Zeitgenossen ein wenig zu schillernde Erscheinung nach ihren Verdiensten gewürdigt. Töppen weist auch auf den geistlichen Hauptzweck der Universitätsgründung hin: Das Schulwesen im Preußenland war eine Schöpfung des Ritterordens; was nun Not tat, waren Lehrer und insbesondere Theologen im neuen Geist der Reformation, Lehrer, die nicht nur deutsch vortrugen, sondern Jugend aus dem ganzen Bereich des einstigen Ordenslandes in ihre Hörsäle locken konnten, weil sie polnisch und litauisch lasen und verstanden. Das war trotz der Herrschaft der Allgemeinsprache Latein eine entscheidende Voraussetzung für die junge Universität, die sich schließlich gegen so ehrwürdige Gründungen wie Krakau, Prag und Wien durchsetzen und später behaupten musste. Albrecht verfügte auch besondere Stipendien für Hörer, welche das Altpruzzische, Polnische, Litauische, ja sogar das Sudauische beherrschten (bei etwa dreihundert Studenten handelte es sich um vierundzwanzig Stipendien später achtundzwanzig Plätze im Alumnat).

„Seine (des Herzogs) Bemühungen", schreibt Toeppen, „um die Ausbildung polnischer und litauischer Geistlichen waren nicht ohne Erfolg, dagegen klagt er in seinem Testament, dass in jenen Zeiten schier keine Seelsorger zu bekommen gewesen, die in undeutscher preußischer (d. h.

altpruzzischer) Sprache hätten dienen können. Den Grund dafür sah er in der Leibeigenschaft der Pruzzen, durch welche sie gehindert würden, ihre Kinder zur Schule zu schicken. Indem er daher die Leibeigenschaft der Pruzzen überhaupt aufhob, fügte er für diejenigen Pruzzen, welche sich dem Studium und später dem Kirchen- oder Staatsdienst widmeten, das Privilegium hinzu, dass sie auch in Bezug auf ihre Güter frei sein sollten."

Nach dem Beispiel Königsbergs wurden nun an verschiedenen Orten jene Partikulare gegründet, die der Landesuniversität zuarbeiten sollten, allen voran durch Georg Venediger, Bischof von Pomesanien, der als die ersten solcher Gründungen Schulen in Riesenburg, Saalfeld, Neidenburg, Hohenstein, Passenheim und Lyck (!) vorschlug. In einem zweiten Schreiben, das an den Nachfolger des ersten Herzogs gerichtet war, kamen Marienwerder und Rastenburg hinzu, wo der Ritterorden beachtlich vorgearbeitet hatte. An allen diesen Schulen war neben der lateinischen und deutschen Sprache das Polnische und das Litauische im Gebrauch und erlernbar. In der Folge wurde diese Möglichkeit allerdings aufgesplittert. Die Rektoren dieser Fürstenschulen wurden zwar gut besoldet, aber man dirigierte deutsche Studierende vorwiegend nach Saalfeld, die Polen und Masuren nach Lyck und die Litauer nach Tilse. Die bis heute berühmte Adelsfamilie der Lehndorf etwa studierte mit Vorliebe in Lyck; es gibt eine Rechnung aus dem Jahr 1639, der zufolge ein Botho von Lehndorf für die Pension bei dem Richter Michael Maletzki zu Lyck im Studienjahr 200 Mark zu entrichten hatte ...

Diese oft übersehene Mission, die Bemühung um alle Sprachen des Ordenslandes, unterschied die Gründungen Albrechts I. von den älteren Universitäten Greifswald und Rostock und zeigt den Herzog in den Traditionen des Ordens, wenn man die Fortführung der Bildungsaufgaben bei den unterworfenen Stämmen Ostpreußens als das sinnvoll abschließende Ende der Christianisierung ansehen will. Das Tragische an dieser Entwicklung war die Spaltung des Begriffes Christentum, der für die Ritter noch so eindeutig gewesen war, durch die Reformation und, damit nicht genug, das Theologengezänk innerhalb der Reformatoren-Gemeinde vor allem nach dem Tod Martin Luthers. Königsberg, seine Universität, ja das ganze einstige Ordensland erschienen auf einmal zu eng für den Widerstreit der Meinungen auf einem Gebiet, in dem es bis dahin nur das Wort des Papstes und den Machtspruch seiner Legaten gegeben hatte. Überspitzt formuliert kann man sagen, dass der solide und schlichte Verstand des ersten Herzogs der neuen Lage nicht gewachsen und wohl auch nicht auf sie vorbereitet war. Hatte er schon die Entwicklung des ehrgeizigen und streitbaren Osiander falsch beurteilt, so kam hinzu, dass er den vielleicht leichthin ausgesprochenen Empfehlungen des großen Melanchthon zu sehr vertraute, indem er sich nicht mit dem Poeten Sabinus begnügte, sondern ihm mit dem Osnabrücker Friedrich Staphylus einen Mann von maßlosem Ehrgeiz und höchst unverträglichem Charakter an die Seite stellte. Er war erst als Erwachsener zum Protestantismus übergetreten und konnte mit seiner Konvertiteneifersucht die echte Hochbegabung eines Sabinus wohl nicht ertragen. Es hat an deutschen Universitäten noch manchen Gelehrtenstreit gegeben, und sehr oft ist von der Courage der Professoren Gutes für den ganzen Staat ausgegangen; Königsberg um die Mitte des sechzehnten Jahrhunderts liefert jedoch das in deutschen Landen nicht eben häufige Beispiel dafür, dass von einer Universität die entscheidende Krise des ganzen Staates und seiner Fürsten ausgehen kann.

Finsternisse um die Albertina

Martin Luther hatte seine Ermahnung an die Herren Deutschordensritter mit dem zweifellos aufrichtigen Wunsch geschlossen, dass Gottes „väterliches und gnädiges Wohlgefallen" dem Hochmeister Albrecht und den Seinen die künftigen Wege erleuchten möge: „Gottes Gnade sei mit euch allen." Als die düstere Theologenposse, die sich um die Mitte des Jahrhunderts an Königsbergs Universität, der Albertina, anspann, ihre Kreise zog, die Stimmung am Herzogshof vergiftete und den so energisch angetretenen einstigen Hochmeister letztlich völlig überforderte, erfüllte diese absurde Mischung aus Gezänk, Intrige und Verschlagenheit ziemlich genau jene Vorstellungen, die man sich in diesem siebzehnten Jahrhundert von Teufelswerk machte.

Es hatte jahrelang so ausgesehen, als könne das zum Herzogtum gewordene Ordensland sich erfolgreich aus jenen Querelen heraushalten, die am deutlichsten in dem Marburger Religionsgespräch von 1529 zutage getreten waren, in einer langen und ermüdenden Diskussion zwischen Luther, Melanchthon, Oeculampadius, Zwingli und anderen, wobei den ausführlichsten Bericht einer schrieb, der später selbst zur Streitpartei wurde, nämlich der Prädikant Andreas Osiander. Es ging um Fragen, die schon zwölfhundert Jahre zuvor auf Konzilien rund um das Mittelmeer streitlustig behandelt worden waren, und die anwesenden Fürstlichkeiten, ungeduldig, weil sie von Stunde zu Stunde immer weniger begriffen, forderten die Herren Reformatoren schließlich auf, sich doch auf irgendetwas zu einigen. „Aber", schreibt Osiander, „und das ist wunderlich zu hören: Sie wollten nicht."

Albrecht hatte den Rat zweier alter und erfahrener Bischöfe, des Erhart Queis von Pomesanien und des Georg von Polenz, Bischof im Samland, und er hatte aus den Reihen der zum neuen Glauben übergetretenen Ordensritter so manchen Helfer, dem er vertrauen konnte. Aber in der unseligen Angst vor der Abgeschiedenheit, dem Zurückbleiben hinter der Entwicklung rief er gegen so manchen Rat aus seiner Umgebung Koryphäen aus dem Westen in das Kolonialland, und sie kamen, weil sie sich inzwischen eben durch ihre Lehren in Schwierigkeiten gebracht hatten und am Pregel sicheres Brot erwarten durften. Mit Johannes Funk kam ein engerer Landsmann des Herzogs, er stammte nämlich aus Nürnberg, wurde Hofprediger, Beichtvater und theologischer Berater Albrechts. Beredter und streitbarer war Joachim Mörlin, einst Kaplan an Luthers Stadtkirche zu Wittenberg. Und schließlich meldete sich Andreas Osiander, den Albrecht noch als Ordens-Hochmeister bereits kennen gelernt hatte, ein inzwischen berühmt gewordener Mann, der sich in gewissem Sinn zwischen alle Stühle gesetzt hatte und gerne zugriff, als Albrecht ihm eine Pfarre in der Königsberger Altstadt antrug und eine Professur an der Albertina mit beachtlichem Gehalt.

Das waren aber immerhin Herren von Bildung, klarer Herkunft und zur Treue gegenüber ihrem Wohltäter entschlossen, und sie hätten außer Polemiken und Diskussionen kaum sehr viel angestellt, wären nicht zwei zweifelhafte Gestalten zwischen ihnen aufgetaucht, wie sie in Zeiten des Übergangs überall in der Welt ihre Chance sehen. Der eine ist Friedrich Staphylus (1512 – 64) aus Osnabrück, der andere war „der begabte Abenteurer Paul Skalich" (so Erich Weise), gestorben 1575 in Danzig, vermutlich ein sephardischer Jude aus Kroatien mit beträchtlichen Kenntnissen der Kabbala. Beide haben im ostpreußischen Finale der Deutschordensgeschichte ihren Platz, weil jeder von ihnen nach Kräften mithalf, das großartige Werk eines christlichen Kolonialreiches auf uraltem Heidenboden zu Grabe zu tragen; und es war im Grunde nur die glückliche Fügung des beinahe gleichzeitig anhebenden Aufstiegs von Brandenburg, die das zerrissene Ordensland dennoch in eine erträgliche Zukunft führte.

Friedrich Staphylus wird in der älteren theologischen Literatur als Convertit und hervorragender Controversist bezeichnet, woraus erhellt wird, dass es die Kontroversen waren, die seinen vorübergehenden Ruhm begründeten. Er wurde am 27. August 1512 in Osnabrück geboren, als Sohn eines Beamten des bischöflichen Ordinariates, der seinen bürgerlichen deutschen Namen Stapelage zum Unterschied von dem gelehrten Sohn beibehalten hatte. Die Mutter stammte aus Danzig und starb 1518, der Vater 1521, so dass Staphylus mit neun Jahren Vollwaise war und in die Obhut eines Onkels kam, der im litauischen Kowno lebte, was auf Verbindungen zum Ritterorden hinweist. Dieser Onkel scheint dann zum Luthertum übergetreten zu sein, denn er schickte den hoch begabten Jungen, der in Krakau und Padua studiert und Rom kennengelernt hatte, zum Studienabschluss nach Wittenberg. Dort macht Staphylus seinen Magister der Freien Künste und tritt 1543 als Dozent auf, in welcher Eigenschaft er offenbar Melanchthon auffiel. Im Empfehlungsschreiben des Reformators, das Staphylus an Herzog Albrecht nach Königsberg schickte, finden sich Wendungen wie „gottesfürchtig, in christlicher Lehre wohlgelehrt und in anderen löblichen Künsten und Sprachen" erfahren.

Staphylus-Stapelage kannte seine eigene Natur inzwischen hinreichend, um sich von Albrecht die Zusage geben zu lassen, seine Professur niederlegen zu dürfen, falls es zu Auseinandersetzungen über Irrlehren kommen sollte. Und da dieser Begriff von jeder der Streitparteien im damaligen Deutschland anders interpretiert wurde, hatte Staphylus zunächst Streit mit dem Kollegen Wilhelm Gnaphaeus. Dieser musste daraufhin Königsberg verlassen, der berühmte protestantische Theologe Paul Tschackert, 1884 ebenfalls Professor in Königsberg, bezeichnete Staphylus aber in Hinblick auf diese Auseinandersetzung als „niederen Charakter". Sein nächstes Opfer war der berühmte Sabinus, Dichter und Rektor und der eigentliche Schöpfer der Albertina, der es nicht nötig hatte, sich mit einem Staphylus einzulassen und verärgert die Rektorenwürde niederlegte, nach der nun natürlich Staphylus griff, aber 1549 vor der Pest nach Kowno floh. 1550 kehrte er nach Königsberg zurück, fand dort

Osiander in Amt und Würden und hatte beim Herzog, der an Osiander festhielt, mit seinen Anschwärzungen so wenig Glück, dass er, ohne auf eine förmliche Entlassung zu warten, die Pregelstadt verließ und zunächst nach Danzig ging. Hier verfasste er eine wortreiche Streitschrift in lateinischer Sprache gegen Osiander, wandte sich dann aber nach Breslau, wo sein Schwiegervater Prediger war. In dieser Umgebung katholisch zu werden, mag nicht ganz einfach gewesen sein, doch war es wohl die schwere Erkrankung des Jahres 1552, die Staphylus als Strafe Gottes empfand und als Mahnung, zum Glauben seiner Väter zurückzukehren. Diese oft als berechnend bezeichnete Konversion öffnete dem sprachkundigen und scharfsinnigen Mann tatsächlich den Weg zu seinem eigentlichen beruflichen Aufstieg bis zum Rat des Königs Ferdinand (Bruder Karls V.), dem er auf diplomatischen Missionen mehrfach diente. Salzburgs Erzbischof Michael von Khuenburg machte Staphylus 1559 zum Doktor der Theologie und des Kanonischen Rechts, und Herzog Albrecht von Bayern berief ihn an die Universität Ingolstadt. 1564 starb der umtriebige Mann, einer seiner Söhne wurde Kanonikus in Eichstätt. Ein Leben, das im protestantischen Aufbruch des Ostens begonnen hatte, endete in der tiefsten katholischen Provinz Bayerns.

Die Gesamtentwicklung in Königsberg zeigt indes, dass Staphylus so manches zutreffend vorausgeahnt hatte, was sich am herzoglichen Hof und rund um Osiander alsbald ereignen sollte. Andreas Osiander (1498 – 1552), hoch begabter Hebräischlehrer aus Gunzenhausen an der Altmühl, war als Lieblingsjünger Luthers, Tischgenosse und mutiger Gegenredner des großen Reformators in einer besonderen und weitgehend unangreifbaren Position, solange Luther lebte. Im Februar 1546 starb Luther, und schon zwei Jahre später finden wir Osiander nach Auseinandersetzungen in Nürnberg am Hof seines alten Verehrers Herzog Albrecht in Königsberg, man kannte einander schließlich seit einem Vierteljahrhundert. „Preußen hatte bereits sein katholisches Angesicht verloren, als Osiander seine Wirksamkeit in Königsberg begann und bald mit gewohnter Heftigkeit seine Meinungen von der Gottebenbildlichkeit und Rechtfertigung des Menschen von der Kanzel herab donnerte. Bald hatte er die Universität Königsberg in Flammen gesetzt und den nach ihm benannten Osiandrischen Streit angeregt, dessen Ende er nicht erlebte", schreibt der Würzburger Domkapitular J. M. Düx, aber zu einem Streit solchen Ausmaßes und so ruinöser Dauer gehören allemal zwei oder drei unversöhnliche Herren. Der Initiator war der Elbinger Matthias Lauterwald, in Wittenberg gebildet, wonach er sich als ein Jünger Luthers fühlte. Er veröffentlichte gleich nach Osianders Antrittsrede nicht weniger als zwölf Gegenthesen, und als sich der ebenfalls aus Wittenberg kommende, um ein Vierteljahrhundert jüngere Joachim Mörlin derb und deutlich einmischte, war der Flächenbrand eine Tatsache.

Es ging nicht nur um das geistige Erbe des verstorbenen Martin Luther, es ging auch um die Pfründen, die der Herzog zu vergeben hatte. Die Ordensritter waren teils ins Reich zurückgekehrt, wo sie katholisch bleiben konnten, teils zu Grundbesitzern geworden, zu einem kleinen Teil auch an den polnischen Königshof gelangt, wo sie auf bessere Zeiten warteten. Die Freunde des Herzogs, voran die Bischöfe von Pomesanien und vom Samland, waren alt, andere Getreue raffte die Pest hinweg, und die neuen Talente aus dem Reich gedachten, auf dem Umweg über Redeschlachten und Theologengezänk Bischofsstühle und Ordinarien an der Albertina zu erlangen.

Der letzte Historiker, der die verworrene Krise durchschaute, war Fritz Gause, der Historiker der Stadt Königsberg. Er zeichnet nach, wie die vernünftigen Professoren abwanderten, wie Mörlin, für den sich vierhundert Frauen, die seine Predigten besonders schätzten, kniefällig beim Herzog verwendeten, außer Landes gewiesen wurde, wie Rektoren buchstäblich fliehen mussten, ganze Kollegien relegiert und Pfarrer zu Dutzenden bestraft wurden. Dass dies alles einem Siebzigjährigen über den Kopf wuchs, dass der Herzog, der gegen die Ordensritter als Hochmeister wie als

Landesfürst so souverän vorgegangen war, den Boden des neuen Glaubens unter sich schwanken fühlte, kann man ihm nicht verdenken. Mit siebzig war man damals ein alter Mann (Kant wurde bei seinem fünfzigsten Geburtstag in der Huldigungsrede seiner Studenten als „ehrwürdiger Greis" angesprochen). Die Hand, nach der Albrecht griff, war die eines jungen, in Wien und Bologna gebildeten Theologen namens Paul Skalich, der einen mit achtzehn Jahren erworbenen Doktorgrad der Theologie vorwies und mit zwanzig Jahren bei dem erzkatholischen Ferdinand I. Hofkaplan gewesen war. Seine Korrespondenz mit protestantischen Gelehrten hatte ihn in Wien kompromittiert, worauf er sich den Rang eines Glaubensflüchtlings verlieh und als solcher von Herzog Albrecht aufgenommen wurde.

Es war die Zeit, da die Elite des spanischen Judentums ihren ärgsten Verfolgungen ausgesetzt war, entweder sich taufen ließ und heimlich weiter die jüdischen Gebräuche pflegte oder aber nach Osten abwanderten bis Konstantinopel, Saloniki, Rustschuk, Odessa und Sarajevo. Skalich beeindruckte durch intime Kenntnisse der Kabbala, jenes geheimnisvollen Buches, aus dem Kundige und Redebegabte so ziemlich alles herauslesen können, was von ihnen erwartet wird, nicht zuletzt aber Ratschläge, Aufschlüsse und Prophezeiungen. Der Herzog stattete Skalich mit hohen Bezügen aus und verlieh ihm die Nutznießung der Ordensgründung Kreuzburg. Die Kreuzburger sahen darin einen Affront, handelte es sich bei dem Städtchen unweit der Keystermündung in den Pasmar doch um eine traditionsreiche Ordensposition, 1240 den Pruzzen abgenommen und nach einer Burg aus dem Burzenland benannt: Bei den Pruzzen hatte man sie Witige genannt, mitten im Gau Natangen. Kreuzburg hatte viel erlebt, Kämpfe, Besitzwechsel, Pest, Lepra und schließlich den seltsamen Ruhm, in seiner Leonhardskapelle einen der meist besuchten Wallfahrtsorte des Pruzzenlandes zu besitzen – bis eben Paul Skalich kam, sich Dynast von Kreuzburg nannte und wie ein Feudalherr über Alt und Jung herrschte.

Seine verhängnisvollste Herrschaft übte er jedoch über die junge Herzogin aus, über Anna Maria von Braunschweig-Kalenberg, seit zehn Jahren mit dem um ein Halbjahrhundert älteren Herzog Albrecht verheiratet. Sie war eine Frau von achtundzwanzig Jahren, die zwischen den Ziegelmauern der stummen Ordensburgen verkümmerte, vom Theologengezänk nichts verstand und dem heimatlichen Hof mit den vielen Freunden so lange nachtrauerte, bis Skalich kam.

Paul Skalich umgeben bis heute zahlreiche Unsicherheiten, war er doch einer der großen Abenteurer avant la lettre – das Jahrhundert der Scharlatane war noch gar nicht angebrochen. Dass er ein kroatischer Bauernsohn gewesen sei, aus einfachsten, analphabetischen Verhältnissen aufgestiegen, ist angesichts der Schulsituation in der Kirchenprovinz Görz im frühen sechzehnten Jahrhundert wenig glaubhaft und eine jener Legenden, die dem Besonderen noch ein weiteres Häubchen aufsetzen wollen. Andererseits ist auch die Herkunft aus einer Seitenlinie des berühmten Geschlechtes der Skaliger als pure Erfindung zu werten, die zu konstruieren aber eine gewisse Vertrautheit mit den dynastischen Verhältnissen in Verona voraussetzte. Jedenfalls war Skalich, als sich Bischof Urban Textor (1544 – 58) von Laibach seiner annahm, trotz seiner Jugend kein unbeschriebenes Blatt mehr und hatte hinreichendes Halbwissen angehäuft, um dem einflussreichen Mann aufzufallen. Textor war, ehe er die Diözese Laibach nach jahrelanger Vakanz übernahm, kaiserlicher Almosenier, Beichtvater und Hofprediger in Wien gewesen, wohin er nun seinen jungen Protegé entsandte. An der alten Wiener Universität konnte man alles lernen, sie war trotz herrschender Katholizität dem Humanismus aufgeschlossen, und der Adel wurde in Glaubensdingen kaum kontrolliert. Skalich muss in der Kaiserstadt die entscheidenden Eindrücke für sein Leben zwischen den religiösen Fronten gewonnen haben, vermutlich auch seine Kenntnisse der Kabbala, vor allem aber lehrreiche und suggestive Dichtungen wie das Preislied auf die Musik des Deutschordenspriesters Johannes Bohemus, ein „mit dem ganzen Rüstzeug mythologisch-antiquarischer Beschlagenheit prunkendes Gedicht" (Rommel). Hier konnte Skalich auf den Spuren des hochgebildeten Kroaten Georg von Slakonia aus Laibach wandeln, der später Bischof von Wien wurde, und in den Niederlassungen der Ordensritter zu Wien und Wiener Neustadt erste Informationen über die neue Lage im Ordensland sammeln.

Skalich war in seiner Struensee-Rolle am Hof zu Königsberg zweifellos die sichtbarste Ursache für Albrechts wachsende Schwierigkeiten, aber bei weitem nicht die einzige. Alles, was geschah, vollzog sich in einem sehr kleinen Bereich, in einem Mikrokosmos, innerhalb dessen jeder jeden kannte und belauerte, weil die Möglichkeiten naturgemäß begrenzt waren und die Geldmittel erst recht. Jede Berufung von außen verringerte die Chancen der bereits residierenden Gelehrten, Geistlichen und Schranzen, und zwei Günstlinge, der eine vom geistigen Rang Osianders, der andere von der glanzvollen Verschlagenheit eines Skalich, hätten auch einen größeren Hof in Schieflage gebracht.

Dabei hatte das meiste, wofür Albrecht sein Geld ausgab, nicht nur Sinn, sondern sogar den Charakter notwendiger Erfordernisse, wie etwa die Begründung der Schlossbibliothek, die Einführung und Ermutigung von Druckereibetrieben, die Zuwendungen an Professoren und Dichter – ganz zu schweigen von den breit angelegten und darum besonders kostspieligen Initiativen für das Grundschulwesen, für die Musikpflege und die Hofkapelle. Derlei ließ sich in Wien oder Paris finanzieren, in dem durch Kriege verarmten Ordensland jedoch wurde jeder Taler argwöhnisch auf seinem Weg verfolgt.

Die Gefahr für den Klüngel um den greisen Herzog kam also aus der unvermeidlichen Erschöpfung der Geldmittel, und mit dem sechsten Sinn des Abenteurers hatte Skalich als erster diese Entwicklung richtig beurteilt und versucht, sich von den Entschlüssen eines nach einem Schlaganfall nicht mehr voll urteilsfähigen Protektors unabhängig zu machen.

Einflussreiche Mitverschworene hatten entweder die gleichen Interessen oder wurden, wie der Hofprediger Johannes Funk, durch große Summen bestochen. Ziel der Aktion war schrankenlose Herrschaft, die natürlich eine Herrschaft Skalichs gewesen wäre, die Entmachtung des Adels, die Distanzierung der Bürgervertreter, eine große Intrige, an der vermutlich auch Albrechts Schwiegersohn, Johann Albrecht I., Herzog von Mecklenburg, seinen Anteil hatte. Er hätte als Gemahl der einzig überlebenden Tochter des Herzogs den Usurpatoren als legitimes Aushängeschild gedient. In einer Kleinwelt wie Königsberg konnte freilich nichts wirklich geheim bleiben. Frei von theologischem Dünkel und Adelsintrigen meldeten die Stände ihre Interessen an, und auch Polen hatte Wind von den Entwicklungen am Pregel bekommen, so dass Sigismund II. August, in dritter Ehe immerhin mit einer Tochter Kaiser Ferdinands I. verheiratet, sich seinerseits zum Eingreifen berufen fühlte. Skalich hatte das Glück, beim ersten Gewitter nicht in Königsberg zu weilen, sondern auf dem Gut Neuhausen, das der jungen Herzogin gehörte. Was immer Skalich dort gerade tat, er ließ es sein, begab sich, um seine Spur zu verwischen, ins nahe Mandeln. Dort verbarg er sich unter dem Kutschensitz des ebenfalls fliehenden herzoglichen Rates Johann Schnell und entrann ins ordensfeindliche Danzig. Schnell, der später gefahrlos zurückzukehren hoffte, wurde gemeinsam mit Funk und dem herzoglichen Rat Horst angeklagt und am 28. Oktober 1566 öffentlich durch das Schwert gerichtet, ein vierter Angeklagter, der herzogliche Rat Steinbach, wurde wegen schwerer Krankheit nur des Landes verwiesen. Albrecht hatte vergeblich versucht, seine Getreuen zu retten, ja der Kampf um ihr Leben hatte ihm zu einer letzten Phase besonderer Aktivität verholfen, die freilich nichts mehr nützte.

Fritz Gause, der sich mit diesen Vorgängen eingehender beschäftigt hat als jene Historiker, die das ganze Preußen im Auge haben, erklärt die außerordentliche Härte dieses Urteils gegen Gelehrte und Räte als einen politischen Vorgang. Natürlich waren die Hingerichteten keine Gewaltverbrecher

im üblichen Sinn, und hätten die Pläne des flüchtigen Skalich Erfolg gehabt, wären sie wohl Minister geworden. Aber
so ist das bei Verschwörungen überall und zu allen Zeiten.
Skalich kam davon und starb 1575 hochbetagt in Danzig.
Ereignisse wie die geschilderten, Verrat durch nächstste-
hende Vertraute, Intervention durch anmaßende polnische
Gesandte, vergeblicher Kampf um Begnadigungen und
schließlich die Hinrichtungen im Angesicht einer ganzen
Stadt, hätten einem Jüngeren hart zugesetzt. Für das Gemüt
des beinahe achtzigjährigen Herzogs war dies alles zu viel.
Er war nach den letzten Versuchen, die Angeklagten in die
Haft auf getrennten Ordensburgen zu retten, völlig zusam-
mengebrochen. Wie viel er von den Ereignissen des Früh-
jahrs 1568 noch bewusst miterlebte, ist strittig; er lag auf
seinem Schloss Tapiau in weiser Distanz zu Königsberg in
einer Lethargie, die man heute als Koma bezeichnen würde,
und starb am 20. März. Nicht neben ihm, sondern auf ihrem
Jagdschloss Neuhausen, verstarb noch am selben Tag (!)
seine junge Gemahlin Anna Maria von Braunschweig-
Kalenberg. Bruno Schumacher schreibt ein wenig sibylli-
nisch: „Noch an demselben Tage folgte ihm seine Gemahlin
auf dem Schlosse zu Neuhausen im Tode", ohne auf die nä-
heren Umstände einzugehen oder eine Selbsttötung wegen
der nun anbrechenden schutzlosen Lebensphase klarer anzudeuten. Sicher ist, dass die beiden beinahe gleichzeitigen
Tode an getrennten Orten erfolgten, Neuhausen im Kreis
Königsberg gelegen, Tapiau hingegen auf halbem Weg nach
Insterburg. Für den Herzog muss man sagen, dass hier ein
großes Leben auf traurige Weise zu Ende ging. Die gigantische Arbeit des Deutschen Ritterordens in das große Ziel der
Reformation münden zu lassen, rettete in gewissem Sinn das
Andenken der Ritter, die bei ihrem Missionswerk keines-
wegs glimpflich vorgegangen waren, und hob ein ganzes
Land aus dem weltweit umstrittenen Vorgang gewaltsamer
Christianisierungen heraus. Gegen gierige Nachbarn und ge-
gen eine verständnislose, im Religionsstreit befangene
Reichsregierung hatte Albrecht, so gut wie völlig auf sich

allein gestellt, eine historische Tat von in der deutschen Geschichte einzigartiger Kühnheit vollzogen. Aber in seinen privaten Schicksalen schien er für seinen Übertritt zum neuen Glauben furchtbar bestraft worden zu sein durch den Tod seiner Kinder Katharina, Friedrich Albrecht, Lucia Dorothea, Lucia und Albrecht im frühen Kindesalter; nur seine erstgeborene Tochter und die Kinder aus zweiter Ehe überlebten. Den Ausbruch der Geisteskrankheit bei seinem Sohn Albrecht Friedrich im Jahr 1571 musste Herzog Albrecht nicht mehr miterleben.

Königsberg, die königliche Gründung nach einem Feldzug des Ritterordens, ist nicht erst durch Herzog Albrecht ins Bewusstsein der Deutschen gerückt worden und hat nach ihm noch viel deutsche Anteilnahme erweckt – durch den Dichter Simon Dach, durch die Gastspiele österreichischer und russischer Militärs am Pregel, durch Kant und seinen Freundeskreis, durch den Wiederaufbau Brandenburg-Preußens nach 1806 von Königsberg aus. Es konnte nicht ausbleiben, dass jener neue Hiob unter den deutschen Fürsten nach dem vierten Heinrich und Canossa von unseren Dichtern und Schriftstellern ausführlich behandelt wurde. Albertine Henrich fühlte sich durch sein Schicksal inspiriert, dreihundert Jahre nach Albrechts Tod einen Roman über ihn zu schreiben, wählte aber des strengen Stoffes wegen ein männliches Pseudonym dafür (Paul Stein); Gerhard Schultze-Pfaelzer veröffentlichte bei Langewiesche einen Albrecht-Roman unter dem Titel „Schwarzer Adler", und Marie Schade schrieb über Albrechts erste Frau, die Dänin Dorothea. Von unseren großen Dichtern haben Agnes Miegel und Ernst Wichert sich seiner erinnert.

Die menschliche Tragödie Herzog Albrechts und seiner Familie, vollendet durch den früh einsetzenden Trübsinn bei seinem Sohn und Thronerben, ist unbestritten und hat so manchen Fehler seiner späteren Regierungsjahre überdeckt. Ebenso deutlich wird ein sehr deutscher Hang zum Gelehrtengezänk vor allem im theologischen und philosophischen Bereich, wo die unzweifelhaften Fakten nun einmal schwer zu fixieren sind. Vor allem der deutsche Protestantismus hat darunter gelitten und schweren Schaden genommen, als diese Entwicklung in Benedikt Carpzow (1595 – 1666) ihren Höhepunkt erreichte, einem Gelehrten aus dem berühmten, seinerzeit aus Spanien eingewanderten Stamm. Carpzow rühmte sich, an etwa zwanzigtausend Todesurteilen selbst mitgewirkt zu haben, von denen die meisten in Prozessen gegen Hexen und Zauberer (!) verhängt wurden. Um sich in seinem Urteil zu festigen, hatte er nach eigenem Bekunden die Bibel nicht weniger als dreiundfünfzig Mal gelesen. Da es aber die Gegner sind, die durch ihre wortgewaltigen Polemiken solche Auswüchse bekannt machten, da ein Friedrich von Spee oder auch Castellio in seinem Kampf gegen Calvin, Giordano Bruno oder Miguel Serveto durch ihre Märtyrertode im europäischen Gedächtnis deutlicher haften, blieb der intolerante Osten von Leipziger Hexenprozessen bis zu den Königsberger Bluturteilen auf eine seltsame Weise außerhalb der fortschreitenden großen Diskussion. Ein Enkel des Massenmörders Carpzow konnte sogar einen polnischen Botschafter auf einer Bildungsreise begleiten, woraus man folgern könnte, dass die Polen zumindest damals noch nicht mit letzter Klarheit erkannt hatten, dass sie die eigentlichen Verlierer der Deutschordenspolitik geworden waren.

Der Vorgang ist keineswegs einmalig, seit Römerzeiten immer wieder feststellbar und doch in seinem so typischen Ablauf verwunderlich: Von polnischen Fürsten ins Land gerufen, hatten die Ritter ganze Arbeit geleistet und schon im vierzehnten Jahrhundert mit Pomesanien und Pomerellen den für das große Binnenland Polen lebenswichtigen Zugang zur Ostsee an sich gebracht – also für Jahrhunderte den Polen entzogen.

Es ist sehr einfach, den eben erst selbst zu Christen gewordenen Landesfürsten von Masowien, Großpolen und Litauen im Nachhinein eine gewisse Naivität zuzuschreiben, da wir heute die Entwicklung der Jahrhunderte seit den Ordenskreuzzügen kennen und die Peripetien wechselnder

Bündnisse und die Aufeinanderfolge von Siegen und Niederlagen überblicken. Aber es ist doch eine sehr simplifizierende These, wenn Marian Biskup sagt: „Aus der Sicht der Völker des südlichen Ostseeraumes muss eine Bewertung des Ordens und seines Staates in Preußen negativ ausfallen ... Er verzerrte den Verlauf der Geschichte (!) an der Ostsee und störte die freie Entwicklung, insbesondere das freie und natürliche Zusammenwachsen Pomerellens und Preußens mit dem Staat und der Gesellschaft Polens beziehungsweise Litauens ebenso wie Schamaitens Verbindung mit der Küstenregion." Und da muss man doch wohl, bei aller Hochachtung für die großartige Arbeit von Marian Biskup sagen, dass es nicht die Akteure sind, die Geschichte verzerren (sie schaffen sie ja erst), sondern dass die Verzerrungen sich in der nachträglichen Betrachtung einstellen. Goethe hat es gewusst und in seinen Betrachtungen so formuliert: „Das Beste, was wir von der Geschichte haben, ist der Enthusiasmus, den sie erregt." Und dieser Enthusiasmus entsteht eben überall dort, wo Geschichte geschrieben wird, in diesem Fall freilich unter Ausschluss der eigentlich Betroffenen, der toten Pruzzen.

Die Saat der Ritter geht auf

Als kirchliche Organisation mit militärischen Aufgaben war der Orden der deutschen Ritter von Anfang an eine zwitterhafte Gründung. Seine humanitäre Sendung auf der Basis eines großen Spitals vertrug sich noch gut mit den Idealen, die das Neue Testament preist, dem Beispiel des mildtätigen Samariters, der Fürsorgepflicht gegenüber den vom großen Unheil des Krieges Geschlagenen. Der hehre Auftrag wurde früh relativiert, die Menschheit in Gläubige und Ungläubige geschieden, der Heide auf eine Zwischenstufe zwischen Tier und Mensch herabgewürdigt und schließlich, in den verschiedenen Kreuzzügen, zum erklärten Feind.

Die zunächst überwältigenden Erfolge der Reformation in Frankreich, Deutschland, Skandinavien und in der Schweiz veränderten die Lage vollkommen. Die alten Gegner des Ordens erschienen plötzlich als die besseren Christen. Das polnische Königtum, gegen das der Orden sich so oft mit der Waffe hatte behaupten müssen, etablierte sich als christkatholische Vormacht zwischen einem protestantischen Deutschland und dem der Ostkirche zugehörenden Russland und umschloss gemeinsam mit dem unwandelbar katholischen Habsburgerreich das Konglomerat unentschlossener deutscher Länder, in denen der Ritterorden einer höchst ungewissen Zukunft entgegensah.

Nur im Baltikum waren Entscheidungen gefallen, vor allem dank eines Ordensmannes vom Rang eines Wolter von Plettenberg, der seit 1494 die Geschicke des livländischen Ordens leitete und den selbst nicht-deutsche Historiker als eine herausragende Persönlichkeit feiern. Seiner Energie und seinem Geschick war es gelungen, die jahrzehntelangen, dem Deutschtum schädlichen Rivalitäten zwischen dem Orden und dem Erzbistum Riga beizulegen und angesichts der Bedrohung durch die Russen auch den Bischof von Dorpat und andere Kirchenfürsten zum gemeinsamen Vorgehen mit dem Orden zu gewinnen.

Die Moskowiter hatten das ihre getan, um diese Zusammenschlüsse zu befördern, denn an der Wende zum sechzehnten Jahrhundert waren die baltischen Lande von russischen Streifscharen auf das Fürchterlichste heimgesucht worden. Die durchwegs berittenen Plünderungstrupps und Marodeure hatten kein schweres Gerät, wurden also den Herrensitzen nicht sonderlich gefährlich, und auch das Bauernvolk blieb, wenn es rechtzeitig in die Burgen flüchtete, an Leib und Leben verschont. Das Bauerntum auf dem flachen Land aber litt entsetzlich, die Höfe wurden niedergebrannt, die Menschen, die auf ihre Armut vertraut hatten, aus purer Mordlust umgebracht. Rings um Narwa, Dorpat und selbst im östlichen Vorfeld von Riga brannten die Dörfer. Der Handel ruhte, weil die Ritter sich an russischen Kaufleuten vergriffen und die Russen wiederum Gesandte des Ordens gefangen nahmen.

Aus vielfachem Geplänkel wurde eine große Auseinandersetzung, als sich auf russischer Seite die Lage entscheidend geändert hatte. Iwan III., für den sich der Beiname „der Große" bis heute nicht durchgesetzt hat, war in seinen ersten Herrschaftsjahren durch die Rivalitäten mit seinen Brüdern an aktiver Expansionspolitik gehindert gewesen. Aber man lebte nicht lang unter den spätmittelalterlichen Verhältnissen in Russland: Georg, Fürst von Dimitrow, starb 1473, erst zweiunddreißig Jahre alt; Andreas lebte immerhin bis 1494, ehe er als Fürst von Uglitsch starb, und im gleichen Jahr wurde sein Bruder Boris, Fürst von Wolock, abberufen. Der jüngste Bruder Iwans, der ebenfalls den Namen Andreas trug, war noch nicht dreißigjährig 1481 gestorben, ganz zu schweigen von weiteren Kindern, die nur wenige Jahre gelebt hatten. An der Wende zum sechzehnten Jahrhundert war Iwan III. unumstrittener Alleinherrscher, hatte nach einem Vierteljahrtausend die Oberherrschaft der Tataren abgeschüttelt und dies durch eine der seltsamsten Schlachten der Weltgeschichte unblutig zustande gebracht: Die russische und die tatarische Armee waren einander an den beiden Ufern des Ugra nahe dessen Zusammenfluss mit der Oka wochenlang gegenübergelegen, bis Khan Achmed, der von dem Eintreffen russischer Verstärkungen erfahren hatte, kampflos abzog.

Von diesem Augenblick an war Iwan III. ein begehrter Bündnispartner nicht nur für den Papst, der dieses immerhin christliche Großreich zu einer Teilnahme am Kampf gegen den Islam ermuntern wollte, sondern auch für den Sultan, der seit wenigen Jahrzehnten an den Meerengen herrschte und das Großreich in seinem Rücken friedlich zu stimmen suchte. Man darf darum nicht der Versuchung erliegen, die Kämpfe zwischen dem Livländischen Orden und dem Zaren als Meilensteine der russischen Geschichte anzusehen; sie waren durchaus periphere Ereignisse für ein Reich, das sich, eben aus disparaten Teilen zusammengeschweißt, vom Finnischen Meerbusen bis ans Schwarze Meer erstreckte und Iwan zum eigentlichen Schöpfer jenes Russland machte, das wir bis heute innerhalb dieser Grenzen kennen.

Wolter von Plettenberg und die Seinen erfuhren von den Vorgängen zwischen den Großfürsten, dem Tod der rivalisierenden Brüder und der Konsolidierung einer neuen gewaltigen Macht im Osten der baltischen Länder wohl nur nach und nach. Näher war ihnen Iwans Tochter Helena, die durch ihre Mutter Sofia Paleologos aus dem byzantinischen Kaiserhaus stammte. Die hochintelligente Prinzessin hatte 1495, also ein Jahr, nachdem Plettenberg sein hohes Amt antrat, den Jagiellonenfürsten Alexander von Litauen geheiratet, aber erst, als Alexander sich schriftlich verpflichtet hatte, den orthodoxen Glauben seiner damals neunzehnjährigen Gemahlin zu respektieren. 1501 wurde Alexander König des katholischen Königreiches Polen, und die Spannungen zwischen Helena und ihrem Hof wuchsen ins Unerträgliche, bis Iwan III. für seine Tochter in den Krieg zog. Plettenberg hatte also in seinen Gegensätzen mit Russland eine gewisse Unterstützung durch Litauen und kämpfte mit seinen Rittern nicht nur für ein deutsches Baltikum, sondern auch für die hohe Geisteskultur einer Fürstin, die ihrem neuen Land zuliebe das Polnische perfekt erlernt hatte, ihre byzantinischen

Gewohnheiten und ihre Hofhaltung im Geist des griechisch-orthodoxen Glaubens aber so lange durchzusetzen versuchte, bis man sie 1513 vergiftete.

Der Ritterorden hatte somit, wenn er gegen Russland auftreten musste, zumindest gelegentlich die Hilfe Litauens, das hervorragende harte Soldaten zu stellen imstande war, die nur nicht immer rechtzeitig auf dem Kampfplatz erschienen. Aber unter den damaligen Verhältnissen im nordöstlichen Europa war jeder Einsatz von Truppen, war jede Marschbewegung vom Wetter und den Wegeverhältnissen abhängig und schwer vorauszuberechnen.

Nach den Verwüstungen im Raum um Narwa, Dorpat und auf dem flachen Land östlich von Riga musste der Ritterorden handeln. Ende August 1501, in der Zeit, da alle Wege trocken waren und das Wetter einigermaßen sicher, führte Wolter von Plettenberg viertausend Reiter und eine nicht genau bekannte Zahl von Knechten und Kämpfern zu Fuß im nordöstlichen Estland gegen die dort vermuteten Bereitstellungen der Russen. Vor der Kreuzkapelle zu Maholm, unweit von Schloss Wesenberg, beteten die Deutschen vor der Schlacht und griffen dann die Armee Iwans an, deren Stärke mit vierzigtausend Mann zweifellos zu hoch angegeben wird, vor allem, da die Russen fast ausschließlich Reiterei einsetzten und vierzigtausend Pferde im damaligen Estland nicht ernährt werden konnten. Die in ihrem Lager vom Angriff der Ordensritter überraschten Russen gerieten in das Wirkungsfeld einer zumindest in Russland erst vom Hörensagen bekannten Waffe, nämlich der Kolubrinen, zu deutsch Feldschlangen. Sie schossen flach und direkt und rissen in die Reihen russischer Reiter verwirrende Lücken, vor allem, da Plettenbergs Waffenmeister den Einfall gehabt hatte, die Kugeln miteinander zu verbinden. Die Pferde stolperten und warfen die Reiter ab, andere wandten sich zur Flucht, kurz das Geknalle, der Pulverrauch und das Feldgeschrei der schwer gepanzerten Ritter bewirkten eine Panik und einen vollständigen Sieg des Ordens. Die Verfolgung der Fliehenden erstreckte sich bis in den Abend.

Wie mächtig der in die polnischen Querelen kaum verstrickte livländische Orden damals war, geht aus der Tatsache hervor, dass etwa zugleich mit der Schlacht von Maholm eine andere Gruppe von Ordensrittern an der Siritza gegen die Russen antrat, auch hier siegte. Die daraufhin ungedeckte Stadt Ostrow am Fluss Welikija wurde leer geplündert und vollständig niedergebrannt. Mit einbrechendem Herbst, den feuchten und kalten Nächten in den Feldlagern, verbreiteten sich jedoch Krankheiten im Lager der Ritter; die Ruhr brach aus, und Plettenberg musste seine Absicht, gegen Pleskau zu marschieren, unter Verlusten aufgeben. Er selbst beschloss, auf der festen Burg Helmet im Vorfeld von Dorpat zu überwintern, aber Iwan III. hatte vom Missgeschick des Ordensheeres erfahren und entsandte, um die Scharte von Maholm auszuwetzen, berittene Raubscharen, vor allem Tataren, gegen den Norden und Nordosten der livländischen Ordensregion mit dem Auftrag, einer großen Schlacht auszuweichen: Man fürchtete offensichtlich die neuen Waffen, die bei Maholm so blutige Ernte gehalten hatten. In einer Novembernacht unternahm ein starkes russisches Detachement unter einem Fürsten Obolensky einen Handstreich auf Schloss Helmet, um sich der Person Plettenbergs zu bemächtigen. Das Schloss konnte gehalten werden, bis eine Eingreiftruppe aus Dorpat zur Stelle war. Es wurde eine kleine, aber blutige Schlacht, in der nicht nur Obolensky selbst fiel, sondern in der auch beinahe alle Ritter aus Dorpat auf dem Kampfplatz blieben. „Moskowiter und Tataren hieben die Ketzer (d. h. die nicht dem orthodoxen Glauben angehörenden Ritter) nicht etwa mit glänzenden Säbeln nieder, sondern erschlugen sie wie Eber mit ihren Streitkolben." (Zitiert nach Nikolai Michailowitsch Karamsins nur bis 1611 reichenden Geschichte des russischen Reiches)

Plettenberg musste bis zum März warten, ehe er den russischen Streifscharen entgegentreten und die Leiden der Landbevölkerung beenden konnte: Scharmützel bei Iwanogorod und Narwa warnten die Marodeure und gaben den Städten neues Vertrauen zur Führung durch Plettenberg.

Aber es wurde wieder August, bis der Hochmeister mit insgesamt fünfzehntausend Mann aus Riga, Dorpat und Kurland abermals gegen die Russen ziehen konnte, in der Hoffnung, vor ihnen Pleskau zu erreichen.

Aber die Russen, mit den Verhältnissen des Landes bestens vertraut, zogen mit unerwarteter Schnelligkeit dem begehrten Ziel, der alten Handelsstadt entgegen, und wenn es auch gewiss keine neunzigtausend Russen und Tataren waren, die dem Ordensheer gegenüberstanden, so darf man doch von einer mehrfachen Übermacht ausgehen. Umso stärker beeindruckte der Sieg vom 13. September 1502 die Russen, nicht nur wegen der Tapferkeit der deutschen Landsknechte, die als Söldner für den Orden im Kampf standen, sondern abermals wegen der Feuerschlünde, die in die Reihen der russischen Übermacht tiefe, blutige Schneisen rissen. Immerhin sollen sich die Landsknechts-Karrees an diesem Tag den Ruhm eines neuen Namens verdient haben, sie wurden die Eisernen genannt.

Am Vorabend des Zeitalters der Feuerwaffen hatten auch die Ritter noch einen großen Tag. An der Spitze seiner Panzerreiter durchbrach Ordens-Hochmeister Wolter von Plettenberg nicht weniger als dreimal die russischen Schlachtreihen; es war die alte Taktik aus den Kämpfen des Mittelalters. Ein Keil aus schwer gepanzerten und so gut wie unverwundbaren Reitern stürmte, mit Schwertern und Lanzen den Tod säend, in die gegnerische Schlachtreihe, wendete in deren Rücken und erkämpfte sich auf die gleiche Weise den Rückweg zu den eigenen Reihen, wobei die Feinde im zweiten und dritten Glied unvorbereitet plötzlich in Todesgefahr gerieten und sich Panik breit machte. Es war wohl dieser Sieg, der Plettenberg einen Platz in der bayrischen Ruhmeshalle Walhalla sicherte. Wir wissen heute, dass auf diese schwere Niederlage der Russen ein Halbjahrhundert des Friedens folgte; Plettenberg aber war sich an jenem Septembertag seiner Sache noch nicht völlig sicher. Zu viele der Besiegten waren entronnen; die Umgebung der Stadt konnte nicht als sicher gelten, und für eine wirksame Verfolgung fehlte es an Pferden. Waren auch die Ordensritter in ihren Rüstungen weitgehend geschützt gewesen, so hatten doch viele verwundete Reittiere nach der Schlacht getötet werden müssen.

In diesem Halbjahrhundert eines Friedens, an den so recht niemand zu glauben wagte, erreichte die Reformation die baltischen Länder und schuf damit zu den alten Gegensätzen zwischen dem Bistum Riga und dem Ritterorden eine neue Spaltung innerhalb des Ordens und im Ganzen so mühsam behaupteten Land. Der Ausgangspunkt für diese Entwicklung war nicht, wie man glauben sollte, die lebhafte Hafenstadt Danzig mit ihrem Handel und den etablierten Verbindungen nach Riga und Reval, sondern das kleine Städtchen Treptow an der Rega. Dank der Rega waren Treptow und das nördlich davon gelegene Greifenberg beinahe als Seestädte anzusprechen; jedenfalls konnten die kleinen Schiffe des damaligen Küstenhandels die Rega aufwärts bis Treptow fahren, wenn auch wechselnde Wasserstände diesen Verkehr immer wieder gefährdeten und Streit zwischen den beiden Regastädten auslösten.

Der Pommernherzog Kasimir hatte auf einer nahen Anhöhe 1180 das Kloster Belbog gegründet und damit die Rega-Niederung zu einer Pflanzstätte des christlichen Glaubens im östlichen Pommern gemacht. Um 1519 wurde Treptow unversehens zu einem neuen Zentrum geistlicher Wirkungen, als Johannes Bugenhagen und Andreas Knoph der Hochschule von Treptow einen so ausgezeichneten Ruf schufen, dass die lernbegierige Jugend aus allen Himmelsrichtungen an die Rega strebte, von Westfalen ebenso wie aus Livland. Man ging im Frieden einer abgelegenen Lehranstalt und eines alten Klosters vereint auf die neue Lehre zu, bis Erasmus von Manteuffel 1521 – ein wachsamer und streitbarer Katholik – Bischof von Kammin wurde und Herzog Bogislav X. von Pommern zum Einschreiten veranlasste. Die eifrigsten Reformatoren wurden verhaftet, der berühmte Bugenhagen ging nach Wittenberg, und Andreas Knoph, der aus Küstrin gekommen war, wandte sich 1522 nach Riga. Als Archidiakon an der Peterskirche hielt er im Oktober 1522 seine Antrittspredigt im Wettstreit mit dem Hamburger Silvester Tegetmeier, der an der Jacobikirche für die neue Lehre wirkte.

Was in Treptow an der Rega so bedächtig begonnen hatte, wurde unter dem Eindruck flammender Predigten in ganz Livland zu einer Bewegung von unerwarteter Heftigkeit, weil die dem Luthertum eher fremden Ideen von Bilderfeindlichkeit und Bildersturm von einzelnen Predigern zur Fanatisierung der Zuhörerschaft genutzt wurden, insbesondere von dem schwäbischen Kürschnermeister Melchior Hoffmann, der seine Werkstatt im Stich gelassen hatte und seine wütende Beredsamkeit seither an die Ostsee trug. Im Kreis von Wiedertäufern wie Knipperdollinck und Rincks auf die wirksamen Zerstörungshandlungen verfallen, hatte Hoffmann, über Stockholm anreisend, Dorpat erreicht und hatte dort einen so großen Anhang um sich geschart, dass der Versuch, ihn zu verhaften, in gefährlichen Tumulten scheiterte. Der bischöfliche Vogt musste sich mit seinen Bewaffneten auf der Burg verschanzen, die Stadt selbst aber wurde – ganz wie an anderen Orten, in denen die Wiedertäufer gesiegt hatten – eine Beute Melchior Hoffmanns. Man plünderte die Kirchen, zerstörte Grabmäler und eroberte schließlich sogar das Schloss. In Riga stand es nicht besser, die kaiserlichen Gesandten, die Frieden stiften sollten, wurden schon in Dünamünde, also beim Verlassen des Schiffes, gefangen gesetzt bis auf einen vorgewarnten Herrn, der fliehen konnte. Am Karfreitag des Jahres 1523 verließ die katholische Geistlichkeit im stummen Protest in einer großen Prozession die aufrührerische Stadt, Ereignisse von vielsagender Bedeutung, wie sie im eigentlichen preußischen Ordensgebiet nicht zu verzeichnen waren.

Eine Wende brachte ein einziger Mann zuwege, nämlich Bischof Johannes Blankenfeld von Dorpat und Reval, Sohn des Bürgermeisters, der damals freilich noch kleinen Stadt Berlin. Dieser energische Mann verstand es, einen Teil der Ritterschaft ebenso hinter sich zu bringen wie den Landadel, so dass es gelang, Hoffmann aus der Stadt Dorpat auszuweisen.

Die zum Aufruhr neigenden Bauern kamen wieder zur Ruhe, obwohl sie einigen Grund gehabt hatten, mit ihrer Lage unzufrieden zu sein.

Überblickt man die Verhältnisse in den südlichen Ostseeländern, so muss man sich wundern, dass es überhaupt noch einen geregelten Landbau mit Ernten und deren Verwertung gab. Zweifellos hatte die Reformation die Autorität der Ordensverwaltung geschwächt, und die dauernden Querelen mit den Bischöfen hatten das Landvolk so weit verunsichert, dass selbst in den friedlichen Phasen zwischen den Beutezügen der moskowitischen und der litauischen Truppen das Wirtschaftsleben zumindest auf dem flachen Land weniger produktiv war als in der Hochzeit der Ordensmacht vor dem Frieden von Thorn.

Eine Erklärung dafür, dass es dennoch nicht zu Hungersnöten und größeren Revolten kam, liefert uns die Tatsache, dass die Kriege jener Zeit noch keine Flächenbrände waren. Die vergleichsweise geringen Zahlen der Kämpfer führten in der Regel nur zu punktweisen Begegnungen; die Plünderertrupps zogen sich aus gutem Grund schnell wieder auf die Hauptmacht zurück, denn die Bauern wussten sich zu wehren, und dann gab es natürlich keine Gefangennahmen, kein Kriegsrecht: der Landmann verteidigte seinen Besitz mit der vollen Härte der altpruzzischen Abwehrkämpfe.

Kennzeichnend für das latente Misstrauen, mit dem alle Mächte an der südlichen Ostsee einander belauerten, ist der Besuch König Sigismunds II. August in der Stadt Danzig, die durch ihren Seehandel und die Werften mächtig und reich geworden war, sich politisch aber nur selten festlegte und mit dem traditionellen Opportunismus der gerissenen Fernhändler sich nicht viel anders verhielt als die Dogenrepublik Venedig. Die stolze Adriastadt hatte zu allen Zeiten ihre eigene Politik betrieben, im Rücken der Päpste Waffen und Waren in den Orient geliefert und ihren Gewinn gesucht, wo immer sie ihn finden konnte: Ganz ähnlich hatte Danzig in allen Konflikten im Baltikum jeden unterstützt, der dafür bezahlen konnte und mitten in den aufreibenden Ordenskämpfen gegen die Moskowiter diese mit Schießpulver beliefert.

Als Sigismund II. August 1548 den polnischen Königsthron bestieg, herrschte an allen Grenzen seines Herrschaftsgebietes Ruhe, auch in Litauen, wo er vier Jahre zuvor an die Macht gekommen war. Seine erste Frau, eine österreichische Prinzessin, war bei der Eheschließung erst siebzehn Jahre alt und starb mit neunzehn Jahren; seine zweite Frau, eine Radziwill, zählte bei der Hochzeit dreiundzwanzig Jahre und starb mit achtundzwanzig, und die dritte, mit eben zwanzig Jahren geehelicht, starb auch noch vor ihrem königlichen Gemahl und hatte ihm ebenso wenig Nachwuchs beschert wie ihre Vorgängerinnen, was Sigismund II. August zum letzten Jagellonen machte.

1552, also im vierten Jahr seiner Herrschaft, besuchte Sigismund mit großem Gefolge und Gepränge den wichtigsten Hafen seines Machtbereichs, die Stadt Danzig, und wie immer, wenn ein Besuch gemischte Gefühle weckt, bemühten sich die Bürger, ihre geheimen Vorbehalte gegen Polen unter einer gewissen Entfaltung von Pracht und Festlichkeiten zu verbergen. Dafür eignete sich die so genannte Münde besonders, ein breiter Prospekt mit Mole, Meerblick, Speichern und Brücken, doch hatte niemand bedacht, dass mit dem sanften Seewind ein ganzes Geschwader von Handelsschiffen einlaufen würde, das sich vor der Münde gesammelt hatte, fuhr man zu jener Zeit doch gerne in ganzen Flotten nicht nur der Seeräuber wegen, sondern auch, um einander bei den häufigen Fährnissen der Seefahrt beizustehen.

Als König Sigismund die Schiffe in Menge herankommen sah, wofür er als Binnenlandmonarch keine Erklärung hatte, sah alles für die meerungewohnten Polen tatsächlich nach einem Handstreich aus, nach einer Aktion, sich des Königs zu bemächtigen, und sei es auch nur, um ihm Zugeständnisse und Privilegien abzupressen. „Es kostete die

Rathsherren viel Mühe, die Polen und des Königs Gefolge eines Besseren zu überführen", schreibt Goswin Freiherr von Brederlow in seiner Geschichte des Handels der Ostseereiche im Mittelalter, 1820 in Berlin bei Ferdinand Dümmler erschienen.

Tatsächlich nützten die Danziger die Anwesenheit des Königs für sich aus, aber weniger gegen die polnische Majestät als gegen den eigenen Rat, der sich seit langem aus stets denselben Geschlechtern zusammensetzte und die so genannte dritte Ordnung, später wird man sagen: den dritten Stand, nur unwillig anhörte und de facto kaum beachtete. Dieses eigentliche Danziger Bürgertum nahm die Gelegenheit wahr, unmittelbar zum Landesherrn zu sprechen, und verlangte vor allem die freie Ausübung der neuen reformierten Religion. Dazu äußerte sich Sigismund nicht ablehnend, aber zurückhaltend und bedang sich aus, dass die Einkünfte des Bischofs von Pomerellen nicht gemindert werden dürften. Aber Sigismund II. August ging nicht wie Sigismund I. mit Todesurteilen gegen die neue Lehre vor, sondern gab zu erkennen, dass ihm die wirtschaftliche Blüte Danzigs und die Abgabenwirtschaft wichtiger seien, so dass Pfarren und Kirchen an die Prediger der hussitischen und der lutherischen Glaubensrichtung verloren gingen, 1572 sogar der letzte katholische Altar in der großen Marienkirche: Erst Bischof Hieronymus Rosrazewski (1581 – 1600) vermochte einiges von dem verlorenen Terrain zurückzugewinnen. Bezeichnend ist, dass er seine Mitstreiter, seine eifrigsten Helfer nicht in Danzig oder in Pomerellen zu finden vermochte, sondern aus dem Jesuitenkolleg der Stadt Posen bezog.

Glücklicher war Sigismund II. August in seinen wirtschaftlichen Aktivitäten. Er begann auf Bitten der Danziger Händler neue Verhandlungen mit Dänemark und England, die sich für die Position der Stadt im Seehandel günstig auswirkten, und beschränkte die Niederlassungsmöglichkeiten für fremde Handelsleute, unter denen in den Jahren seit 1466, also seit dem Ende der Ordensherrschaft, die Schotten und die Juden besonders zahlreich geworden waren, ver-

mehrt um eine schwer zu überblickende Schar von Wander-
händlern, die offensichtlich ungefährdet zwischen allen
Fronten der häufigen baltischen Kriegswirren hin und her
reisten und neben ihren Waren auch Nachrichten verhöker-
ten.

Die Ordensritter, die zwischen 1309 und 1466 so viel für
Danzig getan hatten, konnten dieser Entwicklung nur noch
zusehen. Sie hatten damals die vier Danziger Kirchen auf
zwanzig vermehrt und viel für die kirchliche Kunst getan –
ein Werk, das nicht vergeblich war, weil die Bilderstürmer
in Danzig nicht so aktiv werden konnten wie in Dorpat oder
Riga. Neben der alten Marienkirche in Danzig selbst zeugte
der Dom zu Pelplin vom Wirken des Ordens, die Kirche in
Oliva, die Trinitatiskirche in Danzig und vor allem auch
Klosterbauten: Das Carmeliter- und das Brigittenkloster zu
Danzig und das Kartäuserkloster zu Carthaus entstanden in
einer Zeit, da die Päpste noch auf Seiten des Ordens standen
und den Rittern in den vielen Querelen gegen die Bistümer
meist Recht gaben. In dem dreizehnjährigen Krieg (1454 –
66), als der Städtebund mit polnischer Hilfe gegen die Ritter
kämpfte, ging allerdings sehr viel von dem zugrunde, was
der Orden vorher geschaffen hatte.

Eine bis heute nicht völlig geklärte Maßnahme fällt ebenfalls in die Zeit jenes königlichen Besuches in Danzig oder
war zu diesem Zeitpunkt schon vollzogen: Ein Durchstich
aus dem Bett der Weichsel in Richtung der Nogat, durch den
dieser östliche Mündungsarm (bis 1845) zeitweise mehr
Wasser führte als der Hauptstrom, die Weichsel.

Im Ganzen war der Übergang zur neuen Religion, von
den Katholiken standhaft „die so genannte reformierte" genannt, in Danzig fließend und friedlich. Seit 1556 gab es in
Danzig drei Kirchen, in denen das Abendmahl in beiderlei
Gestalt geboten wurde. Die Klöster wurden als Herbergen
für auswärtige Schüler eingerichtet, und auch die weltliche
Gerichtsbarkeit zog einen Vorteil aus den neuen Verhältnissen. Zur größeren Rechtssicherheit nach all diesen Umstür-
zen begann man in Danziger Schreibstuben, das kulmische

Recht niederzuschreiben und seine Quellen zu sammeln. Das war eine gewaltige Arbeit, in die sich allerdings bald der Adel mit seinen eigenen Erbschafts-Traditionen einmischte, um die Söhne gegenüber den Töchtern zu begünstigen. Es gab also Versuche, inmitten einer großen und gewaltigen Bewegung Ordnungselemente zu setzen, aber wenn überhaupt, so hatten sie alle nur punktweise Erfolg, eine Universität hier, ein Gesetzbuch dort, in einem Kosmos, in dem sich alles auf einmal wandelte: die Religion, die Machtverhältnisse und die wirtschaftlichen Tatsachen. Nach der im Ganzen straffen und kundigen Führung durch die Ritter war das säkularisierte Preußen so weit gefestigt, dass die Bannflüche aus dem Reich und die Ansprüche der dort noch vorhandenen Ordenszentren weitgehend bedeutungslos blieben. Aber es gelang nicht, Königsberg zu einem echten Rivalen für Danzig aufzubauen. Als ein herzogliches Privileg verlangte, dass alle das Gebiet passierenden Handelsleute ihre Waren in Königsberg feilbieten müssten (das so genannte Stapelrecht), hoben polnische Kommissare schon ein Jahr darauf, also mit ungewohnter Promptheit, diese Verordnung wieder auf, weil Danzig protestiert hatte. Königsberg blieb eine Etappe zwischen Danzig und Litauen, aber eben nicht mehr. Die Königsberger Kaufleute erinnerten sich noch der Zeit, da der Orden alle großen Geschäfte selbst gemacht hatte, und befürchteten, dass Herzog Albrecht es ebenso halten würde, weswegen sie alle Versuche, eine eigene preußische Flotte zu schaffen, bekämpften und Preußen damit die Möglichkeit nahmen, in den Ostseekonflikten eine Rolle zu spielen.

Die Ostsee aber entwickelte sich zu einem echten Mittelmeer in dem Sinn, dass im sechzehnten Jahrhundert auf einmal alle Uferstaaten beinahe gleichzeitig miteinander in Konflikt gerieten und traditionelle Seefahrerländer wie zum Beispiel Dänemark mit nicht weniger als achtundzwanzigtausend Soldaten in Schweden einmarschierten. Kleine Regionen wie etwa das Bistum Ösel oder große und wichtige Städte wie Riga entfalteten plötzlich ein Eigenleben. Die mächtige Klammer der Ordensregeln fehlte ebenso wie das kampfgewohnte Heer der Kreuzritter, und es grenzt an ein Wunder, dass in diesen Intrigen und Kämpfen eines jeden gegen jeden sich schließlich Gotthard Ketteler, Landmeister des Ordens im heiß umkämpften Livland, sich eine gewisse Selbstständigkeit sichern konnte. Er wurde in Anlehnung an das polnische Königtum Herzog in Kurland, und der Rigaer Erzbischof Wilhelm von Hohenzollern-Ansbach, ein um acht Jahre jüngerer Bruder von Herzog Albrecht, vollzog 1561 denselben Schritt, starb aber schon zwei Jahre darauf. (Friedrich V., 1460 – 1536, Markgraf von Ansbach zu Bayreuth, hatte mit Sofie, der Tochter König Kasimirs IV. von Polen, nicht weniger als sechzehn Kinder, von denen zwar vier im Kindesalter starben, die anderen aber durch Eheschließungen, kirchliche und weltliche Ämter dem neuen Geschlecht eine breite Basis in Deutschland schufen; wir finden Enkel und Großneffen Herzog Albrechts als Kurfürsten von der Pfalz, Markgrafen von Baden-Durlach, Markgrafen von Brandenburg, Herzöge von Mecklenburg und in zahlreichen günstigen ehelichen Verbindungen.)

Zum eigentlichen Kurland hatte Ketteler noch die reizvolle Landschaft Semgallen erhalten, dazu das 1295 gegründete Bistum von Pilten am Flüsschen Windau, wo die kurländischen Herzöge später lange Zeit ihren Hauptsitz hatten, und den kleinen Ostseehafen Polangen. Im Norden hatte Kurland eine lange Grenze mit Livland, im Westen verfügte es über einen Küstenstreifen an der Ostsee, und im Osten lag das große Russland mit der nahen Metropole Witebsk. Südlich schlossen Litauen und Preußen an, im Ganzen eine Lage, die von der Gunst des Polenkönigs abhängig, aber mit etwa achtundzwanzigtausend Quadratkilometern immerhin auf den Landkarten sichtbar war, deutlich größer als das heutige Mecklenburg-Vorpommern und nur wenig kleiner als Brandenburg ohne Berlin.

Ketteler, ein hoch begabter Feldherr, war auf die Rolle eines Landesfürsten vorbereitet, hatte er doch als Ordensmeister in Livland Verwaltung und landesherrliche Verantwortung kennen gelernt. Dennoch war es natürlich eine völlig neue Aufgabe, nun in den Grenzen eines Herzogtums am Rande des zivilisierten Europa und bedrängt von großen Mächten erfolgreich zu wirken. Er hatte dreihundertvierzig Kilometer Küste, aber nur drei taugliche Hafenorte (Libau, Polangen und Windau) und viele unergiebige Seen.

Trotz der Ordensarbeit war Kurland noch vergleichsweise wenig erschlossen: Ein Achtel der Oberfläche war damals noch Wildnis, ein Drittel (!) Wald, nur ein Viertel der Oberfläche als Ackerland bewirtschaftet. An deutscher Bevölkerung gab es nur einige Tausend Familien, zumeist im Landadel und in den Städten: Auf diesen Bevölkerungsteil, der an Ordnung und Fortschritt interessiert war, konnte sich ein Mann vom Rufe Kettelers stützen, wobei es ziemlich gleichgültig war, ob es sich um Protestanten oder Katholiken handelte, sie alle waren nach den Kriegswirren einer starken Persönlichkeit lieber verbunden als schnell wechselnden lokalen Machthabern geistlichen Standes oder gar durch den Krieg hochgekommenen Abenteuerern, auf die gerade das Baltikum eine bedenkliche Attraktion ausübte. Zweihundert Jahre nach Ketteler wird der bekannteste und begabteste aller Scharlatane, der viel gewandte Giacomo Casanova, die kurländische Residenz Mitau besuchen, in der dann nicht mehr die Nachfahren Kettelers herrschen, sondern ein russischer Günstling, um dem eleganten Fürsten Anregungen für die Nutzung von Bodenschätzen und anderen kurländischen Ressourcen zu geben, von denen der Venezianer nichts wissen konnte, da es sie nicht gibt. Interessanter sind die für Ostseestaaten singulären maritimen und kolonialen Initiativen unter den Nachfahren Kettelers. Mit Neffen und günstigen Heiraten herrschten sie bis 1737 so erfolgreich in Kurland, dass das kleine Land inmitten so vieler großer Kriege als Gottesländchen bezeichnet wurde. Im Raum Libau entstand frühe Eisenindustrie, und die Courage der kurländischen Seefahrer reichte immerhin für die Begründung einer Kolonie an der Mündung des afrikanischen Flusses Gambia, die nach dem Ostsee-Missionar Sankt Andreas benannt wurde. Auch kam es zum Erwerb der westindischen Insel Tobago im Jahr 1642, dreihundert Quadratkilometer in der Ferne, jenseits des Ozeans.

Es ist eines der reizvollsten Rätsel der deutschen, ja eigentlich der europäischen Geistesgeschichte, dass dieses kleine Herzogtum mit einer winzigen Residenz sich dem Gedächtnis damals nicht weniger einprägt als das ganze große Preußen. Der bejammernswerte Zustand der Straßen im damaligen Europa und insbesondere im Nordosten hinderte die Größen der vergangenen Epochen nicht, durch Kurland nach Petersburg zu reisen, obwohl dies zu Schiff sehr viel bequemer gewesen wäre. Casanova bewerkstelligte die bemerkenswerte Reise in einem eigens konstruierten großen Schlafwagen, in dem wohlweislich sogar Kochmöglichkeiten vorhanden waren, und der auf Publikum und leichten Gelderwerb bedachte Giuseppe Balsamo, der sich als einen Grafen Cagliostro bezeichnete, verschmähte den Besuch bei Elisa von der Recke in Mitau nicht, der Landesherrin und Dichterin, die ihn schließlich nach bitteren Enttäuschungen als Schwindler entlarvte.

Ein wenig vom frühen Pioniergeist der Ritter und von der Rechtschaffenheit der ersten Kreuzfahrer mag in dem Schwung erhalten geblieben sein, der dieses kostbare aber ein wenig seltsame Herzogtum durch Jahrhunderte am Leben erhielt, bis die Zarin Anna ihren Günstling Ernst Johann von Biron als Herzog den Ketteler-Nachfahren folgen ließ. 1795 wurde Kurland nach Jahren einer Missregierung durch den Erbprinzen Peter russische Provinz und bescherte dem Zarenreich seinen einzigen eisfreien Hafen an der Ostsee.

Heute ein Teil Lettlands, ist auch Kurlands russische Phase inzwischen Geschichte, und man darf das kleine Herzogtum als eine Ostprovinz deutschen Geistes bezeichnen, ohne eine slawische Großmacht in ihren Ansprüchen zu kränken. Was in Dorpat eine gelehrte Tradition bewirkte, eine gewisse Unauslöschlichkeit deutscher Geistes-Spuren, das gelang in Mitau einer Gräfin, die als Schwägerin des Herzogs Peter Biron von Kurland die verschwiegene Residenz Mitau zu einer Art Musenhof werden ließ und dazu sagte: „Seit meinem sechzehnten Jahre ward ich aus dem Geräusche der großen Welt in stille Einsamkeit auf dem Lande, durch meine Heirat, versetzt. Da entstand aus Mangel anderer Geschäfte bei mir ein Hang zur Leserei ...", und so hatte auch die kurländische Abgeschiedenheit ihr Gutes.

Von den Hohenzollern zu Habsburg

Seit dem Ende der Kreuzzugsepoche hatte der Deutsche Ritterorden, aber nicht nur er, ein zentrales Problem: Seine Weiterexistenz zu rechtfertigen, eine Tätigkeit von allgemeinem Nutzen auszuüben. Bis zum Zusammenbruch dieser Funktion des Allgemeinnutzens am Ende des zwanzigsten Jahrhunderts wird es überzeugende und weniger überzeugende Versuche geben, zunächst der alten Idee des Rittertums einen neuen Sinn einzuhauchen und später, als dies beim besten Willen nicht mehr möglich ist, den Orden selbst als Sammelbecken angesehener Familien als ein immerhin wertvolles Relikt darzustellen, auf das die abendländische Kultur nicht verzichten könne. Die unrühmliche Spätzeit des Ordens vor den Gerichten des Kreisstaates Bayern in den Jahren 2000 und 2001 und darüber hinaus darf jedoch die Tatsache nicht verdecken, dass der Deutsche Ritterorden auf dem Jahrhunderte langen Weg dorthin ein beachtenswertes Element der geschichtlichen Entwicklung in Mitteleuropa war.

Seit der Konstituierung des alten Ordenslandes Preußen als Herzogtum protestantischer Prägung steht eine weltliche Konstruktion zwischen den Rittern und dem Boden, den sie für Deutschland gewonnen haben; vergessen ist das, was sie hier wirkten und bewirkten dennoch nicht, nicht von der Geschichtsschreibung, aber auch nicht vom Land selbst und seinen Städten. Jede Burg, jede Brücke, jede Landstraße erinnert an eine heroische Epoche, die einzige seit den Tagen von Jerusalem, in der sie alle, die hier arbeiteten und kämpften, auf ihr Rittertum und ihren Orden wirklich stolz sein konnten. Über diese Pionierzeit sind sich die deutschen und die polnischen Ordens-Historiker zwar noch nicht völlig einig, aber die wirklichen Kapazitäten, Gelehrte vom Format eines Biskup, Labuda oder Gause, haben sich in ihren wohl ausgewogenen und dadurch maßgeblichen Studien auch in Deutschland ungeteilte Achtung erworben.

Dem gewaltigen Desaster des Dreißigjährigen Krieges war es vorbehalten, aus dem Übergang zum Protestantismus eine für das einstige Ordensland glückhafte Wendung zu machen: Wäre das Preußenland fest in den Händen eines strikt katholischen und wehrhaften Ordens geblieben, die schwedischen Heere hätten in ihrem Kampf für den neuen Glauben aus dem mühsam kultivierten Land eine Wüste gemacht. Dass der schwedische Marschall Horn sich nach Empfang einer Brandschatzung von sechstausend Talern dem freien Abzug der Besatzung des Ordenssitzes Mergentheim nicht mehr entgegenstellte, sagt nämlich nichts darüber aus, wie ein ganzes Ordensland katholischer Ritter von den Schweden behandelt worden wäre.

Damit ist ein Name gefallen, der in der nun nicht mehr staatlichen, sondern beinahe privaten Entwicklung des Ordens eine Rolle spielen wird, die württembergische Stadt Mergentheim im Taubertal, heute ein bekanntes Heilbad, aber mit etwa dreizehntausend Einwohnern nur dank der Kurgäste mit einer gewissen Lebendigkeit begabt, in der das alte Ordensschloss kaum noch eine Rolle spielt. Bis auf die Kreuzzugszeit geht die Beziehung zwischen Mergentheim und dem Ritterorden zurück, denn schon 1208 kam ein Kreuzritter aus dem Geschlecht von Hohenlohe auf den Gedanken, den Orden an Mergentheim zu interessieren und ein Patronat des damals großen und reichen Ordens für das Kirchlein des Ortes zu erbitten. Es war dann die Linie nach Eberhard von Hohenlohe, der die Besitztümer an Jagst, Tauber und am Kocher zufielen, aber Eberhard erwählte als Sitz Burg Hohenloch (später Hohenlohe) im fränkischen Gollochgau. Für Mergentheim aber interessierte sich der Deutsche Orden weiterhin und gleichsam ahnungsvoll und festigte den kleinen Ort, als die Hohenlohe ihn dem Orden übereigneten. Weinberge aus der Umgebung und Stiftungen frommer Witwen kamen hinzu, und um die Mitte des dreizehnten Jahrhunderts gehörten Mergentheim und weite Teile der Umgebung dem Orden, der zu dieser Zeit allerdings noch in ganz anderen Teilen Mitteleuropas engagiert war.

Immerhin ließ sich auch damals schon kaum eine reizvollere Rückzugsposition denken als die idyllische Gemeinde zwischen so vielen Rebenhügeln.

Zum Begriff der Rückzugsposition gehören jedoch die Distanz zum Geschehen und der Verlust direkter Eingreifmöglichkeiten. Es hat wenig Sinn, die mehr oder weniger starken Persönlichkeiten, die nach Albrecht von Brandenburg-Ansbach über den Orden geboten, für dessen fortan periphere Existenz verantwortlich zu machen. Nach jenem schweren Sterben eines Hochmeisters, der ein erster Herzog gewesen war, nach dem 20. März des Jahres 1568 war Tapiau nach wie vor eine Ordensstadt, aber die Querelen um das Ende dieses trotz aller Schwächen großen Mannes hätten sich in jeder Herrscherfamilie ereignen können. Nicht in den Amtspersonen, Gelehrten und Fürstlichkeiten lebte die preußische Ordenstradition weiter, sondern im Land und seinen Städten und Burgen, die vielleicht schon pruzzische Schicksale gesehen hatten, aber durch den Orden in ein neues Preußen hineingeführt worden waren. Die große Geschichte des Deutschen Ordens vollzog sich zwischen dem Finnischen Meerbusen und Pommern, zwischen der Ostsee und dem Weichselland, auch wenn die schattenhafte Organisation eines überlebenden Ordens anderswo existierte. Der Deutsche Ritterorden verließ die Stätte seines großartigen Wirkens in der vagen Hoffnung, anderswo von neuem beginnen zu können; aber nach wirklich großen Taten neu anzufangen hätte echte Aufgaben und mächtige Persönlichkeiten erfordert, und beides boten die folgenden Jahrhunderte eben nicht mehr.

Zugegeben, die Zeiten waren für Ritter nicht eben günstig. Als Preußen vom katholischen Glauben abfiel und zum Herzogtum weltlichen Charakters wurde, läuteten an vielen Orten des Reiches die Sturmglocken. Man schrieb das Jahr 1525, im sonst so stillen Franken brachen die Bauern gegen die Herren los, die Burg von Horneck, wo die Deutschmeister sich über den Verlust Preußens hatten trösten wollen, musste gegen die Sensen und Dreschflegel schwingenden

Bauern aufgegeben werden, weil Mergentheim sicherer war. Die Mächtigen des deutschen Königreiches hatten in dieser Weltstunde des großen Bauernzorns andere Sorgen, als dem tüchtigen Großmeister Walter von Cronberg wieder zu Preußen zu verhelfen, zur Rückkehr des Ordens.

Aber welchem Orden? Waren die zweihundert Ritter, die sich um diese Zeit als Mitglieder des Ordens bezeichneten, eine zur Nachfolge berechtigte und unbeugsame Elite oder waren es gescheiterte, heimatlose Kämpfer von gestern, an denen die neue Zeit ebenso vorübergegangen war wie der gewaltige geistige und geistliche Aufbruch der Reformation? Der Orden war, sieht man ihm ohne Illusionen ins Gesicht, längst zerfallen; er lebte weiter, aber in einer Diaspora verstreuter Balleien, in denen die residierenden Deutschmeister sich nur unwillig oder gar nicht dem zentralen Institut des Ordens-Hochmeisters unterordneten. Und gerade in diesem Augenblick hätten Zusammenschluss und straffer Gehorsam, hätte ein gemeinsames Ziel Not getan, aber offensichtlich ging es ihnen, den kleineren Herren in Mittel- und Westdeutschland zu gut. Einigermaßen treu zum Hochmeister standen die Balleien im Elsass mit ihren bis nach Burgund reichenden Besitztümern, aber auch die Ländereien an der Etsch in Südtirol, im übrigen Österreich und in Koblenz. Diese Streu-Existenz musste noch keinen Untergang des Ordens selbst bedeuten; das damalige Deutschland kannte verstreuten Adelsbesitz in einem bisweilen grotesken Ausmaß, da ein Dorf, dort ein Markt, irgendwo eine Burg und über allem ein alter Adelsname. Die Landkarten zeigen eine heute lächerlich wirkende Buntheit, über die wir uns indes nicht lustig machen sollten: Unter dem Begriff und den Grotesken der Länderhoheit hat sich bis heute so manches erhalten, was schon damals bekämpft wurde.

Was musste daraus folgen? Walter von Cronberg erlangte eine wirkungslose Anerkennung als Reichsfürst mit dem Lehen Preußen, aber es wäre ein polnisches Lehen gewesen, über das nicht der deutsche König, sondern der von Polen zu entscheiden hatte, und der hielt an Albrecht als Herzog und

Lehnsmann fest. Cronberg aber musste zusehen, wie sich der neue Glaube auch in den geretteten Bruchstücken des Ordens durchsetzte, da und dort lutherisch, mitunter auch Calvins Lehre oder die des Huldreich Zwingli, wenn auch die Mehrheit dem römischen Katholizismus treu blieb. Sie bestand, als Cronberg 1543 starb, noch aus sieben Balleien ...

Hinsichtlich der Konfession somit nicht mehr eindeutig zu qualifizieren, überstand der Orden den Dreißigjährigen Krieg besser als so manche geschlossene und traditionell regierte Herrschaft. Bedenkt man freilich, wie die kaiserlichen Truppen oft in den Territorien der Verbündeten hausten und wie wenig sich zeitweise auch die Schweden um die konfessionelle Zugehörigkeit der durchzogenen Ländereien kümmerten, dann wird klar, dass in der großen dreißigjährigen Kriegsnot des Reiches die Barbarei wild durcheinander wogte und kein Ordensgewand wirklichen Schutz gewährte. Diesen suchte der Orden bei den Hochmeistern aus regierenden Häusern, weswegen Marian Biskup nur bedingt beizupflichten ist, wenn er dem Haus Habsburg nachsagt, es habe dem Orden Hochmeister aus der inzwischen eindrucksvoll etablierten großen Familie der Kaiser und Erzherzöge aufgezwungen. Auch gab es immerhin noch drei Hoch- und Deutschmeister aus angesehenen, aber keineswegs mächtigen Geschlechtern: Johann Eustach von Westernach, der am 25. Oktober 1627 starb, Johann Caspar von Stadion, gestorben am 21. November 1641, ein hoch begabter Kriegsmann aus uraltem Graubündner Geschlecht, und schließlich als für lange Zeit letzten Johann Caspar von Ampringen (gestorben 9. September 1684) aus alter oberrheinischer Familie, die als Nachfahrensippe der elsässischen Habsburger gilt. Sie alle hielten, woher immer sie kamen, an dem Anspruch auf Preußen fest und anerkannten niemals und in keinem Schriftstück die Bezeichnung „Herzog in Preußen".

Dort freilich hatten die Verhältnisse sich stabilisiert und die fernen Ordensritter in ihren mittel- und süddeutschen Burgen waren dazu nicht konsultiert worden. Brandenburg hatte im erlöschenden großen Krieg 1641 einen umfassenden

Waffenstillstand mit Schweden geschlossen und, was wichtiger war, Verhandlungen mit Polen aufgenommen. Bei ihnen ging es um die Bedingungen und um die Zeremonien einer Belehnung des Kurfürsten von Brandenburg mit den preußischen Gebieten, musste Friedrich Wilhelm (1620 – 88), eben erst an die Herrschaft gelangt, doch „vorzüglich darauf bedacht sein, in dem von dem großen Kampfschauplatze des Dreißigjährigen Krieges entferntesten Lande seiner Staaten einen festen Stützpunkt für sich zu begründen; er entschloss sich daher nach langen, ihm widerstrebenden Unterhandlungen, in welchen jedoch König Wladislaw seine ... freundliche Gesinnung gegen den Kurfürsten bekundete, auf ... die Belehnung einzugehen".

Julius Mebes, aus dessen 1867 im Selbstverlag erschienenen Beiträgen zur Geschichte des Brandenburgisch-Preußischen Staates diese Sätze stammen, hat damit als erster formuliert, was wir heute nicht vergessen sollten – nämlich dass es Preußen war, Ordensgebiet, Kolonialland, auf das sich das Kurfürstentum Brandenburg bei seinem Weg zur Macht stützte. Mebes war kein Historiker, sondern Fortifiaktionsfachmann, Oberst, zeitweise Kommandeur einer Garde-Pionier-Abteilung. Er sieht die Geschichte gleichsam von unten, vom Boden her, und betont die unsicheren Verhältnisse in den brandenburgischen Erblanden, aber auch das Fehlen „einer gehörigen Kriegsmacht". Allerdings zeigen in diesem Augenblick alle am Krieg beteiligten Mächte deutliche Erschöpfung, und einzig das abwartende Frankreich besitzt noch frische Truppen. Auch diese aber hatten keine Durschlagskraft mehr, da sie mit dem Tod des Kardinals Richelieu im Jahr 1642 die hinter ihnen agierende beherrschende Intelligenz einbüßten.

Für Preußen brachte jener Oktobertag des Jahres 1641, an dem Kurfürst Friedrich Wilhelm die Lehnsfahne aus den Händen des Königs von Polen empfing, die Vollendung mancher Ideen des letzten preußischen Ordens-Hochmeisters und späteren Herzogs. „Als letzter Fürst seines erlauchten Hauses in dieser persönlichen Erniedrigung" (Mebes) leistete Friedrich Wilhelm den Lehnseid und empfing seinerseits die Huldigung der Landstände und ihren Lehnseid am 28. Februar 1642 in der Dreifachstadt Königsberg. Die brandenburgische Bürgerschaft und der heimische Adel feierten die Vorgänge in früher Erkenntnis als eine historische Wendung am 4. März 1643 in Berlin.

Die breite Zustimmung in Berlin war für den jungen Kurfürsten gewiss ermutigend, weil die Mark mit ihren alten Geschlechtern sich einer neuen straffen zentralen Ordnung bislang verschlossen hatte. Für die Kreuzzugsgründung Königsberg jedoch war die Klärung des Verhältnisses mit Polen geradezu lebenswichtig, denn es war „ein Unglück, dass die drei ersten (Friedrich Wilhelm vorangegangenen) Kurfürsten von Brandenburg nicht zu den bedeutenden Hohenzollern gehörten. Die ... Personalunion zwischen Preußen und Brandenburg war ein schmaler Steig, und niemand konnte ahnen, dass er in eine bessere Zukunft führen würde" (Fritz Gause in seiner „Geschichte der Stadt Königsberg").

Die Belehnungsverhandlungen zwischen dem Großen Kurfürsten und König Wladislaw von Polen hatten hinsichtlich Königsbergs unter anderem die Ausbesserungsarbeiten an katholischen Kirchen der Stadt vorgesehen und beschlossen, denn es war die bis heute vorwaltende Dauertendenz polnischer Politik, in ihrem Einflussbereich die katholische Kirche als Institution und in ihrem Besitz zu fördern und zu sichern. Damit war gelegentlich auch eine Erneuerung alter Ordenspositionen verbunden, etwa, als im Jahr 1582 die traditionsreiche Jakobikirche in Riga dem katholischen Gottesdienst wiedergegeben wurde, ein Gotteshaus aus dem Jahr 1226, also aus der Hoch-Zeit der Ordensaktivitäten im Baltikum. 1596 waren endlich die Geldmittel bereitgestellt, die den Wiederaufbau der Johanniskirche in Thorn sichern sollten, in der sich der Epitaph des großen Astronomen Kopernikus befand. 1617 folgte die Nikolaikirche der Stadt Elbing, die bis um die Wende zum zwanzigsten Jahrhundert die einzige katholische Kirche von Elbing bleiben sollte. Ihre Wiederherstellung war eine der wenigen polnischen Hilfen, die der Stadt Elbing zuteil wurden, die vor allem nach der schweren Niederlage des Deutschen Ordens bei Tannenberg einen deutlichen Rückgang ihres Handels zu verzeichnen hatte.

Gustav Adolf förderte die Stadt, baute ihre Festungswerke aus und schonte sie gegenüber den Kriegswirren, ja Elbing wurde ein Sammelpunkt evangelischer Flüchtlinge zum Teil von hohem Adel. Nicht alle Schweden teilten die Vorliebe ihres großen gefallenen Königs für Elbing, und 1703 war es der schwedische General von Stenbock, der von der Stadt, deren schöne Bürgerhäuser ihren Reichtum verrieten, eine Kontribution von nicht weniger als 312.000 Talern forderte.

Es ging häufiger, als der Schulunterricht uns sagt, schon in diesen Zeiten um Geld, und zwar um große Summen. Friedrich Wilhelm und Wladislaw hatten sich verhältnismäßig schnell über die freie Religionsausübung in Preußen geeinigt, wobei den Katholiken eigene Gotteshäuser und ungestörte Andachten zugesichert worden waren. Aber um die Seezölle feilschte man hartnäckig. Die Pauschalzahlung von einhunderttausend Gulden, die Friedrich Wilhelm anbot, nahm sich als Summe optisch zwar recht gut aus, aber der Teufel schlummerte wie so oft im Detail. Um eine Kontrollmöglichkeit zu haben, bestand Wladislaw auf polnischen Militärs und Beamten unter den Besatzungen der befestigten Hafenplätze Pillau, Memel und anderer Orte. Zwar durften die Befehlshaber dieser Seefestungen aus dem einheimischen Adel kommen, so dass nicht wenige von ihnen dem alten Ordensstaat nahe standen, aber sie mussten sich nicht nur den neuen Herren aus Brandenburg verpflichten, sondern auch den Treueid auf den König von Polen ablegen.

Für den am längsten anhaltenden Streit sorgten jedoch weder Polen noch Preußen, sondern eine geschäftüchtige Sippe von Sepharden, die in den Niederlanden den calvinistischen Glauben angenommen und sich als Pächter des Seezollaufkommens zwischen Reeder und Fürsten geschoben hatten: Die fünf Brüder Spiring, von denen uns Arend und

Abraham namentlich bekannt sind und ihr jüngster Bruder Isaac. Sie hatten offensichtlich beste Beziehungen zum polnischen Hof und dem König versprochen, dass durch ihr Mitwirken die Seezölle für den Flottenbau reichen würden. Diese Beziehung und die Absichten des Polenkönigs sind sehr aufschlussreich, denn Wladislaw IV. hatte schließlich auf das ganze Baltikum verzichten müssen, wo die Schweden eine überraschend intensive Skandinavisierungspolitik betrieben: Die polnische Flottenrüstung konnte sich also im Grunde nur gegen die alten Ordensbastionen und die Hansestädte an der deutschen Ostseeküste richten. Sie ließ die Absicht erkennen, die polnische Präsenz zwischen Pommern und Memelstrom militärisch zu festigen. Offensichtlich hatte man in Polen nicht vergessen, dass noch hundert Jahre zuvor die Ostsee von den Wimpeln der hansischen Kriegsschiffe beherrscht war, die sich dank der Vollbeschäftigung der Werften von Lübeck, Rostock und Stralsund immer noch vermehrten! Herzog Albrecht von Mecklenburg hatte 1535 mit seinem ganzen Hofstaat eine in moderner Ausdrucksweise amphibische Aktion unternommen, indem er aus Warnemünde gegen Kopenhagen aufbrach, wohin zu Lande die Reiterei und das Fußvolk des Grafen Johann zur Hoya bereits unterwegs waren. Und der polnische Lehnsmann Albrecht, Herzog von Preußen, war mit seinen Kriegsschiffen ebenfalls ausgelaufen und hätte gemeinsam mit Dänen und Schweden der Hanse eine der größten Seeschlachten der Ostsee geliefert, wäre nicht mitten im Sommer, am 9. Juni, ein gewaltiger Sturm aufgekommen, der die bei Bornholm versammelten Schiffe in alle Himmelsrichtungen auseinander trieb. Aber es war immerhin eine eindrucksvolle Veranstaltung gewesen; sie hatte gezeigt, dass selbst in einem Binnenmeer den Flotten größte Bedeutung zukomme, ungeachtet der Entdeckung neuer Welten im fernen Westen. Es bedurfte hartnäckiger Verhandlungen mit Polen, um die Seezölle der preußischen Küsten in die Hand zu bekommen: Erst als die Brüder Stiring sich mehr oder weniger freiwillig zur Rückkehr in die Niederlande entschlossen hatten, willig-

te Polen in eine Pauschalabfindung von jährlich fünfundzwanzigtausend Talern ein, die fortan die örtlichen Kontrollen in den einzelnen preußischen Hafenorten überflüssig
machte und so manchen polnischen Emissär um ein gutes
Zubrot brachte.

Es war ein offenes Geheimnis, dass die Reeder und Fernhändler der Küstenstädte viele Möglichkeiten gefunden hatten, die Hafenzölle zu umgehen, betrugen sie doch mit allerlei schwer zu durchschauenden Zuschlägen bis zu fünf Pro-
zent des Warenwertes. Das war nun, nach den Neuregelun-
gen, nicht mehr so einfach; die Zollüberwachung war in
einer Hand, und der preußische Beamte begründete schon
damals seinen legendären Ruf.

Aber der Handel zeigte sich flexibel und wich aus dem
streng überwachten Weichselgebiet und Königsberg in Richtung einer alten und starken Ordensfestung aus. Das halb
vergessene Memel, von den Rittern zu einer ihrer stärksten
Bastionen ausgebaut, erlangte neben der militärischen Bedeutung eine neue wirtschaftliche Rolle. Die Stadt hatte vergleichsweise spät, nämlich 1475, das Kulmische Recht der
Ordens-Städte erhalten, als livländische Gründung ursprünglich nach lübischem Recht. Nun zeigte sich der sichere Blick
der Ritter für strategische Lagen und günstige Handelsposi-
tionen. Memel beherrschte nicht nur das Kurische Haff, sondern auch die Küstenstraße von Preußen zum Baltikum. Natürlich hatte der Seehandel den ungeheuren Vorteil, größere
Gütermengen befördern zu können als die ausgiebigste Wa-
genladung ausmachte, aber Schiffe waren sichtbar, man
konnte sie nicht verschwinden lassen, sie mussten an der
Mole festmachen, während das Land viele Wege hatte und
vor allem im Winter, wenn die Seefahrt ruhte, auf gefrore-
nen Böden gute Transportwege von Königsberg bis Reval
anbot.

Auch Pillau wurde nun eine neue Bedeutung zuteil. Zur
Ordenszeit hatte es hier zunächst nur Fischerdörfer gegeben,
aber auf einer Anhöhe am Ende der Frischen Nehrung doch
auch eine Burg der Pruzzen, in deren Sprache Pils keines-

wegs ein Bier bedeutete, sondern eine befestigte Ansiedlung. Dort entstand die so genannte Pfundbude als Zollgebäude und, nahe bei Alt-Pillaw, Keimzelle der späteren Stadt. An ihrer großen Stunde hatte der Deutsche Orden jedoch keinen Anteil mehr, sie kam nämlich erst 1626, als König Gustav Adolf seine Truppen hier an Land setzte. Die Zitadelle, die nach dem Schwedenkönig hier dann der Große Kurfürst errichten ließ, war im Wesentlichen aus den Steinen einer der ältesten Ordensburgen erbaut, der bereits 1242 als Steinbau existierenden Burg Balga am Frischen Haff. Graf Friedrich von Zollern war hier schon 1410 Komtur des Deutschen Ordens gewesen; in der frühen Ordensgeschichte hatten nicht viele Burgen eine größere Rolle gespielt als eben Balga.

Die städtische Nachfolgerin der Pfundbude des Deutschen Ordens hatte eine seltsame Geschichte, die weit über die Aktivitäten der Ritter hinausreichte: Da die Holländer gute Werften zu schaffen und zu führen verstanden, bildete sich um das wohl geschützte Pillau im siebzehnten Jahrhundert eine holländische Kolonie, und der Große Kurfürst, der einen sicheren Blick für tüchtige Mitarbeiter hatte, ernannte den Holländer Benjamin Raule zum Generalmarinedirektor, ein phantasievoller Titel für einen phantasiebegabten Mann, in gewissem Sinn eine der farbigsten Erscheinungen im strengen Ablauf der preußischen Geschichte. Als der Große Kurfürst mit Schweden im Krieg lag, man schrieb das Jahr 1675, bot sich der hoch verschuldete Middelburger Reeder Raule als Kaperfahrer an und versprach dem Kurfürsten schwedische Schiffe. Schon im Jahr darauf leitete er die Ausrüstung brandenburgischer Fregatten und nutzte diese Flotte nach dem Friedensschluss von 1679 nicht nur zur Eintreibung spanischer Subsidien, sondern auch zur Begründung einer Handelslinie mit Westafrika. Als er in Königsberg und in Pillau Kolonialkontore eröffnete, gebot er bereits über dreißig Schiffe, ein schneller Aufstieg, der die Neider und Denunzianten auf den Plan rief. Während der Große Kurfürst ihm vertraut hatte, ließ Friedrich III. Raule zweimal verhaften, wobei die zweite Haft auf der Feste Spandau an die vier Jahre währte. Raule konnte jedoch alle Anschuldigungen entkräften und lebte 1702 -1707 noch frei und unbehelligt auf seinem Gutshof Wittenberge. Erst nach seinem Tod wurde sein Vermögen eingezogen. Eine Meta Schoepp hat ihm 1934 einen Roman gewidmet, ein Herr Richter 1901 seine Biographie geschrieben.

Zwanzig Jahre nach seinem Regierungsantritt konnte der Große Kurfürst in einem viel besprochenen Friedensschluss international zählende Erfolge feiern. Es war der am 3. Mai 1660 im Flecken Oliva, am Fuß des aussichtsreichen Karlsberges geschlossene Friede zwischen Schweden, Polen und Brandenburg. Johann Kasimir, König von Polen, verzichtete auf seine Ansprüche gegenüber Schweden – das nördliche Livland, Estland und die wichtige Insel Oesel –, Schweden verzichtete auf Kurland, und beide alten Großmächte anerkannten die Souveränität Preußens in seiner jungen Personalunion mit Brandenburg.

In der Folge erlebte jedoch Brandenburg etwas, was sich noch einige Male in der Geschichte ereignen sollte und in Potsdam als tiefe und unbegreifliche Undankbarkeit empfunden wurde: nicht alle, denen nun die vorbildliche preußische oder brandenburgische Tüchtigkeit, Ordnungsliebe, straffe Autorität und rigorose Ehrlichkeit aufgenötigt wurde, wussten dies auch zu schätzen. Bruno Schumacher deutet in seiner Geschichte von Ost- und Westpreußen den Vorgang zweifellos richtig, wenn er sagt, es ging nicht in erster Linie um Polenfreundlichkeit, wenn der preußische Adel und die Stände nach dem Frieden von Oliva zu opponieren begannen, es war das nostalgische Verlangen nach der „alten preußischen Freiheit" (Schumacher), wie sie seit den Tagen des Deutschen Ordens in diesem nur behutsam zu kultivierenden Kolonialland geherrscht hatte, weil das Neben- und Miteinander von ehemaligen Ordensrittern, deutschem Adel, Masuren, Kaschuben und alten Preußen seine eigenen Gesetze entwickelt hatte.

Einer, der es wissen musste, sagt es in schöner Deutlichkeit: „Das Wort Borussia, aus dem Preußen entstand, ist zusammengesetzt aus bo = bei und Russia, die Ruß, ein Arm des Njemen, heute Memel genannt. Preußen war ursprünglich von Slawen, Sarmaten, Russen und Wenden bewohnt. Diese Völker waren dem Heidentum ergeben, sie beteten Wald-, See- und Flussgötter, auch Schlangen und Elche an ... Gegen sie rief Herzog Konrad von Kujavien die Ritter des Deutschen Ordens zu Hilfe ... Der Krieg des Ordens gegen die Pruzzen währte 53 Jahre. Die Ritter führten später fortwährende Kriege bald gegen Polen, bald gegen die Herzöge von Pommern, denen sie Danzig und Pomerellen abnahmen. Nunmehr begannen die Familien der Ordensritter, sich in Preußen niederzulassen, und von ihnen stammt größtenteils der Adel, der das Land jetzt ziert."

Auf diesen letzten Satz kommt es an, und er findet sich in der Geschichte des Hauses Brandenburg, die Friedrich der Große, wie er in einer Widmung an seinen Bruder sagt, in seinen Mußestunden abgefasst hat. Es ist im Einzelnen, weil genealogisch ungemein kompliziert, noch nicht erforscht, wie viele Ritter selbst zu Burgen und Gutsbesitz gekommen waren und wie viele wegen ihres geistlichen Standes Verwandte ins Land gerufen hatten. In summa bildete sich in oft nachbarschaftlich-freundschaftlichem Verhältnis mit dem Pruzzenadel der ersten Stunde eine neue Oberschicht, die von dem fernen König in Polen mit großer Duldsamkeit behandelt wurde, trotz später da und dort zum Tragen kommender konfessioneller Unterschiede. Als nun Brandenburg die straffen Verwaltungsgrundsätze und erfolgreichen Verwaltungsreformen des Großen Kurfürsten in dem ausgedehnten Wald- und Küstenland anzuwenden und durchzusetzen begann, vollzog sich, was im Jahrhundert darauf in Schlesien und zweihundert Jahre später in Elsass-Lothringen vor sich gehen wird: die unbegreifliche Ablehnung so deutlicher Segnungen. Der Adel des österreichischen Schlesien, nach Süden, nach Böhmen und Wien orientiert, hatte gut gelebt und das Land gut leben lassen in enger Handelsbeziehung zu einer reichen Monarchie, und in Elsass-Lothringen hatte sich das geschäftstüchtige Konglomerat aus Alemannen und Juden den paar eingewanderten Franzosen weit überlegen erwiesen, übersiedelte aber eilends nach Westen, als nach 1871 Bismarckdeutschland in schimmernder Wehr Einzug hielt.

Im siebzehnten Jahrhundert des Großen Kurfürsten ging es in solchen Spannungen am blutigsten zu. Im Juni 1669 hatte seine Kurfürstliche Gnaden erfahren, dass die preußische Ritterschaft sich nach Warschau, an den König von Polen um Hilfe gegen den Großen Kurfürsten gewendet habe: Ein verharmlosend als Entwurf bezeichnetes neues Verfassungsdekret hatte sie alarmiert. Verfasser war Otto von Schwerin, als Erster Minister und Präsident des Geheimen Rates der engste Vertraute und Berater des Großen Kurfürsten, ein Mann von großer persönlicher Rechtschaffenheit, der aber in der deutlichen Betonung der landesherrlichen Rechte eine pure Notwendigkeit sah und dem Adel des Landes nur geringfügige, im Ganzen bedeutungslose Zugeständnisse machte. Aber auch im Bürgertum gab es Opposition gegen die neue Rechtsordnung, und einflussreiche Königsberger Zunfthäupter sahen sich unversehens an der Seite des Landadels pruzzischer Herkunft oder aus der Ordenstradition stammend. Persönliche Animositäten gegen das Haus Hohenzollern oder einzelne seiner Würdenträger kamen hinzu, und als der Kurfürst 1662 gar seine Armee gegen Königsberg marschieren ließ, da sehnten sich wohl nicht wenige nach dem Deutschen Ritterorden und seiner lockeren Verbindung mit Polen zurück.

Als Friedrich Wilhelm Ernst machte, wurde der Königsberger Schöppenmeister Roth als unbeugsamer Opponent verhaftet, während sich der Führer der Adelsopposition, der Generalleutnant Albrecht von Kalckstein, nach Polen retten konnte, von wo aus er weiter agitierte. Friedrich Wilhelm nahm die Sache persönlich, so hohe Offiziere als Gegner zu sehen schmerzte ihn: „Was Calckstein und Rode betrifft, werdet Ihr es dahin richten, damitt meine Reputation in allem beobachtet werde, denn es (ist) besser, dass den Leutten bei Zeiten das Maul gestuppet werde, auf dass nicht etwas

Ybleres von solchen prakticiret werde" – wie man sieht ein im frühen Neuhochdeutsch abgefasster Befehl an den treuen Schwerin, der jedoch zunächst nicht viel tun konnte. Kalckstein Vater und Sohn nahmen polnische Kriegsdienste, der Generalleutnant starb 1667 und sein Sohn Christian Ludwig kämpfte weiter gegen Brandenburgs Autorität und gegen einen brandenburgisch gesinnten Bruder, der sich vom Frontwechsel auf die Seite des Großen Kurfürsten mit einigem Recht eine bessere Position in seinen Erbstreitigkeiten gegen die Geschwister versprach.

Sie waren schließlich schon lange im Land, die Kalcksteins, länger als die Hohenzollern, länger als die eben erst zu Freiherren gemachten Schwerins. Schon in den ersten Jahrzehnten des fünfzehnten Jahrhunderts waren sie als Ordensritter ins Land gekommen: Ein Christian von Kalckstein war um 1420 mit der Gutsherrschaft Wogau bei Preußisch Eylau belehnt worden. Eylau liegt am Flüsschen Pasmar zwischen Sümpfen und Seen und die Ordensritter der Feste Balga hatten einige Mühe, auf diesem vagen Grund ebenfalls eine Burg zu errichten. Vermutlich waren dazu Jahre nötig, bedeutet doch das pruzzische Wort Ylow soviel wie „im Schlamm". Hundertundfünfzig Jahre lang, bis zum Ende des fünfzehnten Jahrhunderts, spielte die Burg eine gewisse Rolle, ihre Pfleger sind namentlich bekannt, sie wurde von den Herren der benachbarten Burgen häufig als neutraler Ort von Zusammenkünften gewählt. Es mag aus jener Epoche herrühren, dass die Kalcksteins von Wogau sich einige dauerhafte Verbindungen schaffen und dem aus dem Orden hervorgegangenen Landadel bekannt machen konnten. Als Pfandherren oder Eigner oder Lehnsnehmer von Preußisch Eylau finden wir später größte Namen der Ordensgeschichte wie Heinrich Reuß von Plauen, Fabian von Lehndorff und Kaspar von Lehndorff.

Wegen der Namens-Tradition in dem Kalcksteinschen wie manchem anderen Geschlecht sind die Berichte über den Fall Kalckstein mitunter ungenau oder gar widersprüchlich, hieß doch der mannhafte Opponent gegen den Großen Kurfürsten Christian, sein um des Erbes willen denunzierender Bruder Christoph. Die brandenburgische Untersuchungskommission erkannte wohl die Sachlage, fand keine Anzeichen für faktischen Hochverrat, musste aber die zahlreichen gegen den Großen Kurfürsten gerichteten Äußerungen des Obristen Christian zur Kenntnis nehmen, vor allem, da er selbst kein Blatt vor den Mund nahm. Wäre er nicht Offizier gewesen, so hätte das Ganze vielleicht mit einer Verbannung auf die Güter enden können; ein Oberst aber, der in schweren Zeiten den Landesherrn schmäht, konnte mit Pardon nicht rechnen: Kalckstein wurde 1668 zu lebenslanger Festungshaft verurteilt. Fünf Monate später kamen Kalcksteins Fürsprecher beim Kurfürsten zu einem günstigen Zeitpunkt an, und Friedrich Wilhelm verwandelte das harte Urteil in eine Geldstrafe von fünftausend Talern, verbunden mit zunächst unbefristetem Hausarrest auf Kalcksteins Gut Knauten – ein sicherer Beweis dafür, dass Friedrich Wilhelm die Beweggründe des Denunzianten erkannt und missbilligt hatte und dem Obristen die Rückkehr in seine Gunst zumindest für fernere Zeiten ankündigen wollte.

Obwohl Kalckstein unter seinen Gesinnungsgenossen großes Ansehen genoss und – wie Hüttl sich in seiner Biographie des Großen Kurfürsten ausdrückt – beinahe als Märtyrer verehrt wurde, gelang es in den knappen Zeiten nicht, die Geldstrafe zusammenzubringen, und Kalckstein musste mit seiner Verhaftung rechnen. Um sich Bargeld zu verschaffen, verpfändete er seine Güter und floh nach Polen, wo er mit dem Sohn des hingerichteten Schöppenmeisters Roth eine Keimzelle der Irredenta gegen Preußen und Brandenburg bildete. Damit waren die beiden, die von einzelnen polnischen Politikern unterstützt wurden, zu einer echten Gefahr im Rücken des aufsteigenden Kurfürstentums geworden, und Friedrich Wilhelm verlangte von König Michael Wisniowiecki die Auslieferung der abtrünnigen Untertanen. König Michael, mit einer Tochter Kaiser Ferdinands III. verheiratet, widersetzte sich stolz, aber die jahrhundertealte Verquickung preußischer und polnischer Besitztümer und

Familien schuf dem Kurfürsten die Möglichkeit, sich einiger Offiziere zu bedienen, die neben ihren preußischen auch polnische Militärränge hatten und die Grenzen beliebig passieren konnten. Auch Brandenburgs Gesandter in Warschau wurde in die Intrige eingebunden, und im Mai 1670 kam es zu der ersten von drei völkerrechtswidrigen Entführungen, die sich mit den legendären preußischen Tugenden zweifellos nicht vereinbaren lassen (die zweite war die Auslieferung der Gräfin Cosel an die Reiter Augusts des Starken, die dritte die Entführung des Freiherrn Friedrich von der Trenck von Danziger Hoheitsgebiet nach Preußen und in die Kerker Friedrichs II.).

Immerhin scheint Friedrich Wilhelm ein gewisses Unrechtsbewusstsein gehabt zu haben, denn die Ausführenden seines illegalen und im heutigen Sprachgebrauch geheimdienstlichen Unternehmens waren ein schottischer Oberst, zwei polnische Offiziere und weitgehend ahnungslose Reiter, während die Gesamtaktion unter einem Fürsten Radziwill stand, also einem Spross eines jener polnischer Geschlechter, die sich besonderer Nähe zum Thron rühmen durften. Kalckstein wurde durch all diese Herren ohne ersichtliche brandenburgische Beziehungen in Sicherheit gewiegt und in die Residenz des brandenburgischen Botschafters in Warschau gelockt, zu angeblichen Verhandlungen über einen Gnadenerweis durch Friedrich Wilhelm. Dies war am 28. November 1670. Die Reiter des schottischen Obristen fielen über den Ahnungslosen her und brachten ihn wohl verschnürt und in einen Teppich gehüllt über die Grenze nach Preußen. Brandenburgs Geschäftsträger „tat ganz unschuldig" (Hüttl), floh aber schon am 4. Dezember aus Warschau, womit der Skandal offenbar wurde und Polen die Handhabe hatte, zu protestieren und die Freilassung Kalcksteins zu verlangen.

Der Große Kurfürst schäumte, Herr von Brandt hatte durch seine Flucht aus Warschau Potsdam bloßgestellt und zugleich alle Vorwürfe bestätigt, was ihm seinerseits die Verbannung zumindest aus den alten brandenburgischen

Ländern einbrachte (allerdings nur für zwei Jahre). Besser erging es dem geheimen Organisator des Handstreichs Ahasver von Lehndorff (ein seltsamer Vorname, der später in der Familie von Brandt auftauchen wird). Lehndorff war als Johanniter dem Deutschen Orden keineswegs freundlich gesinnt, scheint aber an den weiteren Willkürmaßnahmen, denen Kalckstein in der Festung Memel ausgesetzt war, keinen Anteil genommen zu haben. Auch die preußischen Kommissare protestierten, als der Kurfürst befahl, Kalckstein zu foltern, und blieben dem Vorgang fern. Zwei Richter verwahrten sich gegen die weitere Verhandlung, die praktisch ein Schauprozess war, da Friedrich Wilhelm schon vorher „im geheimen Rahtte geresolviret und wollbedechtlich geschlossen" hatte, dass Kalckstein hinzurichten sei.

Immerhin währte es noch ziemlich genau zwei Jahre, von der Entführung an gerechnet, ehe der Oberst von Kalckstein in der Festung Memel hingerichtet wurde; auch seine Güter zog man ein, doch wurde im Materiellen manches bald wieder gutgemacht, da ja nicht alle Mitglieder der alten Familie gegen den Kurfürsten aufgetreten waren. Schon der Sohn des in Memel Geköpften durfte als Offizier im brandenburgischen Heer dienen wie so mancher andere seiner Generation: Die Väter hatten, zum Teil an der Seite des polnischen Adels, gegen die Machtübernahme Brandenburgs in Preußen gekämpft, aber angesichts der im Wahlkönigtum Polen stets unübersichtlichen Verhältnisse hatte sich der preußische Adel schließlich doch den Hohenzollern angeschlossen: Die Pruzzengötter waren tot, der Deutsche Orden pflegte seine geistlichen Pfrunden in den lieblichen Landschaften des westlichen und südlichen Deutschland, und die Güter um die es ging, lagen nun einmal zwischen Weichsel und Memelfluss und waren einigen wehrhaften Generationen seit der Ordenszeit zur schwer erkämpften Heimat geworden.

Die dem Kurfürsten von Anfang an zuarbeitende andere Linie der Kalcksteins stieg bald zu hohen Ehren auf. Christoph Albrecht empfing als Lohn dafür, dass er seinen Bruder ans Messer geliefert hatte, dessen Herrschaften Knauten und

Wogau; sein Sohn Christoph Wilhelm aus der Ehe mit Maria Agnes von Lehwald wurde königlich preußischer General-feldmarschall. Die Verbindung zum Geschlecht Brandt blieb erhalten, hatte man doch eine gemeinsame Leiche im Keller, und die schönsten Namen der Brandtschen Damen konnten dies nicht verdecken: Christophore Eva Lucretia war die Gemahlin des ersten Generalfeldmarschalls des Geschlech-tes, und ihr Sohn Ludwig Carl (1725 – 1800) der zweite; ein Provincial des Minoritenordens in Böhmen und Schlesien kam hinzu, aber zum Deutschen Orden blieb man auf Dis-tanz. Um die Aufhellung der Hintergründe für diesen Stim-mungswandel gegenüber einer Organisation, die sich wie keine andere um die Erschließung und Entwicklung Preu-ßens verdient gemacht hatte, hat sich Bruno Schumacher in zwei Studien verdient gemacht, die bei ihrem Erscheinen vor dem Zweiten Weltkrieg zu wenig beachtet wurden. Er deckt überraschende habsburgische Pläne hinsichtlich der Ostsee-küsten auf, die vor allem in der starken personellen Anleh-nung des Deutschen Ordens an das Erzhaus begründet wa-ren. Mit Maximilian von Österreich, Hochmeister des Deut-schen Ordens bis 1618, und Karl von Österreich (bis 1624) war es zu einer Verschwisterung der alten Ordensziele mit den habsburgischen Ansprüchen gekommen, und das vor dem Hintergrund einer großen neuen Gefahr für das christli-che Europa. Der alte Kreuzzugsgedanke erschien im sieb-zehnten Jahrhundert nicht mehr als eine Offensive für den Glauben und die abendländische Kultur, sondern war seit der Eroberung der Meerengen durch die Türken zu einer wohl begründeten Verpflichtung der Abwehr, der Verteidigung, ja der Rettung geworden.

Maximilian, innerhalb der Habsburgischen Ordnungen „der Deutschmeister" genannt, war im Oktober 1558 in Wiener Neustadt zur Welt gekommen, hatte am Wiener Hof eine zwar katholische, aber weltoffene Erziehung genossen und war nur durch seine Mutter, eine Schwester des spani-schen Königs Philipp II., zur Unduldsamkeit angehalten worden. 1590 übernahm Maximilian die Hochmeisterwürde von Heinrich von Bobenhausen, gegen den es zuletzt eine starke Gegenströmung innerhalb des Ordens gegeben hatte, und der junge Erzherzog sah sich unversehens an der Spitze einer Organisation, die zwar wenig Macht, aber großes Ansehen besaß (dass ihm noch neun weitere Habsburger an der Spitze des Ordens folgen würden, konnte er freilich nicht ahnen).

Äußere Ereignisse hatten eine besondere Situation für den Orden geschaffen. Das für Westeuropa durchaus unübersichtliche polnische Wahlkönigtum hatte 1587 Maximilian die Möglichkeit eröffnet, gegen Sigismund III. aus dem Hause Wasa anzutreten, wobei der Habsburger unterlag. Er gab aber nicht auf, sondern zog mit einer kleinen Armee vor die Krönungsstadt Krakau, wurde 1588 geschlagen und kam in polnische Gefangenschaft, immerhin für eineinhalb Jahre.

Der wenig bekannte Habsburger ist dennoch als Person und in seinen Funktionen ein wichtiges Element der großen Übergänge geworden und in gewissem Sinn ebenso ein Nachzügler der großen Ordens-Historie wie auf einer anderen Ebene die wenig später agierenden Ostpreußen aus dem Hause Kalckstein. Wie eine Zangenbewegung aus Süd und Nord mutet dieser ins siebzehnte Jahrhundert hineingreifende Versuch an, die Ostseeküste aus dem Bereich der slawischen Herrschaften zwischen Nowgorod, Warschau und Krakau herauszulösen und dem Heiligen Römischen Reich einzuverleiben, das damals seine Weltmachtphase erlebt.

Es ist nicht leicht, einen Erzherzog als Abenteurer zu bezeichnen, war ihm doch gleichsam von der Geburt her das Sonderschicksal in die Wiege gelegt, und dies vor allem in einem Reich, in dem die Sonne zumindest damals nicht unterging. Aber es liest sich doch gegenüber anderen erzherzöglichen Lebensläufen recht unterschiedlich, wenn wir diesen dritten Maximilian nicht nur nach der polnischen Königskrone streben sehen, sondern bei ihm sogar Intrigen in Richtung auf den Zarenthron vermuten dürfen. Es bedarf keiner besonderen Leistungen unserer Phantasie, sich das Reich vorzustellen, das die Habsburger bei Maximilians Erfolg dann regiert hätten, von den südamerikanischen Silbergruben und Panama bis nach Sibirien.

Zehn Jahre ließ Maximilian III. verstreichen, ehe er nicht nur die Polen durch seinen Verzichtseid von 1598 beruhigte, sondern vor allem seine Verwandten in Innerösterreich, die mit Polen Frieden zu halten wünschten, schon der Türken wegen. Und die Türken waren es auch, die den unruhigen Erzherzog so sehr beschäftigten, dass er den polnischen Hoffnungen entsagte, denn Maximilian hatte für den minderjährigen Erzherzog Ferdinand von der Steiermark eine Statthalterschaft im Südosten übernommen, und das bedeutete Türkenabwehr. Als er in Kroatien Feindberührung hatte, waren es Deutschordensritter, die ihm die persönliche Schutztruppe stellten.

Aber die Zeiten der großartigen Ordensorganisation waren eben vorbei. Selbst als Oberbefehlshaber an der Türkenfront konnte Maximilian die Ordenshilfe für diesen späten Kreuzzug nicht wirksam organisieren. Der in viele Zentren zersplitterte einst so imposante Corpus versagte vor den Entfernungen und den schlechten Wegen, und Maximilian III. musste mangels Nachschub seinen Türkenfeldzug an der Wende zum siebzehnten Jahrhundert ruhmlos abbrechen.

Sammelpunkt der Enttäuschten war und blieb Mergentheim, fern der Ostseeküste, fern dem brandenburgischen Preußen, in das bald die Schweden einfallen werden. „Damit", schreibt Heinrich Noflatscher, einer der wenigen Spezialforscher, die sich Maximilian III., diesem Mann im Schatten zugewandt haben, „war zugleich eine Wende eingeleitet. Der Erzherzog setzte sich jetzt vorbehaltlos für die dynastischen Interessen und die Ritterkorporation (d. h. den Deutschen Orden) ein. Noch 1599 unternahm er von Mergentheim aus eine erste systematische Reise zu protestantischen und altkirchlichen Reichsfürsten und lernte so aus nächster Nähe das konfessionspolitische Dilemma des Reiches kennen."

Ein nicht ganz unerwartetes Ergebnis dieser persönlichen Besuche war ein Pakt von vier geistlichen Kurfürsten: Die

Pfalz, Mainz, Trier und Köln beschlossen 1607, Maximilian III. aus dem Hause Habsburg zum deutschen König zu erheben, aber es war zu spät: Ein Jahr vorher schon war die Regierungsunfähigkeit des bizarren Kaisers Rudolf II. offenkundig geworden, und die Granden Österreichs hatten sich auf Matthias, den dritten Sohn Kaiser Maximilians II. und der Maria von Spanien, als neues Oberhaupt des Hauses und damit als Reichsverweser geeinigt. Matthias, von dem genialen Kardinal Khlesl allzu emsig beraten und in die Aktivitäten der Gegenreformation gedrängt, stieß auf mehr Gegnerschaft, als sie dem versöhnlichen dritten Maximilian zuteil geworden wäre: Hätte dieser akzeptiert, hätte er neben dem Deutschen Orden die Kurfürsten für sich und die Toleranz als Bekenntnis auf seinen Fahnen gehabt, die nächsten Jahrzehnte wären wohl friedlicher verlaufen als unter Matthias.

Melchior Khlesl, der in entscheidenden Jahren der deutschen Geschichte Erzherzöge und Fürsten wie auf einem Schachbrett hin und her schob und durch seine Hartnäckigkeit schließlich Rudolf II. vom Thron entfernte, war als Sohn eines protestantischen Bäckers zur Welt gekommen und von den Jesuiten zu einem kompromisslosen und militanten Katholizismus bekehrt worden. Nach Isidor von Sevilla und dem Großinquisitor Torquemada, die beide aus dem Judentum kamen, ist er mit eben jener Renegaten-Emphase angetreten, die in der Weltgeschichte so oft und so unheilvoll über Vernunft und Toleranz gesiegt hat, doch schreckte seine scharfe Intelligenz vor dem Desaster eines neuen großen und allgemeinen Religionskrieges zurück: 1618, als in Böhmen der Religionsstreit auf den Siedepunkt gelangte, sprach sich der mächtige Kardinal gegen die Häupter des katholischen Erzhauses für einen Ausgleich mit dem protestantischen Adel aus und wurde von dem bigotten Ferdinand von der Steiermark, leidenschaftlichem Anhänger einer Gegenreformation, im Verein mit dem Ordens-Hochmeister Maximilian III. in einem Gewaltstreich entmachtet, der Maximilian die Bezeichnung „frommer Choleriker" (Noflatscher) einbrachte:

Khlesl wurde am 20. Juli 1618 festgenommen und auf das feste Schloss Ambras bei Innsbruck gebracht, wo er in allerdings fürstlichen Verhältnissen gefangen blieb, bis Papst Gregor XV. seine Überstellung nach Rom erreichte. Dort wirkte Khlesl später unter Papst Urban VIII. in der aggressiven Congregation De Propaganda fide und durfte 1628 angesichts seines hohen Alters schließlich nach Österreich zurückkehren. Dem Fünfundsiebzigjährigen wurde ein beinahe festlicher Empfang zuteil, weil man inzwischen den Krieg kennen gelernt hatte, den er hatte verhindern wollen, und weil sein Widersacher, der Deutschordens-Hochmeister Maximilian III., seit zehn Jahren tot war. Khlesls großes Vermögen kam zum größten Teil der Stadt Wiener Neustadt zugute, wo jener dritte Maximilian geboren worden war und wo Khlesl viele Jahre bischöflich gewirkt hatte.

Die letzte Chance

Als sich die Christenheit teilte, als nach Jahrzehnten blutiger Kämpfe zunächst in Frankreich, dann in Deutschland die mächtige katholische Kirche Mitbewerber um den göttlichen Auftrag dulden musste, hatte der alte Kreuzzugsgedanke viel von seiner Überzeugungskraft verloren. Während jenseits des Atlantischen Ozeans katholische Orden Indianer zu Christen machten und fern im Osten kühne Missionare die Möglichkeiten der Mission erkundeten, hatte sich in der Mitte Europas der Ritterorden in die Schmollwinkel seiner letzten Besitztümer zurückgezogen. Zu schwach, um in den Dreißigjährigen Krieg einzugreifen, zu sehr zersplittert, um beim brandenburgischen Griff nach Preußen noch eine Rolle zu spielen, blickten die letzten Ritter, sofern sie sich nicht mit rein geistlichen Funktionen begnügten, nur noch zum Kaiser auf, was ihnen niemand verwehren konnte, war doch ein Gutteil der Landesfürsten in der Mitte Europas dem römischen Katholizismus untreu geworden.

Die große Erleichterung nach dem Westfälischen Frieden von 1648 war schnell verflogen. In England hatte ein selbstgerechter Reformator den Stuartkönig Karl I. hinrichten lassen; die im großen Religionskrieg zerstörten fünfzehntausend Dörfer blieben lange Zeit leer und leisteten auch keine Abgaben an die adeligen Grundherren. In Polen hatte sich der Adel ein Vetorecht erstritten und damit das katholische Wahlkönigtum des Landes entscheidend geschwächt, eine Monarchie, die dem aus Preußen verbannten Deutschen Orden lange Zeit ein Rückhalt gewesen war. Und der protestantische König von Schweden, aber auch der gegenüber allen Reformierten so tolerante große Kurfürst von Brandenburg hatten gemeinsam gegen Polen triumphiert, und nach mancherlei Szenenwechsel war die polnische Lehnshoheit über das einstige Ordensland Preußen endgültig Vergangenheit. So mancher Deutschordensritter, der sich noch Hoffnungen gemacht und Verwandte im polnischen Bereich gehabt hatte, musste sich nach dem Frieden von Oliva vom Jahr 1660 endgültig nach Westen orientieren.

Friedrich II., der es wissen musste, hat die Ordensritter als Kern des preußischen Adels angesehen, obwohl er keineswegs geistlich gesinnt war und sogar eine gewisse Sympathie für die autochthonen Geschlechter der ostpreußischen Landschaften empfand. Tatsächlich war es aber zu einer breiteren Vereinigung von Rittern und gutsherrschaftlichen Familien erst gekommen, als die strenge katholische Richtung geschwächt erschien, als einzelne Domänen des Ordens der Reformation zuneigten und endlich das ganze Ordensland ein weltliches Herzogtum wurde. Damals – um nur einige Beispiele zu nennen – waren etwa die Herren von Gans aus Thüringen zu Herzog Albrecht gewandert, und Melchior von Gans hatte dank der Förderung durch den letzten Hochmeister in Preußen schon 1562 Gansenstein erwerben können, ein Gut im Kreis Angerburg, dazu andere Besitzungen im Raum Mohrungen und Poppitten. Sehr frühe Verbindung zum Orden hatte auch die Familie Gentzkow, mecklenburgischer Adel, auf den wir schon in Urkunden aus dem dreizehnten (!) Jahrhundert treffen. Die Familie profitierte von der mit dem Machtverlust des Ordens einhergehenden Verteilung von Klostergütern, erwarb Besitz in Hinterpommern und hatte noch im neunzehnten Jahrhundert teilweise alten Ordensbesitz inne. Aus Franken waren unter vielen anderen Geschlechtern die (späteren) Grafen von Götzen zum Orden gestoßen, was ihnen Güter in Zehlendorf und Zühlstorf einbrachte; später kamen Besitztümer in Pommern und Ostpreußen dazu. Den ersten berühmten von Götzen sah jedoch die österreichische Armee in ihren Reihen: Er hieß Johann von Götzen und fiel als kaiserlicher Feldmarschall 1645 gegen die Schweden – in der Schlacht bei Jankau in Böhmen.

Unter den polnischen Geschlechtern, die Vorteile von ihrer Verbindung zum Deutschen Orden zogen, seien die Grafen Grabowski erwähnt, und das, obwohl sie in der mörderischen Schlacht von Tannenberg gegen den Orden kämpften, sich also als nicht sehr dankbar für die Herrschaft Götzendorf erwiesen, die ihnen Ordens-Hochmeister Winrich von Kniprode ein halbes Jahrhundert zuvor verliehen hatte.

Aber es fragt sich, ob man solche Maßstäbe, unsere heutige Zuordnung nach Ländern und Nationen, für jene Zeiten als gültig ansehen darf, denn damals wechselten die Bündnisse mit überraschender Schnelligkeit selbst im vergleichsweise kleinen Raum um die Ostsee. Nicht nur die skandinavischen Staaten, auch das Baltikum, Polen und Russland kombinierten ihre Interessen und Machtansprüche weniger nach geopolitischen als nach dynastischen Gesichtspunkten und Ereignissen. Geburten, Hochzeiten, Todesfälle veränderten in einer heute kaum noch vorstellbaren Weise die politische Landschaft rund um das alte Ordensland, und das nicht selten von einem Tag zum anderen.

Die Wanderungen, Besitzwandlungen, Verleihungen und Abtretungen von altem Pruzzenland, von Klosterbesitz und schließlich auch von Ordensgütern weben einen riesigen genealogischen Gobelin, den auch die Fachforscher Ledebur, Gauhen oder der fleißige Kneschke mit ihren Nachschlagewerken nicht verlässlich erfasst haben. Nicht selten kapitulieren sie beredt vor der Fülle der Nachkommenschaften, etwa wenn ein Gersdorff stolz auf eintausendzweihundert (!) Namensträger verweist oder wenn bei Pavia 1525 oder bei den Schlachten des großen Friedrich die jungen Männer aus Preußens und Brandenburgs alten Familien zu Dutzenden verwundet oder gar tot auf den Schlachtfeldern liegen. (Man kennt das Wort, das ein verwundeter Offizier dem bekümmert über das Schlachtfeld schreitenden Friedrich II. auf die Frage nach seinem Namen antwortete: „Wenn Majestat gestatten, hier liegen lauter Wedels.")

Als durch den Deutschen Orden die großen Chancen im Nordosten offenkundig wurden, verkauften sieben ritterliche Brüder von Wedell ihre nördlich der Elbe gelegenen Besitzungen an die Hamburger Kirche und rüsteten Truppen aus; das war zwischen 1265 und 1300, und als sie sich mit ihren Söldnern jenseits der Oder gutes Land gesichert hatten, anerkannte der Deutsche Orden sie in Urkunden als Nobiles.

Mit ihren Erwerbungen im Raum Posen unterstanden sie allerdings nicht dem Orden, sondern dem König von Polen.

Während die deutsche Ostsiedlung sich in einigermaßen geregelten Bahnen und nach einem wohl etablierten Schema vollzog, während Bauerngruppen, Dorfälteste, Hufenverteilung und Abgaben heute beinahe lückenlos bekannt sind, gleicht die Ostwanderung des deutschen Adels in summa einem großen Abenteuer, in dem sich der Deutsche Orden als eine Art Ordnungsmacht ausnimmt. Als er seine Macht verliert, als die eindrucksvolle Organisation in den Händen eines überforderten letzten Hochmeisters im Intrigenspiel eines jungen Staatsgebildes untergeht, wird noch einmal neu gewürfelt. Hundertfach muss in den nun eingesessenen Familien der große Entschluss gefasst werden, bei dem wohl mehr der Besitz und sein Schicksal den Ausschlag gab als die Entscheidung für ein anderes Bekenntnis. Der neue Staat Preußen bekannte sich zwar zu der neuen Religion, aber es sind nur wenige Fälle von Katholikenverfolgungen bekannt geworden. Vor allem in den Dörfern oder gar in den Wäldern hätte man wohl kaum einen Ordensritter von seinem Besitz vertrieben, weil er katholisch bleiben wollte. Nur war es eben nicht leicht, sich dem neuen Leben in einer neuen Religionsgemeinschaft zu fügen.

Es waren berühmte Geschlechter, die an solchen Scheidewegen standen, auf den alten Ordensherrschaften Sanditten, Gerdauen oder Birkenfeld etwa die Schlieben: Gerdauen, Uraltbesitz des pruzzischen Edlen Girdaw, der treu zum Orden stand, hatte 1469 an die Söldnerführer von Schlieben verpfändet werden müssen; zweihundert Jahre später war die Burg unbewohnt und nahe dem Verfall. Der kleinen Stadt Landsberg ging es nicht viel besser, der Orden verlieh sie 1482 dem Söldnerführer Nikolaus von Taubenheim aus dem alten meißnischen Geschlecht, das auch in Saussienen und Wommen begütert war. Während die Taubenheims aber dort bis zum Ende des achtzehnten Jahrhunderts gut wirtschafteten, vertrieben die Landsberger Bürger den geldgierigen Söldnerführer wegen seiner Misswirtschaft mit Beschwerden an den Orden, der die Truchsess von Waldburg als Nachfolger der Taubenheims erwählte (zehn Jahre, nachdem Georg Truchsess von Waldburg 1525 bei Böblingen 9.000 Bauern hatte über die Klinge springen lassen, was den Bauernkrieg entschied).

Oder die Freiherren von Bodeck, ein Stamm aus dem die Herren Conrad und Dietrich schon im dreizehnten Jahrhundert mit dem Deutschen Orden nach Preußen gekommen waren. Dietrich hatte sogar 1281, als Ordensritter kämpfend, den Tod gefunden. Mit Valentin von Bodeck hatten sie einen Burggrafen zu Danzig gestellt, aber auch beste Beziehungen zu den Habsburgern unterhalten, über Hunderte von Meilen hinweg. Bonaventura I. von Bodeck erfreute sich in besonderem Maß der Gunst des geheimnisvollen Kaisers Rudolf II. und wanderte im sechzehnten Jahrhundert in die Niederlande ab. Diese Herren lebten und kämpften durch Generationen an der Westflanke des Deutschen Ordens, in Danzig und in Elbing, wo sie auch als Ratsgeschlecht dokumentiert sind. Friedrich II., der vermutlich von den österreichischen Beziehungen des Geschlechts in früherer Zeit wusste, berichtigte, als man ihm einen Leutnant von Bodeck vorstellte, dass dieser sich richtiger Bodecker nennen sollte. Die Bodecks gingen manche geistesgeschichtlich nicht uninteressante Verbindungen ein: zur Familie von Pogwisch, aus der Ottilie, „Goethes exzentrische Schwiegertochter" stammte, wie Gero von Wilpert sich ausdrückt, zu den Freiherren von Keyserlingk und zur Familie von Hülsen, aus der unter anderen Gelehrten der Philosoph Johannes von Hülsen (einst Hauslehrer in der Familie Fouqué) und der Hauptmann-Biograph Hans von Hülsen hervorgingen. Auf dem Bodeck-Gut Hansdorf bei Elbing, einem Weiler von etwa zweihundertfünfzig Einwohnern, wurde der Lehrersohn Emil von Behring geboren, Hygieniker und Träger des Medizinnobelpreises von 1901. Heinrich Satter, Sohn Gerhart Hauptmanns und der Schauspielerin Ida Orloff und Freund Hans von Hülsens, hat Behring 1968 eine Biographie gewidmet und damit auf seltsame Weise den geistesgeschichtlichen Kreis um die alten Bodeck-Güter geschlossen.

Natürlich blieben aber viele auch auf ihrer Scholle und erloschen dort so gut wie ohne Einwirkung aus Polen, Schweden oder Brandenburg wie die Herren von Bochsen, die vom deutschen Orden die Herrschaft Seelgenfeld erworben hatten: Das war 1475, und schon zweihundert Jahre später erlosch der Stamm ...

Hunderte anderer Beispiele könnten uns zeigen, dass der ostelbische Adel den schwierigen und langwierigen Übergang von der bewaffneten Ordensmission zur friedlichen Kolonisierung und Landerschließung im Ganzen erfolgreich bewältigt hat. Aus einer gewaltigen mittelalterlichen Bewegung, an der von Westfalen bis Böhmen viele deutsche Stämme teil hatten, war eine ortsgebundene Aufgabe sesshaft gewordener Familien geworden. Das religiöse Ziel, die Mission, das zumindest in den ersten Jahrhunderten in so manchem Ordensritter mit echtem Feuer gelodert haben mochte, war spätestens mit der Bildung eines weltlichen preußischen Herzogtums erloschen, worin man keinen „Verlust der Mitte" erkennen muss, sondern ein spätes Bekenntnis zur nüchternen Wahrheit der Landnahme und der Heidenunterwerfung. Und weil dies so war, führte die Säkularisierung, führte der Zerfall der christlichen Zielsetzungen nicht zu einer existentiellen Krise: Im Hin und Her der Polenkriege war es ja schon lange nicht mehr um Missionierung gegangen, sondern um den Familiensitz, um die Existenzbegründung, um die Scholle. Dass die Polenkönige die Verbindung des Adels, woher immer er kam, mit dem gewonnenen oder errungenen Land und Grundbesitz im Allgemeinen respektierten, verhinderte die Bildung einer deutschen Irredenta östlich der Elbe und zwischen Oder und Weichsel: Im alten Europa waren die adeligen Familien über Grenzen hinweg zu konsolidierten winzigen Besitz- und Machtzentren geworden. Zahllos sind die Ritter, die zunächst unter fremden Fahnen kämpften und nach kriegerischen Verdiensten dann in ihren neuen Heimatländern Besitz erwarben, ja eine politische Rolle zu spielen begannen. Im Baltikum verschmolzen schwedischer, russischer und deutschbaltischer Adel zu einer dauerhaften Oberschicht, an der Ostseeküste des alten Deutschordenslandes festigten sich adelige Strukturen ungeachtet polnischer oder litauischer Machtansprüche. Nur die Ordensritter im alten Reich fanden sich nach der Begründung des weltlichen Herzogtums in einer völlig neuen und einer für so manchen misslichen Situation: Mit dem Ende der großen Ostsiedlung, die seit dem dreizehnten Jahrhundert viele Familien aus dem dicht besiedelten Westen des deutschen Gebietes abwandern sah, wurden die Räume zwischen den Niederlanden und den Alpen wieder eng. Während Dörfer und Städte langsam wuchsen, ergab sich für die adeligen Familien ein von Generation zu Generation drängenderes Problem durch den Kinderreichtum. Auf diesen in der Geschichtsschreibung oft übersehenen Grund für Besitzprobleme weist vor allem die an sinnfälligen Details reiche Studie von Hans Jürgen Dorn (Die Deutschordensballei Westfalen, Marburg 1978) hin: „Der Adel sah sich immer wieder vor das Problem gestellt, seine zahlreiche Nachkommenschaft aus den Einkünften der Familiengüter allein nicht standesgemäß versorgen und sozial absichern zu können. Eine Aufteilung der Adelsgüter unter die Gesamtheit der Söhne zum Beispiel war dazu nicht geeignet, sie hätte vielmehr sowohl die augenblickliche als auch die zukünftige Machtposition und das Ansehen der Familie zerstört ... Dieser Gefahr war man schon frühzeitig durch die auch in den Kreisen des niederen Adels geltende Majoritätsverfassung, die im Regelfall allein dem ältesten Sohn die Erbfolge auf den väterlichen Gütern zusprach, enthoben worden.“

In den Empfehlungsschreiben, die den gleichsam enterbten Söhnen eine Existenz ohne Grund- und Gutsbesitz ermöglichen sollten, finden sich Wendungen, die man als komisch auffassen könnte, stünde nicht reale Not hinter ihnen: Die Väter finden sich mit zahlreichen Söhnen „gnediglich begabt“ oder „mit viel Kindernn begnadet“, zerbrechen sich aber den Kopf über die Versorgung jener Früchte ihrer Lenden. Die Töchter kann man auch mit schmaler Mitgift oft gut an den Mann bringen oder aber ehrsam in ein Damenstift oder Kloster schicken, die Söhne und Namensträger hingegen können als Adelige keine Gewerbe oder gar Handwerksbetriebe ins Auge fassen, sondern müssen ihr Heil bei der Kirche suchen, in der Armee oder in der obrigkeitlichen Verwaltung der oft sehr kleinen Staaten.

In dieser Situation präsentierte sich der Deutsche Ritterorden oder das, was von ihm noch übrig war, als ein erstrebenswerter Ausweg. Adelige Geburt war Voraussetzung für die Aufnahme, man war also unter sich und hatte mit den immer frecher werdenden Pfeffersäcken aus den Städten nichts zu tun. Das geistliche Mäntelchen hatte an zwingender Bedeutung verloren, der Zölibat war nicht mehr die unbedingte Pflicht, und hatte man einen gestrengen Vorgesetzten, so ließ sich auch ohne die Ehe eine praktikable Lösung finden. Selbst das Schwert brauchte man nicht unbedingt zu schwingen, denn die Polen waren mittlerweile sogar die besseren Christen geworden, hatten sie doch der alten Kirche die Treue gehalten.

Schnelles Vorwärtskommen, hohe Einkünfte und eine geachtete Position konnte der Orden zwar nicht mehr garantieren, es bewegte sich ja nichts; wer solchen Ehrgeiz hegte, der musste sich für die kirchliche Laufbahn im engeren Sinn entscheiden, auf Weib und Kind verzichten und auf einen Prälatensitz mit entsprechenden Pfründen hoffen. Aber dem Adel, der seine kriegerischen Vorfahren noch nicht vergessen hatte, dem der Ritterorden noch ein Begriff war, erschien offensichtlich ziemlich häufig auch die Aufnahme in den alten Deutschen Orden als eine taugliche Lösung, wie die zahlreichen uns überlieferten Aufnahmegesuche aus dem westlichen Deutschland beweisen. „Aus der Sicht der Adelsfamilien hatte sich damit der Deutsche Orden, abseits aller ordensinternen Zielsetzungen, zu einem funktionalen Instrument zur Aufrechterhaltung der Adelsherrschaft und zuständigen Konsolidierung der eigenen sozialen Vormachtstellung entwickelt, und man bediente sich seiner von Fall zu Fall je nach den auftretenden familiären und ständischen Erforderlichkeiten." (Hans Jürgen Dorn a.a.O.)

Die Entscheidung für den Orden bot sich auch an, weil sie widerruflich war oder jedenfalls so angesehen wurde, wenn etwa ein älterer Bruder gestorben war und der väterliche Besitz doch noch angetreten werden konnte. Für den Orden im alten Reich begann mit diesem schwer zu kontrollierenden Zustrom junger Adeliger jene im Grunde bis heute andauernde Phase der Unsicherheit, die diese große und ehrwürdige Organisation schließlich in ernsthafte Turbulenzen führen musste. Die Entfernung von den ursprünglichen hehren Aufgaben – der Kranken- und Verwundetenpflege und der Heidenmission – wird von Generation zu Generation das Bild des Ordens in der deutschen Geschichte verändern, ganz einfach, weil auch die Ordensritter nur Menschen waren und die tägliche Korrektur durch die Bewährung vor einem standhaften Feind fehlte.

Natürlich sind jüngere Söhne nicht schlechter als die älteren und ältesten, aber sie sind im Augenblick des Eintritts in den Ritterorden unerfahren, vermögenslos und oft gleichsam auf einem Nullpunkt. Im Bestreben, aus ihrem Rittertum, ihrer Ordenszugehörigkeit etwas zu machen, waren noch jene am besten dran, die sich nach Livland verpflichtet hatten. Ihnen stand eine Existenz im Abendlicht der einst so wichtigen Ordensmissionen bevor und vielleicht sogar eines der baltischen Güter zwischen dem Finnischen Meerbusen und dem Memelfluss.

Wir kennen aber auch nicht wenige Fälle, in denen der Ritter seiner Familie Vorteile zukommen ließ, nicht ganz kleine Beträge aus dem Ordensvermögen, meist Bargeld, seltener Grundbesitz oder Servitute. Gelegentlich wurden auch Schulden gemacht, die beim Tod des Ritters der Orden begleichen musste. Die Verhöre und Abhandlungen der Visitatoren führen zwar nicht die großen Namen des deutschen Adels auf, aber doch einige bekannte Familien wie die Bodelschwingh, von Hoerde, von Etzbach und andere. Der Orden versuchte dem entgegen zu steuern, indem die jungen Ritter militärisch ausgebildet wurden und nur dann mit einer gewissen Karriere im Orden rechnen durften, wenn sie sich im Kampf bewährt hatten, sei es in Livland gegen Litauer und Russen, sei es in Ungarn gegen die Türken. Denn diese neue Gefahr im Südosten rief das ganze christliche Rittertum noch einmal auf den Plan.

Im Herbst 1529 hatte ein Heer Sultan Solimans des Prächtigen drei Wochen lang die Kaiserstadt Wien belagert, wo sich das Hoflager des Reiches befand und das symbolträchtige Bollwerk des Abendlandes zu verteidigen war. Dies war einem Grafen Salm gelungen; die von Belagerungsseuchen und Sorgen um den Nachschub verunsicherten Türken waren nach relativ kurzer Zeit wieder abgezogen, hatten aber Rache geschworen und kehrten im siebzehnten Jahrhundert auf breiter Front wieder. Von Siebenbürgen aus wurde Ungarn immer wieder beunruhigt, woran das bedenklichste der Umstand war, dass die örtlichen Machthaber, Fürsten und Magnaten, die Gefahr noch nicht erkannten und dem Einmarsch einer kaiserlichen Armee mit einem gewissen Unbehagen entgegensahen.

Kaiser und König Leopold I. ließ sich jedoch von der damals führenden Autorität auf militärischem Gebiet beraten, dem Grafen Raimondo Montecuccoli, der weitergehende türkische Pläne vermutete. Diese wurden Wirklichkeit, als im April 1663 ein junger und energischer Großvesir an die Spitze der türkischen Armeen in Südosteuropa trat. Er hieß Köprülü Zade Ahmed Pascha, was seine christlichen Gegner sich in den Namen Achmed Köprülü vereinfachten. Aus diplomatischen Informationen, aber auch Mitteilungen von höher gestellten Überläufern wurde wahrscheinlich, dass sein Heer mit etwa einhunderttausend Mann Kampftruppen den kaiserlichen Verbänden in Ungarn weit überlegen sei.

Es wurde ernst, als Köprülü 1663 die Festung Neuhäusel an der Neutra im gleichnamigen ungarischen Komitat nach kurzer Belagerung und einem wahren Feuersturm der Beschießung eroberte. Seine menschliche und militärische

Klasse bewies der junge Großvesir bei dieser Gelegenheit dadurch, dass er den vereinbarten freien und ungekränkten Abzug der Kaiserlichen gegen die eigenen Tatarenverbände durchsetzte. Dieser Mann war ernst zu nehmen, und der kaiserliche Feldmarschall Montecuccoli bemühte sich fortan um jede Hilfe aus dem Reich, die er erhalten konnte. Das führte zu einer neuen und in gewissem Sinn unerwarteten Bewährungs-Chance für die Ritter des Deutschen Ordens.

Umso merkwürdiger berührt es im historischen Rückblick, dass diese Möglichkeit, dem Ritterorden neue Geltung zu verschaffen, mit höchst unzureichenden Kräften und im Ganzen in einem kaum nennenswerten Maß wahrgenommen wurde. Nach Wiener Ordensquellen hatte der Deutschmeister dem Kaiser zweihundert Ritter zur Verfügung gestellt, aber nicht angeboten, sondern erst nach der kaiserlichen Aufforderung zusammengebracht. Dieses Ergebnis ist kläglich, hatte sich doch Köprülü in monatelangen Kämpfen den kaiserlichen Erblanden immer stärker angenähert, so dass alle Balleien des Reiches Zeit und Gelegenheit gehabt hätten, die tauglichen jungen Ritter auf diesen wichtigen Gegner vorzubereiten.

Die Konfrontation mit dem türkischen Heer erfolgte im Juli 1664 an den oststeirischen Flüssen Raab und Lafnitz dort, wo die ungarische Tiefebene auf die Ausläufer der Ostalpen stößt. Von den Orten der großen Schlacht liegen heute Heiligenkreuz und Mogersdorf auf österreichischem Boden, Sankt Gotthard (Szent Gothard) in Ungarn. Reichstruppen und ein französisches Hilfskontingent unter ausgezeichneter Führung bildeten die Kernmacht des Grafen Montecuccoli, dazu kamen Ungarn, die auf schnellen Pferden an beiden Flanken mehr Späherdienste als Schutzfunktionen übernehmen sollten. Im offiziellen Schlachtbericht des kaiserlichen Oberfeldherrn, des Grafen Montecuccoli, werden die Ordensritter nicht erwähnt. Die bei Kurowski ein Kapitel abschließende karge Bemerkung, die „Ritter und er (d. h. der Deutschmeister) schlugen sich bei Sankt Gotthard an der Raab mit Bravour. Die Türken flohen", lässt sich auch aus der neuen umfassenden Montecuccoli-Biographie von Georg Schreiber nicht belegen. Mehr Aufschluss gibt die Geschichte der Ordensballei Westfalen, die wir schon zitiert haben: „Johann Heinrich von Eppe, der 1662 in den Orden aufgenommen worden war, führte seinem Ordensoberen als Leutnant eine ganze Kompanie zu, die die Balleien Altenbiesen und Westfalen geworben hatten. Johann Adolf von Eppe beteiligte sich ebenfalls an dem Feldzug, wurde aber wegen Fahnenflucht – er hatte seinen Posten gegen die Türken an der Raab ohne Not verlassen – wieder aus dem Orden ausgestoßen ... An den Feldzügen gegen die Türken beteiligten sich Johann Hunold von Plettenberg, Ferdinand Alexander von Wrede und Johann Dietrich von Doornick."

Die Schlacht von Mogersdorf und Sankt Gotthard steht im Schatten des großen Kampfes um die Stadt Wien nicht einmal zwanzig Jahre später: Aber zweifellos war es dieser Sieg, den Montecuccoli mit den Franzosen und der Sporckschen Reiterei an der Raab errungen hatte, der die Kaiserstadt in die Lage versetzte, sich auf die anhaltende Gefahr aus dem Südosten vorzubereiten. Für den Orden hatten die Lehren von Mogersdorf nur geringe positive Folgen. Die jungen Herren von Adel sahen, dass man auch in den Reihen des Ordens kämpfen müsse und bei Lauheit bestraft werde, so dass sich viele von ihnen gleich für die militärische Laufbahn entschieden, selbst wenn ihre Familien in den geistlichen Fürstentümern beheimatet waren.

Man muss allerdings sagen, dass die Existenz junger Offiziere keineswegs glanzvoll war; in den unteren Rängen waren sie in allen deutschen Ländern höchst unzureichend besoldet, erst, wenn sie Kompanieführer wurden und damit auch die Fourage und die Quartiere unter sich hatten, ergaben sich zwar nicht ganz legale, aber durchaus übliche Möglichkeiten zu zusätzlichen Einkünften bescheidenen Ausmaßes. Insgesamt ist aber zu sagen, dass die im Reich verbliebenen Ordensritter die Möglichkeit der das ganze siebzehnte und achtzehnte Jahrhundert erfüllenden Auseinandersetzungen mit dem Islam nicht wirklich zu nutzen verstanden: Die gefährliche, ihre Anhänger fanatisierende Weltreligion vor den Toren Europas bedrohte das Abendland in ungleich höherem Maße, als dies jemals bei den Slawengöttern oder gar den Naturgeistern der Pruzzen der Fall gewesen wäre. Aber die großen türkischen Armeen, die wild kämpfenden Janitscharen, das schier unerschöpfliche Reservoir harter Krieger und grausamer Führer am Bosporus erstickte den alten Kampfgeist der einstigen Kreuzfahrer.

Einzelne Beispiele von persönlicher Tapferkeit machen das Absinken der ritterlichen Ordensaktivitäten im Grunde nur noch deutlicher. Johann Caspar von Ampringen, der Ordens-Hochmeister, nahm noch ein Jahr vor seinem Tod an dem großen Befreiungsschlag der christlichen Armeen vor Wien teil, und sein Nachfolger, der junge Ludwig-Anton von Pfalz-Neuburg, kämpfte nach seinen erfolgreichen militärischen Auftritten vor Wien noch jahrelang in Ungarn gegen die Türken, ehe ihn nach schweren Verwundungen ein früher Tod ereilte. Man muss die Schwierigkeiten des Ordens auf dem Hintergrund der großen Krise des Reiches sehen. Ludwig XIV., Frankreichs allerchristlichster König, zauderte nicht, dem schwer kämpfenden Habsburgerreich in den Rücken zu fallen und sich an der Ostgrenze Frankreichs uraltes deutsches Land einzuverleiben, sogar die berühmte Stadt Straßburg. Die Fürsten des Reiches wehrten diesen Verrat an der Christenheit keineswegs geschlossen ab, ja Bayern, das noch oft aus der Reihe tanzen wird, verbündete sich mit dem Sonnenkönig und ermöglichte es ihm, gleichsam mitten in Deutschland eine Front aufzurichten, bis 1704 Marlborough und der Prinz Eugen diesem unwürdigen Spuk ein Ende machten und die Reihe der großen französischen Niederlagen einleiteten.

Der Ordenssitz Mergentheim war bei diesen Auseinandersetzungen zweimal überfallen und geplündert worden, wobei die Bürger keine gute Figur machten und die Ritter sich hüteten, entscheidend einzugreifen. Die Dokumente aus jener Zeit berichten vielmehr von größeren und kleinen Skandalen, von unehelichen Kindern und Zuwendungen an

Konkubinen: Wenn dies auch nicht neu war, sondern seit zweihundert Jahren immer wieder beklagt wurde, so machten „alte und junge Ordenspersonen, die einen ärgerlichen Lebenswandel führten, unehrbare Weiber und verdächtige Personen bei sich in den Häusern hielten" (Voigt, Geschichte des Deutschen Ritterordens in seinen zwölf Balleien, 2 Bde., 1857 – 1859), in solchen Notzeiten naturgemäß einen besonders schlechten Eindruck.

Ludwig Anton von der Pfalz-Neuburg, mehr Offizier als geistlicher Ritter, hatte in seinem Bruder Franz Ludwig einen Nachfolger gefunden, der ohne Diskussion oder geheime Widerstände an die Spitze des Ordens berufen wurde, ein Mann mit besten Verbindungen als Bruder eines Kurfürsten und Schwager des Kaisers: Leopold I. war seit 1676 in dritter Ehe mit Eleonore Magdalene, Tochter des Kurfürsten Philipp Wilhelm von der Pfalz, verheiratet, eine Ehe, aus welcher der spätere Karl VI. hervorging. Eleonore Magdalena war also die Großmutter der großen Maria Theresia.

Hochmeister Ludwig Anton von der Pfalz war Bischof von Breslau gewesen und hatte sich zeit seines Lebens für den Osten des Reiches besonders interessiert. Auch seine Verbindungen zu den einstigen Kreuzrittern aus den Pruzzenfeldzügen waren nicht abgerissen, er hielt viel von diesen alten Geschlechtern auf junger Scholle und stieß sich nicht daran, dass die meisten von ihnen nun Protestanten waren, hatte doch auch die Familie von der Pfalz-Neuburg erst wenige Jahrzehnte vor seiner Betrauung mit dem hohen Amt zum katholischen Glauben zurückgefunden.

Aus diesen beiden Wesenszügen, der Liebe zum alten Ordensland und der Toleranz in religiösen Dingen, erklärt es sich wohl, dass der Ordens-Hochmeister dem katholischen Oberfeldherrn der Habsburger, dem Prinzen Eugen von Savoyen, einen jungen Offizier zuführte, von dessen überragender Begabung er ebenso wusste wie von gewissen Missgeschicken, die den Aufstieg des Herrn aus Ostpreußen behindert hatten. Es handelte sich um den kurbrandenburgischen Hauptmann Georg Wilhelm von Hohendorff, wohl um 1670 geboren und nach Studien an der Universität Königsberg Kammerpage am Berliner Hof.

Als er in die Dienste des Savoyers trat, mag er Anfang der dreißig gewesen sein, seine Eskapaden als junger Offizier ohne Geld waren vergessen, seine Intelligenz und die Beherrschung mehrerer Sprachen hatten ihn dem Prinzen längst angenehm gemacht. Der Herzog von Saint-Simon, das geistvollste Lästermaul des Jahrhunderts, deutet sogar eine sehr private Beziehung zwischen dem jungen Offizier und Eugen an: Bei aller Skepsis gegenüber den Gerüchten, die Saint-Simon mit bekannter Vorliebe für Skandale in die Welt setzte, sind sie nicht ganz von der Hand zu weisen, lebten doch Eugen und Hohendorff trotz des Rangunterschieds auch dann, wenn kein Mangel an Quartieren herrschte, in der gleichen Wohnung.

Das Geschlecht Hohendorff war mit dem Deutschen Orden und wohl in dessen Reihen nach Ostpreußen gekommen und hatte sich dort seit dem fünfzehnten Jahrhundert große Besitzungen erworben, wozu Landsitze in Pommern und zahlreiche Güter in Brandenburg kamen. Der erste historisch greifbare Mann aus dem schon 1162 erwähnten Geschlecht wurde aber jener Georg Wilhelm, hoch begabt, aber als einer der ersten Geheimdiplomaten der europäischen Geschichte eine geheimnisvolle und schwer zu erfassende Persönlichkeit.

Max Braubach hat ihm eines der interessantesten Kapitel seines Buches über die Gestalten rund um den Prinzen Eugen gewidmet und entwickelt vor unseren Augen eine höchst unerwartete Beziehung zwischen den Traditionen des alten Ritterordens aus seiner besten Zeit und jenen Aufgaben, die einen Ritter aus einem so alten und verdienten Geschlecht in der intriganten Welt der Höfe erwarten. Denn Georg Wilhelm Baron von Hohendorff war niemand geringerer als Eugens Mann in London und Paris, neben offiziellen Delegationsführern wie dem Grafen Sinzendorff und vor allem neben dem Freiherrn Johann Christoph von Pendterriedter, der sich darüber denn auch maßlos ärgerte und wiederholt beschwerte. Vor allem aber hatte Hohendorff beste Beziehungen zum päpstlichen Nuntius Cornelius (späterem Kardinal) Bentivoglio, mit dem Hohendorff gemeinsame literarische Interessen verbanden. Die beiden Geistesverwandten arbeiteten, als England sich aus dem Bündnis mit Österreich zurückzuziehen versuchte, auf eine Entente zwischen den katholischen Mächten Frankreich und Österreich hin, bereiteten also jenes berühmte Renversement des Alliances vor, das allerdings erst unter Kaunitz und einem anderen Kardinal, nämlich Bernis, geschichtliche Wirklichkeit wurde.

Bedenkt man, mit welcher Rücksichtslosigkeit Kaiser Joseph I. (1705 – 1711) mit dem schwachen Papst Klemens XI. (1700 – 1721) verfuhr, in den damals noch großen Kirchenstaat einfiel, Neapel eroberte, ja Rom bedrohte, dann verrät die enge Zusammenarbeit Hohendorffs mit dem päpstlichen Nuntius Bentivoglio nicht nur sehr viel Mut, sondern auch eine beträchtliche Unabhängigkeit im Geist und in den Aktionen. Der Herzog von Saint-Simon sagt denn auch wörtlich „le baron d'Hohendorff, fourbe plus habile que le Nonce", das heißt, der Emissär des Prinzen Eugen sei ein ungleich geschickterer Schurke gewesen als der päpstliche Nuntius. Gemeinsam verstanden die beiden es, den Papst einzuschüchtern, ja ihm die Schreckensvision eines protestantischen Roms vor Augen zu führen, solange sie dabei die Rückendeckung des greisen und unter dem Einfluss der Maintenon bigott gewordenen Sonnenkönigs hatten. Nach dessen Tod im Jahr 1715 regiert der Herzog Philipp von Orléans für den minderjährigen fünfzehnten Ludwig, stellt Frankreichs militärischen Ruhm wieder her, befreit die Nation von den Schulden der verschwenderischen Versailler Hofhaltung und verbessert das Verhältnis zwischen Frankreich und England.

Bentivoglio zog sich, sanft dazu genötigt, auf seine künstlerischen Interessen zurück, dichtete, übersetzte und wurde Kardinal, und für Hohendorff suchte sein mächtiger Protektor einen Posten, auf dem er vor den Dolchen aus Italien weitgehend sicher war: Er machte Georg Wilhelm von

Hohendorff, inzwischen vom Kaiser zum Reichsfreiherrn erhoben, zum Gouverneur der alten und berühmten flandrischen Stadt Courtrai (damals noch meist Kortrijk geschrieben) und zum General der Kavallerie. Die Freiherrenwürde erstreckte sich auch auf die Hohendorffs der Linien Bellienen und Wattangen, ein Kompliment an die Vorfahren des Diplomaten in den Reihen des Deutschen Ritterordens. Indessen erwies sich die Vorsorge des Savoyers bald als gegenstandslos, denn Hohendorff starb schon 1719, also siebzehn Jahre vor seinem Gönner und Freund.

Franz Ludwig von der Pfalz-Neuburg war 1732 gestorben, nach einer Dienstzeit von nicht weniger als achtunddreißig Jahren an der Spitze des Ordens. Da in diese Zeit der lange, ganz Europa mit einbeziehende Spanische Erbfolgekrieg fiel, dessen Folgen noch das ganze Jahrhundert beherrschen sollten, war solch stabile Führung an sich ein Glücksfall für den Orden und wohl auch die enge Verbindung zum Kaiserhaus durch den Umstand, dass eine Frau aus dem Geschlecht der Pfalz-Neuburg die Mutter zweier Kaiser wurde. Insgesamt aber zeigten vor allem die Ereignisse an der Westgrenze des Reiches, dass in Zeiten der neuen Nationalstaaten und des erstarkten Königtums Organisationen wie der Deutsche Ritterorden nicht mehr zeitgemäß waren. Zwar wurde er nicht verboten wie die Jesuiten, gegen die in ganz Europa, ja sogar in Übersee eine wachsende Gegenstimmung entstanden war, aber der Niedergang der einst so eindrucksvollen Organisation, die Umwandlung in ein Versorgungsinstitut für den weniger glanzvollen Teil des deutschen und österreichischen Adels waren doch nicht mehr wegzuleugnen. Nur die Kirche hatte immer noch Geld, sehr viel Geld, und jene Ordens-Hochmeister, die in ihrer Hand hohe Kirchenämter vereinigten, blieben eben darum weiterhin große Herren und sehr wohlhabend.

1732, als Franz Ludwig von der Pfalz starb, gewährte Friedrich Wilhelm I. von Preußen, später als Soldatenkönig bezeichnet, nicht weniger als siebzehntausend österreichischen Protestanten vorwiegend aus Salzburg Aufnahme in

304

seine Staaten und siedelte sie in Ostpreußen an, wo eine mörderische Pestseuche die seinerzeit vom Orden kultivierten Gaue entvölkert hatte. „Von den 10.780 Salzburgern, die auf 66 Schiffen in 19 Transporten von Mai bis Oktober 1732 nach Königsberg kamen, blieben nicht viele in der Stadt. Trotz aller Fürsorge sind 858 Salzburger bald nach ihrer Ankunft in Königsberg gestorben, davon 554 Kinder. 715 Salzburger machten sich in der Stadt sesshaft, meist Handwerker: 59 Wollspinner und Wollkämmer, 28 Brettschneider, 8 Schuhmacher usw. Streitigkeiten mit dem einheimischen Gewerbe blieben nicht aus." (Gause, Die Geschichte der Stadt, Königsberg, Bd. 2) Man hatte den Exulanten versprochen, dass sie beisammen bleiben dürften, aber in den kleinen und armen Dörfern war dies oft nicht möglich, und so erhielt das alte Ordensland eine neue Streubevölkerung aus den österreichischen Bergen, die sich nolens volens mit den Erben der Pruzzen, Kaschuben und Lasuren vermengte. Und das war noch nicht der letzte Akt.

Nachspiel

Der Deutsche Orden unter den Habsburgern

Aus Rittern werden Brüder

Da auf dem Erfurter Kongress vom Herbst 1808 Europas Fürsten nicht weniger als siebzehn Tage lang dem Kaiser der Franzosen huldigten, hatte auch der Hochmeister des Deutschen Ritterordens, der Erzherzog Anton Viktor von Österreich, keine Hoffnung mehr, für sich und den Orden ein Sonderschicksal oder gar Schonung zu erwarten, denn zu verlockend war die Gelegenheit für große und kleine deutsche Landesherren, in dem großen deutschen Desaster Ordensbesitz an sich zu bringen, und zu groß das Misstrauen des Emporkömmlings aus Korsika gegen eine ritterliche Fronde mit für ihn undurchsichtigen Regeln, Gebräuchen und Traditionen.

Im Februar 1806 hatte es einen Rettungsversuch gegeben, von Napoleon, den die Sonne von Austerlitz noch blendete, nur mit halber Aufmerksamkeit registriert und in den Folgen noch nicht zu überblicken: Der Deutsche Orden wurde erbliches Eigentum des Kaiserlichen Hauses, das heißt der österreichischen Habsburger, da Kaiser Franz ja schon 1804 auf die deutsche Kaiserwürde verzichtet hatte, sich nicht mehr Franz II., sondern als Kaiser von Österreich Franz I. nannte. In einem bei aller österreichischen Liebenswürdigkeit in der Sache unbarmherzigen Schreiben hatte der Kaiser seinem „Hochwürdigst-Durchlauchtigsten freundlich lieben Bruder und Erzherzog" unter anderem mitgeteilt, „dass sowohl alle Rechte, Domainen und Einkünfte des Hoch- und Deutschmeisterthums als auch alle Domainen und Einkünfte des Deutschen Ordens überhaupt ... mit allen Gerechtsamen an Mein kaiserliches Haus zu Gunsten eines von mir zu bestimmenden Prinzen als ein erbliches Eigenthum gekommen sind".

Das Schreiben bestätigte den Erzherzog in Amt und Würden und ermächtigte ihn auch, den Inhalt „den sämmtlichen Ordens-Mitgliedern sowohl zu ihrer Beruhigung als auch zu ihrer gehorsamsten Nachachtung" bekannt zu machen, und es kündigte die Entsendung eines Kommissarius nach Mergentheim, also in die Ordenszentrale, an. Dort solle das gesamte Personal entlassen und seines Treueides entbunden werden: Der kaiserliche Kommissarius werde „dem einen unter anderen den Dienst- und Huldigungseid für Euer Liebden als ihrem Regenten für das Ganze wieder von Neuem abnehmen und sie auf ihre bisherigen für nun auf Uns und Unser Haus erweiterte Pflichten verweisen".

Das war, um es in heutigem Deutsch klar zu machen, das dicke Ende einer allerhöchsten Maßnahme, und der Brief macht deutlich, dass Kaiser Franz, offensichtlich beraten von dem energischen Johann Philipp Grafen Stadion von Warthausen, die Gelegenheit nützte, um eine sichtlich kranke und überalterte Institution auf eine völlig neue Basis zu stellen. Stadion, der seit einem Jahr die österreichische Außenpolitik leitete und insgeheim natürlich einen Revanchekrieg gegen Frankreich vorbereitete, hatte nicht die Absicht, sich wegen des verstreuten Ordensbesitzes mit einem Halbdutzend deutscher Fürsten anzulegen, deren offene oder heimliche Unterstützung er in den kommenden schweren Jahren brauchen würde. Unter ihnen gab es ehrenhafte, neben ihrem Land dem alten Reich verpflichtete Persönlichkeiten wie den Landesherrn von Württemberg, der seit dem 1. Januar 1806 die Königswürde führte, und schwierigere Verhandlungspartner wie den Kurfürsten Maximilian Joseph von Bayern, der sich von Napoleon für seine Dienste und für den Verrat am Reich nicht hinreichend entschädigt fühlte.

Diesem widerlichen Streit um das Fell eines noch gar nicht erlegten Bären lag ein Wortbruch zugrunde. Auf einem Regensburger Reichstag hatte der französische Sprecher François Marie de Bacher (dessen Vornamen der Große Larousse allerdings mit Theobald Justin angibt) allen Institutionen des Reiches, die sich neutral verhalten würden, die Schonung durch die französischen Sieger zugesichert. Bacher war ein Diplomat von Rang, wurde später Baron de l'Empire und glaubte zweifellos an das, was er in Regensburg vorgetragen hatte. In Napoleon I. aber schwelte eine beinahe rätselhaft zu nennende Abneigung gegen die adelige

Gemeinschaft geistlicher Ritter, möglicherweise in der Erinnerung an das, was Frankreich und seine Könige mit den Templern erlebt hatten. Als Korse abergläubisch, hatte er zweifellos beachtet, wie es den mächtigen, reichen und mit allerlei geheimem Wissen ausgestatteten Templern im Mittelalter ergangen war; es gab Grausamkeiten, ungeklärte Todesfälle und Hinrichtungen, von denen man bis heute spricht und die zu Zeiten Napoleons erst recht unvergessen waren. Der große Orden, der seine Herkunft aus dem Heiligen Land herleitete und seine großen militärischen Verdienste im äußersten Nordosten des bekannten Europa erworben hatte, war in der Vorstellungswelt dieses mediterranen Genies eine dunkle Macht, die sich im geschlagenen Deutschland als vielarmige Fronde jederzeit wieder erheben und einen Krieg der geheimen Dolchstöße gegen ihn führen konnte.

Den Orden dem Erzhaus gleichsam in den Schoß zu legen, verfolgte darum den doppelten Zweck, diese unheimlichen Kräfte zu neutralisieren, stand doch die Gottesgnadenschaft der Habsburger über aller schwarzen Magie.

Vielleicht wäre manches anders gekommen, hätten Napoleon und der vom Koadjutor des Hochmeisters Erzherzog Karl selbst zum Hochmeister aufgestiegene Anton Viktor einander näher kennen gelernt. Napoleon hatte nämlich eine seiner Intelligenz adäquate Menschenkenntnis, fiel auf Inszenierungen nicht herein und vermochte auch in relativ stillen Naturen die persönlichen Werte zu erkennen; ja er hatte, wie manches Beispiel zeigte, sogar Freude daran, einen Menschen aus sich herausgehen zu sehen. Im Fall Anton Viktors wäre dies wohl nicht allzu schwer gewesen, da keine soziale Schranke bestand, da Anton Viktor in Florenz aufgewachsen war und sich schon früh für Lektüre, Musik und künstlerische Bildung interessiert hatte. Bei jenem Reichstag von Regensburg noch ein junger Mann, trug Anton Viktor doch schon hohe und höchste Würden der Kirche und des Reiches als Fürstbischof von Münster und Kurfürst der Diözese Köln. Aber diese Herrschaftsbereiche lagen so weit westlich, dass der Arm des Kaisers aus Wien nicht hinreichte. Frankreich hatte, noch ehe Napoleon Kaiser wurde, ausgedehnte linksrheinische Gebiete besetzt, betrieb·dort getreu der revolutionären Grundsätze eine Politik der Säkularisation, und Anton Viktor verzichtete 1802 auf die Ansprüche aus den in Münster und Köln vollzogenen Wahlen.

Der Dreiundzwanzigjährige war damit frei für neue Ämter und Würden, wurde Koadjutor seines militärisch in Anspruch genommenen Bruders und legte die drei Ordensgelübde ab, nicht im gefährdeten Mergentheim, sondern in Wien. Die Inthronisierung konnte jedoch 1805, da Napoleon gegen Preußen engagiert war, in der Hofkirche zu Mergentheim vollzogen werden.

Dr. Bernhard Demel vom Zentralarchiv des Deutschen Ordens in Wien sagt in seinem warmherzigen Lebensbild Anton Viktors, der Hochmeister „musste die Aufhebung des Ordens in allen Rheinbundstaaten durch Napoleon 1809 ohnmächtig miterleben". Tatsächlich ist der Tagesbefehl, den Napoleon im April 1809 in seinem Feldlager zu Regensburg diktierte, von exemplarischer, bei Napoleon freilich nicht seltener Brutalität:

„L'Ordre Teutonique est supprimé dans tous les états de la Confédération du Rhin. Tous les Biens et Domaines du dit ordre seront réunis au domaine des princes dans les états desquels ils sont situés." (Nicht deutsche Ritter (allemands) sind das Ziel, sondern Teutonen!)

Es muss allerdings eingeräumt werden, dass der Deutsche Orden einiges tat, um sich das Epitheton teutonisch zu verdienen. Selbst unter der vielfachen Not der französischen Ansprüche und Übergriffe hielt der Orden an Ahnenprobe und Stammbäumen fest mit dem Ziel, als ein deutsches Nationalinstitut zu gelten, obwohl die Hochmeister aus dem Haus Habsburg ja Blut verschiedenster großer europäischer Familien in den Adern hatten. Der ganze Adel war im siebzehnten Jahrhundert, durch die Glaubenskriege, und im achtzehnten Jahrhundert durch die politischen Verschiebungen zur eigentlichen Internationale Europas geworden, eine vielsprachige Elite mit Vorfahren aus dem ganzen Raum von der Wolga bis nach Gibraltar, wie uns ein Blick in die großen Genealogien beweist.

Es verrät also einen gewissen Eigensinn, wenn die Ordensregierung in Mergentheim zu Beginn des neunzehnten Jahrhunderts gleichsam anachronistisch eine Überprüfung aller Abstammungsdokumente anordnete und nicht nur für die Ordensritter, sondern auch für die Ordenspriester die Zustimmung des Hochmeisters zum Ordenseintritt verlangte.

Eine gewisse Erklärung für diese neuen und schärferen Maßnahmen mag man darin erblicken, dass mancher Neuankömmling sich mit einer nicht unerheblichen Schuldenlast dem Orden näherte und durch seine Mitgliedschaft in einer großen und berühmten Gemeinschaft Schutz vor seinen Gläubigern zu erlangen hoffte: Ein Votum, das aus Thüringen kam und einen Herrn aus dem fürstlichen Haus Hardenberg zum Urheber hatte, verlangte sogar die Ablehnung solcher Aspiranten, denen der Ruf des Schuldenmachers vorausging, auch wenn sie im Augenblick frei von Verpflichtungen waren. Die meisten dieser harten Maßnahmen wurden schon 1805 in Mergentheim beschlossen, und Hochmeister Erzherzog Anton Viktor fühlte sich zu einem versöhnlichen Schlusspunkt verpflichtet: Er übernahm die Reise und Aufenthaltskosten aller Großkapitulare während der Tagung von Mergentheim (offiziell eingeführt wurde dieser hohe Ordensrang erst 1837, die Funktion war natürlich erheblich älter).

Durch diese und eine Reihe vergleichbarer Handlungen und Entschlüsse unterschied sich Erzherzog Anton Viktor sehr deutlich von den meisten, ja fast allen seiner Vorgänger, die an der Spitze des Deutschen Ordens stets die fürstlichen Allüren über die geistlichen Pflichten gestellt und sich als Schwertritter verstanden hatten, auch wenn es diesen Orden schon lange nicht mehr gab. Die jahrelange, ja ganze Generationen von Lehrern und Schülern beherrschende kritiklose Bewunderung des Deutschen Ritterordens ist von der auf Herbert Ludat folgenden Generation der Historiker des Ostseeraumes weitgehend relativiert worden. Seither erscheinen

312

Einzelarbeiten und Studien, die uns diese hohen Würdenträger und Vorbilder einer verschworenen Gemeinschaft als irdischen Genüssen sehr eifrig zugetan zeigen (Klaus Militzer: Der Wein des Meisters. Die Weinversorgung des Hochmeisters des Deutschen Ordens in Preußen, in der Festschrift für Norbert Angermann, Lüneburg 1996).

Anton Viktor war aus einem anderen Holz. Als durch die Kriegsereignisse und die Friedensschlüsse von Pressburg und von Wien sein eigenes Vermögen teilweise unerreichbar geworden war, bat er Ende des Jahres 1809 Kaiser Franz um die Erlaubnis, Tafelsilber und anderes Silbergerät im Wert von vierundsiebzigtausend Gulden zugunsten des Ordens verkaufen zu dürfen. Der Orden hatte nämlich durch Kontributionen an die geldgierigen französischen Marschälle erhebliche Verluste erlitten, durch Brandschatzungen, die dem vielfach falsch gebrauchten Wortsinn entsprachen: Statt niederzubrennen, ließen Napoleons meist aus niederen Rängen aufgestiegene Marschälle sich die Unversehrtheit einer eroberten Stadt teuer bezahlen: Bernadotte, damals noch auf Seiten des Korsen, verlangte für das kleine Amt Virnsberg nicht weniger als vierzigtausend Gulden, während er sich bei der Forderung von sechshunderttausend Gulden für Mergentheim von einem geschickten Hofrat namens Handel mehr als die Hälfte dieser absurden Summe abhandeln ließ, was allerdings Nachforderungen zur Folge hatte.

Die unleugbaren charakterlichen Vorzüge des Großmeisters Anton Viktor von Habsburg-Lothringen wurden zum Nachteil für den Orden, als es bei dem die napoleonische Ära abschließenden diplomatischen Großereignis, dem Wiener Kongress, mehr auf geschickte Intrige, verdeckte Einflussnahme und auszuspielende Trümpfe ankam. Der Orden, schon vor Napoleon der kranke Mann Deutschlands, hatte auf dem Kongress, im heutigen Sprachgebrauch ausgedrückt, keine Lobby. Wir wissen, mit welchen Summen von allen Seiten der Generalsekretär des Kongresses, der Hofrat von Gentz, bestochen wurde. Wilhelm von Humboldt hat seiner Frau in einem ausführlichen Brief vertraulich mitgeteilt, mit welchen Summen in Geld und Geschmeiden ihn das Oberhaupt der Prager Judenschaft für milde Judengesetze zu gewinnen versucht hatte. Kurz: Die ganze Neuordnung Europas stand im Zeichen unglaublichster Intrigen, Zufälle, Erpressungen und Affären, von den Liebschaften des Zaren angefangen bis zur peinlichen Schwerhörigkeit des Fürsten Hardenberg, der infantilen Sexualeskapaden des dänischen Königs und der schamlosen Einflussnahmen eines Talleyrand.

In diesem Klima bewegte sich Erzherzog Anton Viktor mit größter Distinktion, aber völlig erfolglos, hatte er doch nichts anzubieten als moralische Verdienste. Nur kleine Verbesserungen der Gesamtlage waren dadurch zu erzielen, dass das ganze Deutschland seit dem Westfälischen Frieden eine allzu bunte Landkarte aufgewiesen hatte und einige der brutalen Vereinfachungen durch Napoleon sich letztlich als akzeptabel, wenn nicht gar als sinnvoll erwiesen hatten. Die Gebiets-Austauschverhandlungen, die schon seit Jahren mit Bayern, Württemberg, Brandenburg und dem Fürstentum Leiningen mehr schlecht als recht vor sich gingen, konnten mithilfe des einen oder anderen wohl unterrichteten Hofrats zum Abschluss gebracht werden. Im Ganzen aber blieb der Orden seiner nichtösterreichischen Gebiete beraubt und ohne Chance, in seine gesamtdeutsche Position zurückzukehren.

Aber Anton Viktor hatte, obwohl er nicht sehr alt wurde, immerhin noch zwanzig Jahre vor sich, um dem Orden eine neue Heimat zu geben, und diese sollte Wien sein. Nun passte in die Kaiserstadt zweifellos jeder Menschenschlag besser als die Eroberer aus den pruzzischen Wäldern, die Herren aus den alten deutschen Familien voll Teutonendünkels und Intoleranz. Es mussten also die christlichen Tugenden wieder in den Vordergrund gerückt werden und aus den militärischen Zielen eine höhere Aufgabe entstehen, gleichsam ein kulturelles Rittertum mit abendländischem Auftrag, da inzwischen nichts mehr zu erobern war.

Weil den Kern von Anton Viktors Neuordnung ein rigoroses Sparkonzept bildete und die hohen Zahlungen an die

314

französischen Truppen nur zum Teil aus Kriegsentschädigungen wieder hereinkamen, war der Verzicht auf militärische Ausgaben ohnedies angezeigt. Dem Erzherzog gelang es, den leitenden Rittern und Priestern des Ordens klarzumachen, dass Kultur billiger sei als die Waffen und dass die Zeit der militärischen Präsenz des Ordens als beendet anzusehen sei. Sekundiert wurde der Großmeister bei diesen Überlegungen von dem schon alten, aber immer noch mächtigen Staatskanzler Fürsten Metternich, einem Mann von größter persönlicher Kultur und in bestem Sinn europäischer, also die Grenzen übergreifender Bildung. Er schob dem Erzherzog die hoch dotierte Position eines Vizekönigs von Lombardo-Venetien zu, die Anton Viktor lediglich des Ordens wegen annahm, praktisch aber nie ausübte. Immerhin war er dadurch in die Lage versetzt, jene humanitären Einrichtungen zu fördern, mit denen der Ritterorden an seine verdienstvollen Anfänge im Heiligen Land anknüpfen konnte, und eine besondere Verbindung seiner Person und des Ordens zu Wiener Kulturtraditionen zu schaffen, indem er jahrelang die Gesellschaft der Musikfreunde protegierte. Diese hatte schon vorher das Haus Nr. 558 in der Tuchlauben angekauft, das einem Grafen Kolowrat gehört hatte und nach Entwürfen des Baumeisters Lössl zweckdienlich vergrößert wurde, so dass es fortan auch die Bibliothek und das Musikarchiv mit achttausend handschriftlichen Originalkompositionen beherbergen konnte.

Das alles war durchaus schön und verdienstlich, man achtete den in Baden bei Wien ein wenig zurückgezogen lebenden Hochmeister seiner persönlichen Untadeligkeit wegen, und in seinen großartigen Gartenanlagen erblickten jene, die ihm nahen durften, einen Ausdruck seiner behutsamen Anteilnahme am Weltgeschehen. Einen fernen Abglanz militärischer Ordenstraditionen durfte man in der Tatsache erblicken, dass dieser geistliche und ritterliche Herr aus dem Erzhaus seit dem düsteren Jahr 1804, als sich das Heilige Römische Reich auf Österreich zurückgeworfen sah, Oberstinhaber eines kaiserlich-königlichen Infanterieregiments

geworden war, das die Nummer 4 trug und sich fortan Hoch-
und Deutschmeister nannte. Es bestand, wenn man ehrlich
sein will, nur einhundertvierzig Jahre, denn die nach dem
Infanterieregiment Nr. 134 benannte 44. Infanteriedivision
Hoch- und Deutschmeister der VI. Armee ging in den Ruinen von Stalingrad 1943 zugrunde.

Als Anton Viktor 1835, es waren die ersten Apriltage,
verstarb, hatte er gemeinsam mit Metternich das eingeleitet,
was man heute eine Verschlankung des Ordens nennen würde. Das Werk wurde von seinem Vetter Maximilian Josef
fortgesetzt, der in jungen Jahren noch einen Hauch vom alten Orden und seiner Herrlichkeit mitbekommen hatte, weil
sein Onkel Erzherzog Maximilian Franz nicht nur Hoch- und
Deutschmeister gewesen war, sondern auch der letzte Erzbischof mit kurfürstlichen Würden von Köln und von Münster.
Der dank solcher Pfründen steinreiche Prälat hatte schon
1801, als sich das große napoleonische Desaster erst flüchtig
abzeichnete, seinen Neffen in den Orden geführt und ihn für
künftige hochmeisterliche Würden dadurch bestens ausgestattet, dass er Maximilian Josef sein ganzes ungeheures Pri-
vatvermögen vermachte.

1835 vom Koadjutor zum neuen Hochmeister aufgestiegen, setzte Maximilian Josef diese Mittel ohne Scheu für den
Orden ein, aber weniger in künstlerischen und kulturellen
Initiativen, sondern durch die Betonung der alten humanitären und seelsorgerischen Pflichten der Organisation.

Frauen, die im preußischen Orden nur eine sehr geringe
Rolle gespielt hatten, ja wegen der verlangten Ehelosigkeit
der geistlichen Ritter oft als störendes Element empfunden
worden waren, erhielten durch den neuen Hochmeister ein
Forum in einer Schwesternkongregation. Neben der Krankenpflege ging es Maximilian Josef vor allem um eine bessere Schulbildung in Landschaften, in denen das Netz der
öffentlichen Schulen noch unzureichend war wie in Schlesien (soweit es bei Österreich geblieben war) und in Tirol,
wo weit auseinander liegende Schulen von den Bergbauern-
kindern nur mühsam besucht werden konnten. Später kamen

Erschließungen in Nordmähren hinzu, vor allem im Raum der alten Eulenburg.

Während sein verstorbener Vetter das idyllische Baden bevorzugt hatte, hielt sich Maximilian Josef viele Jahre in Wiener Neustadt auf, der kleinen Festungsstadt nahe der ungarischen Grenze, in der es Österreichs wichtigste Militärakademie zu europäischem Ansehen gebracht hatte. Der streng katholische, den Jesuiten zuneigende Hochmeister litt nämlich an der Erinnerung, er kam über die Besetzung der Kaiserstadt durch Napoleon nicht hinweg und konnte nicht vergessen, wie sich der korsische Emporkömmling in Schönbrunn und in der Hofburg aufgeführt hatte. Seither frönte er einer kostspieligen und für sein hohes Amt nutzlosen Leidenschaft: Er entwarf Festungsmodelle, er ließ Versuchs-Festungen bauen, die so nutzlos waren, dass ihm Österreichs Offiziere nicht den Gefallen taten, sie in ein Fortifikationssystem einzubeziehen. Deutlicher zukunftsweisend war sein Interesse für Taucherglocken und Kettenbrücken. Eine große Arbeit über eine Reorganisation der österreichischen Verteidigungsanlagen ließ er vorsichtshalber anonym drucken, während seine späten numismatischen Arbeiten bis heute geschätzt werden.

Amt und Vermögen dieses vielseitig interessierten und wohl auch begabten Erzherzogs gingen 1863, nach seinem Ableben, an den Erzherzog Wilhelm Franz Karl (1827 – 94) über, der mehr Offizier war als seine Vorgänger.

Es ergibt sich die Frage, warum trotz großer privater Mittel der aufeinander folgenden habsburgischen Hochmeister in dieser Zeit der Orden beinahe ausgestorben wäre. Als Maximilian Josef zum Hochmeister gewählt worden war, hatte der Orden nur noch fünf Ritter, und von den dreiundzwanzig Novizen, die während seiner ganzen Amtszeit in den Orden aufgenommen wurden, ist zu sagen, dass sie für ihre Bewerbung höchst unterschiedliche Motive hatten, so dass man das alte Versorgungsdenken für einzelne Adelssprossen nicht völlig ausschließen kann. Glücklicher war Maximilian Josef in Hinblick auf die geistlichen Komponenten der Ordensarbeit; hier gelang es ihm, allerdings in vieljähriger Bemühung, vierundfünfzig Ordenspriester heranzubilden und zu verpflichten.

Wilhelm Franz Karl hatte wenig andere Möglichkeiten, als auf diesen Initiativen des vermögenden Vorgängers aufzubauen, hatte nun aber die Hilfe eines interessierten jungen Monarchen, während Franz II. in seiner bekannten Entschlussunfähigkeit alle Angelegenheiten des Deutschen Ordens als weitgehend nebensächlich angesehen hatte. Franz Joseph I. war nun oberster Lehnsherr des Deutschen Ritterordens. Er bewilligte im Grunde nachträglich die Ordenspriester-Konvente, in dem nahe Meran wunderschön gelegenen Land und zehn Jahre später auch den Konvent von Troppau, der in seiner Anziehungskraft für die schlesischen und galizischen Gebiete bald besondere Bedeutung gewann. Nach dem Vorgehen des Kaisers konnten auch die Bischöfe von Olmütz beziehungsweise von Trient keine Einwände mehr erheben, obwohl diese wichtigen Ausbildungsstätten vom ersten Augenblick an ihrer Einflussnahme entzogen waren.

Als Offizier mit dem Kreuz des Deutschen Ordens arbeitete Hochmeister Wilhelm Franz Karl offen darauf hin, den Schwesterzweigen des Ordens eine Beziehung zu den militärischen Vorgängen der zweiten Jahrhunderthälfte zu schaffen. Zwei österreichische Siege bei Custozza und die Niederlagen von Magenta und Solferino hatten gezeigt, dass es nicht nur auf die Waffen selbst ankomme, sondern auch auf die Fürsorge für die Truppe, die Pflege der Verwundeten, die Abwehr von Seuchen und typischen Krankheiten der Feldlager. Wilhelm Franz Karl begründete in der alten Kärntner Handelsstadt Friesach eine Schule für Mädchenbildung und erlebte es noch, dass aus diesen Einrichtungen tatkräftige Lazaretthilfen für den Einsatz in Schleswig, vor allem aber auf dem serbisch-bulgarischen Konfliktgebiet hervorgingen. Eine meist adelige Unterstützungsgemeinschaft dieser Bestrebungen dehnte ihre vorwiegend finanzielle Hilfe auch auf die Versorgung weniger bemittelter Kranker außerhalb der Armee aus. Diese um den Deutschen Ritterorden als festen Kern gesammelten Vereinigungen und Zirkel funktionierten im Wesentlichen auch noch im Ersten Weltkrieg und zerfielen erst mit der großen Donaumonarchie nach dem Diktat von Saint-Germain. Was blieb, war immerhin ein nach den Plänen des bedeutenden Architekten Theophil Hansen (1813 – 91) erbautes Deutschmeisterpalais an dem Parkring genannten Teil der Wiener Ringstraße, naturgemäß mit massiver Finanzhilfe aus der Privatschatulle des Hochmeisters selbst. Zwei Jahre später schuf Hansen unweit vom Deutschmeister-Palais das neue Gebäude des Wiener Musikvereins (1870), der in seiner Geschichte ja auch eng mit den Hochmeistern des Deutschen Ordens verbunden ist.

1894, als ein paar hellhörige Geister unter den Wiener Literaten das Ende der Monarchie schon nahen fühlten, trat der letzte habsburgische Hoch- und Deutschmeister sein Amt an der Spitze des Ritterordens an. An Erzherzögen fehlte es ja nicht, eher an würdigen Aufgaben für die erlauchte Schar, so dass es im Erzhaus mit einer gewissen Erleichterung aufgenommen wurde, wenn ein erzherzogliches Paar wie Friedrich und Isabella, geborene von Croy, acht Töchter in die Welt setzte, ehe ihm der erste Sohn geboren wurde. Der neue Hochmeister kam aus dieser Linie, war ein jüngerer Bruder des töchterfrohen Friedrich und kam auf dessen Schloss Seelowitz in Mähren 1863 zur Welt. Zidlochowice, wie das Dorf heute heißt, hatte schon damals mehr tschechische als deutsche Einwohner, und Erzherzog Eugen, dessen Vater und Mutter Habsburger waren, war denn auch einer jener späten Habsburger, die sich der ganzen Monarchie verbunden fühlten und das Ganze dieses einzigartigen Staatswesens noch in sich lebendig fühlten. Zu der mährischen Kindheit in dem zweisprachigen Schlossdorf an der Schwarzawa kam die Kadettenzeit an der berühmten Wiener Neustädter Militärakademie, wo sich der Adel der ganzen Monarchie zusammenfand, aber auch die Söhne exotischer Potentaten nicht selten waren. Dass ein Erzherzog schnell Karriere machte, ließ sich damals wohl kaum verhindern, aber so absurde Abläufe wie in der kirchlichen Hierarchie gab es denn doch nicht. 1877 war Eugen Leutnant geworden, da war er noch nicht fünfzehn Jahre alt; als man ihn mitten im Ersten Weltkrieg zum Feldmarschall machte, war er immerhin dreiundfünfzig. Er kommandierte an allen Brennpunkten dieses Krieges, auf dem Balkan, an der Südwestfront gegen das vom Dreibund abgefallene Italien, später in Marburg, Udine und in Bozen.

Deutschordensritter war Eugen schon 1887 in der Wiener Augustinerkirche geworden, danach aber hatte er sich zwar für sehr viele geistige Gegenstände interessiert, in Innsbruck Philosophie, in Agram Staatswissenschaften und schließlich abermals in Innsbruck sogar Medizin studiert – nicht lange, gleichsam um eine Vorstellung von den Wissenschaften zu erhalten, ehe man ihn zum Kurator der Akademie der Wissenschaft wählte. Ritterlicher mutet es schon an, wenn uns Pater Dr. Bernhard Demel berichtet, der Erzherzog sei auch Ehrenpräsident des Vereins für Historische Waffenkunde in Dresden geworden. Nun kann man zwar Waffen in ein Museum hängen, bei den Rittern aber wird es schwierig, und darum blieben die Bemühungen, den Deutschen Ritterorden über die Zeitenwende in eine völlig neue Ära hinüberzuretten – will man nichts beschönigen –, letztlich erfolglos. Man konnte Schulen bauen, man konnte ein Priesterseminar in Laibach begründen, aber das neue Jahrhundert und vor allem die Zeit nach dem Ersten Weltkrieg, sie hatten ihre unbarmherzigen Gesetze.

Nach dem vernichtenden Diktat von Saint-Germain, in dem die Donaumonarchie zerschlagen wurde und die Volker des Habsburgerreiches noch gar nicht ahnten, was sie verloren hatten, waren neue Lösungen auch für das einstige Wunderwerk des großen Deutschen Ordens gefragt; war er endgültig zum Relikt aus fernstem Mittelalter geworden, nutzloses Überbleibsel aus Kreuzzügen, die keine Gegner mehr hatten? Oder ließ sich in einer gewandelten Welt ein Bündel neuer Aufgaben für ihn konstruieren?

Der Staat war zerfallen, die Kirche hatte den Krieg überlebt, was lag also näher, als den Ritterorden in den Schoß der Kirche zurückzuführen und ihm somit wenigstens für die geistlichen und humanitären Aufgaben ein Lebensrecht zu sichern, einen Weiterbestand zu motivieren und zu rechtfertigen, obwohl das Ordensganze mit Traditionen, ritterlichen Tugenden und fernen Verdiensten zum Anachronismus geworden war, ja im Grunde sogar Abrechnungen und Neubewertungen entgegensehen musste. Ein neuer Hochmeister kam auch aus Mähren, hatte aber keinen adeligen Namen mehr, sondern war der Bischof von Brünn, „eine Entwicklung, die mit der päpstlichen Umwandlung des Deutschen Ritterordens in einen rein klerikalen Orden 1929 ihren zeitgemäßen Abschluss fand" (Pater Dr. Demel). Zeitgemäß ist das Wort: Im Jahr des großen Börsenkrachs, als die Welt zu einer neuen Wirklichkeit erwachte, gab es den alten großen Orden nicht mehr.

Es ist wohl keine Übertreibung zu sagen, dass sich in der Geschichte des Deutschen Ritterordens abendländisches Schicksal spiegelt und erfassen lässt, deutlicher und greifbarer als in anderen vergleichbaren Institutionen, und es ist die Geschichte unseres kleinen Kontinents, die uns jene Zäsuren nahe legt, die auch in die Entwicklung des Ordens einschneiden. Die vielen mehr oder weniger gelehrten, aber stets engagierten Geschichtsschreiber des Ordens haben ihre Darstellung nicht selten mit Herzog Albrecht und der Gründung des säkularisierten Staates an der Ostsee beendet, wogegen sich nichts sagen lässt. Die weitere Entwicklung entbehrte des Glanzes und der Größe und erfährt eine gewisse Berechtigung nur aus dem natürlichen Interesse an einer großen Tradition und bedeutenden Persönlichkeiten an der Spitze des Ordens. Der Erste Weltkrieg, sein so vieles umstürzendes Ende setzt einen Schlusspunkt auch unter diese nostalgische Rückschau, die sich nach 1923 nur noch als eine schlichte und weitgehend trockene Chronik fortsetzen ließe, nicht zuletzt, weil sich des alten Namens inzwischen

Neugründungen bedienen, neben das letzte legitime Zentrum Wien andere traten und innere Verfassungs- und Machtkämpfe, verbunden mit finanziellen Schwierigkeiten, das historische Bild trübten. Franz Kurowski, der mit bewundernswertem Fleiß Ordnung in die verschiedenen Entwicklungsstränge seit 1945 zu bringen suchte, schließt seine Darstellung mit dem hoffnungsvollen Satz: „Der souveräne Deutschritterorden e. V. ist hier auf gutem Wege", zu lesen in der Ausgabe vom Jahr 2000 des nützlichen Standardwerkes. Inzwischen haben schwerste Turbulenzen diesem guten Weg ein vorläufiges Ende gesetzt, der Orden ist zum Gegenstand wenig schmeichelhafter Analysen in großen Nachrichtenmagazinen geworden, und Thomas Broch, Sprecher des Deutschen Caritasverbandes, wagte das bittere Wort: „Das Ziel des Deutschen Ordens ist es, Geld zu machen. Dabei wird das Image eines päpstlichen Ordens einfach als Markenvorteil genutzt" (DIE WOCHE, 21.7.2000); man kann nur hoffen, dass dies kein Schlusswort bleibt.

Eine Art Abgesang veröffentlichte die Süddeutsche Zeitung, München, im April des Jahres 2002. Danach hatte der Orden im Freistaat Bayern zu diesem Zeitpunkt noch sechshundertdrei Mitarbeiter, die in achtundzwanzig verschiedenen Einrichtungen tätig waren, vierundzwanzig davon im Suchtbereich. Bundesweit werden von insgesamt fünftausend Mitarbeitern des Ordens nach der Sanierung etwa zweitausendfünfhundert übrig bleiben ... Nach Tausenden von Rittern in beinahe tausend Jahren Ordensgeschichte ein Häuflein, wenn auch nicht auf verlorenem Posten.

Literaturverzeichnis

Die Geschichte Preußens, die deutsche Ostsiedlung und der Deutsche Ritterorden im Besonderen sind seit etwa 150 Jahren ein Lieblingsthema zunächst der deutschen, in den letzten Jahrzehnten aber auch polnischer, englischer und amerikanischer Historiker. Die Zahl der selbstständigen Veröffentlichungen und der oft sehr wichtigen Zeitschriftenaufsätze zu diesen Themen ist im Lauf der Zeit unübersehbar geworden, doch bieten heute auch mittelgroße Bibliotheken und viele Buchhandlungen technische Orientierungshilfen, die dieser Fülle besser gewachsen sind als die traditionellen Listen der herangezogenen Veröffentlichungen, die zum Beispiel in dem Standardwerk von Biskup und Labuda den Umfang von vierundvierzig Seiten erreicht haben. Ich führe darum hier in erster Linie von mir zitierte und zur weiteren Information empfehlenswerte Titel an.

Biskup, M./Labuda, G.: Die Geschichte des Deutschen Ordens in Preußen. Für die deutsche Ausgabe überarbeitete Fassung. Osnabrück 2001

Boockmann, H.: Diverse Einzelartikel zum Thema im „Lexikon des Mittelalters". München und Zürich 1980 ff.

Brederlow, G. von: Geschichte des Handels der Ostsee-Reiche. Berlin 1820, hier: Reprint Aalen 1966

Bühler, Johannes (Hrsg.): Ordensritter und Kirchenfürsten. Leipzig 1927

Carsten, Francis L.: Die Entstehung Preußens. Köln und Berlin 1968

Dollinger, Ph.: Die Hanse. Stuttgart 1989

Dorn, Hans Jürgen: Die Deutschordensballei Westfalen. Marburg a. d. L. 1978

Dusburg, Peter von: Chronik des Preußenlandes. Lateinisch und deutsch. Herausgegeben

	und erläutert von K. Scholz und D. Woitecki. Darmstadt 1984
Ebhardt, Bodo:	Deutsche Burgen als Zeugen deutscher Geschichte. Berlin 1925
Ebert, M.:	Truso. Schriften der Königsberger gelehrten Gesellschaft. Berlin 1926
Ewald, A. L.:	Die Eroberung Preußens durch die Deutschen, 4 Bde. Halle 1872 ff.
Forstreuter, K.:	Vom Ordensstaat zum Fürstentum. Geistige u. politische Wandlungen im Deutschordensstaate Preußen unter den Hochmeistern Friedrich und Albrecht (1498 – 1525). Kitzingen 1951
Gause, Fritz:	Die Geschichte der Stadt Königsberg in Preußen. 3 Bde. Köln und Graz 1965 ff.
Grousset, R.:	Das Heldenlied der Kreuzzüge. Stuttgart o. J. (1951)
Hamann, Brigitte (Hrsg):	Die Habsburger. Ein biographisches Lexikon. 3. korr. Auflage. Wien 1988 ff.
Heimpel, H.:	Hermann von Salza. in: Die großen Deutschen Bd. 1. Berlin 1956 ff.
Hennig, Richard:	Terrae Incognitae. Zweite Auflage 1956 (darin die zitierten Texte von Wulfstan, Ibrahim Ibn al Jaqub u.a.)
Heyd. W.:	Geschichte des Levantehandels im Mittelalter. 2 Bde. Stuttgart 1879, hier: Reprint Hildesheim 1971
Hoensch, J. K.:	Premysl Otokar II. von Böhmen. Graz 1989
Holst, Niels von:	Der Deutsche Ritterorden und seine Bauten. Wiesbaden 1997

Hüttl, L.:	Friedrich Wilhelm von Brandenburg, der große Kurfürst. München 1981
Jähnig, B. (Hrsg):	Das Königsberger Gebiet im Schnittpunkt deutscher Geschichte und in seinen europäischen Bezügen. Bonn 1993
Kuhn, W.:	Geschichte der deutschen Ostsiedlung in der Neuzeit, 2 Bde. und ein Kartenband. Köln 1955 ff.
Kurowski, Franz:	Der Deutsche Orden. 800 Jahre ritterliche Gemeinschaft. Hamburg 2000
Ludat, Herbert:	Deutsch-slawische Frühzeit und modernes polnisches Geschichtsbewusstsein. Ausgewählte Aufsätze. Köln 1969
Mebes, Julius:	Beiträge zur Geschichte des Brandenburgisch-Preussischen Staates, 1867. Selbstverlag
Militzer, Klaus:	Der Wein des Meisters. in: Die Weinversorgung des Hochmeisters des Deutschen Ordens in Preußen. Zwischen Lübeck und Nowgorod. Festschrift für Norbert Angermann. Lüneburg 1996
Popa, Radu:	Beiträge im „Lexikon des Mittelalters". München und Zürich 1980 ff.
Rautenberg, W.:	Der Verkauf der Marienburg in: Festschrift für Erich Keyser. Marburg an der Lahn 1963
Ritthaler, A.:	Chroniken des Mittelalters. München 1964
Röhricht, Reinhold:	Beiträge zur Geschichte der Kreuzzüge, 2 Bde., Reprint Aalen 1967

Rommel, O. (Hrsg):	Wiener Renaissance. Wien und Zürich 1947
Schlözer, K. von:	Die Hanse und der Deutsche Ritterorden. Reprint Wiesbaden 1966 (2 Bde. in 1)
Schreiber, Georg:	Raimondo Montecuccoli, Feldherr, Schriftsteller und Kavalier. Graz 2000
Schreiber, Hermann:	Land im Osten. Düsseldorf 1961. Neubearbeitung (108. Tsd). Augsburg 1995
	Die Deutschen und der Osten. München 1984
Schumacher, B.:	Geschichte Ost- und Westpreußens. 4. Aufl. Würzburg 1959
Stadtmüller, Georg:	Geschichte Südosteuropas. München 1950
Täubl, Friedrich:	Der Deutsche Orden im Zeitalter Napoleons. Bonn 1966
Toeppen, Max:	Geschichte Masurens. Danzig 1870, hier: Reprint Aalen 1969
Uhde, Jürgen:	Hermann von Salza. in: Die großen Deutschen, Bd. 1. Berlin 1935 ff.
Voigt, Johannes:	Geschichte Preußens von den ältesten Zeiten bis zum Untergange der Herrschaft des Deutschen Ordens. 9 Bde. Königsberg 1827
Waschinski, E.:	Das Geld des Deutschen Ordens von 1238 – 1410 in Westpreußen – Jahrbuch Band 14. 1964
Weihs-Tihanyi von Mainprugg, Franz Ritter:	Belagerung und Entsatz von Wien 1683. Graz 1933
Weise, Erich (Hrsg):	Handbuch der historischen Stätten: Ost- und Westpreußen. Stuttgart 1966 (darin Beiträge von W. La Baume, K. Forstreuter, F. Gause, E. Keyser, E. Weise u. a.)

Außer den üblichen Nachschlagewerken wurde Herders Kirchenlexikon benutzt, das in seinen älteren Auflagen reiches Material zu den religiösen Verhältnissen im deutschen Osten enthält. Sehr ergiebig erwies sich auch das neue Lexikon des Mittelalters des Lexma-Verlages in München, wozu ich der Mitherausgeberin, Frau Dr. Mag. Phil. Gloria Avella-Widhalm, für ergänzende Auskünfte zu besonderem Dank verpflichtet bin.

Zeittafel

622	Hedschra
637	Eroberung Jerusalems durch die Araber
983 – 1002	Kaiser Otto III., Beginn der Christianisierung Polens
992 – 1025	Boleslaw I. Chrobry (der Tapfere), König von Polen
997	Bischof Adalbert von Prag erschlagen
1002 – 1024	Kaiser Heinrich II.
1024 – 1039	Kaiser Konrad II.
1025 – 1034	Mieszko II., König von Polen
1039 – 1056	Heinrich III.
1039 – 1058	Kasimir I., König von Polen
1056 – 1106	Heinrich IV.
1058 – 1061	Papst Nikolaus II.
1058 – 1079	Boleslaw II. Smialy, König von Polen
1061 – 1064	Papst Honorius II.
1061 – 1073	Papst Alexander II.
ca. 1070	Gründung des Johanniterordens, 1113 vom Papst bestätigt
1073 – 1085	Papst Gregor VII.
1079 – 1102	Wladislaw I. Hermann, König von Polen
1086 – 1087	Papst Viktor III.
1088 – 1099	Papst Urban II.
1095	Konzil von Clermont
1096 – 1099	Erster Kreuzzug
1099	Gottfried von Bouillon erobert Jerusalem
1099	Christliches Königreich Jerusalem
1099 – 1118	Papst Paschalis II.
1099 – 1125	Kaiser Heinrich V.
1102 – 1138	Boleslaw III. Krzywousty, König von Polen
1105 – 1111	Papst Silvester IV.
1118 – 1119	Papst Gelasius II.
1119 – 1124	Papst Kalixt II.
1119	Templerorden von Hugo von Payens zum Schutz christlicher Pilger in Jerusalem gegründet

1124 – 1130	Papst Honorius II.
1125 – 1137	Kaiser Lothar II.
1128	Bernhard von Clairvaux entwirft erste Ordensregel der Templer. Bestätigung durch den Papst
1130 – 1143	Papst Innozenz II.
1138 – 1146	Wladyslaw II., König von Polen (Senior)
1138 – 1152	König Konrad III.
1139	Templerorden unmittelbar dem Papst unterstellt, Unterstützung durch Barbarossa
1143	Gründung von Lübeck
1143	Deutsches Spital in Jerusalem gegründet
1143 – 1144	Papst Coelestin II.
1144 – 1145	Papst Lucius II.
1145 – 1153	Papst Eugen III.
1146	Bernhard von Clairvaux ruft zum zweiten Kreuzzug auf
1146 – 1173	Boleslaw IV., König von Polen
1147 – 1149	Zweiter Kreuzzug
1152 – 1190	Kaiser Friedrich I. Barbarossa
1153 – 1154	Papst Anastasius IV.
1154	Dschingis Khan geboren, gest. 1226
1154 – 1159	Papst Hadrian IV.
1159 – 1181	Papst Alexander III.
1168 – 1178	Papst Kalixt III.
1169 – 1197	Kaiser Heinrich VI.
1174 – 1193	Saladin, Sultan von Syrien und Ägypten
1181 – 1185	Papst Lucius III.
1185 – 1187	Papst Urban III.
1185	Barbarossa stellt die Johanniter unter den Schutz des Reiches
1187	Eroberung Jerusalems durch Saladin
1187	Vertreibung der Kreuzfahrer aus Jerusalem
1187	Papst Gregor VIII.
1187 – 1191	Papst Klemens III.
1189 – 1192	Dritter Kreuzzug
1190	Herzog Friedrich von Schwaben, Sohn Barbarossas, führt das Kreuzfahrerheer nach Palästina
1190	„Hospital Sankt Marien der Deutschen zu Jerusalem" in Akkon gegründet

1191	Päpstliche Bestätigung des „Ordens des Hospitals Sankt Marien der Deutschen zu Jerusalem", Deutscher Orden genannt
1191	Johanniterorden verlegt seinen Sitz nach Akkon
1191 – 1198	Papst Coelestin III.
1198	Deutscher Orden als geistlicher Ritterorden anerkannt
1198 – 1200	Heinrich Walpot, Hochmeister des Deutschen Ordens
1198 – 1208	Philipp von Schwaben, deutscher König
1198 – 1216	Papst Innozenz III.
1200 – 1208	Otto von Kerpen, Hochmeister des Deutschen Ordens
1201	Gründung von Riga
1202	Gründung „Brüder der Ritterschaft Christi", später „Schwertritter"
1204	Venezianer und Kreuzfahrer erobern Konstantinopel. Lateinisches Kaiserreich
1208 – 1209	Heinrich Bart, Hochmeister des Deutschen Ordens
1209 – 1218	Kaiser Otto IV.
1209 – 1239	Hermann von Salza, Hochmeister des Deutschen Ordens
1211	König Andreas II. von Ungarn betraut den Deutschen Orden mit dem Schutz gegen die Kumanen im Burzenland
1215 – 1245	Christian von Oliva, erster Bischof von Preußen
1216 – 1227	Papst Honorius III.
1218	Erster Kreuzzug deutscher und polnischer Ritter gegen die Pruzzen
1218 – 1250	Kaiser Friedrich II.
1219	Reval von Dänenkönig Waldemar II. gegründet
1220	Templer auf dem Höhepunkt ihrer Macht, mächtigster Orden mit 20.000 Ordensleuten und 9.000 Komtureien
1221 – 1223	Zweiter Kreuzzug deutscher und polnischer Ritter gegen die Pruzzen
1222	Deutscher Orden erhält Land in Spanien, Bau der ersten Ordensburg in Kastilien

1223	Schwertbrüderorden beginnt mit dem Feldzug gegen die heidnischen Pruzzen
1225	König Geza II. vertreibt den Deutschen Orden aus dem Burzenland (Siebenbürgen)
1226	Hochmeister erhalten Reichsfürstenwürde
1226	Herzog Konrad von Masowien beauftragt den Deutschen Orden mit der Christianisierung von Preußen
1227 – 1241	Papst Gregor IX.
1229	Rückgabe Jerusalems an Friedrich II.
1229 – 1239	Hermann Balk, Landmeister von Preußen des Deutschen Ordens
1231	Gründung von Thorn durch Landmeister Hermann Balk
1231 – 1242	Heinrich von Hohenlohe, Deutschmeister des Deutschen Ordens
1232/33	Gründung von Marienwerder
1233	Kulmer Handfeste
1236	Schwertritter bei Schaulen von Litauern besiegt
1237	Gründung von Elbing (vom Deutschen Orden angelegte Burg), Besiedlung mit Hansekaufleuten
1237	Schwertritter mit Deutschem Orden vereint
1239 – 1240	Konrad von Thüringen, Hochmeister des Deutschen Ordens
1240	Schwedischer Angriff auf das russische Fürstentum Nowgorod. Schlacht an der Newa
1240 – 1244	Gerhard von Mahlberg, Hochmeister des Deutschen Ordens
1241	Mongolenschlacht bei Liegnitz
1242	Aufstand der Pruzzenstämme gegen den Deutschen Orden
1242	Schlacht auf dem Peipus-See
1243 – 1254	Papst Innozenz IV.
1244	Mohammedaner erobern Jerusalem
1244 – 1249	Heinrich von Hohenlohe, Hochmeister des Deutschen Ordens
1247	Gründung von Christburg, 1250 Sitz eines Komturs
1249	Friede zu Christburg

1249 – 1252	Günther von Wüllersleben, Hochmeister des Deutschen Ordens
1250 – 1254	König Konrad IV.
1252	Gründung von Memel
1252 – 1256	Poppo von Osternau, Hochmeister des Deutschen Ordens
1253	Riga wird Erzbistum, Bischof Albert II. von Lübeck wird Erzbischof. Suffraganbistümer Kulm, Pomesanien, Ermland und Samland
1254	Samland wird von König Ottokar II. unterworfen
1254 – 1261	Papst Alexander IV.
1254 – 1256	Wilhelm von Holland, deutscher König
1255	Ehem. Pruzzen-Burg wird vom Deutschen Orden zu Ehren König Ottokars in Königsberg umbenannt
1255	Ein Kreuzfahrerheer von 60.000 Mann unter König Ottokar von Böhmen beginnt einen Kreuzzug gegen die Pruzzen
1256 – 1273	Anno von Sangershausen, Hochmeister des Deutschen Ordens
1257 – 1272	Richard von Cornwall, deutscher König
1260 – 1283	Allgemeiner großer Pruzzenaufstand
1261 – 1264	Papst Urban IV.
1263	Tod von Alexander Newsky, geb. 1218
1265 – 1268	Papst Klemens IV.
1271 – 1276	Papst Gregor X.
1273	Tod des Pruzzenführers Henricus (Herkus) Monte
1273 – 1282	Hartmann von Heldrungen, Hochmeister des Deutschen Ordens
1273 – 1291	König Rudolf I. von Habsburg
1276	Papst Innozenz V.
1276	Papst Hadrian V.
1276 – 1277	Papst Johannes XXI.
1277 – 1280	Papst Nikolaus III.
1278	Gründung von Marienburg durch Landmeister Konrad von Thierberg
1278	Schlacht auf dem Marchfeld, Tod König Ottokars von Böhmen
1281 – 1285	Papst Martin IV.

1282 – 1290	Burchard von Schwanden, Hochmeister des Deutschen Ordens
1285 – 1287	Papst Honorius IV.
1287	Gründung von Frauenburg
1288 – 1292	Papst Nikolaus IV.
1291	Deutscher Orden verlässt Akkon und zieht sich aus Palästina zurück. Verlegung des Hochmeistersitzes nach Venedig
1291	Johanniter werden aus Palästina vertrieben, Großmeister zieht nach Limisso auf Zypern
1291 – 1296	Konrad von Feuchtwangen, Hochmeister des Deutschen Ordens
1292 – 1298	König Adolf von Nassau
1294 – 1296	Papst Coelestin V.
1294 – 1303	Papst Bonifatius VIII.
1295 – 1296	Przemysl II., König von Polen
1297 – 1303	Gottfried von Hohenlohe, Hochmeister des Deutschen Ordens
1298 – 1308	König Albrecht I.
1303 – 1304	Papst Benedikt XI.
1303 – 1311	Siegfried von Feuchtwangen, Hochmeister des Deutschen Ordens
1305 – 1314	Papst Klemens V.
1308/1309	Erwerb von Pomerellen mit Danzig durch den Deutschen Orden
1308 – 1313	Kaiser Heinrich VII. von Luxemburg
1309	Verlegung des Hochmeistersitzes in die Marienburg
1309	König Philipp IV. von Frankreich leitet ein Verfahren gegen den Templerorden ein
1310	Johanniter verlegen ihren Sitz nach Rhodos
1311 – 1324	Karl von Trier, Hochmeister des Deutschen Ordens
1312	Klemens V. hebt den Templerorden auf. Sein Vermögen geht zum großen Teil an den König von Frankreich und teilweise an den Johanniterorden und an den Deutschen Orden
1313	Jacques de Molay, Großmeister der Templer, wird als Ketzer verbrannt

1316 – 1334	Papst Johannes XXII.
1320 – 1333	Wladislaw I. Lokieteks, König von Polen
1324 – 1330	Werner von Ursel (Orselen), Hochmeister des Deutschen Ordens
1326	Peter von Dusburg (Duisburg), Priesterbruder des Deutschen Ritterordens, veröffentlicht Geschichte des Deutschen Ritterordens, Hochmeister Werner von Orselen gewidmet
1330 – 1347	Kaiser Ludwig IV., der Bayer
1331 – 1335	Luther von Braunschweig, Hochmeister des Deutschen Ordens
1334 – 1342	Papst Benedikt XII.
1335 – 1341	Dietrich von Altenburg, Hochmeister des Deutschen Ordens
1336	Gründung von Insterburg (Sitz eines Komturs)
1342 – 1345	Ludolf König, Hochmeister des Deutschen Ordens
1342 – 1352	Papst Klemens VI.
1345 – 1351	Heinrich Dusemer, Hochmeister des Deutschen Ordens
1346	Reval kommt zusammen mit Estland durch Kauf an den Deutschen Orden
1346	Das bisher dänische Estland kommt an den Deutschen Orden
1346 – 1378	Kaiser Karl IV.
1352 – 1362	Papst Innozenz VI.
1352 – 1382	Winrich von Kniprode, Hochmeister des Deutschen Ordens
1358	Danzig schließt sich dem Hansebund an
1359 – 1370	Henning Schindekopf, Marschall des Deutschen Ordens
1361	Dänen erobern und zerstören Visby
1362 – 1370	Papst Urban V.
1370	Kreuzzug gegen die Litauer. Ordensmarschall Henning Schindekopf besiegt die Fürsten Olgert und Keistut
1370 – 1378	Papst Gregor XI.
1378 – 1389	Papst Urban VI.
1378 – 1400	König Wenzel

1382 – 1390	Konrad Zöllner von Rotenstein, Hochmeister des Deutschen Ordens
1386	Großfürst Wladislaw II. Jagiello von Litauen heiratet die polnische Königstochter Jadwiga und nimmt den christlichen Glauben an. Der Deutsche Orden kann keine Heidenkriege mehr gegen die Litauer führen
1389 – 1404	Papst Bonifatius IX.
1391 – 1393	Konrad von Wallenrode, Hochmeister des Deutschen Ordens
1393 – 1407	Konrad von Jungingen, Hochmeister des Deutschen Ordens
1394 – 1417	Benedikt XIII. (Gegenpapst)
1397	Kalmarer Union zwischen Dänemark, Schweden und Norwegen
1397	Adel und Städte seufzen unter dem Joch des Ordens – Gründung des konspirativen Eidechsenbundes
1398 – 1408	Gotland gelangt in den Besitz des Deutschen Ordens
1400 – 1410	König Ruprecht von der Pfalz
1402	Der Deutsche Orden kauft die Neumark von Brandenburg
	Größte Ausdehnung des Ordens mit 170.000 qkm von der Oder bis zum Finnischen Meerbusen mit 58 Städten und 48 Burgen
1404 – 1406	Papst Innozenz VII.
1406 – 1417	Papst Gregor XII.
1407 – 1410	Ulrich von Jungingen, Hochmeister des Deutschen Ordens
1409	Beginn des Krieges zwischen Polen, Litauen und dem Deutschen Orden
1410	Feldzug Wladislaw Jagiellos von Polen und Litauen gegen den Orden
1410	Vernichtende Niederlage des Ordensheeres in der Schlacht von Tannenberg (Grundwald). Hochmeister Ulrich von Jungingen fällt in der Schlacht
1410 – 1413	Hochmeister Heinrich von Plauen verteidigt die Marienburg, versucht den Orden zu reformieren

1411	Erster Thorner Frieden
1411	Verschwörung des Eidechsenbundes gegen Hochmeister Heinrich von Plauen
1413	Heinrich von Plauen wird abgesetzt
1414 – 1418	Konzil von Konstanz
1414 – 1422	Michael Küchmeister, Hochmeister des Deutschen Ordens
1417 – 1431	Papst Martin V.
1422 – 1441	Paul von Rusdorf, Hochmeister des Deutschen Ordens
1431 – 1447	Papst Eugen IV.
1431 – 1449	Konzil von Basel
1433 – 1437	Kaiser Sigmund
1438 – 1439	König Albrecht II.
1440	Preußischer Bund der Städte und des Adels gegen den Orden, Eidechsenbund wird im Preußenbund fortgeführt
1440 – 1493	Kaiser Friedrich IV.
1441 – 1449	Konrad von Ehrlichshausen, Hochmeister des Deutschen Ordens
1444 – 1492	Kasimir IV., König von Polen
1447 – 1455	Papst Nikolaus V.
1450 – 1464	Ludwig von Ehrlichshausen, Hochmeister des Deutschen Ordens
1453	Osmanische Türken erobern Konstantinopel
1454	Beginn eines 13-jährigen Krieges des Preußischen Bundes gegen den Orden
1454	Sieg der Ordens-Söldnertruppe bei Konitz
1455 – 1458	Papst Calixtus (Kalixt) III.
1457	Deutscher Orden verkauft Marienburg an König von Polen
1457	Sitz des Ordens wird nach Königsberg verlegt
1458 – 1464	Papst Pius II.
1464 – 1471	Papst Paul II.
1466	Zweiter Thorner Frieden, Verlust von Elbing, Christburg, Kulmerland und Ermland
1469 – 1470	Heinrich Reuß von Plauen, Hochmeister des Deutschen Ordens

1470 – 1477	Heinrich Reffle von Richtenberg, Hochmeister des Deutschen Ordens
1471 – 1484	Papst Sixtus IV.
1477 – 1489	Martin Truchsess von Wetzhausen, Hochmeister des Deutschen Ordens
1485 – 1492	Papst Innozenz VIII.
1489 – 1497	Johann von Tiefen, Hochmeister des Deutschen Ordens
1491	Wolter von Plettenberg erobert Stadt und Bistum Riga
1492 – 1501	Johann I. Albrecht, König von Polen
1492 – 1503	Papst Alexander VI.
1493 – 1519	Kaiser Maximilian I.
1494	Wolter von Plettenberg wird Ordensmeister von Livland
1497	Hochmeister Johann von Tiefen zieht gegen die Türken
1498 – 1510	Friedrich von Sachsen, Hochmeister des Deutschen Ordens
1501 – 1506	Alexander, König von Polen
1503	Papst Pius III.
1503 – 1513	Papst Julius II.
1506 – 1548	Siegmund I., König von Polen
1511 – 1525	Albrecht von Brandenburg-Ansbach, Hochmeister des Deutschen Ordens
1513 – 1521	Papst Leo X.
1517	Luthers Thesen-Anschlag in Wittenberg
1519 – 1521	Krieg des Ordens gegen Polen
1519 – 1556	Kaiser Karl V. (gest. 1558)
1521	Reichstag von Worms
1521	Waffenstillstand von Thorn, Beginn der Verhandlungen zwischen Hochmeister Albrecht von Brandenburg und Polen
1522 – 1523	Papst Hadrian VI.
1523	Besuch Albrechts von Brandenburg bei Luther, der ihm empfiehlt, aus Preußen ein weltliches Herzogtum zu machen
1523	Erste protestantische Predigt in der Domkirche in Königsberg

338

1523	„Ermahnung" Luthers an die Ordensritter, falsche Keuschheit zu meiden
1523 – 1534	Papst Klemens VII.
1525	Frieden von Krakau. Albrecht von Brandenburg wird Herzog von Preußen und Lehnsmann des Königs von Polen
1526	Herzog Albrecht I. in Preußen heiratet Anna Dorothea, Tochter des dänischen Königs
1526	Deutscher Orden wird in Livland selbstständig
1526 – 1556	Lutherische Lehre wird in Kurland eingeführt
1527 – 1543	Walter von Cronberg, Hoch- und Deutschmeister des Deutschen Ordens
1530	Karl V. erkennt das Herzogtum Preußen nicht an
1530	Johanniter erhalten Malta von Karl V., seither „Malteser" genannt
1530	Nach Trennung von Albrecht von Brandenburg wird Plettenberg Reichsfürst. Er bleibt beim alten Glauben, lässt aber die neue Lehre zu
1533	Reichsacht über Albrecht von Brandenburg
1534 – 1549	Papst Paul III.
1543 – 1566	Wolfgang Schutzbar, gen. Milchling, Hoch- und Deutschmeister des Deutschen Ordens
1544	Gründung der Universität Königsberg
1548 – 1572	Siegmund II., August König von Polen
1555	Augsburger Religionsfrieden
1556 – 1564	Kaiser Ferdinand I.
1561	König Siegmund II. August von Polen wird Lehnsherr von Kurland
1561	Gotthard von Ketteler, letzter livländischer Meister des Deutschen Ordens, wandelt den Ordensstaat in Livland in ein weltliches Herzogtum unter Lehnshoheit des polnischen Königs um und wird erster Herzog von Kurland
1564 – 1576	Kaiser Maximilian II.
1566 – 1572	Georg Hund von Wenkheim, Hoch- und Deutschmeister
1568	Herzog Albrecht I. stirbt
1569	Albrecht II. Friedrich wird mit Herzogtum Preußen belehnt

1571	Johanniter besiegen die Türken in der Seeschlacht von Lepanto unter Juan d'Austria
1572 – 1590/95	Heinrich von Bobenhausen, Hoch- und Deutschmeister
1573 – 1574	Heinrich von Anjou, König von Polen
1575 – 1586	Stephan Bathori, König von Polen
1576 – 1612	Kaiser Rudolf II. von Habsburg
1577	Der als schwachsinnig geltende Herzog Albrecht II. Friedrich wird entmündigt. Markgraf Georg Friedrich von Brandenburg wird Administrator
1579	Iwan IV., der Schreckliche, erobert und zerstört Nowgorod
1581	Riga wird polnisch
1587 – 1632	Siegmund III. (Wasa), König von Polen
1590/95 – 1618	Maximilian von Österreich, Hoch- und Deutschmeister
1605	Kurfürst Joachim Friedrich von Brandenburg wird Administrator von Preußen
1608	Kurfürst Johann Siegmund wird Vormund seines Schwiegervaters Albrecht II. Friedrich
1611	Kurfürst Johann Siegmund wird mit Preußen belehnt
1618	Preußen gelangt an Brandenburg
1619 – 1624	Karl von Österreich, Hoch- und Deutschmeister
1625 – 1627	Johann Eustach von Westernach, Hoch- und Deutschmeister
1627 – 1641	Johann Kaspar von Stadion, Hoch- und Deutschmeister des Deutschen Ordens
1640 – 1688	Friedrich Wilhelm von Brandenburg, der Große Kurfürst
1641	Waffenstillstand zwischen Brandenburg und Schweden
1641 – 1662	Leopold Wilhelm von Österreich, Hoch- und Deutschmeister
1660	Frieden von Oliva – Souveränität Brandenburgs in Preußen
1662 – 1664	Karl Joseph von Österreich, Hoch- und Deutschmeister

1664 – 1684	Johann Kaspar von Ampringen, Hoch- und Deutschmeister
1672	Hinrichtung von Christian Ludwig von Kalckstein in Königsberg wegen Hochverrats
1684 – 1694	Ludwig Anton von Pfalz-Neuburg, Hoch- und Deutschmeister
1694 – 1732	Franz Ludwig von Pfalz-Neuburg, Hoch- und Deutschmeister
1701 – 1713	Kurfürst Friedrich I. wird König in Preußen
1713 – 1740	König Friedrich Wilhelm I. in Preußen
1732 – 1761	Clemens August von Bayern, Hoch- und Deutschmeister
1740 – 1786	Friedrich II. König in Preußen
1761 – 1780	Karl Alexander von Lothringen, Hoch- und Deutschmeister
1772	Friedrich II. nennt sich König von Preußen
1772	Erste polnische Teilung
1780 – 1801	Maximilian Franz von Österreich, Hoch- und Deutschmeister
1793	Zweite polnische Teilung
1795	Dritte polnische Teilung – Danzig und Thorn werden preußisch
1798	Französische Armee landet unter Bonaparte auf Malta, Malteser verlieren eigenes Ordensgebiet
1801 – 1804	Karl Ludwig von Österreich, Hoch- und Deutschmeister
1804 – 1835	Anton Viktor von Österreich, Hoch- und Deutschmeister
1809	Aufhebung des Deutschen Ordens in den Rheinbundstaaten durch Napoleon
1811	Auflösung des Johanniterordens
1835 – 1863	Maximilian Joseph von Österreich-Este, Hoch- und Deutschmeister
1863 – 1894	Wilhelm von Österreich, Hoch- und Deutschmeister
1894 – 1923	Eugen von Österreich, Hoch- und Deutschmeister

Personenregister

Abd er Rahman   20
Adalbert von Prag   34, 92, 110, 168, 208, 329
Ahasver von Lehndorff   282
Albert II., Bischof von Riga   139f., 177
Albrecht von Kalckstein   278ff.
Albert von Riga, Bischof   88, 176
Albrecht von Wallenstein   200
Albrecht II. Friedrich, Hrzg. v. Preussen   245
Albrecht I. von Brandenburg-Ansbach, Hochmeister, Herzog   218, 224ff., 338
Albrecht VII., Herzog von Mecklenburg   211
Alexander Newski, Zar   149, 178ff.
Alexander der Kleine v. Polen   250f.
Alfred der Große   23f., 99f., 137
Andreas II., König v. Ungarn   72ff., 78
Anna, Zarin   211
Anna-Marie von Braunschweig-Kalenberg   241ff.
Ansbert, Priester-Chronist   38f.
Anton Viktor, Erzherzog und Hochmeister   308ff., 341
Arnold von Lübeck   57
Augustinus   11

Bacher, Th. J. 309f.
Bacon, Roger   97f.
Balk, Hermann   89ff., 105, 176, 332
Balthasar, Herzog   216f.
Batu Khan   75
Bela III., König von Ungarn   35f.
Bela IV., König von Ungarn   76ff.
Bentivoglio Kardinal   303f.
Bernhard von Zinnenberg   200ff.
Berthold von Regensburg, Prediger   62
Blankenfeld, Johannes, Bischof   255
Blume, Bartholomäus   203f.
Blumenau, Dr. Laurentius, Justitiar   203
Bodeck, von, Familie   292
Boleslaw Chrobry, König von Polen   208, 329
Bonifatius VIII.   186
Brühaven, Bertold   163
Bruno Graf von Schaumburg-Holstein   130
Bugenhagen, Johannes   254f.

Carpzow, Benedikt   246
Casanova, Giacomo   17, 262f.
Chlodwig I.   24
Christian, Bischof von Preußen   92ff.
Christian von Kalckstein   279f., 341
Chuthen, Kumanenherzog   75
Copernikus, Nikolaus   221f.
Criwe der Pruzze   99

Ortsregister

Ägypten 14, 69, 330
Akkon 52, 53, 54, 56, 58, 184,
  330, 331, 334
Ancona 66
Antiochia 14, 44, 47, 51, 52,
  56
Athen 52, 156
Auerstädt 195
Auxerre 18

Bad Mergentheim 266, 268,
  285, 300, 309, 311, 312, 313
Bagdad 60
Balga 114, 115, 116, 120, 146,
  275, 279
Bamberg 38, 100
Bardowiek 173, 174
Bartenstein 120, 153, 216
Basel 36, 77, 200, 337
Basra 60
Belgrad 35
Berlin 144, 171, 255, 258, 261,
  271, 302
Birka 178, 184
Bogeviken 184
Bologna 60, 221, 240
Bordeaux 20
Bornhövede 119, 192
Braunsberg 155
Buchara 60

Carthaus 259
Christburg 112, 147, 148, 150,
  151, 155, 197, 205, 332, 337
Cordoba 60
Courtrai 304

Cranz 100, 162
Custozza 318

Damaskus 56, 60
Danzig 92, 107, 114, 121,
  137, 138, 152, 164, 167,
  168, 169, 170, 192, 194,
  202, 204, 205, 206, 207,
  209, 213, 219, 226, 236,
  237, 238, 243, 244, 254,
  256, 257, 258, 259, 260,
  277, 281, 292, 334, 335,
  341
Dobrin 92, 94, 106
Dorpat 179, 182, 208, 211,
  224, 248, 249, 251, 252,
  253, 255, 256, 259, 263
Dürnkrut 130, 151

Elbing 85, 89, 100, 121,
  122, 126, 135, 137, 138,
  139, 143, 146, 175, 185,
  202, 204, 205, 219, 221,
  226, 239, 271, 272, 292,
  332, 337
Erfurt 173, 308

Fes 60
Frauenburg 221, 334

Gilgenburg 189
Gnesen 93, 110
Gran 35, 81
Granada 60
Greifenberg 254
Greifswald 233

Haithabu 174, 175, 178
Halle 82, 103